普法战争

法兰西第二帝国覆灭

[英]昆廷·巴里 著　　王骏恺 译

民主与建设出版社

·北京·

图书在版编目（CIP）数据

普法战争：法兰西第二帝国覆灭 /（英）昆廷·巴
里著；王骏恺译 . -- 北京：民主与建设出版社，
2022.6
　　书名原文：THE FRANCO-PRUSSIAN WAR 1870-71
VOLUME 1: THE CAMPAIGN OF SEDAN. HELMUTH VON
MOLTKE AND THE OVERTHROW OF THE SECOND EMPIRE
　　ISBN 978-7-5139-3862-4

　　Ⅰ . ①普… Ⅱ . ①昆… ②王… Ⅲ . ①普法战争 – 史
料 Ⅳ . ① K565.43

中国版本图书馆 CIP 数据核字 (2022) 第 095922 号

THE FRANCO-PRUSSIAN WAR 1870-71 VOLUME 1: THE CAMPAIGN
OF SEDAN. HELMUTH VON MOLTKE AND THE OVERTHROW OF THE
SECOND EMPIRE by QUINTIN BARRY
Copyright ©2007 by Helion & Company
This edition arranged with Helion & Company
through BIG APPLE AGENCY, INC., LABUAN, MALAYSIA.
Simplified Chinese edition copyright:
2022 ChongQing Zven Culture communication Co., Ltd
All rights reserved.

著作权登记合同图字：01-2022-3094

普法战争：法兰西第二帝国覆灭

PU FA ZHANZHENG FALANXI DI-ER DIGUO FUMIE

著　　者	[英] 昆廷·巴里	
译　　者	王骏恺	
责任编辑	胡　萍　宁莲佳	
封面设计	周　杰	
出版发行	民主与建设出版社有限责任公司	
电　　话	（010）59417747　59419778	
社　　址	北京市海淀区西三环中路 10 号望海楼 E 座 7 层	
邮　　编	100142	
印　　刷	重庆长虹印务有限公司	
版　　次	2022 年 6 月第 1 版	
印　　次	2022 年 8 月第 1 次印刷	
开　　本	787 毫米 ×1092 毫米　1/16	
印　　张	30	
字　　数	480 千字	
书　　号	ISBN 978-7-5139-3862-4	
定　　价	149.80 元	

注：如有印、装质量问题，请与出版社联系。

◎ 赫尔穆特·冯·毛奇像，普夫卢克 - 哈通（Pflugk-Harttung）藏。

本书主要图片来源

波克著《在歌曲描述中的德意志伟大岁月 1870—1871 年》（ Deutschlands große Jahre 1870–1871 geschildert in Liedern ），出版于慕尼黑，1889 年。

霍亨洛厄 – 英格尔芬根亲王著《我的一生》（ Aus meinem Leben ），出版于柏林，1897—1908 年。

《插图战争编年史 1870—1871 年》（ llustrierte Kriegs–Chronik 1870–1871 ），出版于莱比锡，1871 年。

克莱因著《弗勒什维莱尔编年史》（ Fröschweiler Chronik ），出版于慕尼黑，出版日期不明。

林德奈著《对抗法国的战争 1870—1871 年》（ Der Krieg gegen Frankreich 1870–1871 ），出版于柏林，1895 年。

普夫卢克 – 哈通著《战争与胜利 1870—1871 年》（ Krieg und Sieg 1870–71, ein Gedenkbuch ），出版于柏林，1895 年。

郝赛著《法德战争通史（ 1870—1871 年 ）》（ Générale de la Guerre Franco-Allemande ），出版于巴黎，出版日期不明。

郝赛著《1870—1871 年的战士们》（ Les Combattants de 1870–1871 ），出版于巴黎，1895 年。

施伯特著《战争 1870—1871 年》（ Der Krieg 1870–1871 ），出版于柏林，1914 年。

致谢

本书在撰写前后经历了相当长一段时间，在此期间，我（作者）从许多人士那里得到了有益启发及实际帮助。

为此，本人要特别感谢迈克尔·富特教授（Professor Michael Foot），因为他从很久以前就在鼓励我动笔撰写此书；我应该感谢已故的菲利普·霍威斯上校（Colonel Philip Howes），他通读我的手稿，并提出了很多富有价值的建议；我应该感谢林赛·卡德尔（Lindsay Cadle）及简·霍克斯（Jean Hawkes），因为他们勇敢完成了解读我那潦草笔迹的痛苦任务，最终将本书转变成可以付梓的状态；我应该感谢迈克尔·恩布利（Michael Embree）和布鲁斯·威格尔（Bruce Weigle），因为他们为我提供了交战双方的战斗序列；我应该感谢尼盖尔·维奇（Nigel Vichi），因为他为我提供了本书的战场形势图；我应该感谢阳氪出版社的邓肯·罗杰斯（Duncan Rogers），因为他提供了丰富插图，并在本书出版的过程中为我提供了莫大帮助；同样地，我还需要感谢妻子及家人，因为就在我全神贯注于 1870—1871 年这一系列历史事件的过程中，他们无怨无悔地忍受了我那频繁且长期存在的精神失落状态。

此外，本人还希望向以下出版商表示感谢：

感谢贝尔林有限公司（Birlinn Ltd），因为它准许我复印了由大卫·阿斯科利（David Ascoli）撰写，出版于 2001 年的《一日战役：1870 年 8 月 16 日马斯拉图尔》第 339 页的摘要（详见 www.birlinn.co.uk）。

感谢剑桥大学出版社，因为它准许我复印了由威廉·戴斯特（Wilhelm Deist）撰写的《论普鲁士 / 德意志发动战争的先决条件 1866—1871 年》

（Remarks on the preconditions to waging war in Prussia/Germany, 1866–1871）中的第 325 页，以及由斯蒂格·佛斯特尔 & 贾维格·纳格勒尔（Stig Förster & Jvrg Nagler）合著，出版于 1997 年的《通往全面战争之路》（On the Road to Total War）的摘要。

感谢哈佛大学出版社，因为它在哈佛大学校长及校友的批准下，准许我复印了由 E.A. 珀丁格（E.A.Pottinger）撰写，在 1966 年由哈佛大学出版社出版的《拿破仑三世及德意志危机 1865—1866 年》（Napoleon III and the German Crisis 1865–1866）第 193—194 页的一份摘要（哈佛历史学会期刊第 75 期）。

感谢汤姆森出版社，因为它准许我复印了由迈克尔·霍沃德（Michael Howard）撰写，在 1961 年由伦敦鲁伯特·哈特–戴维斯（Rupert Hart–Davis）协助出版的《普法战争：德意志入侵法国 1870—1871 年》第 24、第 267 及第 423 页共三份摘要。

前言

　　阿登·布霍尔茨教授①曾在自己《老毛奇及德意志的三场战争 1864—1871年》的介绍性论文当中表示"老毛奇是一个（在近现代军事史上）比迄今为止任何人都要杰出得多的人物"。¹为了佐证这一观点，他将老毛奇在德意志统一战争②中所取得成就，同当时（20 世纪 60 年代至 70 年代）的时代背景紧密联系起来，明确地提出了这样一个观点：自第一次世界大战爆发以来，现代社会的普遍观念已经被俾斯麦时代之后的历史进程深刻影响，以至于在研究如下问题时——德意志统一及老毛奇的三场战争——也无法脱离后来纳粹德国及犹太大屠杀的可怕时代进行独立思考。

　　于是，为了正确评价老毛奇的生平及作品，人们有必要从 19 世纪的时代背景出发，辩证地思考他对于普鲁士及德意志，还有他对于战争理论及其实践的影响。这位普鲁士总参谋长正如阿登·布霍尔茨教授指出的那样，是"这样一种新生代人物的最初一批典型：高度现代化的、自制的、受过充分技术教育的职业化军官"。²而他（的身份及地位）事实上还远不止这些——凭借自身广博的才智，再加上普鲁士军事机器很大程度上因他而取得的惊人成就，老毛奇在后续数十年的时间里彻底主宰了欧洲的专业军事思维。他彻底改变了武装力量的训练、管理、

---

　　① 译者注：Arden Bucholz，美国教育家兼历史学家。另外，请读者注意，如无特别说明（如"编者注"），本书所有脚注均为"译者注"，后文不再逐一标出（如本页脚注②）。

　　② the wars of German unification，即第二次普丹战争（又称第二次石勒苏益格－荷尔施泰因战争）、普奥战争、普法战争这三场战争的总和。

备战的基础，以及该如何指挥统御这些武装力量进行战斗的方式。其担任普鲁士总参谋长期间恰逢欧洲科学技术的大发展，而这些技术进步产生的影响是如此之大，以至于当他离任时，整个世界军事格局都发生了根本性的变化。

因此，老毛奇对于他自己国家（普鲁士王国、德意志帝国乃至现代德国）的历史进程可谓留下了极为深刻的个人烙印。此外，当时还有另一大重要因素使得这一切（德意志统一战争的军事胜利）成为可能：要是没有首相奥托·冯·俾斯麦的配合，老毛奇的职业生涯很可能就是另外一条截然不同的道路——假如俾斯麦未曾在1862年上台掌权，普鲁士的外交政策便很可能无法为三场统一战争创造出足够的有利条件。除此（俾斯麦）之外，再没有任何一个普鲁士政客能如此成功地管理好国家内部事务，顺利克服国王威廉一世在陆军改革问题上所遭遇的重重阻碍，而这支经过改革的军队正是老毛奇能实现成功领导的最重要因素之一。从另一个方面讲，如果没有老毛奇在军事层面的助力，俾斯麦将难以迅速、干净利落且成功地贯彻自己的对外政策。当然，此时的普鲁士军队中（除老毛奇以外）确实还有许多才干出众的军人，其中无论是谁都完全可以成为称职的总参谋长。不过，他们当中的任何一个人都能取得足以媲美老毛奇的辉煌战绩，并在对于战争艺术的完美掌握上与后者相提并论？这两点显然是非常值得怀疑的。

老毛奇的军事领导及其对普鲁士总参谋机构的发展，相当于将一把绝对可以放心倚靠的武器交到俾斯麦手中。此外，尽管老毛奇—俾斯麦双方在普法战争后期阶段的关系一直都存在着激烈争议，但俾斯麦始终未曾滥用过手中的这把武器。事实正如A.J.P.泰勒（A. J. P. Taylor）教授所描述的那样："俾斯麦策划发动战争，但他只会策动一些'小战争'（little wars）；同时从自己进入战争状态起，他就已经开始思考该如何结束这场战争，并借此达成有限且谨慎的目标。"[3] 而俾斯麦对于限制普鲁士战争目标的迫切需求，更是成为他同老毛奇及普鲁士其他军事领导人之间斗争的核心内容，因为后两者总是会激烈反对他们所认为的"政治干预军事"。然而，正是俾斯麦（在政治外交层面上）表现出的明智克制，才真正保证了普鲁士军队及其德意志盟友所取得的超凡军事成就能最终争取到带有充分保障的政治成功。

尽管俾斯麦偶尔会越过政客及军人之间的合理边界线，可就算这样依然令人惊讶的是，老毛奇虽在理论上完美地接受"政治上的考量必须（先于军事）摆在绝对首要的位置"，但在实践层面上他表现得相当不灵活。就在国王十分果断地以有利于俾斯麦的结局裁决完两人之间最为激烈的争端后，仍然异常愤怒的老毛奇是这样记录下自己对于这段关系的基础理解的——"到目前为止，"他在写给国王威廉的一份备忘录里说道，"我已经充分考虑到总参谋长（尤其是在国家处于战争状态时）及（北德意志）邦联首相是两个同等重要可靠、相互独立的机构，两者同时受陛下您的直接领导，且有责任相互通报情况。"正如引用了这段原话的克莱格（Craig）所说，这句话"从一个直到1859年之前都不曾被批准向战争部部长直接报告的人的嘴里说出来，确实是一个了不起的主张"。[4] 因此，老毛奇可以说是从未放弃自己对于"政治层面上的考量不应该直接影响军事决策"这一观点的不懈坚持，而他的这份固执正是其军事智慧构成中的一大严重缺陷。

老毛奇在现代军事思想家中几乎是独一无二的，因为他不仅能设计辩证出一套连贯的军事哲学，同时还能在最大规模的舞台上（普奥及普法战争）将其付诸实践。在老毛奇的整个职业生涯里，他始终致力于对战争进行严格而彻底的研究，这是因为（当时的时代背景决定了）战争必须在一个全新的工业化时代进行。他清楚地预见到技术上的进步，已经使许多在先前几个世纪里都未曾改变过的组织及战术方面的基本原则变得彻底过时。而他的研究还因为自己对于同时代欧洲其他国家军队，在作战期间（如克里米亚战争）应对新战争环境的实践经验的密切关注而收获了与时俱进的新情报。

事实证明，正是因为其手下高级军官所做的情报准备，所以老毛奇的特别才能在战时显得尤为突出。他于1869年撰写的《给大部队指挥官的条例》（Instructions for Large Unit Commanders）被恰当地形容为"有史以来最具影响力且最为持久的作战教范之一"。[5] 老毛奇在自己对于1866年普奥战争中普鲁士军队所表现出的优缺点分析的基础之上撰写了这篇分析，撰写过程中还得到了一部分最信得过的助手的协助。这部教范在此之后的70多年时间里一直都被视作德意志军事思想的基础。老毛奇在这部作品中充分总结了所有他本人在战斗里汲取学习到的关键性教训，高度强调了战争行为的整个基础本身已经发生改变：

指挥统御大规模陆军部队的经验是无法在和平时期学习掌握的。一个人往往会受限于对个别因素的研究，特别是地形以及先前几场战役的经验。然而技术的发展，尤其是通信手段的改进及新式武器都已经在短时间内彻底改变了战争环境，直接导致了原先（拿破仑时代）的取胜方式在现在看来都已完全无法适用——哪怕这些规则是由之前最伟大的军事指挥官所制定。[6]

老毛奇在作品中表现得相当小心谨慎，未曾制定过一套固定的战略原则。而"战略"这一事物，按照他自己的话说，不过是"一套权宜之计的集合"（a system of expedients）。他断言，对于战略的传授教学已经稍稍超过了合理理性的首要前提，因此人们很难将其称为一门严肃的学术性学科。而它们的价值又几乎完全只体现在实际应用当中。真正重要的其实是及时了解瞬息万变的战场形势，并在此之后以坚定且谨慎的态度完成最为简单和最为自然的事情。因此，战争成了一种需要多门严肃学科为之服务的艺术——单靠稳重和谨慎不足以产生巨大的优势，进而成就最为杰出的军事统帅；而在欠缺稳重和谨慎的地方，军事领导者又必须以其他品质对其加以替代。[7]

老毛奇始终坚持以这样一种灵活的方式来处理解决战略上的问题。可就算如此，后来的作家们还是会努力将他的战争哲学同过去伟大指挥官的战争哲学相比较，对其重新定义并使之更加具体化。比如凯米尔（Caemmerer）将军就曾得出这样的结论：

老毛奇精准且鲜明地强调揭示了他那背离传统战略的战争原则。但是，正如他在王家敕令——《给将军的条例》（Instructions for Generals）中所阐述的那样，简洁性始终是最重要的；此外同样非常重要的还有保密性，而为了保证（当时普鲁士总参谋部军事思想研究方面的）机密不被泄露，他当然是没有机会以（对所有士兵而言）不可避免的普通操作教范的方式，来阐述讨论自己学说的新颖性。[8]

然而，在1870—1871年普法战争期间，老毛奇有时并没有享受到自己一些下属完全理解他的战略时所能带来的好处。在曾与自己密切合作的高级参谋军官团队中，老毛奇自然得到了最好的支持；而在另一方面，一部分名义上应向他报告的陆军指挥官并不会总是如老毛奇所愿一般地执行他的命令。事实上，参谋人员都是由老毛奇亲自挑选。但是，尽管他还能参与陆军部队指挥官的选拔，整个选拔过程及最终决策在形式上却始终是由军事内阁（Military Cabinet）内部完成。曾在普奥战争期间作为一名身经百战的军长而声名鹊起的施坦因梅茨，在普法战争期间指挥第 1 集团军时就导致了灾难性的恶果。腓特烈·卡尔亲王在领导第 2 集团军时偶尔会表现得比老毛奇事先期望的谨慎得多，但这一点多少应归功于亲王的参谋长、一向可靠的施蒂勒（给予辅佐与监督）。王储对于布卢门塔尔处理第 3 集团军事务的问题的干涉则要少得多——这两个人早在 1866 年的普奥战争期间就已经合作得非常成功。尽管布卢门塔尔为人过于自负且总爱发牢骚，但此君正如他在自己那本不可言喻的个人日记中所吹嘘的那样，是一名能得到老毛奇绝对信任的杰出的参谋长。至于萨克森王储，其在 1866 年战争期间曾是普鲁士王国军队的一个强悍敌手，老毛奇对他的高度尊敬不无道理，他在普法战争普军包围巴黎城期间也曾偶尔起到救场的作用。曼陀菲尔及戈本两人都是才干突出的陆军指挥官；韦尔德也是如此，只是老毛奇一直对他有所低估。当梅克伦堡－什未林大公及其参谋长克伦斯基两人的搭档组合在卢瓦河畔表现不足时，老毛奇又为挽救局势而果断派出了绝对可靠的施托施来清理乱局。军长一级则大多是经验最为丰富的军事领导人，他们基本都知道该怎么做，以及该如何将事情做好。他们都得益于普鲁士军队更高层级的指挥链的连续性。事实正如阿登·布霍尔茨教授所指出的那样："通常情况下都是那些经历过实战的人能够稳步获得晋升。只要这样的人能在战争中幸存下来，他们就会得到晋升，并且一次又一次地接着经历实战。"[9]

老毛奇在创建一个能够有效管理现代化军队复杂结构的总参谋部方面所取得的成就，一直以来都是军界各方深入研究的课题。迈克尔·霍华德教授在他那本关于普法战争的权威史学作品当中，对这一问题所进行的总结可以称得上是比任何人都强：

他的工作主要构成不在于创新，而在于为参谋军官的选拔及训练引入一些伟大管理者或学者所应具备的个人奉献精神及堪称无情的高（选拔）标准。事实上，老毛奇那深思熟虑的性情、兴趣爱好的广度以及外表上的精致朴素，都仿佛在说明他应该是一位来自艺术或文学领域的人物，而非来自军营。他受到手下军官的爱戴和尊敬，而这种尊重的感情是出于一种（后者同老毛奇之间）更类似师徒，而非上下级的关系。从气质上看，老毛奇是个开明的人道主义者，但通过最为严格的自律，他已经让自己成为世间所有军事专家当中最为准确且最为严格的那一个，同时还以自己的形象（作为标准）训练出了整个普鲁士总参谋部。[10]

老毛奇特别仰仗依赖的正是总参谋部里这群被称为"半神"（demigods）的杰出人物。他们所受的全面训练（的有效性）已经在 1864 年及 1866 年的两场战争中得到充分证明。他们同老毛奇之间的密切关系给了这位总参谋长莫大的专业支持，而这种支持可以说是极少数伟大指挥官才能享受到的。但是，尽管老毛奇本人在他的几乎整个军事生涯中都在参谋部内部工作，他还是能做到完全熟知地面战争的现实情况，并清楚地掌握了军事成功所依赖的一切编制组织及后勤方面的要素。他甚至始终未曾忘记自己在 1839 年尼西卜（Nisib）一战中惨败的首次实战经历。此外，他还像阿登·布霍尔茨所观察到的那样，"对于战场态势有着近乎用指尖触碰的敏锐感觉，这便是他的第六感"。[11]

由老毛奇一手完善的军事架构在 1870—1871 年的普法战争期间经历了最为严峻的考验。整场战争期间，老毛奇对构成普鲁士军队的部队及个人执行其所肩负任务的能力表现出了完全放心的信赖态度，哪怕他们的对手是外界眼中一直以来的欧陆第一大军事力量。

对处在不同时代不同环境中（进行军事指挥活动）的伟大指挥官进行盲目比较——这最终只会是徒劳之举。不过，老毛奇在德意志统一进程当中的胜绩之巨显然不言而喻，无论从哪一个角度看，他都完全有资格被视为军事史上真正伟大的指挥官之一。其中一部分要归功于他在普法战争期间的执行决策，但这只不过是足以说明他成功运用了自己一手发展出来的战争原则；另一部分应归功于老毛奇所遭遇的对手，但最为重要的是他的手下所取得的成就——他们在这位总参谋长的指挥下，接连参与经历了一系列戏剧性战役并为之有所牺牲，最终在短短几周时间内彻底击败法兰西第二帝国，接着在另一场性质截然不同的战争中完全摧毁了国防政府的军队。

注释:

1. 阿登·布霍尔茨著,《毛奇与德意志王朝统一战争》(纽约 2001 年出版),第 10 页。
2. 同上书,第 10 页。
3. A. J. P. 泰勒著,《从拿破仑到第二国际》(伦敦 1993 年出版),第 320 页。
4. G. A. 克莱格著,《普鲁士陆军的政治》(牛津 1964 年出版),第 215—216 页。
5. D. J. 修斯著,《论毛奇的战争艺术》(加利福尼亚州诺瓦托 1993 年出版),第 171 页。
6. 同上书,第 174 页。
7. 同上书,第 174—175 页。
8. 冯·凯梅勒中将著,《战略科学的发展》(伦敦 1905 年出版),第 179 页。
9. 阿登·布霍尔茨著,《毛奇与德意志王朝统一战争》,第 9 页。
10. 迈克尔·霍沃德著,《普法战争》(伦敦 1962 年出版),第 24 页。
11. 阿登·布霍尔茨著,《毛奇与德意志王朝统一战争》,第 11 页。

目 录
CONTENTS

从尼科尔斯堡到埃姆斯

普鲁士在 1866 年普奥战争中取得的胜利的彻底性，以及取得胜利的速度[①]使整个欧洲都感到惊讶。辉煌的胜利使赫尔穆特·冯·毛奇瞬间走出了之前默默无闻的阴影，成为欧洲最著名的军事家。战争结束后，他本人对此事的评论是很谨慎的。8 月 8 日，老毛奇在给表兄爱德华·巴尔霍恩（Edward Ballhorn）的信中写道："虽然我不认为我对这件事的影响有你在好意赞扬时所说的那么大，但我至少尽职尽责了，并为此感到欣慰。上帝显然赐予了我们恩典，使我们都可以好好享受结果，因为这确实是生死攸关的事情。"然而，他并没有忽视这一胜利的程度："如此迅速就结束的战争是闻所未闻的，五个星期后，我们就回到了柏林。"[1] 不过，他对自己得到的"赞扬"深感厌恶，并说这只会让自己一整天都心烦意乱。正如老毛奇所看到的，他只是与同僚们履行了自己的职责，如果他像贝内德克[②]那样战败，那么也会受到"不分青红皂白的指责"和"无谓的责备"。对于自己那不幸的对手（即贝内德克），他感到最深切的同情："一个落败的指挥官！哦！要是局外人能对这意味着什么形成一个模糊的概念就好了！贝内德克所领导的奥军总指挥部在柯尼希格雷茨（Königgrätz）决战前夜所做出的混乱表现——这总是令我不忍想起。像他这样的一位将军在决

[①] 普鲁士军队仅用七周时间，便击败了奥地利及其主要盟友的军队。

[②] Benedek，奥地利帝国陆军元帅路德维希·冯·贝内德克，指挥奥军与老毛奇率领的普鲁士军队对抗，于柯尼希格雷茨之战中失败。

战中落败也是如此的理所当然，哪怕他一直以来都如此勇敢，如此谨慎。"[2]

　　普鲁士取得胜利所产生的国际影响当然是深远的。战争刚开始时，保持中立的法国政府里有许多人都期望，或者至少是希望这场战争在某种程度上会给法国带来一些好处——这意味着拿破仑三世默许俾斯麦结束战争这一条件给他们留下了不好印象。他们立即开始努力制订一项能让法国在当前这个情形下得到一些好处的政策。特别是德鲁恩·德·路易斯[①]，他觉得作为普鲁士让法国（在普奥战争中）保持中立的交换，本国政府可以通过请求普鲁士王国以领土赔偿的形式，得到有利的外交答复。毕竟正是俾斯麦的所作所为让拿破仑三世有所期待。但是，当双方（进行领土交换谈判的）"账单"的细节最终落定时，普奥两国代表早已准备好了在尼科尔斯堡那里的和平条款上签字。因此，当法国大使贝内代蒂试图提起交付领土的问题时，老毛奇毫不费力地撇开了他（公然无视法国人在战前及战时提出的领土要求）。

　　正如梯也尔[②]所说："在萨多瓦之战（即普奥战争中的决定性会战——柯尼希格雷茨会战）中，被打败的其实是法国。"这种未能如愿得到领土所造成的失落感在当时非常强烈。发生于 7 月 3 日的事件[③]给法国与德意志之间的根本关系蒙上了一层阴影。埃米尔·奥利维尔（Emile Ollivier）于 1870 年就任法国总理，无论对于自己领导的政府还是整个法国来说，这位总理都发挥了极其重要的作用。奥利维尔的观点如下：

　　造成 1870 年（普法）战争的首要原因可以在 1866 年（普奥）战争中找到。那一年就应该永远用黑色标记起来——正是在那盲目的一年里，法国政府接连犯下错误，又尝试着用更加严重的错误对其加以弥补。同样正是在这受到诅咒

---

　　① Drouyn de L'Huys，也译作"吕义"。

　　② 即路易-阿道夫·梯也尔（Adolphe Thiers，1797—1877 年），法国政治家、历史学家。1871—1873 年间，梯也尔担任法兰西第三共和国首任总统。

　　③ 此处具体指代的是 1866 年 7 月 3 日，也就是萨多瓦会战（柯尼希格雷茨会战）发生当日，普鲁士军队决定性地击溃奥地利军队，同时让法兰西第二帝国无从干涉普奥战争。由于拿破仑三世在战争爆发前错误地估计奥地利军队会取得胜利，同时想得到莱茵河附近的领土，因此并没有提前做好军事干预的准备，只能放任普鲁士王国更进一步地实现"统一的德意志国家"这一终极目标。

的一年，当政府的软弱因反对党的发难而变得致命时，整个法兰西以及（法兰西第二）帝国便遭遇了最为严重的威胁。[3]

还未从波希米亚北部传达的普军迅速赢得对奥战争胜利的消息中回过神来，巴黎内部就对采取武装行动的可行性产生了严重分歧：

> 法军高层自然希望介入此事，并且没有对此事产生任何焦虑……坎罗伯特、瓦拉兹、查塞洛普·兰伯特、布尔巴基和维默卡蒂都在等待或积极推动军事行动（的实施）。军队高层似乎已经准备就绪，甚至对此怀着急切的心情。[4]

然而，拿破仑三世本人仍然坚定地认为法国还没有做好开战准备。他对英国大使考利（Cowley）说，如果像奥地利大使理查德·梅特涅（Richard Metternich）所强烈要求的那样在边境驻扎一支观察军队，这对于"德意志民族主义情绪空前高涨，人心激动的当下……不会产生任何效果。相反，外界会对他（拿破仑三世）的意图提出各种傲慢的问题（与要求），而开战将会是必然的结果。但他没有准备好打仗，准备工作也不可能在两个月内完成"。[5]这同样是外国观察者们的观点。在战争爆发前，普鲁士驻巴黎的武官，即精明的冯·洛耶上校（Colonel von Löe）也说过很多类似的话，而且在老毛奇大力支持下，这种观点使俾斯麦得以在签订《尼科尔斯堡停战协定》时要求拿破仑三世摊牌。

拿破仑三世对于补偿的要求——正如一位现代历史学家所指出的那样——源自其内阁的政策，而不是大众的要求。正因为如此，这一政策在尼科尔斯堡谈判期间一直都实行着，但为时已晚，无法取得任何成果；或许该政策本身就不高明，因为在任何

◎ 俾斯麦像，普夫卢克-哈通藏。

情况下它都可能被证明是不起作用的。从法国舆论的角度看，提出有关赔偿的要求是为了消除民众最近在德意志危机期间对本国所实施政策整体上的不满，因此"法国舆论当然对该政策负有间接的责任"；但必须强调，"只是间接地对该政策负责"[6]。然而，普鲁士大使戈尔茨（Goltz）坚定地认为，法国的赔偿要求是"由法国的舆论引起的"。他告诉考利，欧珍妮皇后① 曾对他说，她把事情的现状看作"一个王朝走向终结的开端（le commencement de la fin de la dynastie）"。[7] 不管怎样，拿破仑三世都满足于同年 9 月发布的外交通告：在这份通告中，他将过去三个月里发生的一系列事件全都描述为法国政策的胜利，并在通告里郑重否认了法国在这三个月中存在任何意欲扩张领土的利己行为。

但是，普鲁士惊人的胜利对法国造成的冲击不仅仅是导致其自尊心受损；尽管就波拿巴王朝而言，这始终是一个存在于表面，甚至谈不上具有真实意义的问题。令人沮丧的情绪是如此强烈，以至于它引起了法国宫廷许多人的注意，此后，拿破仑三世认为有必要取得一些成功，来抵消普鲁士人大胜带来的影响；然而随着时间的推移，他没能做到这一点；这甚至在后来形成一种恶性循环，并对 1870 年 7 月他所做出的决策产生了致命影响。

任何战争都可能被认为实际上是完全可以避免的，但同时代的目击者和后世历史学家们也可以使战争看起来不可避免。当那些能做出导致战争的决定的人开始相信在任何情况下这场战争迟早都会到来时，他们在通往战争的"下坡路"上最为有效的，也就是阻止这场战争爆发的道德"刹车"就已经被人为地移除了。正是在这个阶段，那些将要指挥战争的人——军事领导者——所施加的影响可能会变得具有决定性。如果他们能够预料到原先军事平衡的状态在未来某个时候有可能向自己倾斜，那么这种影响就可能直接导致（军事领导者）马上采取行动。也正是出于这一原因，19 世纪下半叶军队动员的复杂性对通往战争，已没有了"刹车"限制的"加速器"产生了强大的推动作用。

当然，那些处于事件中心的人全都表示，普鲁士和法国发生冲突是不可避免。英国驻巴黎的武官克莱蒙特上校（Colonel Claremont）总结了大多数

---

① Eugénie，通称"蒙提荷的欧珍妮"，是法兰西第二帝国皇帝拿破仑三世的妻子和法国最后一位皇后，出身于西班牙一个贵族家庭，1853 年同拿破仑三世结婚。

外国观察员对法国军事态度的看法，他写道：

> 在将来某个时候向普鲁士发动战争是确定无疑的事情，这一点似乎从未被（法国）军队的任何军官怀疑过。时间可能会改变他们的观点，但我从未见过他们在任何问题上如此激动；他们中最理智、最安静、最明白事理的人也公开表示，这是皇帝必须面对的问题，普鲁士人的侵略使他们必须再次把莱茵河作为他们的边界线。[8]

考利也向斯坦利勋爵（Lord Stanley）复述了这种观点，尽管侧重点有所不同。虽然正如考利本人所说，他对自己关于国内事务的判断一般都是"不信任的"，但他还是这样写道："我从各个方面都听说这个国家，特别是军队非常不满。这不是说人们关心边境线的延伸，而是他们不能容忍皇帝对普鲁士的恩惠。总的来说，战争已被认为是不可避免的。"[9]

直到1866年接近尾声，公众舆论仍在持续影响拿破仑三世的思考——至少在他自己看来是这样的。他告诉考利，法国正遭受"不安和不满足"（une malaise et une mécontentment）的折磨，他认为这完全是"普鲁士所选择的立场引起的；与此同时，这（普鲁士选择的这一强硬立场）引发了，或者说是唤醒了法国以往对于普鲁士的强烈敌意"。他接着抱怨称，这一切都应该归因于德意志人表现出的不良意图，再加上"德意志媒体都在暗示法国理应将阿尔萨斯和洛林归还给德意志，这简直就是普鲁士人故意表现出来的一股令人难以相信的恶意"。[10]边境两侧鼓吹沙文主义的媒体评论使局势保持着高温。比如在1868年5月，法国公开出版了一本匿名小册子。这本小册子公然宣扬法国应该打一场"猛烈的、短暂的，但具有决定性的"预防性战争，最终目的是在普鲁士的军事实力与法国相等前便彻底将其击败。[11]

几乎可以肯定的是，由于害怕与普鲁士人交战，再加上交战时可能存在的风险，拿破仑三世私下退缩了。但他和欧珍妮都准备在他们认为条件成熟的时候，点燃法国的战火。1867年，在自己试图兼并卢森堡的失败尝试期间，皇帝就曾告诉戈尔茨，如果荷兰国王签署了拟好的协议，且普鲁士人拒绝从他们所驻扎的（德意志）邦联要塞撤离，那他就不知道该如何避免战争了。据考利说，几天前，欧珍妮曾以一种很有说服力的语气告诉梅特涅，他们"非常恼火于普鲁士人的行径"，不过他们没有抱怨，因为"一个伟大的国家不应该抱怨——直到她（这个伟大国家）准备采取行动……军事准备正在大规模地进行，希望到年底时，一切都能准备好"。梅特涅个人的结论是："（法国）与普鲁士的战争迟早会发生，而且双方都在努力为此做准备。"[12] 每当人们认为公众舆论已经或可能对政权不满时，"危险仍然存在"这种言论就可以从法国领导人那里听到；拿破仑三世经常和考利谈论法国的舆论状况，比如"目前，在这个不稳定的国家里，各种事态都不会持续存在太久时间"。

然而，拿破仑三世并不缺乏像这样的，比他在巴黎的温室气氛中所能听到的言论更加冷静且明智的建议来源。他派驻柏林的武官斯托菲尔（Stoffel）向国内发送了一系列经过缜密思考和分析而写出的报告，这些报告与普鲁士军队的状况有关，也会时不时描述一下总体形势。当拿破仑三世明确要求他报告战争前景时，这位武官毫不含糊地在 1869 年 8 月 12 日阐述了这样的观点：

1. 战争是不可避免的，而且在意外面前毫无办法（阻止战争）。

2. 普鲁士无意攻击法国，她不寻求战争，并在尽己所能避免战争。

3. 但普鲁士有足够的远见，她知道她不希望发生的战争肯定会爆发；因此，她正在尽一切努力避免在致命的事故发生时感到惊讶。

4. 法国粗心大意且欠缺考虑，尤其对局势一无所知，不如普鲁士那么有远见。[13]

斯托菲尔的观点与法国大使贝内代蒂完全一致。后者也一再强调，法国不必担心普鲁士的无端攻击。关于俾斯麦的目标，他在 1868 年 1 月 5 日这样写道：

正如我所说，他（普鲁士首相）不是想攻击我们，正如我冒着承担重大责任的风险重申的那样，因为这是我的深刻信念。他的目标是解放美因河，并在普鲁士国王的领导下，把南德邦联并到北德意志邦联中。我还要补充一下，如果法国公开阻止他（俾斯麦）实现目标，他也提出了这样的建议——如果有必要，可以通过使用武力来达成相关目标。[14]

尽管莱茵河对岸要比法国平静一些，但冲突迟早会发生的观念已经广泛传播。老毛奇就属于始终认为与法国的战争不可避免的那类人。在他看来，他的职责就是随时（为战争）做好准备。1867年5月，老毛奇写信给弟弟阿道夫，他似乎不为战争在不久的将来发生感到遗憾，原因如下：

卢森堡问题目前很难引发战争。路易·拿破仑必须意识到他并没有为战争做好准备，但他不能对自负的法国人直接这么说；巴黎的公众舆论非常激动，受党派精神的鼓舞，爆发战争并非不可能。对我们来说，没有什么比即将爆发的那场战争更好的了，战争应该立即开始，而奥地利人很可能在东线作战。[15]

第二年，考虑到拿破仑三世的立场，老毛奇在写给阿道夫的信中表示："我不相信法国国内的问题会和平得到解决。从另一方面看，他（法国皇帝）只会在找不到其他方法的情况下，选择战争这样一种一掷千金的豪赌行为①。更好的保证在于，仅法国一国实力太弱，而奥地利还没有准备好。"[16]

同欧洲其他各国的人一样，当时的德意志人也普遍这样认为：对于欧洲的整体和平来说，最大的威胁便是法国的领土野心。这一观念，再加上德意志人长期以来对法国国格的恐惧和厌恶进一步有力证实了老毛奇的观点：战争势必来临。在老毛奇于1860年写就的一份早期备忘录中，他便指出法国"意欲吞并比利时、莱茵省，甚至包括荷兰。此外，如果普鲁士的各路集团军一直停留在易北河畔或是奥得河畔[17]，她（法兰西）就会有充分的把握获取这些领土"。柯尼希格雷茨会战（的政治外交影响）对法国民族自尊心造成的伤害，肯定会使这场冲突来得更快。1866年11月，老毛奇发现自己有必要加强在法国的情报收集工作；于是，他派出时年33岁的阿尔弗雷德·冯·施里芬②上尉，让后者加入常驻法国巴黎的洛耶上校的参谋团队当中，目的是勾勒出己方对法战争

---

① 原文写作"va banque"，这是一个赌博术语，希特勒在对波兰宣战前也常用这个词来形容自己的军事冒险行为。

② Alfred von Schlieffen，德意志帝国陆军元帅，在1891—1906年间任德意志帝国总参谋长，"一战"时期大名鼎鼎的"施里芬计划"提出者。

计划的可靠蓝图（这需要他们对法国巴黎的详细情况进行调查）。

宫廷圈子的舆论氛围反映了普鲁士对法国的普遍看法。1867 年 2 月，王储对俾斯麦说道："不可否认的是，法国人的恶毒和野心危及我们的政策。我们必须勇敢地面对危险，但这场大战对于我们来说太'大'了，我方无法挑起。然而，我对你在 1 月 31 日表达的应避免与法国开战的方式感到非常放心。"[18] 俾斯麦回头一想，他觉得自己可能高估了与法国人作战的风险，这风险是本不应该避免的，但他想尽量拖延：

> 我毫不怀疑法德战争会在德意志实现统一之前就成为现实。当时的我正全神贯注于"在我们的战斗力得到增强之前"，尽力推迟这场战争的爆发。考虑到法国人在克里米亚和意大利战场上所取得的成功，我认为与法军交战是一件危险的事——但事实证明当时的我确实高估了这种危险。[19]

俾斯麦一再强调自己的观点：忽视历史潮流是愚蠢的。比如在 1869 年 2 月，他向身处慕尼黑的普鲁士部长冯·沃森① 表示：

> 我同样认为接下来可能发生的暴力事件将有利于实现德意志的统一。但这份使命感要是引发了一场暴力性质的灾难——那就是另外一回事了。纯粹主观地对历史的进程进行干涉，往往只会让尚未成熟的果实就此枯死；同时我认为，在当前情况下，德意志的统一显然还不是一个成熟果实（无法实现统一）。

同一年晚些时候，他用自己熟悉的术语明确了自身职责："至少我没有傲慢到以为像我们这样的人能够创造历史。我的任务是尽我所能地保持他们的思

---

① 确切地讲，此人并不是部长，而是普鲁士方面一个相当重量级的负责与南德各邦协商事务的外交特使，全名乔尔格·冯·沃森－贝赫林根伯爵（Georg Graf von Werthern-Beichlingen），生卒年为 1816 年 11 月 20 日至 1895 年 2 月 2 日。1848 年任驻杜灵特使，1849 年任驻马德里特使，1852 年任驻维也纳大使，1859 年任驻瑞典特使，1862 年赴任里斯本；1864 年重返马德里，1867 年任普鲁士王国驻（巴伐利亚王国首都）慕尼黑特使，作为俾斯麦的重要朋友负责与巴伐利亚国王路德维希二世协商同盟及合并事宜，并最终促成了 1870—1871 年间巴国加入德意志帝国。

潮，好好操控我的船。我无法指挥思潮，更不能创造思潮。"[20] 在本国战胜奥地利后，俾斯麦最紧迫的任务是让新诞生的北德意志邦联在宪法层面上成为一个法律事实（constitutional reality）。他于1866年秋开始这项工作，到第二年春，他已经获得了有权立法的必要批准。起初，俾斯麦曾考虑将德意志邦联议长的职位交给其他人，而自己仍然担任普鲁士的首相；但他很快就意识到了亲自合并这些职位带来的实际好处。

在这种相互猜疑，误认为自身民族自豪感被对方轻视的敏感背景下，未来四年内发生的各种事件最终导致了普鲁士和法国走向冲突。在卢森堡危机①所引发的战争恐慌期间，俾斯麦可能并没有对这一危机本身产生特别强烈的感觉；如果整个德意志的舆论，或者比这更重要的（普鲁士国王）威廉的态度能准许他放手一搏，那么他会毫无疑问地默许法国收购土地的事情，此举可能暂时性地修补法国人那"受了伤的感情"，正如那些为拿破仑三世出谋划策者所建议的那样。但他很快就意识到这是不可行的，并十分感激地接受了解决方案：1867年5月的伦敦会议所得出的结果，使军事要塞保持中立。老毛奇对此并不是特别满意，尽管普鲁士将部队驻扎在卢森堡境内这件事究竟能为己方带来多少军事方面的价值很值得怀疑，但他很快便询问冯·罗恩②，他们（普鲁士的战争部）是否考虑建造一个新的要塞，弥补因此（即卢森堡要塞维持中立）带来的损失："加固萨尔路易（要塞）是最明显不过的选择，但这没有考虑过地形上的因素，特别是萨尔河右岸存在不利于修建一个规模被进一步扩大的防御工事这一地理事实；我们最近才明白，想要在边界附近不远处修建新要塞或扩大任何原有要塞，实际上都要面对重重困难。"无论如何，要塞都不可能及时完成，因此不能为当前的战争危机提供任何形式的帮助。[21] 到同年7月，老毛奇已经坚定地得出这样一个结论——任何想要扩大萨尔路易要塞的计划都应被排除在外——毕竟他相信（国内发达的）铁路网会比边境上的要塞更有价值；

---

① the Luxembourg crisis，是1867年法兰西第二帝国与普鲁士两国之间围绕着收购卢森堡的政治地位问题所造成的外交纠纷及对立。此次对立差点导致双方开战，但最后经由《伦敦条约》和平解决了危机。

② von Roon，战争部部长，普鲁士军事改革的主要推动者。

9

◎ 普鲁士国王威廉一世，林德奈（Lindner）藏。

因此，这项计划并没有继续执行下去。

对于老毛奇来说，最为重要的任务之一便是同南德各邦那些能与他对应的人物（也就是南德各邦的军事领导人），建立并保持密切联系。甚至早在《布拉格条约》（the Treaty of Prague）签署之前，俾斯麦就采取了决定性的步骤，来进一步加强普鲁士的军事安全，并在当时就已经与巴伐利亚王国、符腾堡王国，以及巴登大公国签署秘密的共同防御条约。虽然这些条约主要针对的是当时法国可能对普鲁士执行的复仇政策，但它们在营造军事合作的氛围上同样起了很重要的作用。1867 年，在卢森堡危机最严重的时候，这些条约的公布给了法国一个相当明确的警告；然而，法国领导人对此选择忽视——拿破仑三世一直坚信的是，当法国要与普鲁士决一死战时，她（法国）就必须做好独自奋战的准备。

南德各邦的军事领导人比他们的文官同僚更务实，他们（比起文官）更加积极地接受了在这场显然不可避免的战争中，就有关问题展开军事上的密切合作（这一点）是必要的：虽说此时的老毛奇仍必须考虑，他与他们（南德军事领导人）之间的对话显然会受到政治现实的限制。比如在 1868 年 5 月 13 日这一天，他在向俾斯麦报告自己（前者）与巴伐利亚王国及符腾堡王国两国代表进行的会议内容时就曾指出："问题不在于要求南德各邦去思考为了达到战争目标，在军事上怎么做才是正确的，而在于仔细考量这一点——在他们适当考虑自身安全的情况下，就其能够做出和将要做出的行动提出要求。"以优势力量向法国发动一次进攻，会使所有的法国军队忙得不可开交，从而起到保护整个德意志，使其免遭法军入侵的战略效果。"但这将涉及政治上的主导权问题；同时，北德意志邦联也应在军事方面比南德各国做出更加充分的准备。"[22] "如果想让南德各邦参与战争，普鲁士就必须率先发起攻势"——这个观念在接下来几个月里一直影响着老毛奇的思考。当然，他所给出的预测肯定不会认定这（普鲁士率先进攻法国）将是这场战争爆发的前提；但他也毫无疑问地认定，这场势必会攻入法国本土的战争即将来临。

因此，老毛奇孜孜不倦地展开了各项工作，让北德意志邦联的军队为即将到来的冲突做好准备。1867年6月，他陪同国王和俾斯麦参加巴黎展览会。像往常一样，他静静地观察着自己所能看到的一切东西。布洛涅森林公园大道上大约有4万名法国士兵，他注意到这些人"装备不错，马也很好"。他借此机会见到了法国著名的军事领导人，如尼埃尔①和康罗贝尔②，并与拿破仑三世和沙皇进行了交谈。老毛奇认为，最后者"渴望和平与管制政策"。像往常一样，他把这一切都记录在了写给妻子玛丽的信中。[23]

然而，这样的闲暇让老毛奇有了另外一个与众不同的关注点。他从对自己心存感激的普鲁士王国议会那里得到一笔拨款，这使他拥有条件，仔细研究（该在哪里）购置合适的地产。1867年8月，他发现西里西亚施韦德尼茨（Schweidnitz）附近的克里索（Creisau）正是自己向往的地方——在老毛奇此后的余生当中，克里索也确实让他得到极大的满足，并为他提供了安静沉思的机会。1868年，老毛奇和玛丽在那里度过了一个愉快的夏天，但他在这个新家里陪伴于后者身边的快乐时光是非常短暂的：就在那年的秋天，她发烧了，并在接受数周的折磨之后于圣诞节前夜去世。老毛奇彻底垮掉了，他在给自己兄弟阿道夫的信里写道："我不希望她再次醒来，她生前的日子是难得一见的幸福美满，而且摆脱了（她那个年龄的）老年人特有的悲伤（也就是说她已经活得足够充实了）。她那开朗和虔诚的性格深受大家爱戴。"[24] 老毛奇的妹妹奥古斯塔（Augusta）一直同他生活在一起。12月26日，奥古斯塔写信给自己的女儿：

也许从来没有一个人会像赫尔穆特那样为自己的妻子哀悼，他是如此深

---

① Niel，全名阿道夫·尼埃尔，法国陆军将领及政治人物。

② 即弗朗索瓦－塞尔坦·康罗贝尔（Francois－Certain Canrobert，1809—1895年），法国军队元帅、政治人物，出身于军人世家。1870年普法战争时，他指挥的军队在圣普里瓦战斗后被迫撤到梅斯要塞；巴赞的军队在梅斯投降时，他也被俘。战后，他回到了法国。

情。在她床边，没有人能比他更令人安慰，更细心，更体贴，更投入……她去世的第一天里，他似乎只觉得她是从漫长的痛苦中解脱了。但是现在，他感到多么孤独，他是多么迷恋她啊，用尽了他所有的爱和尊敬。他的外表和内心都变了，他压抑的温柔和深情突然全部流露了出来。[25]

这（玛丽的去世）对于老毛奇的潜在影响，以及对于他的国家的影响并未给他人造成损失。王后在她的吊唁信中这样写道："愿你的信任、忠于职守的高贵品质、对你所哀悼的忠实朋友的怀念、为国王和祖国服务的使命都能给你力量，让你能够勇敢地承受这些苦难。"[26] 她派人去请奥古斯塔，向她强调老毛奇的生活安宁对于国家的重要性。王后担心的是，老毛奇性格孤僻，他可能会逐渐退出公众生活，最终放弃自己的职位。正如王后所认为的那样，奥古斯塔有责任和她的丈夫一起生活在老毛奇身边，帮助最后者度过他刚失去妻子这段不幸的时间。于是，事情就这样被安排好了。

玛丽从来没有远离过他的思想。在克里索的时候，老毛奇每天都会去她的坟墓那里，把鲜花放在坟墓旁边，并在信中经常提到她。工作之余，他最关心的就是克里索；他积极致力于恢复和改造庄园、设计绿地、修建桥梁和道路。他总是特别关注工作中的每个细节，并严格地节约开支，也一直很关心庄园工人的幸福。他尽可能多地待在了克里索，通常与他深爱的大家庭成员在一起。他一直在孜孜不倦地为即将到来的战争做准备，但他和其他任何人都没有料到，西班牙王位继承人问题会成为这场战争的导火索。

霍亨索伦王室成员成为西班牙王位继承权一大候选人的问题，引发了相当广泛的关于俾斯麦的争议：这些争议的内容涉及他在西班牙王位继承权问题当中的参与程度，以及这一问题所引发的政治危机究竟在多大程度上其实是他精心计算而得出的结果。其中的一部分实际情况甚至到了现在（或者说进入 21 世纪后）也不是特别清楚。但事实大体是这样的，到 1869 年秋，当时的俾斯麦正在鼓励西班牙政府，考虑从（统治着普鲁士王国的）霍亨索伦王室的天主教分支当中挑选出一位亲王，作为当时正处于空缺状态的西班牙王位的候选人。对于俾斯麦任何"反思和回忆"的思考，都无助于对这起事件的真相所进行的探究，因为现如今的我们没有发现任何迹象，来证明当时的俾斯麦在积极推动一名来自普鲁士霍亨索伦王室的候选人参与王位继承权选举，反而只能发现他本人在政治及军事层面上"对整个问题漠不关心"；至于1870年7月2日所爆发危机之前的一系列事态发展，他也没有特意提及。[27] 他在回忆录中指出，让一个属于霍亨索伦王室的候选人成功获选，成为西班牙国王在军事层面上没有任何意义，并就此事进行了这样的观察："西班牙政府不可能——特别是处于一个（在王国议会面前不占优的）异族国王的统治下——出于对德意志的热爱，从而派出哪怕仅仅是一个团的兵力翻山越岭，往比利牛斯山另一头的德意志那边去。"[28] 但这一说法同他自己在1870年3月呈交的详细建议中所表达观点的总体基调是完全不一致的——后者的大意是，对于普鲁士来说，让一个霍亨索伦亲王坐上西班牙王位的战略效果，堪比己方增加了一到两个军的兵力。

后来发生的事实证明，这种情况最终使俾斯麦以相当聪明的机会主义的方式，将发展中的局势转变为普鲁士的优势，从而朝着他的最终目标迈出了一大步。并在最后涉及了一场他早已预料的同法国之间的战争——尽管在考虑这个问题（西班牙王位继承权之争）时，他在最开始并不一定想到了它竟会演变成这样一场战争。

然而，俾斯麦对于这件事的处理自始至终都是非常狡猾的。不管其本人后来怎么宣称，他无疑在很久之前就已经预见到让霍亨索伦王室成员登上西班牙的空缺王位，将能够在经济、军事和政治等层面上给德意志人带来的显著优势。1870年3月9日，他在写给威廉国王的一份冗长的秘密备忘录中列举出了支持这一想法的理由，并在备忘录里敦促包括罗恩、老毛奇和王储在内，众多反对这一想法的关键人物召开会议来研究此事。威廉在备忘录上的批注表明他非常厌恶这个提议，他绝对不会向利奥波德①或其父——霍恩索伦王室的卡尔·安东 (Karl Anton of Hohenzollern)，下达利奥波德必须接受西班牙王位的命令。

俾斯麦提议召开的会议于3月15日正式举行。当时，国王最信任的几位

---

① 全名利奥波德·斯特潘·卡尔·安东·古斯塔夫·爱德华·塔斯洛·弗斯特·冯·霍亨索伦（Leopold Stephan Karl Anton Gustav Eduard Tassilo Fürst von Hohenzollern，1835年9月22日—1905年6月8日），出生于克劳亨维斯。于1869年成为西班牙王位的继承人，但未登基。罗马尼亚国王卡罗尔一世是他的弟弟，罗马尼亚国王斐迪南是他的次子。1861年，利奥波德与葡萄牙国王斐迪南二世、女王玛丽亚二世两人的次女安东妮亚公主结婚，育有三子。

顾问也纷纷表示支持俾斯麦的提议，但国王仍然不愿意在这件事上采取行动。为了最大限度地保密，这场会议发生在一场私人晚宴上，大家只是在晚宴期间相互交换了意见，它甚至算不上一次正式的内阁会议。通过北德意志邦联议长德尔布吕克（Delbrück）及老毛奇之间的交流，我们可以判断，那场与法国进行的战争早就已经被普鲁士高层认为是将霍亨索伦王室成员扶上西班牙王位可能造成的结果。"如果法国皇帝拿破仑要与我们交恶，我们准备好了吗？"德尔布吕克这样问道。对此，老毛奇坚决地点了点头。[29]

然而，利奥波德亲王还是根据自己的判断，拒绝了这个提议（继承西班牙王位）。随后，俾斯麦开始考虑让利奥波德的弟弟弗雷德里克填补这个候选人空缺的可能性；但到了 4 月底，弗雷德里克同样表示不愿意接受王位。俾斯麦心烦意乱，他极为恼火地对德尔布吕克说道："西班牙王位继承权问题发生了一个糟糕的转折。亲王们的个人意愿和比利牛斯山另一头的女性的影响力，已经高于不容置疑的国家利益。几个星期以来，我都对这件事感到很恼火，这使我的神经负担沉重。"[30] 然而不管怎么说，他在候选人事件上都没有被真正意义上地彻底击败，而是继续与西班牙独裁者普里姆进行着进一步的秘密谈判——这位普里姆有可能收受过俾斯麦的贿赂，但也可能没有。通过对卡尔·安东施加进一步压力，利奥波德还是被说服了，并于 1870 年 6 月初终于表示准备接受王位。6 月 21 日，威廉国王"怀着沉重，而且是非常沉重的心情"，同意利奥波德接受王位。俾斯麦坚持不懈的努力终于使他实现了自己的目标。

到目前为止，俾斯麦已经实现了他的目标。他竭力排除了一切能让人看出其本人是整个事件推动者的可能性。他通过自己所信任的特使布彻赫（Bucher），非常谨慎地建议普里姆应该怎么公开利奥波德将继承王位的相关事宜。

不过，他对这一事务下一个阶段所采取的极为谨慎的态度，在一个偶然因素影响下变得彻底无用了。普里姆的谈判代表萨拉查（Salazar）发回的电报向本国报告了利奥波德愿意接受王位的事，但没有说清楚谈判的最终结果；因此，普里姆将西班牙国会相关活动推迟到了这一年的秋天。任何秘密都不可能保持这么长久的时间而不被泄露。很快就有人泄露风声。而 7 月 2 日危机爆发的肇始，便是普里姆向法国驻马德里大使确认这起事件的真实性。17 天后，法国宣布开战，但由于随后一系列复杂的政治操作，最终成功控制局势的人反而是俾斯麦。历史学家们仔细研究了这 17 天，试图找出战争爆发的确切原因，并认真注意到了俾斯麦在这件事情上所采取的积极、巧妙的处理手段——虽说这些处理手段有时似乎不太可能产生他真正希望的结果。

当外交上的大爆炸正式开始时，德意志的姿态无论如何都不可能会比现在表现出的样子更加和平。俾斯麦像往常那样，回到了瓦森的庄园；国王和一位资历相对较浅的外交官员阿贝肯（Abeken）远在温泉疗养地；利奥波德在奥地利，与事件完全失去联系；卡尔·安东则位于锡格马林根（Sigmaringen），具体是在他家里。和往常一样，老毛奇待在克里索。显然，普鲁士的统治者们是再也不会表现出比这些更能令人信服，假装自己不知情的"天真无邪"的举动了，这与出离愤怒的法国政府在收到这些消息时所感受到的绝对惊讶是遥相呼应的。

法国对这一形势的第一反应，便是让本国驻柏林大使勒苏尔（Le Sourd）叫来普鲁士的国务部部长冯·泰尔（von Thile），并质询普鲁士政府对于此事的了解程度——而法国人得到的答复也是完全可以预料的——"没什么好说的，"泰尔这般说道。虽然他私下里早就知道西班牙方面曾考虑由一个霍亨索伦王室出身的亲王出任王位继承者，但这是西班牙王国自己的事情，并不是普鲁士王国的。对于普鲁士驻巴黎大使冯·韦瑟（von Werther）来说，法国政府给出的评论和回应是直接而有力的，此人对于俾斯麦扶植西班牙王位候选人这件事一向没有信心。这位韦瑟在威廉国王动身前往计划已久的埃姆斯的前夕接受了采访。毫无疑问的是，法国对于这场危机做出的强烈反应让他左右为难；因此，他只得承诺自己会把这件事转达给远在埃姆斯的国王。

俾斯麦对于法国人所采取举措（démarche）的第一感觉便是"（这样做）非常不礼貌"[31]，他立刻开始集结自己的外交力量，以迎接这一挑战。他当前最为紧迫的任务是阻止法国人接近威廉国王，或者无论如何都要阻止他们让他那有和平倾向的君主（在法国人面前）有所让步。韦瑟提议，让法国人前去埃姆斯；而他们也确实于 7 月 6 日动身出发。如果他们（法方）向威廉如实描述了巴黎方面所发出的好战声音，那这一提议将会是十分危险的。威廉的回应则是写信给卡尔·安东，列举了当前形势所隐含的危险。

而在前一天的巴黎城内，有一位名叫科舍里（Cochery）的左翼代表，向政府提出立法团^①的一项质询。7月6日，法国外交部部长格拉蒙（Gramont）以一种明确无误的语气给出回应，表示法国人尊重他人的权利，但这并不意味着他们会允许"它（普鲁士霍亨索伦）的一个亲王坐上查理五世（'哈布斯堡王朝争霸时代'的主角，也是西班牙日不落帝国时代的揭幕人）生前用过的王座"。他在讲话结尾时这样表示："政府知道如何毫不犹豫，毫不软弱地履行我们的职责。"³² 这一声明受到了议员们热烈的掌声欢迎。

开战的最终原因^②正变得越来越清晰，但奇怪的是，身在瓦森的俾斯麦对格拉蒙所发表宣言的反应竟被延迟了24个小时。当格拉蒙的宣言传来时，它的表达方式可能早在俾斯麦的意料之中——按照他的话来说，格拉蒙的措辞"傲慢和无礼到了出乎所有人预料的程度"。³³ 可以肯定的是，国际社会对于这次演讲的反应给了俾斯麦相当充分的理由，让他有资格愤愤不平——如果这（愤怒的态度）是他此刻应该表现出来的姿态。英国驻巴黎大使里昂勋爵（Lord Lyons）则是非常清楚地看到格拉蒙已经进入外交死胡同。他在7月7日向格兰维尔报告说："法国沙文主义的爆发是非常不幸且值得别人警惕的。毫无疑问，目前（法国）政府人士希望的是，在没有实际爆发战争的情况下传达自己的观点；但他们并没有给自己留下退路，让自己陷入了无路可逃的境地。"³⁴

7月8日，正在休假的法国大使贝内代蒂（Benedetti）被紧急召回，他将启程前往埃姆斯，面见威廉国王。第二天下午，他与威廉进行了一次冗长但毫无结果的会面。贝内代蒂描述了国王的回应，其大意是他（国王）觉得自己无法就这件事，向卡尔·安东或自己的儿子下达命令。正如法国总理奥利维尔所写的那样³⁵，这"既没有减少我们的困惑，也没有消除我们的忧虑"——更何况这是在国王向大使承认俾斯麦对此已经知情的情况下。³⁶ 无论如何，从法国的角度来看，贝内代蒂在这次会议上的陈述并没有立即产生良好的效果。在与

---

① Corps Législatif，大革命时期的法国立法机构，曾一度于1814年6月4日被复辟的路易十八废除。拿破仑三世掌权后，他通过1852年时的宪法重组了立法团。此时的立法团成了法兰西第二帝国的下院，其成员由普选产生，任期为六年。这些普选共进行过四次——分别在1852年2月、1857年6月、1863年5月31日，以及1869年5月。其大臣全由拿破仑三世任命，且仅对他一人负责。

② ultimate casus belli，拉丁语"开战理由""开战借口"之意。

贝内代蒂会面后，威廉又把韦瑟派去巴黎；这引起了俾斯麦极大的恐慌，因为他担心韦瑟会过于迎合法国人的要求。身在巴黎的奥利维尔本人绝不是一个咄咄逼人的政治家，他现在开始觉得死亡是命中注定，并在 7 月 10 日写给格拉蒙的信中这样表示："从这一刻起，战争就似乎已经被强加到了我们身上，我们只能以充沛的精力，无畏地做出决定。"[37] 因此，法国当局采取相应举措，为战争做起准备；其中最重要的一项举措，便是命令法属非洲军准备回到法国本土。

有关法国正在展开这些备战工作的消息使威廉感到震惊，同时也让俾斯麦清楚认识到目前危机的严重程度。他的反应相当快。从现在起，所有的事态发展都必须如实告知总参谋部，俾斯麦自己同样准备好了接受这么做会显而易见造成的后果——战争的爆发。尽管他试图平息威廉的恐惧，同时劝阻后者尽量不要影响利奥波德先前所做出，同意成为王室继承人的决定：因为即便霍亨索伦王室最终选择退出（西班牙的王位选举），普鲁士王国的威望至少也不应该因为参与了这一项决策而受损。然而，俾斯麦不知道的是，威廉已经对这一关键形势采取行动——他派出自己的副官冯·施特兰茨上校（Colonel von Strantz），命其前往锡格马林根。

话题暂且回到埃姆斯一边。就在 7 月 11 日，威廉再次见到贝内代蒂，现在的他（前者）正备感焦虑地极力避免普法两国关系的破裂。为此，威廉不可避免地装出了一副极度狡猾善变的样子——尤其是在利奥波德亲王身处这一关键时刻，却没有同他人进行任何形式联系的情况下。贝内代蒂对这次会面很不满意，并向格拉蒙进行了详细汇报。[38]

与此同时，俾斯麦本人亦在焦躁地应付谈判，因为他担心威廉国王压根就不会利用他（俾斯麦）认为独一无二的这个机会——事实上也的确如此。就在与贝内代蒂会面的同一天，普鲁士国王表示同意俾斯麦动身前往埃姆斯。于是，在第二天（也就是 7 月 12 日），俾斯麦乘着马车从瓦森启程。就在即将出发时，他看见一位老朋友站在门口，前者便做了一个手势：这无疑是在表明，他笃定自己此行就是要去打仗了。[39] 老毛奇同样被传唤到柏林，但他的回应不如俾斯麦那么引人注目。正当他和弟弟阿道夫及家人准备乘车外出时，一个电报信使（telegraph boy）让他们停了下来。在读完信使交给自己的这封电报后，老毛奇一言不发地将它放在口袋里。除了比平时更安静之外，从他的举止中完全看不出什么变化。当他们到家时，他便立即从马车上跳了下来，还这样说道："这是件蠢事。今晚我就得赶往柏林。"而在动身出发前，他把这一天剩下的绝大部分时间都花在了书房里。[40]

除此之外，在铁路旅行中经历令人沮丧的延误后，施特兰茨上校于7月11日晚上到达锡格马林根。在那里，他发现卡尔·安东愿意在利奥波德没出席的情况下，为其（利奥波德）做出决定。7月12日凌晨，卡尔·安东决定退出竞选。当天早上，宣布利奥波德退出竞选的电报从锡格马林根发出。

那天早上，在所有收到这一重大消息的人里，没有人比俾斯麦（得知该消息时）表现得更震惊：当天上午，他正赶回自己位于柏林市区的住所。正如他后来在自己回忆录中所写的那样，他当即做出的反应便是："就此撒手不干，因为在经历之前所有的傲慢挑战之后，我从这份满是敲诈勒索的呈递文件中，看到了法国人对于整个德意志的羞辱，而我并不想为此负责。"[41] 在阿贝肯发来的电报副本里，"必须由亲王本人直接与马德里方面进行沟通"这一行字的旁边，他（俾斯麦）愤怒地草草写道："沟通？为什么要这么做？沟通什么内容？那又会怎样？"同时，他还在这一封电报的另一个批注旁这般讽刺地写道："这可真是太好了！"他还在"同意"一词的下面画了下划线，并在这个词一旁补充性地写道："（同意）什么？？？"[42] 这些旁注清楚地表明，他在那一天里压抑着的愤怒有多深刻。而在其本人对于此事的叙述中，俾斯麦是这样记录的——他声称自己是与老毛奇及罗恩共进晚餐时得知这个消息——虽然有证据清楚地表明，他在刚抵达柏林时便已经收到这个消息。有历史学家曾质疑他打算辞职的言论到底有多少认真的成分在内——虽说他在做出情绪化的反应方面一贯是迅速的。但在事态的那个发展阶段，真正值得怀疑的是当时的俾斯麦是否真的觉得自己必须认输；或者说他是否真的觉得法国及德意志之间的问题，能靠自己的让步就这么轻易地得到解决。不管怎样，他当即决定派出普鲁士的内政部部长冯·欧伦堡（von Eulenburg）前往埃姆斯，他本人则继续留在柏林城内。他希望欧伦堡可以在未来的关键日子里，对威廉施加积极的影响。

事实上，俾斯麦在那一刻确实遭遇了一些非常严重的问题。身处埃姆斯的威廉在得到利奥波德亲王宣布放弃王位继承权的消息后感到非常宽慰，而巴黎人的第一反应更是欣喜若狂。基佐①羡慕地说，这是他见过的最伟大的外交胜利；与此同时，梯也尔也这样认为："这基本算是为萨多瓦（之后受到的外交屈辱）复仇了。"[43] 但是，法国政府在审议这一问题的过程中肯定仍然抱有一些恶毒的情绪，因为事实正如奥利维尔指出的那样，由于利奥波德的放弃（即关于继承权的宣言）并没有被接受，因此（普鲁士）国王无疑曾参与其中，身在巴黎的人们认为有必要获得一些更正式的满足。在巴黎，公众的情绪仍很强烈，但卡尔·安东的放弃（竞选）宣言并没有缓和这种情绪。因此，格拉蒙采取了几个极具毁灭性的举措，直接把法国带到悬崖边缘。7月12日下午，他建议现在已从巴黎返回埃姆斯的韦瑟，给拿破仑三世写一封对威廉有所帮助的解释信；对此，韦瑟表示同意将这个建议转达给国王。那天晚上，在格拉蒙和拿破仑三世会面之后，贝内代蒂收到两封电报，其中第一封（电报）要求他再次面见威廉，希望威廉能够保证不再认可利奥波德的候选人资格。第二封电报的语气更加强烈，它奉的是皇帝拿破仑三世的命令，这也使奥利维尔有所警惕。格拉蒙强调，这些指示的语气之所以比较强烈，是因为公众舆论的力量（导致代表法国政府的他们不得不这么做）——就在第二天，也就是身处埃姆斯的贝内代蒂执行这些命令时，这一切都将被证明是决定性的。

在这一切事态仍然发展的同时，英国政府一直焦急不安，但其尝试阻止局势下滑到两国进入战争状态的外交努力毫无效果。7月10日，就在卡尔·安东宣布放弃继承权之前，里昂勋爵就曾认为战争是一件在未来几小时内便会发生的事情，因为"法国人越来越兴奋了。他们认为这一次是普鲁士人在提前准备（以发起战争）。如果这种兴奋情绪持续下去，法国人可能会通过要挟亲王放弃继承权，或是以其他借口挑起一场争吵——即使亲王选择退出继承权之争"。[44] 这一出现在写给外交大臣格兰维尔勋爵的私人信件中，客观而富有先见之明的评论相当公正地评价了巴黎打算让事态公开化的真正意图。里昂立刻意识到，对于现在的法国政府来说，单单让亲王宣布放弃（这一事件本身）是不够的；格莱斯顿和格兰维尔急忙告诉法国人，声称如果战争真的发生，承担挑起战争

① 即弗朗索瓦·皮埃尔·吉尧姆·基佐（François Pierre Guillaume Guizot，1787年10月4日—1874年9月12日），是一名政治家，1847—1848年间任法国首相。

这一责任的将会是法国一方。然而在事实上，其他任何某个国家的政府都再也无法对这个早已被自身矛盾所激发的动力推波助澜的紧张形势施加任何影响。

7月12日夜间，韦瑟通过一名信使，将包含格拉蒙所提出建议的报告发往身处埃姆斯的（普鲁士）国王那里，但这份报告一直等到紧急事件发生后才被实际送到目的地。身处埃姆斯的贝内代蒂通过电报立即收到指示，他觉得自己有义务尽快采取行动，其中部分原因是可以预见的俾斯麦在抵达埃姆斯后所造成的威胁，目前已笼罩在了他期望能从这位心平气和的普鲁士国王那里得到巴黎方面翘首以盼，让利奥波德不再对西班牙王位继承权提出主张的这一保证的希望之上。然而，威廉现已对危险有所察觉。因此，就在他于7月13日上午9:00在公园里散步时，他就非常谨慎地让副官代替自己答复了贝内代蒂所提出立即见面的要求，只是说稍后会同其碰面。然后，他便坐下来看起晨报，晨报上正好刊登有利奥波德宣布放弃王位继承权的公开消息。因此，他让副官把这份报纸的抄本交到了仍在公园的贝内代蒂手中。最后者答复称，自己知道这个消息；对此，威廉依旧是通过副官给出答复，对贝内代蒂说出了一番恭维和感谢的托词。

此刻，贝内代蒂竟主动耗光自己的好运：他又一次朝国王走去，并在公园的入口附近遇见后者。威廉和蔼地与其展开交谈。然而，当贝内代蒂再次提起自己曾被告知会从国王这里得到保证的相关话题时，威廉突然坚持说自己不可能给出这样的保证；贝内代蒂又一次强调了这一点，最后更是直接质问国王——自己是否可以向法国国内报告，称普鲁士国王并不允许利奥波德亲王再次提出关于王位继承权的主张。他这种做法显然太过火了。国王当即宣布结束谈话，并像他自己在后来所写的那样，发出这样的宣言："大使先生，在我看来，我已经如此清楚地表达了我本人的意思，因此我绝对不会给出这样的声明，对此我也没有什么可补充的了。"[45] 可就算如此，这也不能表明两位主角中的任何一位意识到某件极其重要的事情已经发生。每个人都及时报告公园谈话中所发生的事情，贝内代蒂向巴黎接连发送四份电报及一封急件，威廉则是写了一张给阿贝肯的便条。此外，同样是在当天晚上（但也可能是在第二天凌晨），威廉还写了一份关于此次会面的详细报告。[46]

与此同时，在7月13日这一天，巴黎政府仍处于极大的压力之下。就在这一天刚开始时，内阁大多数成员甚至还不知道要求普鲁士国王给出保证这件事——这一事件令战争部部长勒伯夫①非常兴奋，他宣称因为利奥波德亲王先前所给出有关放弃继承权的宣言，他会停止自己（有关战争）的准备工作。而在另一方面，格拉蒙在立法团内要求议员们为国家尊严复仇时，却遭遇了困难。

7月13日中午，国王在埃姆斯会见欧伦堡。下午1:00，施特拉茨带着卡尔·安东放弃继承权宣言的书面文本到达这里；2:00时，阿贝肯和欧伦堡在俾斯麦的建议和警告下，试图说服威廉不要再见贝内代蒂——而是通过副官告诉他（贝内代蒂），自己（威廉）现已收到宣布放弃继承权的确认书，这件事情已经得到解决。最后，国王接受了以上建议，并授权阿贝肯向俾斯麦报告；下午3:30，阿贝肯按要求进行了报告。

可即便到现在，威廉的和平意图依旧略微胜过俾斯麦（即强硬派）所施加的影响：就在同一天下午，国王准许自己的副官对贝内代蒂说，可以让（法国驻柏林）大使向巴黎报告，称（普鲁士）国王已经批准利奥波德亲王放弃继承权的宣言。由于没有得到自己想要的保证，贝内代蒂只能再度提出请求，希望国王答应同自己会面。但是，韦瑟那份关于格拉蒙所提建议的报告在当时已经送达埃姆斯，阿贝肯和欧伦堡毫不费力地通过向国王展示这样一个不可理喻的要求，成功使最后者（威廉）极度恼怒。到下午5:30，拒绝再度会面已成为一件毫无悬念的事情。双方的讨论亦就此结束。

回到柏林后，俾斯麦同样度过了相当匆忙的一天。发生这样的事情后，民众的情绪极度高昂激愤，因为普鲁士绝对无法接受放弃王位继承权所造成的耻辱。一封挑衅性质的电报就此被发送到韦瑟手中。身处圣彼得堡的戈尔茨切科夫（Gortschakoff）传来消息，表示格拉蒙绝对不会认为这件事情到此已经结束。英国驻柏林大使则被告知，普鲁士需要法国方面给出不会突然发动攻击的保证。俾斯麦把符腾堡王国被法国最新提出的要求所深深冒犯的消息，透露给了各大报社：虽然当时的他实际上并不知道法国人提出了什么要求。

但这些事都不如7月13日夜间的那顿晚餐重要。老毛奇和罗恩这一次还

---

① Le Boeuf，全名埃德蒙·勒伯夫，法国元帅。

是俾斯麦的客人——按照最后者的说法，当时他们都很沮丧，没有什么胃口。此外，正是在这次晚餐期间，一封由于"公众对法国的傲慢行为愈发愤怒"而敦促国王回到柏林的电报被发往埃姆斯。显然，到目前为止，俾斯麦本人始终致力于挑起战争，即使这一系列事件的发展方向并没有使他感到完全满意。然而，在突然之间，一个可以让他实现最终目标的方法，随着阿贝肯那封自埃姆斯传来的电报出现了。

毫无疑问，俾斯麦对于随后所发生事件的描述曾被认为是相当准确的。由于自己一贯表现出的公关意识，他在电报中看到一个极好的机会。俾斯麦从老毛奇那里得到了"军队已经做好（战争）准备"的保证，而且从实际上看，这场战争爆发得越早越好。俾斯麦坐下来，对阿贝肯的电报进行简短的总结，准备将其公布于众；他把这份总结读给客人们听，对他们产生了迅速而且直接的影响。"现在这件事情有了一个截然不同的性质，"老毛奇这样说道，"它在之前听起来还像是一场谈判；但现在的它更像是应对挑战的说辞。"俾斯麦还认真解释了这份已经由他本人删减、修改的电报[①] 在广泛传播后将会造成的挑

---

① 史称"埃姆斯密电事件"（法语为 Dépêche d'Ems，德语为 Emser Depesche）。俾斯麦为了挑逗法国的民族情绪而刻意提笔删减电文，并在之后交给报社发布，制造外交挑衅事件。其删减涂改后的电文如下：在霍亨索伦王室的利奥波德亲王已经宣布拒绝西班牙王位，并且通知法国政府之后，法国大使在埃姆斯进一步要求国王授权大使发布一则电报，宣布永远不会让霍亨索伦家族成员继承西班牙王位。国王此后拒绝再次接见大使，并由值日副官通知大使说国王再没什么好谈的了。

与原文相比，俾斯麦刻意删减后的电文删除了威廉一世所说的"我国政府已经不再参与此事"，并删除威廉一世派副官通知法国大使的原因。失去前因后果的电文显得法国大使对普鲁士国王无理，而普鲁士国王粗暴地对待法国大使。俾斯麦本人对这封电报的侮辱性非常满意，他甚至曾对罗恩和老毛奇这样说："这封电文将起到红布对高卢公牛的作用。"

值得一提的是，法国的哈瓦斯通讯社在翻译这份电报的时候，又犯下了一个错误。通讯社直接把德语的"副官"（adjutanten）翻译成法语的"副官"（adjudant），且法国大多数报纸发布的都是这个版本。可问题在于，德语的"adjutanten"由高级军官担任，比如这一次通知大使的是拉德兹维尔（Radziwill）亲王兼炮兵将军。而法语的"adjudant"（附属官）是低级士官，连军官都算不上。和德语"adjutanten"对应的应该是法语"aide de camp"（侍从官）。这个错误导致法国人认为普鲁士国王故意派一个中士之类的士官去通知大使，这是明显的侮辱，从而增加了电文的火药味。

柏林报纸也在事件发生后的第二天清晨发表电报，而法国报纸在晚上发表。那天恰巧是法国国庆日（巴士底日）。在当时的气氛下，几乎所有法国人都相信他们的大使及帝国被威廉国王侮辱了，而大使本人甚至来不及向国民讲述真实的情况以澄清误解。尽管大使为了让事态降温而向巴黎发回一封说明电报，但在这种两个国家全体民众一心求战的状态下，此举已经于事无补。

衅效果。在场的将军们表现得极其高兴，他们笃定属于自己的战争很快就会爆发，同时对这场战争的结果充满信心。罗恩堂而皇之地评价说："只要万物众生的上帝仍然活着，他就绝对不会让我们在屈辱中死去。"而一向比较矜持，表现得不是那么个性鲜明的老毛奇则是这样说道："如果我能在这样一场战争中活着带领我们的军队，那么恶魔很有可能会在这场战争结束后直接过来，将我这具年迈的尸体就此带走。"[47]

当然，俾斯麦对于这封经过修改的电报给公众舆论所造成影响的预测可以说是完全正确的。他的修改几乎没有破坏阿贝肯的原意，但现在已经把双方谈判的要点完全挑明：法国人一直在要求获得保证，不过在突然之间遭到对方拒绝。没有人认为法国公众能接受这样的侮辱——毕竟在这种（被拒绝的）情形下，该国公众早已被过度刺激，并因此提出了一些在当时显得非常轻率且不必要的要求。

当天夜里以及翌日，普鲁士高层再次确认当前形势。法国的军事准备工作正在加速进行；格拉蒙亦在进行公开预测，声称贝内代蒂一旦没有得到保证，两国就会发生战争。对于威廉来说，他确实已经尽了最大努力，来避免这场战争的发生，7月14日的事件一定会令他痛心。威廉毫不惊讶地收到立即返回柏林的紧急建议；同时，几乎就在自己看到报纸上所刊登的那封被公开的来自埃姆斯的电报的同一瞬间，他便坚决肯定地说道："那么，接下来就是战争了。"他宣布自己将于翌日回到柏林。不过在当天下午，他还在埃姆斯火车站里短暂而又礼貌地接见贝内代蒂。两人没有进行任何讨论。就这样度过两个小时后，这位特使（贝内代蒂）启程，最终返回巴黎。

7月14日上午，巴黎城内，奥利维尔正在思考自己将在部长会议上发表的声明，打算声明整起事件都会是他所领导的政府获得的外交胜利。可就在这时，格拉蒙突然打断他："我亲爱的朋友，在你面前的是一个刚刚被（猛烈的外交冲击）击倒的人！"他（格拉蒙）的手里正拿着勒苏尔所写的关于埃姆斯电报事件的报告。奥利维尔最终这样说道："我们不能再自欺欺人了。他们打算逼迫我们率先宣战。"[48]

韦瑟已经奉俾斯麦的命令，前去与格拉蒙见面，并向他（俾斯麦）告了别。在皇帝的主持下，巴黎方面于当天12:30召开部长会议，以思考那封"埃姆斯电报"的文本内容，在场所有人对电报的含义几乎都没有任何疑问（他们一致认定这是普鲁士人的挑衅行为）。当晚，在格拉蒙和勒伯夫两人所施加的巨大压力下，部长会议决定做出回应：他们将在第二天，向众议院宣布政府当前已经认定这场战争不可避免的理由。

7月15日夜间，威廉抵达勃兰登堡，并在那里会见俾斯麦、老毛奇、罗恩及王储；就在他们向柏林行进的过程中，众人还讨论过现在必须做点什么这个问题。而在柏林火车站，泰尔正等待法国政府即将宣布的消息。虽然当时尚未宣战（直到7月19日，普鲁士方面才最终收到法国的宣战布告），但法国人实际上已经达成这个目的。同样地，无论是（最普通的）德意志公民还是他们的高层，所有人都一致认为接下来发生的将是战争。威廉穿过狂热的人群，艰难地从车站来到宫殿。老毛奇毫不费力地说服了同事们，立即进行军事动员：相关动员命令于当天夜里就被悉数下达。四年以来（自普奥战争结束算起），俾斯麦第二次挑起了一场他认为自己有必要发动的战争。而现在，老毛奇的任务将会是再次证明自己为政府提出的建议是正确的。

注释:

1. H. 冯·毛奇元帅著,《给妻子的信》(伦敦 1896 年出版), 第二卷, 第 197—198 页。

2. F. E. 惠顿著,《毛奇》(伦敦 1921 年出版), 第 169 页。

3. E. 奥利维尔著,《普法战争及其被隐藏的起因》(伦敦 1913 年出版), 第 5 页。

4. E. A. 波廷格著,《拿破仑三世与德意志危机》(剑桥马斯 1968 年出版), 第 193—194 页。

5. V. 韦莱斯利爵士及 R. 森库尔爵士著,《与拿破仑三世的对话》(伦敦 1934 年出版), 第 295 页。

6. E. A. 波廷格著,《拿破仑三世与德意志危机》, 第 183 页。

7. V. 韦莱斯利爵士及 R. 森库尔爵士著,《与拿破仑三世的对话》, 第 303—304 页。

8. 同上书, 第 304—305 页。

9. 同上书, 第 306 页。

10. 同上书, 第 314 页。

11. J. 瑞德利著,《拿破仑三世与欧珍妮》(伦敦 1979 年出版), 第 540 页。

12. V. 韦莱斯利爵士及 R. 森库尔爵士著,《与拿破仑三世的对话》, 第 327 页。

13. E. 斯托菲尔著,《呈交给法国战争部的军事报告》(伦敦 1872 年出版), 第 302 页。

14. V. 贝内代蒂著,《我在普鲁士境内的使命》(巴黎 1871 年出版), 第 262 页。

15. H. 冯·毛奇元帅著,《给母亲及兄弟们的信》(伦敦 1891 年出版), 第 183 页。

16. 同上书, 第 184 页。

17. F. E. 惠顿著,《毛奇》, 第 86 页。

18. O. 冯·俾斯麦亲王著,《威廉一世与俾斯麦的通讯文集》(纽约 1903 年出版), 第二卷, 第 135 页。

19. O. 冯·俾斯麦亲王著,《反思与回忆》(伦敦 1898 年出版), 第二卷, 第 57 页。

20. L. 加尔著,《俾斯麦与白色革命》(伦敦 1986 年出版), 第一卷, 第 343 页。

21. H. 冯·毛奇元帅著,《毛奇元帅的军事通讯文集 1870—1871》(英译者 H. 贝尔; 堪萨斯州莱文沃思堡), 第 93 页。

22. 同上书, 第 125 页。

23. H. 冯·毛奇元帅著,《给妻子的信》, 第二卷, 第 200—202 页。

24. H. 冯·毛奇元帅著,《给母亲及兄弟们的信》, 第 185 页。

25. H. 冯·毛奇元帅著,《给妻子的信》, 第二卷, 第 215—216 页。

26. 赫姆斯·M. 译,《毛奇: 他的人生与性格》(伦敦 1892 年出版), 第 143 页。

27. O. 冯·俾斯麦亲王著,《反思与回忆》, 第二卷, 第 89 页。

28. 同上书, 第二卷, 第 89 页。

29. R. H. 洛德著,《1870 年战争的起源》(哈佛 1924 年出版), 第 21 页。

30. L. 加尔著,《俾斯麦与白色革命》, 第一卷, 第 352 页。

31. 同上书, 第 34 页。

32. 同上书, 第 42 页。

33. 同上书, 第 46 页。

34. R. 米尔曼著,《英国的外交政策与普法战争的到来》(牛津 1965 年出版), 第 184 页。

35. E. 奥利维尔著,《普法战争及其被隐藏的起因》, 第 147 页。

36. V. 贝内代蒂著,《我在普鲁士境内的使命》, 第 331 页。

37. E. 奥利维尔著,《普法战争及其被隐藏的起因》, 第 152 页。

38. V. 贝内代蒂著,《我在普鲁士境内的使命》, 第 349—357 页。

39. O. 冯·俾斯麦亲王著，《反思与回忆》，第二卷，第92页。

40. 赫姆斯·M. 译，《毛奇：他的人生与性格》，第214页。

41. O. 冯·俾斯麦亲王著，《反思与回忆》，第二卷，第93页。

42. R. H. 洛德著，《1870年战争的起源》，第192页。

43. E. 奥利维尔著，《普法战争及其被隐藏的起因》，第181页。

44. R. 米尔曼著，《英国的外交政策与普法战争的到来》，第189页。

45. R. H. 洛德著，《1870年战争的起源》，第87页。

46. 同上书，第276—278页。

47. O. 冯·俾斯麦著，《反思与回忆》，第二卷，第95—101页。

48. E. 奥利维尔著，《普法战争及其被隐藏的起因》，第309页。

战略计划

早在普奥战争柯尼希格雷茨会战结束后的各方谈判期间，当局势开始呈现出法兰西第二帝国存在贸然发动军事干涉行动的可能时，俾斯麦就曾询问老毛奇，届时（一旦法国发起军事干涉）后者会做些什么。对此，老毛奇简洁地回答道："到那时，我应该对奥地利采取守势，我自己（和普军主力）坚守在易北河一线上；与此同时，针对法国发动积极攻势。"[1] 老毛奇断定，在有可能面对曾在先前的战役中大获全胜的普鲁士军队，以及（前）德意志邦联剩余所有邦联成员国军队的情况下，法国只会在奥地利同己方达成协议，决定继续对普作战的前提下冒险发动战争。在这种情形中，他对于自己仍然能够在东线继续发动攻势战争持怀疑态度：这么做需要投入自己几乎全部的兵力。因此，老毛奇提议留下四个军，约 12 万人的兵力来应对奥地利；并集中手头所有剩余兵力，全力与法国交战。在他于 8 月 8 日提交给俾斯麦的一份内容翔实的推演战报中，老毛奇重新审视了可能出现的战略态势。他在这份推演战报中首先排除法国侵入中立国比利时的可能，因为这将导致英国参战。此外，他断定法国人会选择在卢森堡及拉施塔特①两地之间发起推进，同时计划在莱茵河后方等待并策应这一轮攻势。打一场防御性战争并不是老毛

---

① Rastadt，今德国巴登－符腾堡州城市，位于该州西部，卡尔斯鲁厄西南约 22 公里，巴登－巴登以北约 12 公里。该城市隶属卡尔斯鲁厄行政区拉施塔特县，是该县的县政府所在地和第一大城市。

奇的选择，但他在推演中写道，一旦这样的情况"变得不可避免，就要顺便考虑达成较大目标，哪怕最终结果并不会总是完全成功的，整个德意志也都会始终围绕在普鲁士王国身边"。为此（德意志统一事业），他认为普鲁士王国绝对不能考虑通过主动割让德意志土地的方式来避免（同法国的）战争，因为这种绥靖政策百分之百地会彻底毁掉普鲁士王国对未来德意志国家的主导权的主张。[2] 在最大限度利用德意志铁路网的前提下，他估计自己能于 9 月 9 日之前，在美因茨[①]

◎ 骑在马上的老毛奇，斯佩尔（Speyer）绘，波克（Bork）藏。

及曼海姆[②]之间集结约 15 万人的普鲁士军队，同时假定自己能在 8 月 22 日之前发起大规模行动。至于南德各邦国[③]的情况——老毛奇断定普鲁士在任何一场针对法国人的战争中都可以指望这些邦国（提供支援），其中巴伐利亚王国的军队更是已经开始听从自己的调遣。整个北德意志邦联的武装力量规模则会达到 24 万人之多；在完成了西德要塞群的防卫工作后，他手头还将剩下 20 万人的北德意志邦联军，外加 10 万人的南德邦国军队可用于野战行动。

老毛奇战争计划进程中的一大关键部分，便是大量收集那些能让他大致估算出可能的法军战略的情报。为此，他不得不依赖于由能干的普鲁士王国驻巴黎武官冯·洛耶上校送来的报告。老毛奇甚至还在 1866 年 11 月，派出阿尔

---

① Mainz，今德国莱茵兰－普法尔茨州的首府和最大城市，位于莱茵河左岸，正对美因河注入莱茵河的入口处；历史上曾是政教古都，在神圣罗马帝国时代，美因茨大主教兼帝国七大选帝侯之一，因政治与宗教方面的势力而权倾一时。

② Mannheim，今德国巴登－符腾堡州内，继斯图加特和卡尔斯鲁厄之后的第三大城市，人口约有 31 万，与莱茵兰－普法尔茨州城市路得维希港隔莱茵河相望。它是德国著名的大学城，在历史上曾是普法尔茨皇城，现如今也是欧洲都市圈莱茵—内卡三角的经济和文化中心。

③ 在旧有德意志邦联被解散的情况下，这些邦国尚未加入新成立的北德意志邦联。

弗雷德·冯·施里芬担任这位上校的助手。至于具体执行过什么任务——他们（上校及其助手）曾亲自动身前往里昂①，视察通向梅斯②的弹药运输（铁路）系统；另外还前往法国北部，审视了预定的炮兵动员计划。所有必需的情报都是在未经多少困难的情况下便顺利完成收集，有关法国非洲军在动员状态下，经调动返回法国本土的关键性数据（如所需时间、调动兵力等）同样被普鲁士总参谋部轻松获取。[3]

接下来一年里，卢森堡危机的突然爆发使老毛奇不得不以卢森堡的军事要塞将被彻底非军事化③为前提，重新考虑自己的对法战争计划。其中一个新选项是扩大萨尔路易④的小型要塞的规模，该要塞坐落于（卢森堡）大公国及巴伐利亚普法尔茨⑤正中间。但这一选项需要普军立即部署一整个步兵师的兵力：此举势必会严重削弱一个野战集团军的战力。此外，由于这项工作将耗费大量时间，不稳定的政治局势也随时有可能使其（相关地区和部队）无法做好防御准备。而在另一方面，法军（有极大概率）要到第二年才会准备好发动一场大规模战争，且北德意志邦联军哪怕是在不依靠南德邦国军队的情况下，也很有可能实力强大到敌得过经历了当前军改的法国陆军——此时的法军已经计划将自己的营一级规模部队从700人扩编至1000人。但老毛奇对此的估计是：

---

① Lyon，法国第三大城市，法国东南部罗讷－阿尔卑斯大区、罗讷省和里昂大都会的首府；位于罗纳河及索恩河交汇处；包括郊区和卫星城，是仅次于巴黎的法国第二大都市区。

② Metz，法国东北部城市，大东部大区摩泽尔省的一个市镇，也是该省的省会和人口最多的城市，在1982—2015年间曾为洛林大区的首府。梅斯位于摩泽尔省中部、摩泽尔河畔，是这一地区的政治文化中心。

③ 卢森堡城有着世界上数一数二的堡垒，（这些堡垒）由沃邦元帅设计，号称"北方的直布罗陀"。自1815年维也纳会议以来，卢森堡大公国与尼德兰王国便是共主邦联。在对普鲁士的一次外交让步中，卢森堡加入了德意志邦联，并驻有普鲁士王国的数千名官兵。

④ Saarlouis，位于今德国萨尔州萨尔河畔的一个市镇，是萨尔路易县县府。

⑤ Bavarian Palatinate，这是德国历史上一种特殊领地的名字，其左岸部分在法国大革命和拿破仑战争时期曾被法国占领和吞并，其右岸部分则被转给了巴登大公国。在1814年至1815年的维也纳会议上，普法尔茨的左岸部分被归还给维特尔斯巴赫家族，并于1816年变成巴伐利亚王国的一部分。

在组建编制了一个野战集团军之后，其中有三分之一人员无论在何种情况下，都注定会是一群没有任何训练或作战经验的新兵。法国势必会因此而耗尽自己的预备役，届时旧部队损失后所需补充及新部队的创设，将会受到募兵制及志愿兵役制的影响。相比之下，我们普鲁士的地方民兵（Landwehr）构成了一支骨干力量，即使是野战集团军也能从这支骨干力量中抽调人员获得加强。法军炮兵部队的火炮总数将会上升至 1014 门，受过训练的炮兵部队成员却达不到与之相匹配的数量；与此同时，普鲁士军队能在实战中投入共计 1240 门火炮。

在这样的大环境之中，关于萨尔路易的选项对老毛奇而言没有任何吸引力："我觉得加快扩建铁路网，比构筑任何军事要塞都保险得多。"在通往莱茵河畔的新铁路主干道尚未完工的情况下，7 个军能在总动员后的第 13 天之前集中于莱茵河畔，但这点兵力并不足以入侵法国——主动进攻法国本土正是老毛奇眼中最为有效的包围莱茵兰省①的手段。为此，普鲁士人只需要长约 80 英里②的铁轨，而这段铁轨的成本可以算作铁路公司的贷款："如果国家被要求追加数百万资金用于加快预定铁道路线的建设，那么这么做百分之百是因为政治形势所迫。" [4]

但老毛奇对于在萨尔路易修建一座新要塞所具有实用性的悲观看法，显然没有如他预期的那样使战争部气馁，后者仍将精力集中于防御工事的扩建计划。战争部部长罗恩把自己对于防御大纲的建议发送给老毛奇，但这位总参谋长在 7 月 6 日的回信中干脆地驳回了这个项目：如果他已经不得不在莱茵河畔进行一场防御性质的战争，解救萨尔路易的行动就会变得极度困难。而从另一方面看，如果己方能够主动发起攻势，修建要塞一事就会变得完全没有必要。老毛奇也从未过多地考虑，将这个地方用作支援普军推进行动的补给兵站。一

---

① Rhineland province，指今德国西部莱茵河两岸的土地，本作地理名词，同时蕴含政治及文化意义；它曾是普鲁士的省份，被称为莱茵省（Rheinprovinz）或莱茵普鲁士（Rheinpreußen），也就是现今德国的莱茵兰－普法尔茨、北莱茵－威斯特法伦两个省份。

② 编者注：为准确表达数据，中文版表保留了原书的英制单位。1 英里等于 1609.344 米，80 英里等于 128747.52 米。下文出现该单位时，读者可自行换算。

座要塞化的军事营地（新的要塞往往会成为其中的一部分）通常具有这样的缺点：如果未曾被一支军队占据、设防，它就会表现得极度脆弱；而它的新占领者无论在任何一种情况下，都会受到远程炮兵火力的袭扰。"到目前为止，在战争史上，要塞化营地的历史在绝大多数场合中都同屈膝投降有着密切的关联。我建议至少在萨尔路易建造这样一座营地，比如说让菲力克斯山（Felix Hill）上的我军要塞一直延伸至法国境内。"此外老毛奇还总结称，任何以阻止敌军利用德意志铁路网为目的而计划修建的小型要塞，都注定不会带来任何实质性优势。[5]

　　1867 年下半年，尽管卢森堡危机已经得到解决，但很明显的是，法国人仍在为战争进行准备。为此，俾斯麦要求远在克里索的老毛奇，以书面形式表达他有关当前军事态势的个人观点。老毛奇于 9 月 6 日及 9 日，以自己的两封书信对此给出答复。信中，他对于法军的行动丝毫不感到意外，因为当前的法国军队迫切需要弥补自身军事架构中的严重缺陷并加快军事动员，而这一切最终都是为了让自己能够充分应对突然爆发的战争。他已经预料到法国人会把他们的军事改革继续推行下去，哪怕国际局势现已有所稳定及缓和。而在审视法国人当前所采取的改革措施时，老毛奇觉得他们在此刻加强海军是件相当奇怪的事情："事实就是，法国海军远胜于我们的海军，哪怕法国人没有采取任何额外措施来增加自己海军的吨位；尽管其他各路海上强权会在（普鲁士与法国之间爆发的）冲突中置身事外，但法国这种不断考虑增加海军吨位的举措，还是很有可能轻易地招致那些海权国家的不信任。"[6]

　　不过，老毛奇认为比这更加重要的还是法国陆军实力明显增强。受过训练的士兵总数增加了 7 万人；手头可用马匹的数量表明，当下的法军在动员速度方面能做到同普军一样迅速；野战炮兵力量也已经增加 34 个（炮兵）连。可从另一方面看，法军步兵全面换装夏塞波步枪的计划只是在缓慢进行；与此同时，原计划中增加新募兵数量的措施也不曾真正得到落实。在谈及法国近期的外交活动时，老毛奇指出，拿破仑三世为组建奥地利—南德意志邦国联盟所付出的努力没有取得任何成果。由于没有外援，法国军队将无法在这一年的秋季发起战役。而在仔细审阅了一些有关法军备战举措的更加夸张的报告后，老毛奇断定这些报告过分夸大了所提内容的程度及重要性。

老毛奇所拟定战略计划的持续完善，得益于普军一份日趋复杂的动员部队快速机动计划。掌控着总参谋部铁道处的瓦滕斯勒本（Wartensleben）一直致力于加快军事动员的进程，经过计算，他指出每新建成一条铁路线，都有机会让军事动员速度得到一周一个军这种程度的显著提升。至于其中关键则如同过往那样，即实现全国 53 家铁路公司之间的全面协调；这些公司里仅 15 家为国有，5 家为部分国有。1867 年 11 月，将一个集团军运往进军发起点所需要的全部时间为 32 天；到第二年，这一时间被缩短为 24 天；快到 1870 年 1 月时更是被缩短成仅仅 20 天。[7]随着这一进程（完善铁路网）的持续，法军有条件率先发动进攻并取得重大进展的可能性被大大降低，这甚至使得老毛奇愈发确信，自己能在不受敌人干扰的情况下完成最初的战争部署。

　　不管怎样，老毛奇的思想都已经逐渐倾向于主动对法国发起战争。他在直觉上对于防御战的厌恶，更是得到了"如果战争爆发，法国将只能孤军奋战"这一迹象的支持；同时，他还在一份写于 1867 年（未注明具体日期）的论文中为向梅斯—蒂永维尔①一线，或是向蓬塔穆松②及南锡（Nancy）两地之间发起推进以对抗法军的另一种可能性，以充分数据制定了多份行进表。同年 11 月 16 日，他又为手下（总参谋部各处）处长会议准备了一份内容翔实的讨论文件，概述了可能出现的部署情况及普军为之应采取的首要行动。而在展望翌年春天的前景时，他又认为普军有必要留下一部分军队，用于监视丹麦及奥地利军队的动向。驻守于杜别尔要塞，专门负责针对丹麦的分遣队规模达到一个师；驻守于格尔利茨（Görlitz）周围，专门负责应对奥地利的分遣队则为两个半军的规模。这一部署将会让总参谋部手头留有十个军的兵力；其中有两个——近卫军及第 10 军——将继续留守在自己的驻地，这使得普鲁士军队在必要情况下亦留有 65000 人的核心预备兵力，用于应对有关法国或是奥地利的突发情况。

　　为了对抗法国的军事行动，老毛奇打算实地部署 25 万人的兵力并将其分

---

　　① Thionville，法国摩泽尔省的一个市镇，也是该省的一个副省会，下辖蒂永维尔区。

　　② PointàMousson，又意译作"穆松桥镇"，简称 PAM，是法国默尔特 - 摩泽尔省的一个市镇，属于南锡区。

为四个集团军，每个集团军下辖两个军。如果普鲁士投入中央预备兵力，那么第2集团军和第3集团军将再增加一个军的兵力。至于普军是否有必要采取守势，这取决于法军的动员速度。如果法军先于普军完成军事动员，老毛奇就会认为，法国陆军将在（开战后）第25天到来前率先发起推进。同时，这位总参谋长还设想到了法军可能采用的多条推进路线。法军针对科隆①及科布伦茨②两地的大部队机动不太有可能发生；实际上更有可能出现的是，他们从梅斯—南锡一线，向美因茨及曼海姆两地发起推进。老毛奇预测自己将在开战后第30天或第32天，于洪堡③周围遭遇这样一场法军的猛攻。为此，他建议在上布利斯河④预先准备一处防御工事，这表明他始终在严肃对待法军率先集中兵力，从而先发制人的可能。他还断言，这样一场法军的推进可能会得到一次来自斯特拉斯堡⑤方向的攻势作为策应，但这不会给自己带来太大麻烦——届时应对这场攻势的两个军将迅速撤退，而且有必要的话，他们会朝着科布伦茨方向撤退；与此同时，南部的法军左翼将面临遭到夹击的风险。至于应该在何时何地发动一场决定性战役，这取决于初期几场遭遇战具体的结果，但在此之前，普军必须等待中央预备兵力的到来。[8]

如果是普军率先完成动员，老毛奇便打算直接朝法军主力（所在方向）发起推进，无论后者选择什么路线。为保证能以最大规模的兵力应对法军主力，他还提议尽可能紧密地集中自身兵力，并以一个较窄小的正面发起推进：普军刚穿越边境时的正面宽度应维持在12英里左右，两天后再缩短至8英里。"因

---

① Köln，今德国第四大城市，为北威州最大的城市，亦是德国内陆最重要的港口之一；莱茵地区的经济文化和历史中心，已有2000多年的历史，是德国最古老的城市之一。

② Koblenz，按照粤语又译"高本斯"。台湾议会之父林献堂于20世纪初造访此地时，曾在所著《环球游记》一书中将此城名译为"科不林士"，是德国重要的观光都市。它位于德国莱茵兰－普法尔茨州，摩泽尔河与莱茵河交汇处；两河汇流之处被称为德意志角，是当地一大名胜。

③ Homburg，今德国城镇，位于该国西部，由萨尔州管辖，距离诺因基兴16公里，面积为83平方公里，海拔高度为233米。

④ Upper Blies，发源于今德国莱茵兰－普法尔茨州的洪斯吕克山脉，往西流向法国，最终在萨尔格米讷注入萨尔河，全长99.5公里。布利斯河流经的主要城镇有圣文德尔、诺因基兴、布利斯卡斯特尔和萨尔格米。

⑤ Strasbourg，今法国大东部大区与下莱茵省的首府，位于法国国土的东端，与现今德国的巴登－符腾堡州隔莱茵河相望。

此，我们在任何一天都保留有 25 万人的兵力，能够在需要时立即将其投入战斗。这不仅能应对正面的敌人，同时还能在法军从尼德河① 或是塞耶河② 挺进并发动攻击时，有足够能力对付侧翼方向上的敌人。"他的目的是诱使法国军队尽可能地远离其首都巴黎，这将对他们的行进路线产生决定性影响。为了实现引诱法军主力进行决战这一目标，老毛奇甚至事先做好了直面己方交通线路蒙受敌军威胁这一巨大风险的准备。如果法军实际上没有发起推进，老毛奇就会提议派兵覆盖遮断梅斯，并向蓬塔穆松实施推进。⁹

法军夺取战争主动权的可能性仍旧占据着老毛奇的脑海。就在 3 月 21 日这一天，他又起草一份论文，重新审视了这种情况一旦出现，法军可能选择的行动方向。在这种情况下，老毛奇设想法国人会在动员开始后的第 20 天之前，于莱茵河畔集中约 7 万人的兵力，但无论他们是就此迅速发起推进，还是等到兵力集结完成再实施这一行动（推进），制定于去年 11 月的普军动员计划依旧不会发生改变。如果法军确实就此直接发起推进——此举无疑会使兵力高度分散的普军各分遣队，在遭遇法军时迅速陷入难堪的境地。因此，老毛奇承认自己会在法军发动攻击时主动放弃莱茵河左岸。不过，他深信自己很快就能击退法国人的进攻，因为他认为后撤中的普军部队应该不会摧毁当地铁路线。同时，他根本不会怀疑的是，自己在任何情形下都能做到第 20 天到来之前在莱茵河右岸投入大量兵力，彻底消除让多达 7 万人的法军渡过河流，继续展开推进的危险。¹⁰

在老毛奇自 1866 年起预备的所有战争计划中，其始终都是以"普军不能指望南德各邦国提供支援"为基础展开推演。但在他于 1868 年 4 月提出的计划里（该计划后来被老毛奇本人亲自批注为"最后的战争计划，受当下的政治环境制约，同时也是整个行动计划的草图"），他设想了南德邦国参与战争，不过会各自为战的情形。仍在为普鲁士将孤军同法国作战的可能性做准

---

① Nied，西欧河流，属萨尔河左支流，流经法国洛林和德国萨尔，河道全长 114 公里，流域面积为 1370 平方公里，平均流量为每秒 13 立方米。
② Seille，法国的河流，属于索恩河左支流，河道全长 100 公里，流域面积达 2300 平方公里，发源自汝拉山，流经卢昂，河口位于拉特吕谢尔。

备的老毛奇现在又提议预留两个军的兵力作为后备力量，同时还要集结一支规模庞大的兵力覆盖北德海岸线，因为他认为这么做会导致法军舰队（因无法展开登陆行动而）完全无用武之地。这一战争部署能让他手头留有十一个军，共计36万人的兵力，这一兵力数与法国陆军大致相同。如果南德各邦国所辖4万~6万人的兵力能加入战争[11]，普军更是可以达成明显的兵力优势。老毛奇仍旧计划以四个集团军展开行动。第1集团军将在维特利希①周围集结。如果（该部）前卫部队能推进到特里尔②，主力就策应其攻势；如果法军穿越卢森堡，发起一轮攻势，该集团军就必须迅速撤退。如果法军没有发起攻势，第1集团军就会同第2集团军合流，两个集团军将在洪堡—茨韦布吕肯（Zweibrucken）一线上完成会师。第3集团军会从美因茨的铁路末站发起挺进，作为预备部队。如果法国人确实在战争初期发动攻势，入侵了普法尔茨（此时的老毛奇认为这种情形很有可能发生），他就计划让第2及第3集团军依托美因茨正面的一处防御据点，来应对法军这一轮攻势。至于第4集团军所要完成的任务——无论情况如何——都将是协助和策应南德军团。由于入侵法国本土是保卫南德的最佳手段，因此在法国人未能渡过上莱茵河的情况下，第4集团军协同陆军剩余部队一道发起挺进。老毛奇对于法军将为此付出代价不曾抱有任何疑问：

　　第5军及第11军会从莱茵河右岸沿河发起进军；同时他（老毛奇）将在布鲁赫萨尔（Bruchsal）及拉施塔特两地接收符腾堡王国和巴登大公国的军队，随后一道向敌军的交通线发起推进，迫使敌军掉头撤退。我们（普军）不应该为分散自己的战斗兵力而感到害怕，同时我方还可以在第二运输纵队到来后，以主力向西发起攻势，这是因为敌人也早已分散兵力，并主动放弃了各路兵力之间的所有交通线路。[12]

---

① Wittlich，今德国莱茵兰－普法尔茨州的一个市镇。

② Trier，依粤语又译"堤雅"，今德国最为古老的城市之一，位于莱茵兰－普法尔茨州西南部、摩泽尔河河岸，靠近卢森堡边境。该地开埠于公元前16年，曾为罗马帝国四帝共治制时期西部恺撒的驻节地。

老毛奇在这个阶段已经开始草拟各集团军指挥官人选的名单。唯一有待确定的是究竟该选择赫沃斯·冯·比滕费尔德，还是梅克伦堡－什末林大公 [由冯·施洛特海姆（von Schlotheim）任参谋长] 指挥其中一个集团军。这位总参谋长的最终计划此时正逐渐成形。他现在把作为自己推演基础的普军总兵力数从原先的 43 万人增加至 48 万人，但依旧分为四个集团军。应当指出的是，普鲁士在这一阶段仍然未同南德各邦达成正式的协议，因此老毛奇必须对自己设想中的最有效部署非常敏感。

当时的老毛奇正着手消除这种不确定性。为此，他于 5 月 13 日同巴伐利亚王国及符腾堡王国① 的总参谋长代表举行了一场会议。事实证明这场会议是相当有效的，同时老毛奇也在这一天向俾斯麦报告众人的讨论结果。从理论上讲，一切正如这位普鲁士总参谋长所指出来的那样：让南德军队在战争爆发后立即展开军事动员，并让他们听从普鲁士的调遣是极有必要的。然而从实践上看，要想完成这一切并没有那么简单：

　　攻守同盟总是以签订互助协议的不完整形式缔结而成，由于这一同盟的价值是如此之大，以至于同盟各方都能为之提供（必要的军事）援助。但在这种关系下，由（同盟）各方分担的援助比例绝对不可能相同。北德意志（邦联）能为战争提供一整支军队，南德各邦却只能提供若干支（规模远小于军队的）部队。我们（北德一方）可以说拥有一个统领全局的总长（老毛奇本人），而南德意志只能选出一个（结构松散的邦联军的）总指挥。尽管南方对我们抱有最大程度的善意，但也只能与我们结为同盟（而不是把自己的部队交由普鲁士总参谋部指挥领导）。[13]

老毛奇同时还将自己的注意力转移到了 1866 年战争中浮现出来的各种问题之上；另外发出警告称，南德人能（向普鲁士总参谋部）询问的只有在适

---

　　① 需要指出的是，这两个王国的军队及总参谋部在后来的德意志帝国时期依旧得以保留，但在战时必须服从普鲁士王国总参谋部及帝国的国家元首兼普鲁士王国国王——德意志帝国皇帝的军事领导。

当考虑到自身安全的情况下自己能干什么，以及自己将会干什么这两个问题，而这些问题都可以在总参谋部代表讨论时得到大致确定。他接着又回归到自己对抗法国的战略计划的中心原则上："我们相信上下莱茵河都能被一个驻扎于中莱茵的集团军极好地护卫着。南德各邦国需要我们给出坚定的保证，保证普军能及时将规模庞大的兵力调动到那个地方，以便他们（指南德军队）为实施行动下定决心，而我也可以给出这一保证。"[14] 这正是释放南德人的全部战争潜力的关键：假设老毛奇在这之后能像他后来于1870年的实际操作那样规划下一步行动，他就可以让巴伐利亚王国、符腾堡王国及巴登大公国的全部兵力听从自己的调遣。正如他向俾斯麦提出的那样，真正重要的其实是让这些南德军队能依照普鲁士军队的时间表协同进行军事动员，而这就意味着他们（依旧指南德军队）必须在开战后第21天时做好进军准备。

这几轮谈话之后，老毛奇又准备了一份作战计划的草案；同时在这份草案中提议，普军必须以自己同每一个南德邦国联手指定的战时安排为行动依据，重新审视计划。他将这份论文（草案）分为两大部分，第一部分讨论的是集中兵力同法国单独开战的情形，第二部分讨论的则是奥地利参战后的情况。和往常一样，他还是计划主动发起进攻，而不是在几个关键据点组织静态防御："保护坚固的下莱茵河及脆弱的上莱茵河最为有力的办法，就是以优势作战兵力对法国本土发起决定性攻势，而这样一轮攻势所需要的仅仅是及时集中我军手头现有的全部力量。"[15] 他再一次以四个集团军为行动基础展开推演，同时这份计划要求南德军队同普鲁士第3集团军合并，作为其左翼并在朗多（Landau）周围集结；第4集团军则会在美因茨正面进行集结，并充当预备部队。当时，他通过计算得出将有近50万士兵听从自己的调遣。这份行动计划的总原则在很大程度上依旧遵循老毛奇先前于1868年11月制定的方案，只是没有包括普军同南德军队展开有效合作的情形。至于北海海岸线方面，他会分出4万人的兵力——其中有25000人的基干部分主要由两个地方民兵师构成，每师下辖10400人。老毛奇依旧在严肃对待强大的法国海军通过先发制人所能造成的威胁："假设法军有意发起一场登陆行动，那么这场行动将毫无疑问地发生在北海海岸线上，而且很有可能是在战争的最初时期发生。但法军战斗部队要是先在自己的本土遭到攻击（而非他们主动向外进攻），法国海军就难以发起一场这样的登陆行动。"[16]

在奥地利参战（普军不得不像两次世界大战中德军那样东西两线作战）的情况下，老毛奇充分意识到了自己必须不均衡地分散他的兵力，对较弱的一方采取守势，并争取迅速击溃较强一方的主力。他毫无疑问地将法军选为自己的首要目标（对其主动采取攻势），同时希望己方能在战役的最初几天里迅速取得一场决定性胜利。如果这一战略意图给了奥地利人占据西里西亚甚至是勃兰登堡及柏林的机会，那么普鲁士的敌人依旧算是没有出现任何决定性损失，而且这样一场攻势完全有可能让沙俄也加入到这场战争中。因此，普军需要一种极其大胆的战略。老毛奇所决定的分兵计划将会用十个军的兵力攻入法国本土，同时留下三个军应对奥地利。巴伐利亚王国军队的角色（究竟是支援致力于德意志统一事务的新兴领导者普鲁士还是传统盟友奥地利）则会根据这个国家的自身利益来决定。这些部署会让普军充分覆盖遮断莱茵普法尔茨，并在其东侧占据据点以拱卫慕尼黑；对此，老毛奇表示极其满意，因为此举势必会让奥军分派出一个集团军的兵力，以监视当地普军的动向。[17]

有意思的是，老毛奇还在 1869 年 3 月重新审视这份行动草案，并根据法国军队可能会直接占领比利时新添加一节内容；一旦法国人做出这一举动，普鲁士人及英国人就势必同其开战。同时，老毛奇总结称，这样一场行动将被视作法军蓄意对整个德意志发动战争（相关阴谋）的一部分。这要求法军手头保留有 12 万人的兵力，并将其投入到一场完全远离发生于阿尔萨斯—洛林①地区主要战役的次要战役中。他估算说，在这一情形下，法军可以向莱茵河畔发起推进的最大攻势规模将不会超过 20 万人。他持续地玩味着这样一种想法，即自己或许可以完全无视法军穿越比利时边境，朝亚琛②方向发起推进的可能，取而代之的是他本人（及普军）将朝着巴黎实施推进；为此，他会在抵达这

---

① Alsace-Lorraine，指法国和德国在历史上有过争议的两处地区。这两处地区本属神圣罗马帝国，自 1648 年《威斯特伐利亚和约》后逐渐成为法国领土。1871 年普法战争后，《法兰克福条约》将其归入新成立的德意志帝国。第一次世界大战结束后曾短暂宣告独立，后来再度成为法国的领土。纳粹德国从 1940 年恢复主权至 1945 年，后又由法国占领。

② Aachen，今德国北莱茵 - 威斯特法伦州的一个城市，靠近比利时与荷兰边境，是德国最西部的城市。亚琛以温泉著名，从公元 1 世纪起这里就是一大疗养地。

座敌国首都之前，穿越过仅仅 120 英里远的行军距离。而在另一方面，法国人距离普鲁士首都有足足 320 英里。[18] 然而，老毛奇还是更加倾向于从卢森堡—蓬塔穆松（PontàMousson）一线发起推进，朝色当①方向集中。届时，他还会发现自己将难以预测普军在攻占这座没有重大军事意义的小城市时所遭遇的具体情形。

奥地利将主动参战以支援策应法国行动的可能性始终在老毛奇的脑海中挥之不去，就在最后一次起草自己的动员及部署计划过程中，他还仔细重审了这些战略安排可能造成的牵连性影响。当时正值 1868 年末至 1869 年初的冬季，普军可以依靠六条直通普法尔茨的铁路线，迅速完成大部队的战略机动。哪怕法军能最大限度地利用己方铺设在边境地区的相对差得多的铁路网，他们还是不得不把兵力分为两个集团军群，分别在梅斯及斯特拉斯堡两地活动，由孚日山脉②将两个集团军群分隔开来。奥地利（同普鲁士）的敌对可能性对于普军的初期部署依旧极其重要。为此，老毛奇重复了一遍自己在先前的备忘录中，就这一问题所罗列出的基本原则：

如果政治形势导致法国对普鲁士发动战争，那么接下来奥地利的外交态度要么会变为对普敌对，要么至少会变得非常令人怀疑。假设我们各分出一个半的集团军来应对这两个强权，我们就会对双方中的任何一方都无法形成兵力优势。因此，我军需要首先考虑的事情是：在战争开始阶段我们该设想对哪一方以劣势兵力采取守势，同时以尽可能强大的（优势）兵力对另一方采取攻势。[19]

---

① Sedan，法国北部城市，位于大东部大区的阿登省，是该省的一个副省会，下辖色当区。色当的总面积为 16.28 平方公里，是阿登省人口第二多的城市。它同时是法国重要的边境城市、阿登都会区的两个核心之一，因普法战争时期的色当战役而闻名。

② Vosges，法国东北部的山脉。它跨越阿尔萨斯、洛林两地，呈南北走向，和法国、德国境内的莱茵河并行。其东边是沿莱茵河分布的阿尔萨斯平原，西边是洛林台地。孚日山脉海拔约为 1000 米，其北边到德国是丘陵地区，南边隔着贝尔福附近的低地与汝拉山脉北部相对。该地区盛行农业和牧畜业，阿尔萨斯的葡萄栽培业和葡萄酒尤其有名。

尽管莱茵河能为普军提供一面坚固的防御屏障，但单靠固守及静态防御只会让普鲁士王国耗尽南德各邦给予自己的支持，最终整个局势都有可能被彻底扭转过来。而在另一方面，奥地利可能需要相当长的一段时间，才能将本国部队集结于波希米亚，并发起一场决定性的战役。至此，老毛奇已经坚定地相信无论发生什么情况，普军都最好先对法国发起攻击。如果（对法）攻势受挫，普鲁士一方就会无法避免，甚至"主动地"爆发出一种被迫进行两线作战的严峻局势：

> 无论是奥地利还是法国，其实力都没有强大到在没有盟友支援的情况下，单独对北德意志发动战争。一旦奥地利开始军事动员，我们就应该立即向法国宣战……如果我们主动攻击法国领土，接下来法国的社会（或者说国民）情绪自然就不愿意再等奥地利（完成军事动员）。事实上，法国不仅是最为危险的，同时也是备战程度最高的敌人，我们可以肯定，我们的敌人很有可能会因为最初的一轮没能取得胜利的决定性会战，而发生改朝换代的事件（即法兰西第二帝国被推翻）。因为我们并不打算从法国身上拿走什么东西，所以我们或许很快就能同法国的新政府或是新君主达成停战条款。考虑到上述所有理由，我建议我们分拨出十个军的兵力对法国发起攻势，同时留下三个军对奥地利采取守势。为了支援后者，同时亦是为了实现对海岸线的主动防御，我们还应该再组建一个动员民兵师。第17师也应该作为预备兵力，时刻监视丹麦的动向；届时，第9军序列下的该师还可能被黑森师取代（从而抽调该师执行其他任务）。[20]

正如老毛奇在先前论文中所总结的那样，一旦奥军投入所有兵力，他们就完全有可能从波希米亚向柏林发起一次推进。普军总参谋长本人也始终认为这是奥军最有可能选择的行进路线，而他手头只有共计113600人的兵力，可以同其展开对抗。这种可能性要比现实情况看上去稍好些，然而考虑到奥地利在1866年普奥战争期间用了整整四个月才完成准备，此时的普军完全没有理由认为当下的奥军能比之前做得更好。此外，奥地利很有可能会再分出大量兵力，来监视巴伐利亚王国及沙皇俄国在边境的动态。可就算这样，想在西线（即对法战争中）迅速取得显著战果的压力依然是巨大的，具体情况如下：

最重要的一点就是，以优势兵力尽可能快地同法国军队进行主力会战。这比对奥军采取守势要稍微简单一些。这个计划的主要问题在于，该如何找到敌军主力的位置，并在找到他们的地方率先发起攻击。唯一的难点在于，该怎样以如此庞大的兵力数量，来执行这么一个简单的计划。[21]

双方投入兵力的规模确实极其巨大，如果算上南德各邦军队，老毛奇在战争一开始将会有总计36万人的兵力，来抗衡总兵力达到25万人的法军；这一组数字还会在后期增长为386000人与343000人。

在考虑应于何处找到法军主力这一问题时，老毛奇又一口回绝了让普军尝试穿越比利时或瑞士国境，对法军发起侧翼包抄的想法。对于前一种方案（穿越比利时国境），他表示"在不计算政治上同英国交恶的情况下，侵犯比利时的中立性所能提供的胜算依旧太小，这一计划不太可能实现"。随后，他针对第二种方案解释道："如果法国军队试图穿越瑞士展开行动，并同奥军合流，那么他们肯定会遭遇相同程度的困难。"[22]因此，老毛奇断定法军会在梅斯—斯特拉斯堡一线集中兵力，同时他们的首要目标是朝着美因河① 河畔推进，这一举动的意图正是分割南北德意志。为了应对这一威胁，在位于摩泽尔② 南面的巴伐利亚普法尔茨进行集结将会达到最佳的据点防御效果——在设想法军将两个集团军群合流以最大化利用己方铁路系统的情况下，该处据点正好位于两个集团军群的内线之间。对老毛奇来说，唯一的问题是："我们（普军）究竟能不能在第一次集中兵力且不遭遇干扰风险的情况下，做到将下一个合流点转移至莱茵河另一面普法尔茨境内以及法国边境不远处。根据我个人的观点，这个问题应该能得到肯定的答复，因为我们的动员计划已经事先准备好了每一个细节。"他又阐述称在第12天，他的第一批先头部队将在法国边境附近下火车；到第15天，有两个军的战斗部队会就位；到第20天，他在当地能拥有

---

① Main，今德国境内的一条河流，流经巴伐利亚州、巴登－符腾堡州和黑森州，全长524公里，最终在美因茨注入莱茵河。美因河是莱茵河东岸最大的支流，沿河上溯，还可通过美因－多瑙河运河与黑海相连，颇有航运价值。

② Moselle，法国大东部大区所辖的省份（编号57），以穿过此省的一条河流之名命名，北邻卢森堡、德国。

约 30 万人的兵力；到第 24 天，各集团军将悉数完成铁路机动。"我们完全没有理由认为，法军能在一个机动灵活的立足点更快地完成集结，因为迄今为止，他们都没有这方面的任何经验。自拿破仑·波拿巴的时代起，法国人就只知道对国家进行部分动员（而非全面动员）。"[23]

目前，老毛奇仍旧坚持原先制定的四路（个）集团军的行动计划，其中三个集团军分别会在维特利希、诺因基兴—洪堡及朗多—拉施塔特进行集结；第四个将作为预备部队，在美因茨的正面暂作停留。四路集团军将会以据守萨尔布吕肯① 及特里尔两地的形式，来掩护各自的合流。即便法军的行动确实极其迅速，老毛奇认为他们还是不太可能在下达动员令后的第 19 天之前，对位于战场最前沿的普方第 2 集团军发起打击——他预计当时的第 2 集团军将在洪堡周围集结约 104 个营、108 个中队，以及 60 个炮兵连的庞大规模兵力。如果到那时普军仍旧无从知晓法军主力的具体位置，老毛奇就准备动用四个骑兵师，让他们在一个步兵师的支援下展开战略侦察，以获取必要的情报。

一直以来，老毛奇所追求的都是迅速给予敌军决定性的打击。多年后，他是这样总结为什么这一点尤为重要的："征召所有能扛起武器作战的人入伍服役给国家人力资源及经济生产带来的损害，为各集团军配置兵力及维持其规模的困难，武装这些部队所需要的巨大成本，战争对国家的商业、制造业及农业运转带来的影响，再加上军队的备战体制及各路集团军进行集结的容易程度，这一切都要求我们尽早结束战争。"[24]

在自己的最终计划指导下（于之后两年内进行少量修改，最后一次修改是在 1870 年 7 月），老毛奇觉得自己已经准备好了随时迎接挑战。此时的他会完全安静、耐心地等待战争到来，无论发生何事都不会让他在执行决策时（因外界干扰或意外），偏离那份自己深知完全正确的作战计划。最有资格评价这位总参谋长的俾斯麦在老毛奇去世若干年后还曾这样形容他："（老毛奇）是一个罕见的人，一个能系统地履行自身职责的人，拥有极其特殊的品质，在绝对可靠的同时内心又表现得相当冷静。"[25]

---

① Saarbrücken，今德国萨尔州的首府，历史上曾是一个巨大煤炭层的工业和运输中心。当地工厂主要生产铁、钢、糖、啤酒、陶器、光学仪器、机器和建筑材料。

注释:

1. O. 冯·俾斯麦亲王著,《反思与回忆》,第二卷,第37页。

2. H. 冯·毛奇元帅著,《毛奇元帅的军事通讯文集1870—1871》,第88—89页。

3. 阿登·布霍尔茨著,《毛奇、施里芬以及普鲁士的战争计划》(纽约1991年出版),第49—51页。

4. H. 冯·毛奇元帅著,《毛奇元帅的军事通讯文集1870—1871》,第93—96页。

5. 同上书,第97—99页。

6. 同上书,第100—102页。

7. 阿登·布霍尔茨著,《毛奇、施里芬以及普鲁士的战争计划》,第51页。

8. H. 冯·毛奇元帅著,《毛奇元帅的军事通讯文集1870—1871》,第109—110页。

9. 同上书,第111—113页。

10. 同上书,第114—116页。

11. 同上书,第117—118页。

12. 同上书,第121页。

13. 同上书,第124页。

14. 同上书,第126页。

15. 同上书,第130页。

16. 同上书,第136页。

17. 同上书,第145—147页。

18. 同上书,第138—139页。

19. 同上书,第150页。

20. 同上书,第152页。

21. 同上书,第157页。

22. 同上书,第159页。

23. 同上书,第162—163页。

24. D. J. 修斯著,《论毛奇的战争艺术》,第125—126页。

25. R. 施塔德尔曼著,《毛奇与国家》(克雷费尔德1950年出版),第32页。

柯尼希格雷茨会战之后的德意志军队

老毛奇在间战期（普奥战争结束至普法战争爆发期间）一直孜孜不倦地完善的军事机器，自柯尼希格雷茨会战以来有了极其显著的发展；同时，他还亲眼见证了所有从 1866 年战争中得来的重大教训，都已被陆军所有兵种吸收学习。事实已经证明，到 1870 年，这位普鲁士总参谋长手中所掌握的这支武装力量，比以往欧陆上的任何一支军队都更加强大。对于一支规模如此庞大的军事力量进行组织管理，以及新时代的战争对最大限度发挥出普军所取得的技术进展的有效性的需求，也都要求这支军队的领导人在个人能力及逻辑缜密性上必须有所提升。

尽管德意志的工业化进程到 1870 年之前始终在迅猛发展，但这个地区的绝大多数人口仍旧生活在（前工业时代的）小型社区中，且基本以农业经济为生。然而，在当时的整个德意志——特别是普鲁士王国国内——全面普及的小学制度基本确保了国民总体教育标准的提升。斯托菲尔就曾于 1868 年特别指出，这一点正是普军能在道德水准上远优于欧陆其他国家军队的重要因素之一。事实正如他所写出的那样，由于义务教育政策全面普及，"普鲁士王国是全欧洲最开明的国家，因为教育在社会各阶层当中都有所普及"。[1] 同时，他还认为这个国家的制度是建立在两大原则——义务教育及义务兵役制之上，而且普鲁士王国正是"凭借这两根高大雄伟的石柱，使自己跻身于欧陆开明国家的前列"。上一个世纪（具体是指 18 世纪末）所发生的一系列政治和经济事件，已经让德意志人产生真正意义上的民族认同感。普鲁士王国的军事传统，

◎ 1870 年时普鲁士王国的部队，诺泰尔（Knötel）绘，施伯特（Scheibert）藏。具体兵种包括龙骑兵、胸甲骑兵、骠骑兵、枪骑兵、战斗工兵、猎兵、线列步兵，以及骑炮部队。

以及它最近在推动德意志统一事业方面所取得的巨大成功都促成了国民对于义务兵役制的广泛接受，而德意志人的清醒、耐心和顺从倾向同样推动了他们对于这一兵役制度的接受与认可。所有这些因素充分保证了构成普鲁士军队的一切要素，都能为其领导人提供一支在应对战斗冲击及新技术需求方面无与伦比的强大军事力量。

随着 1867 年陆军改革的陆续完成，当前的义务兵需要在现役部队中服役三年，之后还有四年的预备役，随后还有五年在地方民兵部队服役。这套全新的兵役制度让整个北德意志邦联能在和平时期维持约 304000 人的总兵力，同时南德各邦国的常备军还能再为其提供 78000 人的兵力。一旦进入战争准备阶段，德意志军队的总兵力就会出现急剧增长：战争刚爆发时，整个北德意志邦联的有效兵力达到 988064 人之多，南德各邦则又在原来的数字之上新增了200325 人。作为德意志各邦一致缔结的军事协定的结果，巴伐利亚王国、符腾堡王国及巴登大公国武装力量的架构及编制原则以普鲁士王国的军队为蓝本，进行了大规模重整。

1870年时的普鲁士陆军最初由十一个军构成，各军驻地分别位于普鲁士王国的十一个省境内，其中包括三个新组建的军：1866年以后成立的第9、第10及第11军，这三个军都以普鲁士（在普奥战争结束后）新获得的省份为驻地。除此之外还有一个近卫军（该部在地方上没有驻地，人员是从全国各地征募而来），以及由前萨克森王国陆军为主体新建而成的第12军。两个梅克伦堡大公国①及不伦瑞克公国的独立部队，都被整合进入新近宣告成立的三个军的序列中。黑森大公国的部队被统一改制为第25师。巴伐利亚王国陆军组成了两个军。符腾堡王国及巴登大公国各提供了一个下辖所有陆军兵种部队的满编师。

普鲁士各军的就地征兵政策给斯托菲尔带来了极其特别的冲击：

普鲁士王国的不同军之间有着各不相同的体能水平及士气水平，这是件非常有意思的事情，特别是对于一个外人来说。由于作为兵力来源地的省份不同，每一个军都拥有各自的特点……因为普鲁士各军之间的体能标准及士气水平的差异是如此巨大，以至于将官们往往会被迫改变领导及指挥他们的原则。[2]

但有一些特点在普鲁士陆军的所有部队中是普遍存在的，那便是他们的所有武器训练的超高标准，以及对军队编制组织的不断改善，这两点自1866年起逐渐变得相当明显。斯托菲尔认为，普军所表现出的状态是极为惊人的，他们配合密切、一同行动，如同一群蜜蜂。要想理解这种持续不断的"劳动"（出现的原因），就必须牢记这个国家国民的独特品质——他们对于责任、实践，乃至对于劳动的推崇都已被推到极限，这是因为（普鲁士军队中）每一个人都必须认识到自己需要在极短时间内（平均不超过两年半），完成作为士兵所应接受的军事指导。[3]

---

① 即梅克伦堡－施特雷利茨大公国及梅克伦堡－什未林大公国。

北德意志邦联的野战军由 396 个步兵及线膛枪兵[①] 营、320 个骑兵中队、214 个炮兵连（共计 1284 门火炮），以及 44 个战斗工兵连构成。除此之外还有一支规模非常庞大的守备及兵站戍防部队。在野战军中，有 1 个步兵师（第 17 师）及 4 个地方民兵师将留守后方，以防备法军登陆石勒苏益格－荷尔施泰因。因此次分兵而被调拨出去的部队共有 65 个营、28 个中队、18 个炮兵连（共计 108 门火炮），以及 5 个战斗工兵连。3 个由南德邦国提供的野战军使兵力总数增加了 78 个营、62 个中队、50 个炮兵连（共计 300 门火炮），以及 9 个战斗工兵连。所有混编野战集团军的总兵力达到了 519100 人及 1584 门火炮。

在和平时期，1 个军的基础编制由 2 个师构成，每个师由 2 个步兵旅及 1 个骑兵旅构成。每个步兵旅由 2 个线列步兵团构成，每个团下辖 3 个营，其中 1 个营为燧发枪兵营。在每个军的序列中，有 1 个步兵旅还会额外下辖 1 个燧发枪兵团。所谓"燧发枪兵"并不是真正使用燧发枪作战的士兵，而是一种轻步兵；但由于步兵实操训练的迅猛发展及德莱赛后装线膛枪的广泛运用，他们与线列步兵之间的区别基本已被消除。每个军还额外下辖有 1 个猎兵营，这种步兵营的士兵都是从各步兵团最为优秀的神射手和最熟悉植被繁茂的崎岖地形的人里选拔征募而来。骑兵旅由 2 ～ 4 个骑兵团构成。每个军还辖有 1 个野战炮团，每个团由 3 支师属野战炮部队构成；每支师属炮兵部队由 2 个重炮连、2 个轻炮连，以及 1 支师属骑炮部队构成，且每个陆军师都辖有 1 支师属炮兵部队。剩余的师属野战炮部队及骑炮部队将构成军属炮兵部队。在备战状态下，2 个（或是更多）骑兵旅有可能被编为独立的骑兵师，每个师下辖有 2 个（骑兵）旅及 1 个（骑兵）团。除此之外，每个步兵师还下辖有 1 个或 2 个战斗工兵连。

自 1866 年以来数年时间里，老毛奇与他的参谋们一直都在仔细地分析普军从那些战役（普奥战争及柯尼希格雷茨会战）当中学到的教训。事实上，其他人也在进行研究：普军能在如此短的时间里决定性地重创奥军自然需要一个合理的解释，而外国军事评论家，特别是那些英国评论家都将普军获胜的首要原因归

---

① 根据德语应写作"猎兵"或"射击兵"。

结到后装击针枪的优越性上。那些更聪明或是消息更灵通的观察家，对此则有着不同理解。俄国观察家德拉戈米洛夫（Dragomirov）少将就曾表示："（普方）取得 1866 年战争胜利的并不是击针枪本身，而是那些扛着它的人。"斯托菲尔更是早在 1866 年 9 月，就已经非常明确地表达自己的立场。他曾经采访报道及询问普奥两军的多名低阶军官和士官，希望以此对击针枪造成的影响呈现出更加公正的认知："人们总是将普军步兵的武器视为普鲁士在这场战争中取胜的最大因素，但这是个巨大的错误。武器方面的优越性只是取得胜利的次要原因。"[4] 事实上，带给普军步兵如此决定性优势的正是他们在战斗中的冷静、稳重，还有那远胜于奥军前装枪的优质武器；也正是这些因素的相互结合，才导致战场上常常出现"普军的第一轮排枪齐射挡住了奥军的进攻，同时他们（奥军）开始无序撤退。就在此时，多亏德莱赛击针枪的子弹装填迅速，普军的自由射击才能迅速造成奥军的惨败"[5] 这一类情形。而在未来的普法战争中，普军步兵将面临更加严峻的考验，因为他们还不曾在战争中遇到这样一种性能远胜其对手的次世代新兵器（指法军的夏塞波步枪）。但不论后来的事实如何，普军已经在 1866 年向全世界充分证明，自己的步兵至少能做到与欧陆任何国家的同一兵种相提并论。

1866 年战争爆发前，人们曾思考过后装枪的一个潜在缺陷：由于装填实在过于简便，操作它的步兵可能会胡乱射击，从而导致弹药浪费。不过在战后调查中，人们发现事实根本不是这样：整场柯尼希格雷茨会战中，普军步兵先后发射的步枪弹为 20 万发左右，平均算下来每人只打出了 1 发。因此，军队并不需要在射击纪律上做太多工作；但奥军步兵在以密集横纵队行进时蒙受的惨痛伤亡表明，军队急需重新审视步兵战术，特别是在对抗一支装备有大量后装枪的敌军时（应采取什么战术）。于是，普军步兵通常会（但并非绝对）主动放弃密集步兵队形，而更加倾向于以尽可能分散的队形行进。同样地，普军还对德莱赛击针枪的改进方法进行了持续不断的审视及检讨。然而，改进方案背后的事实正如威廉对斯托菲尔所说的那样："如果提案中的设计改动不能带来真正的无可争议的明显优势，那么想要一口气改装 100 万杆线膛枪可就不是一件容易完成的事情了。"[6]

对于所有曾正确地研究普军步兵获胜原因的人来说，还有一点非常明显：普军为保障军官阶层的质量做了相当多的工作。其本人就是一名炮兵专家的霍

亨洛厄 – 英格尔芬根亲王克拉夫特（Krafft zu Hohenlohe-Ingelfingen）曾给出评论，有许多例子足以证明这一点："每个参加过实战的步兵军官都能表现出许许多多像那样的例子，（这些例子）全都向你展示了在我们的军队中，连长是怎样成为步兵的灵魂，以及连长是怎样将自己的精神注入他们（基层士兵）心中，让我们的士兵以无限的信心追随他们的长官。"[7] 在战后会定期参加普鲁士陆军年度军事演习的斯托菲尔，也曾对普军的连长给出过许多相似评价："凭借自身渊博扎实的通用知识及专业知识，以热情和进步的精神激励士兵们。他们（那些连长）是普鲁士步兵的灵魂及神经，为这支军队的强大做出了巨大贡献。"[8]

在波希米亚战场上，普军另外几个兵种的表现没能达到堪比步兵的程度。老毛奇在1868年，对1866年战役中出现的一部分重大教训进行了回顾。他特别指出普军在兵种协同方面出现的一些严重失误，并认为"步兵部队在任何方面，无论是行进还是战斗都表现得极为优秀；但不幸的是，为这些步兵提供支援的炮兵表现不足，骑兵的支援表现也完全是不好的"。[9] 霍亨洛厄亲王从一名炮兵的角度，总结了本兵种的问题：

1866年战役所出现的结果在几乎每个方面都对炮兵的表现极为不利——炮兵部队要么是抵达现场过晚，要么是投入的火炮数量实在太少。而且在所有交火过程中，我军步兵始终都暴露在数量远胜于我军炮兵的敌军炮兵所给予的猛烈火力之下；为了还击同时保护自己，他们（我军步兵）不得不求助于自己的步枪火力（而我军炮兵对此完全无能为力）。[10]

事实上，将失利完全归咎于奥军炮兵占优的想法只是在把这个问题简单化。到1866年战争爆发之前，普鲁士军队仍未全部换装铸钢炮，其中有约三分之一的火炮甚至还是滑膛炮。事实正如斯托菲尔所报告的那样："所有普鲁士炮兵军官都在向我不断强调，说这些火炮什么都不是，或者说只能算作一堆累赘，从战役第一天到最后一天，它们什么用场都派不上。"[11] 此外他还指出，由于普军几乎始终处于进攻状态，这也意味着奥军炮兵拥有能从预先准备好的炮兵阵地内开火射击的主场优势；另外，他们偶尔还有机会使用预先计算及标

◎ 南德各邦的部队，诺泰尔绘，普夫卢克－哈通藏。从左至右分别为符腾堡王国的骑兵、炮兵、步兵；巴伐利亚王国的步兵、炮兵、胸甲骑兵、轻骑兵。

注好的弹道射程，对普军实施精准炮击。而在另一方面，情况又像霍亨洛厄所提到的那样："纳霍德①及特鲁特诺夫②两战都是偶然发生的遭遇战，在这种情形下，战争双方都能对己方队形及部署做出相似的变动。至于柯尼希格雷茨会战中的第2集团军，就实际表现而言，他们还是能在赶到战场时，迅速部署一支远优于敌军炮兵的庞大炮兵力量。"[12]

因此，普军仍然需要做大量工作，尽管有不少炮兵专家对大规模推广铸钢炮还持有一定程度的保留意见：在战时，有数门铸钢炮意外发生炸膛。但普军炮兵的全面换装工作还是很快完成了。事后，人们发现1866年战争期间发生的几场火炮炸膛事故是因为火炮的后装结构出现故障，随后这些故障都十分轻易地得到解决。而普军这些铸钢炮远胜于对手法军所用青铜炮的强大精度，

---

① Nachod，今捷克的城镇，位于该国西北部，由赫拉德茨－克拉洛韦州管辖，始建于14世纪，靠近该国与波兰接壤的边境。

② Trautenau，今捷克城市，位于该国南部，由赫拉德茨－克拉洛韦州管辖。

很快就会以实战的形式得到令人信服的证实。

实际上，炮兵在未来的发展中还会增加更多功能。老毛奇就曾要求："指挥官在占据每一处炮兵阵地前都必须亲临第一线，并对周围环境进行侦察。在选择阵地位置时，对于炮兵阵地有效性的考虑应永远优先于阵地隐蔽性。"[13] 此外，他还为普鲁士的炮兵理论带来一个巨大变化：在未来，军队将敢于冒损失一整个炮兵连的风险——只要这么做符合军队的总体利益（而不是像普奥战争时期那样，让炮兵在危急时刻驻足不前）：

> 在某些场合中，炮兵有责任牺牲自己，为其他兵种争取时间，以及缓解敌军造成的压力。因此，毫不动摇地坚持忍耐到最后一刻是极有必要的，甚至在一定程度上是有利的，哪怕这么做最终可能导致火炮的损失。[14]

老毛奇还认为，炮兵指挥官应该更好地了解军队的迫切目标。

骑兵的角色则在极大程度上受到技术变化的影响。如今还是有人认为这个曾经最具魅力的兵种应该被继续保留，以便在关键时刻对敌人发起轰动性，甚至是决定性的打击。这种想法源于过去那个战马的速度和动力，足以克服它所要对抗的滑膛枪及炮兵火力的年代。但到了1866年，这种想法就不再正确：现在的步兵完全可以在不需要组成方阵的情况下，击退骑兵的进攻。斯托菲尔就曾这样记述基斯钦（Gitschin）战役期间发生的一起事件，当时有一个普军步兵营正面对抗整整十个奥军骑兵中队：

◎ 冯·罗恩伯爵像，普鲁士战争部部长，施伯特藏。

> 步兵营先是让奥军骑兵们行进到距自己200步的射击范围之内，接着又用一整个营的齐射火力迎击他们，随后放弃排枪齐射，打了一轮自由射击。在最初的一轮齐射中，有

50～60名奥军骑兵瞬间被击落马下，位于纵队前头的两个骑兵中队开始仓皇掉头撤退。在接下来一轮自由射击中，随后而来的两个奥军骑兵中队（顶着凶猛的步枪火力）冲杀到了距离该步兵营100步以内的位置，但最终还是被普军迅速驱散，同时导致他们身后的整个骑兵纵队陷入混乱状态。[15]

在刻意提及愈发强大的步兵火力的同时，老毛奇又给骑兵的部署原则下达了全新指示，将这一兵种的重点更多地放在师属骑兵部队的侦察职能上。但他仍然设想并要求（作为预备部队的）骑兵，能像过去那样发起冲击行动，而这样的行动必须"事先毫无作为地耐心等待数小时"，直至"适合骑兵发起干预行动的时刻"来临，才能迅速发动冲击。此外，骑兵部队还有一条必须时刻摆在最前头的行动守则：只有敌军步兵的线列开始变得混乱松散，以及敌军步兵因损失惨重而发生动摇时，（己方骑兵）才可发起冲击。[16]无论是掩护一支因战事不利而被迫撤退的友军部队，还是追击一支已经被击败的敌军，老毛奇都要求骑兵指挥官"必须让自己的部下尽可能做好准备，但绝对不能同敌人过早交火"。[17]

同他们的敌人一样，德意志的指挥官也已经在近期的战事中获得相当多经验，但可能比敌人（法军）学到的还要更多。尽管法国人可以回溯克里米亚战争以及1859年意大利战争①的经验，同时还能汲取自己在非洲及墨西哥战场上的异域军事经验；但严格来说，德意志军事领导人所经历的1864年丹麦战争②及1866年普奥战争还是与1870年的军事形势更为贴切。德意志军队的领导层最值得注意的特点之一便是年龄。在战争刚爆发时，普鲁士国王本人已是73岁高龄，老毛奇为70岁，担任后者麾下集团军指挥官之一的施坦因梅茨则是74岁。而在另一方面，另一位集团军指挥官腓特烈·卡尔亲王当时42岁，普鲁士王储则仅为39岁。至于那些在战时接过集团军指挥权的人物，萨克森王储阿尔伯特时年42岁，冯·曼陀菲尔为61岁，冯·戈本则为53岁。但战争刚一开始时各军军长的年龄明显要比人们预计的大得多，他们的平均年龄竟高达

---

① 即法奥战争，又称第二次意大利独立战争或第二次意大利统一战争。

② 即第二次石勒苏益格－荷尔施泰因战争，又称第二次普丹战争。

61 岁。少有的例外是近卫军军长、时年 57 岁的奥古斯特亲王，以及年龄同样小于 60 岁的萨克森王储及戈本两人。第 2 巴伐利亚军的军长冯·哈特曼时年 75 岁。尽管年龄明显偏大，他们还是在整场战争中表现出了充沛的动力及能量，近年来有一名历史学家曾以如此的评论指出这一点："这么多年来，人们都未曾注意到老毛奇的高级下属竟能在战争中表现出如此非凡的韧性及精力。"此外，他们还表现出了极大的个人勇气，在某些情况下甚至会过分地渴望参战。[18] 第 9 军就有两任军长因此战死，整场战争期间高阶军官的伤亡率也始终居高不下。

高阶军事指挥官的任命必然反映了 1866 年普鲁士军队大获全胜的结果：老毛奇任命施坦因梅茨为第 1 集团军总指挥的决定，并没有引起他人的多少焦虑。这位集团军首长的全名为卡尔·冯·施坦因梅茨（Karl von Steinmetz），出生于 1796 年，曾亲身参与（拿破仑战争末期的）德意志解放战争，因作战表现英勇在 1814 年被授予铁十字勋章。在这之后，他的晋升之路可谓相当缓慢：直到 1848 年大革命的 3 月暴动期间，他还只是柏林城内的一名中校，甚至亲自参与当时的巷战。又过了整整 18 年，他终于晋升为上将并在普奥战争中负责指挥第 5 军；战争期间，他因在纳霍德、斯卡利采（Skalitz）、施魏因斯海德（Schweinschädel）等各处战场上表现出来的大胆无畏及进攻性，被世人誉为"纳霍德之狮"（Lion of Nachod）。正是凭借这些品质，施坦因梅茨才理所当然地在此次（普法）战争中被任命为集团军总指挥。然而，他的思想极度固执，甚至达到了近乎古怪反常的地步。主管总参谋部情报处的韦尔迪便是对老毛奇这一任命是否明智抱有严重怀疑的人物之一：

本次提名确实引起了一些疑虑。这位总是在英勇战斗的将军的功绩在各方面确实都曾得到普遍和高度的赞扬。但无论军事能力有多么强，他的个人品质以及他那过分独立的性格，都让他的上级难以与其打交道。如果让他当上一整个集团军的首长，并将他置于等级更高的指挥链之下，指挥链的各层势必会出现摩擦。[19]

未来的德意志帝国总参谋长阿尔弗雷德·冯·瓦德西，对于施坦因梅茨的评价更是直言不讳："即使是在 1866 年，他都已经表现出了 75% 程度的疯癫偏执症，而现在他又比之前老了4岁（所以肯定会比普奥战争时表现得更加固执）。他在任何有关精力和行动的事情上都不会犯错，但这两样东西本身并不全是好事。"[20] 老毛奇则希望施坦因梅茨的参谋长冯·施佩林（von Sperling）少将能让自己的集团军指挥官多少守些规矩，但此人很快就让他（老毛奇）失望了。尽管布卢门塔尔是一个"头脑清醒、谨慎且果断的军官，可就算是他那杰出的军事素质和个人品质，也照样无法战胜冯·施坦因梅茨将军的这些特质"。[21] 因此，他颇为嫉妒总参谋部分配给第1集团军的任务："只要比利时和卢森堡两国的中立性能得到法国人的尊重，那么分配给冯·施坦因梅茨将军的任务在我看来就是最轻松愉快的。只要上帝赐予他足够长久的健康和生命，他就能拿下所有的胜利桂冠。"[22]

事实上，普军高层似乎对任命腓特烈·卡尔亲王为第2集团军总指挥一事多少缺乏热情，早在7月17日的波茨坦战争会议上，总参谋部就曾考虑高阶指挥官的任命问题。王储本人也参与了此次会议，并进行了如下记录：

> 特别值得一提的是，当谈到腓特烈·卡尔亲王以及将任命他为高阶指挥官这一话题时，没有人会直言不讳（指出相关问题），直到国王陛下情绪激动地坚持要发表意见（之后才有人指出这一任命可能存在的问题）。接着，大家又一致认为亲王确实应该领导一个集团军（即第2集团军，他有资格担任这个职务），并请求国王陛下随行，这样我们便可以在现场，对这位亲王行使某种"特殊控制权"。[23]

这位腓特烈·卡尔亲王是最为谨慎且百分之百专业的普鲁士军人，只是想象力有限，瓦德西在后来就曾这样评价他：

> 正如他们所说的那样，亲王只是一个才智平庸的人。他读起任何东西都是一副深思熟虑的样子，不喜欢别人急急忙忙地向他汇报事情，因为他觉得自己很难跟上别人的节奏。他靠着钢铁一般的刻苦努力，设法弥补自身某些缺点，一旦掌握某种技能就不会轻易将其忘记。此外，他还有极好的记忆力，从大学毕业起就全身心地投入到了自己的军事生涯中。[24]

他是国王威廉一世的三弟卡尔亲王①唯一的儿子，出生于公元1828年，可以说从一开始就注定会成为一名军官。在其军旅生涯中，他同当时还只是一名少校（后来担任战争部部长）的罗恩结下了深厚友谊，并一直以他为榜样重新塑造自己。丹麦战争中，（作为儿子的）卡尔亲王开始负责指挥一个军，并在乌伦格尔元帅辞职后继任普军总指挥。1866年战争中，尽管多次表现得过于谨慎，可他对于第1集团军的指挥领导总体上仍是称职的，但总有人怀疑他嫉妒自己的堂弟，即普鲁士王储在战场上取得的战果。姑且不论卡尔亲王本人对此有着什么样的不愉快感受，总参谋部在1870年对他给出的这一任命至少是完全符合所有人预期的。就像其堂弟一样，他也得益于一名极其能干的参谋长：冯·施蒂勒（von Stiehle）少将。瓦德西曾这样提及对任命这位参谋长的普遍看法："人们对于腓特烈·卡尔亲王的参谋长施蒂勒总是有着许多看法。我不怎么了解他，但无论如何，他都能给自己的工作带来新鲜感和活力。"[25]

任命王储为第3集团军总指挥则是一项完全合乎逻辑的决策。由于该集团军囊括相当大比例的南德邦国军队，所以政治上的考量进一步加强了在军事及王室权力问题上任命他为集团军总指挥的理由。尽管相对来说非常年轻，出生于1841年②的他还是在1866年战争中的波希米亚战场上充分证明了自己是整个第2集团军最为成功的指挥官。无论是在自己的部队内部，还是在那些他现在必须打交道的敏感且自命不凡的王室人士中，王储都非常受欢迎。他相当受自己的岳母，即英国维多利亚女皇的喜爱，同时深受自己妻子、维多利亚长公主③的自由主义观念影响。在1870年战争期间，就如同1866年时

---

① Prince Charles，全称腓特烈·卡尔·亚历山大，1827年与萨克森－魏玛－艾森纳赫大公卡尔·弗里德里希的女儿玛莉·路易丝结婚，有一子二女，81岁时去世。其妹奥古斯塔后来嫁给了卡尔的次兄威廉·路德维希。

② 编者注：原文如此，应为1831年。

③ the Princess Royal，全名维多利亚·阿德莱德·玛丽·路易丝公主，是英国维多利亚女王和阿尔伯特亲王所生的大女儿。1841年获封"不列颠长公主"名号。1858年，她嫁给当时的普鲁士王储（也就是未来的德国皇帝腓特烈三世），并在丈夫继位后成为德国皇后和普鲁士王后。腓特烈三世去世后，她被普遍称呼为"腓特烈皇后"（Kaiserin Friedrich）。尽管这位皇后坚决反战，但她与丈夫始终坚定地维护普鲁士及北德意志联邦，两人对德国统一事业的同情心也造成了维多利亚女王家族的不和。

的情况一般，他那非常能干且直言不讳的参谋长卡尔·冯·布卢门塔尔（Karl von Blumenthal）中将，在军事政策的发展问题上扮演了一个至关重要的角色。此人出生于公元1810年，父亲是一名骑兵上尉，在1813年的丹尼维茨（Dennewitz）战役中不幸战死。同老毛奇的情况一样，布卢门塔尔一开始晋升得非常缓慢，直到1848年都还只是一名少尉。同样还和老毛奇非常相似的是，他也娶了一名英国妻子。但在后来，布卢门塔尔的职业生涯很快有了起色：成功参与丹麦战争后，他于1866年初被任命为一个旅的旅长，接着又在普奥战争爆发后被任命为王储的参谋长。布卢门塔尔对于这一任命感到相当高兴："这是我最想要的职务。比起腓特烈·卡尔亲王的严肃较真，显然王储年轻活泼的性格更适合我。无忧无虑才是战斗前应有的精神状态。"[26] 布卢门塔尔过分自信且过分热衷于表现自己的习惯，导致他本人与老毛奇在1866年7月产生了一些潜在摩擦——当时，他有一封写给自己妻子的信件落入奥军手里并被出版社公开出版。他在自己的日记中是这样记录当时所发生事情的：

当然了，这封信的内容基本都是我亲笔写下的，但它（被奥方出版的信）是以我写这封信时所用的英语为基础，刻意误译出来的。此外，信件本身的意思也在这个过程中被人故意歪曲。我本不应该对此感到不安，但非常不幸的是，老毛奇在这封信中受到了我被人歪曲过的语言的粗暴对待。他其实是我最不想伤害的人，因为我非常尊敬他。有人利用这封信把我变成笑柄，并让全世界都把我当作一个骄傲自大的傻瓜，这令我感到非常惭愧。[27]

老毛奇本人则对此事完全置之不理。尽管发生了这样的出糗事件，他还是非常清楚布卢门塔尔所拥有的杰出能力，并依旧对他寄予极大的信任。

萨克森王储阿尔伯特则在战争开始阶段奉命指挥第12（萨克森）军。他出生于1828年，同样是一开始就注定了要从事军事职业，年仅15岁时便加入陆军。在1848—1849年间的第一次石勒苏益格 – 荷尔施泰因战争中，他一度隶属于普鲁士总参谋部；此后，这位王储的军衔又如同坐火箭般，在自己24岁时飙升到中将。在1861年参与普鲁士国王威廉一世的加冕礼之后，他首次遭遇自己未来的对手——法国的麦克马洪①元帅，当时此人的职务还只是法国驻柏林大使。1866年波希米亚战役期间，阿尔伯特负责指挥萨克森王国陆军（对抗普鲁士军队），就在盟友奥地利军队因一系列几乎不间断的失败而接连败退的过程中，萨克森部队在他称职的指挥下始终表现得堪称良好。1870年，已成为北德意志邦联重要加盟者的阿尔伯特晋升为马斯河集团军总指挥，当时被分配到他身边担任参谋长一职的是冯·施洛特海姆少将；此人在之前的柯尼希格雷茨会战期间曾是萨克森王储的对手，当时担任的职务是易北河集团军参谋长。

埃德温·冯·曼陀菲尔拥有巨大的政治影响力，而现在他又有了向外界充分展示自己军事能力的机会。1870年，他在战争开始阶段奉命指挥第1军。1866年，他曾在普奥外交危机爆发时负责指挥易北河诸公国的军队，并在后来的普奥战争期间接替沃格尔·冯·法尔肯施泰因（Vogel von Falkenstein），成为美因河集团军的总指挥，领导普军打赢了对抗（作为奥地利盟友的）南德各邦军队的战役。1870年梅斯陷落后，老毛奇开始对他高度重视，任命他为改组后的第1集团军总指挥，后来又任命他指挥南部集团军。

在德意志军队的诸多高阶指挥官中，奥古斯特·冯·戈本拥有一段从各种意义上讲都非常复杂多变且有趣的职业生涯。他于1816年出生于汉诺威②，17岁时加入普鲁士陆军，但他在三年后因为觉得（继续待在普鲁士军队里）没什么参与实战的可能而主动辞去职务，跑到西班牙王国境内加入卡洛斯党人战争③。接下来四年时间里，戈本在卡洛斯党军队内部晋升为上校，同时经历了相

---

① MacMahon，全名玛利·埃德姆·帕特里斯·莫里斯·德·麦克马洪，马真塔公爵、法国军人、法兰西第三共和国第二任总统。在克里米亚战争及意大利马真塔战役中扬名，晋升为法国元帅，并受封为马真塔公爵。他是詹姆斯党的爱尔兰家族后裔，于1827年开始军旅生涯，1864—1870年间担任阿尔及利亚总督，后来在普法战争中担任部队指挥官。

② Hanover，位于莱讷河畔，今德国下萨克森州的首府，位于北德平原和中德山地的相交处，既处于德国南北和东西铁路干线的交叉口，又濒临中德运河，是个水陆辐辏的交通枢纽。当时属于汉诺威王国。

③ Carlist Wars，是19世纪爆发于西班牙的多次内战的总称，皆由卡洛斯党人挑起，也因此得名。作为战争策动者的卡洛斯党起源于1833年，西班牙国王斐迪南七世驾崩，因无男嗣而由长女伊莎贝拉继位；斐迪南七世之弟唐·卡洛斯王子依《萨利克继承法》反对伊莎贝拉继位，自称卡洛斯五世，和伊莎贝拉争夺王位。支持唐·卡洛斯即位者便被称为卡洛斯党的成员。

当多的实战，甚至共五次负伤。身无分文的他出版了一本有关自己在 1840 年冒险经历的回忆录，并于 1842 年再次加入普鲁士军队。之后，他晋升得相当快——丹麦战争期间负责指挥一个旅，1866 年德意志战役期间负责指挥一个师。1870 年，他被任命为第 8 军军长，隶属于施坦因梅茨的第 1 集团军；后来，他又接替曼陀菲尔，成为该集团军的第三任总指挥。

古斯塔夫及康斯坦丁·冯·阿尔文斯莱本兄弟二人分别负责指挥第 4 军及第 3 军。他们两人都拥有漫长且突出的服役履历，但在此前没有获得迅速晋升。兄长古斯塔夫曾在 1866 年担任国王的副官，并在这个职务上督促老毛奇尽早集中整个普鲁士军队的兵力。弟弟康斯坦丁在 1866 年指挥过一个旅，后来因为第 1 近卫师的师长席勒·冯·盖特林根（Hiller von Gärtringen）在柯尼希格雷茨会战中不幸战死，而接过该师指挥权。

在巴伐利亚军的各级指挥官中，路德维希·冯·德·坦恩（Ludwig von der Tann）在普法战争中扮演着一个比他年长的同僚雅各布·冯·哈特曼（Jacob von Hartmann）突出得多的角色。冯·德·坦恩出生于 1815 年，18 岁时加入巴伐利亚王国陆军。他的家族同巴伐利亚王室的关系相当密切，其本人也因此得到迅速晋升，在 45 岁时已经成为中将。1866 年普奥战争期间，尽管他曾强烈反对自己的国家参与对普战争，但还是极不情愿地接过巴伐利亚王国陆军总参谋长的职务。他以这一身份尽自己全力克服南德各邦国联军领导层的无能和犹豫不决，并因此被授予勋章。普奥战争结束后，政敌对他进行了激烈抨击，声称他（在战争期间）表现无能。为此，他不得不向法院提起诽谤诉讼，并成功捍卫自己的名誉。哈特曼则在 1866 年战争期间指挥过一个步兵师，在对抗普鲁士美因河集团军的几场战役中都表现得非常称职。

德意志军队相较其对手的优势曾被当时的一份社评提及。其作者观察称："德意志的各路集团军凭借科学合理的战争准备、集中的兵力、严明的军事纪律以及事先的深思熟虑，从而使他们全都处于自己所能达到的最高效状态。"这名作者接着又给出如下论述：

（普鲁士的）军队很清楚自己究竟该听从谁：由罗恩将军和毛奇将军这样的人来计划行动，由王储及腓特烈·卡尔亲王这样的领导人在战场上实地指挥，用过往的实战经验和底层对（国家）最高权力的习惯性尊重来增强军队的信心。但在法国军队中，我们并不能说当前这支军队各方面的状态同样令人满意。普军通过军事改革所完成的伟大进化，在法国军队里是尚未完成的。（法兰西第二）帝国的政府并没有让任何一个阶层的法国公民对其抱有明确或不可分割的信心。帝国皇帝的意志是帝国境内唯一有形的权威形式，可他并没有值得吹嘘的高超军事才能，他的几次军事试验的最终结果也都是不幸的[①]。在他之后，整个法国再没有一个将领拥有如此无可争议的优越地位及权威，能让其立即为整个军事系统带来最高指挥层方面的活力和统一。法兰西第一帝国的过往经验早已充分表明，哪怕国家最高元首是拿破仑一世这般伟大的人物，把军队的指挥权分给多个自命不凡、相互敌对的军官同样是件极为危险的事情。因此，目前的法国没有任何指挥权上的严格统一，以及对战争的完全准备，因为这一切都远在莱茵河之外。相比之下，法军领导层在许多基本问题上的意见分歧也相当明显——由此导致的不可避免的后果便是，当军队的最高权威没能通过一场战斗完全解决相应问题时，一定程度上的不确定性就会因此渗透进入团级指挥官（正副团长）内部，整个集体的纪律和凝聚力亦有可能随之发生某种程度的松懈。在战场上对抗一个强大且明智的敌人时，以上种种全都是不利条件。[28]

后来发生的事实证明这些分析是相当准确的。

---

① 此话的确有失公正，至少法国在同时期的非洲殖民以及 1859 年法奥战争中都取得了不同程度的胜利。

注释：

1. E. 斯托菲尔著，《呈交给法国战争部的军事报告》，第 44 页。

2. 同上书，第 149 页。

3. 同上书，第 86 页。

4. G. A. 克莱格著，《柯尼希格雷茨会战》（伦敦 1965 年出版）；E. 斯托菲尔著，《呈交给法国战争部的军事报告》，第 4 页。

5. E. 斯托菲尔著，《呈交给法国战争部的军事报告》，第 5 页。

6. 同上书，第 149 页。

7. 霍亨洛厄－英格尔芬根亲王克拉夫特著，《论步兵的书信》（英译者 N. L. 瓦尔弗德；伦敦 1892 年出版），第 83 页。

8. E. 斯托菲尔著，《呈交给法国战争部的军事报告》，第 149 页。

9. G. A. 克莱格著，《柯尼希格雷茨会战》，第 186 页。

10. 霍亨洛厄－英格尔芬根亲王克拉夫特著，《论炮兵的书信》（英译者 N. L. 瓦尔弗德；伦敦 1890 年出版），第 6 页。

11. E. 斯托菲尔著，《呈交给法国战争部的军事报告》，第 47 页。

12. 霍亨洛厄－英格尔芬根亲王克拉夫特著，《论炮兵的书信》，第 30 页。

13. D. J. 修斯著，《论毛奇的战争艺术》，第 211 页。

14. 同上书，第 213 页。

15. E. 斯托菲尔著，《呈交给法国战争部的军事报告》，第 6 页。

16. D. J. 修斯著，《论毛奇的战争艺术》，第 209 页。

17. 同上书，第 223 页。

18. D. 阿斯科利，《一天的战斗：1870 年 8 月 16 日马斯拉图尔》（伦敦 1987 年出版），第 67 页。

19. 尤利乌斯·冯·韦尔迪·韦尔努瓦将军著，《与王家总指挥部同行 1870—1871》（伦敦 1897 年出版），第 22 页。

20. A. 冯·瓦德西伯爵 & 元帅著，《一名元帅的回忆录》（英译者 F. 怀特；伦敦 1924 年出版），第 60 页。

21. 尤利乌斯·冯·韦尔迪·韦尔努瓦将军著，《与王家总指挥部同行 1870—1871》，第 22 页。

22. K. 冯·布卢门塔尔伯爵 & 元帅著，《1866 年及 1870—1871 年的战时日志》（伦敦 1903 年出版），第 26—27 页。

23. 腓特烈·威廉王储著，《腓特烈三世皇帝的战争日记 1870—1871 年》（英译者 A. R. 阿林松；伦敦 1927 年出版），第 7 页。

24. A. 冯·瓦德西伯爵 & 元帅著，《一名元帅的回忆录》，第 83 页。

25. 同上书，第 60 页。

26. K. 冯·布卢门塔尔伯爵 & 元帅著，《1866 年及 1870—1871 年的战时日志》，第 13 页。

27. 同上书，第 57 页。

28. 切斯尼中校及 H. 里夫著，《普鲁士及法国的军事资源》（伦敦 1870 年出版），第 167 页。

法国军队及其领导者

在法国的军事领导层内部，众人对于这场对普战争的信心依旧高涨。早在1867年，朗东①元帅就曾惊呼："噢！让我们赶紧记起我们（曾参加法国大革命及拿破仑战争的）父辈的军事美德吧，那要比击针枪有价值得多。"[1] 此外，在1870年对法国军队进行的一次调查中，人们虽然注意到普奥战争的最终结果已经"唤醒这个国家以前对欧陆上所出现大陆军（great continental armies）的相对实力的毫无疑问的忧虑"，可法军仍然相信"在整个法兰西民族陷入前所未有的大危机的时刻，这个民族会像过去（法国大革命时期）一样，迸发出强大的能量及资源，来克服这个国家面对的危险"。[2] 根据埃米尔·奥利维尔的记述，于1869年接替其去世的前任、能干的尼埃尔元帅，就任战争部部长的勒伯夫元帅曾向皇帝这样说道："我们无论处在和平状态还是备战阶段，都要比普鲁士人强大得多。"[3] 此外，奥利维尔与他的内阁也曾非常自信地预计，法军在皇帝及上一任战争部部长尼埃尔元帅的领导管理下，早已准备好立即同普鲁士王国开战，尼埃尔元帅更是声称："我们会在两周内集结起一支总兵力多达415000人的军队。"其他几名法军高级将领同样说过类似的话。

法国陆军一直是波拿巴主义的核心。他们曾在1851年政变中起到至关重要的作用。同时，相关情况正如理查德·霍尔姆斯（Richard Holmes）在他对

---

① Randon，全名雅克·路易·塞萨尔·亚历山大·朗东，第一代朗东伯爵、法国军事和政治领袖、法国元帅，曾任阿尔及利亚总督。

◎ 法兰西第二帝国皇帝拿破仑三世像，施伯特藏。

色当战役爆发数年前法国军队发展状况的深刻分析中所指出的那样：拿破仑三世政权的维持完全依赖于本国陆军，如果皇帝失去了对这支军队的控制，整个法兰西第二帝国便无法存续下去。法国的军事传统要求陆军在进攻行动中应表现出前所未有的精气神（panache）以及勇气，而相信此举必将带来胜利的侥幸心理可能也助长了"就用 D 方案吧，反正我们总能搞定这件事"（le Système D—on se débrouillera toujours）式的蒙混过关、得过且过之类心态在军队内部的发展。

法军对于英勇精神（élan）及士气（ésprit militaire）的高度重视，同德意志军队的冷静组织技巧形成了真正意义上的对比。法国军队在意大利战场上的马真塔（Magenta）及索尔弗利诺（Solferino）① 这两场战役中取得的胜利进一步证实了其历史上一贯享有的崇高声誉。这些艰苦的血战在更大程度上体现的是部队的超凡勇气，而不是上级领导人的指挥技巧；法军随后能在非洲及克里米亚战场上取得长期的成功也是因为这样。这些战役使得法军领导层对自身的能力抱有极大信心，但极其不幸的是，后来发生的事实充分证明了他们的能力基础其实并不怎么牢固。

普军在柯尼希格雷茨会战中的胜利对于法军来说是一个相当令人震惊的意外。随后，法国人不得不重新审视自己有关普鲁士军队及其近期发展状况的看法，同时理所当然地开始注意那些对法国领导人及普鲁士总参谋部来说同样显而易见的技术进步。

同其他地方（国家）一样，法国也基本认为是击针枪让普鲁士的军队赢

---

① 两地（马真塔及索尔弗利诺）都是第二次意大利独立战争中的决定性会战发生地。

得 1866 年战争的胜利。但尼埃尔（从普军的胜利中）特别清楚地意识到，现在的自己迫切需要对法国的征兵制度进行一场彻底重整，同时需要立即修改这一制度的行政程序。他在 1866 年 11 月动笔撰写的那篇论文囊括了许多同罗恩呈交给普鲁士国王威廉一世的提案相类似的意见。时任法国战争部部长的朗东对此表示反对，皇帝本人却支持尼埃尔有关普遍短期兵役制的主张，朗东也因此在"适当"的时候遭到解职，且其职务由尼埃尔接替。皇帝的目标是让军队人力资源总量达到 100 万人，但这一想法只有在重建国民卫队的情况下才有可能实现。该军种已于 1851 年被解散，其运作方式同普鲁士的地方民兵大致相同。然而，尼埃尔最具深远意义的几个提议对于法国内阁来说都是完全不可接受的，其最终效果也因此被（实际存在的）政策严重淡化。而且在立法机关中，这些提议同样遭到强烈反对。朱尔·法夫尔（Jules Favre）甚至曾经大声喊叫，故意打断尼埃尔的演讲，声称这位战争部部长正试图将整个法国改造成一座兵营，尼埃尔本人对此答复称："至于足下，我奉劝您小心点，千万别让整个法国（因战争惨败而在未来）变成一片墓地。"

有关国民卫队的提议不足以将其（该军种）完全转变为一支高效可靠、训练有素的正规化军事力量，且无论如何，尼埃尔的过早去世都使得这一军种失去了唯一一个以全身心的热情致力于其发展的可靠人物。依照提案所设想，每年会有 172000 人加入常备军；到 1875 年，整个法国将有能力动员多达 80 万人的兵力。但直到 1870 年 7 月，如这般规模的兵力都是注定无法完成动员的。据勒伯夫设想，法军的实际总兵力数仅为 497000 人，其中有 30 万人可以在三周之内完成动员。可就算这样，议会还是决定大幅度削减军事预算。

法军高层的指挥及组织构架在许多方面都落后于普鲁士军队的体制。当时，法国军队并没有设置（如普鲁士军队那样）组织严密的总参谋部，而是由一系列"指导"及专家委员会负责相关事宜，这一现状直接导致了过度的中央集权与极其保守的军事发展态度。和平时期的军事行政完全建立在单一的行政编制——团一级编制之上，因为法国人相信这一制度有利于构建部队的团队精神 (esprit de corps)。各团分布在全法各地的兵站中，兵员招募工作不曾考虑过士兵的籍贯问题，就地征募的原则在法军内部得不到信任。军事动员期间，各团兵员需要向基层兵站报到，以领取自己的武器装备；在此之后，他们才会被派往自己所属团的当前位置，而整个法国陆军中有近一半的团都处在远离其兵站的位置。接下来（兵员来到所属团位置后），各团才会被编入自己所隶属的相应旅、师、军麾下。[4] 上述做法给军队带来的同质性直到1870年仍被外界认为是一项巨大的优势，薛士尼（Chesney）及里夫（Reeve）两人就曾这样区分普法两国，称普鲁士"地方上的习惯和制度对当地人民有着很大的控制力"，法国则是"国家的大一统压倒并消除了这些区别"。[5] 自1859年起，试图以地方为基础重新编制法国军队的数次尝试，最终都未能以任何形式建立起一个可以和以地方为基础进行编制的德意志军队相媲美的编制体制。尼埃尔不仅关心过陆军的规模，还曾经关心现代化兵器的换装工作；除此之外，他甚至谈过军事动员的问题。1868年时，他在前一年所撰写的一份旨在计算法国能够新组建军级编制最大数量的论文的基础上，呼吁组建常设的旅、师，以及军级部队。然而，这次呼吁并没有得到落实，直到1870年这些部队真正出现，他们依然没能拥有一个此前较为稳定且极度自信的组织所应该具有的任何一种优势。[6]

法国军队内部的关系也极度紧张。帝国近卫军同驻其他大城市的部队在待遇上有着非常明显的区别。除此之外，早已发展出一套独有军事传统及战术理论的非洲军（Armée d'Afrique），则在许多方面几乎是一个完全独立的编制，可以说是法国陆军内部的另一支陆军。

此外，在普法战争爆发前的数年时间里，工程兵及炮兵可谓特权兵种；与之相对应的则是法军骑兵在声望和士气上的双重下降。由于陆军大规模换装夏塞波步枪，传统的骑兵冲击也被某些人视为过去的陈旧战术，但仍有不少传统主义者坚持让骑兵在战场上发挥进攻性作用。1870年战争期间，法军骑兵在履行侦察职能上的无能被一次又一次地证实，其中的主要原因是他们始终坚持以大股兵力执行侦察任务——事实上，他们本可以效仿德意志一方的骑兵，通过有效使用小规模巡逻队，取得更大的成就。[7]

法国军队的信心从物质层面上看并非毫无道理，甚至还因为对这场即将到来的战争中两军所使用武器的性能加以比较，而得到进一步增强。拿破仑三世在步兵装备问题上曾采取一项极为重要的措施：为步兵部队列装夏塞波后装线膛枪。事实上，这款步枪除了口径稍有不足，在其他几乎任何方面都远胜于普军的德莱赛击针枪。这种优势在两种步枪的精准射程上表现得尤为突出：夏塞波精准射程高达 1320 码，相比之下德莱赛击针枪仅为 660 码①。此外，夏塞波还是一款更加可靠的武器，能打出更加迅猛的速射火力——1 分钟可发射 11 发子弹——远胜于 1 分钟仅发射 7 发子弹的（德莱赛）击针枪。[8] 然而非常不幸的是，法军步兵在使用这款新线膛枪方面所接受的训练并不充分，特别倾向于以过快开火射击的方式肆意浪费弹药。当然，绝对不能否认的是，它给法军带来了一项极其突出的优势；而且在战争爆发前，已有超过 100 万把该型武器被交付给部队使用。军方甚至开始担心，步兵会因为步枪的装填过程过于简单而大量浪费子弹。写于 1867 年的一份考察报告则评价称，步兵们非常喜爱这款夏塞波步枪，因为"它的射速非常快，而这也是最常被提起的理由，但士兵们如果是因为精准度高而喜欢上它，那就更好了。或许这样就可以更加容易地说服士兵们使用它精准地射击，而不是过于频繁地胡乱发射子弹，从而节约、保留弹药——这一点在战争中是极其重要的"。[9]

此外，拿破仑三世还有一种秘密武器——"球球炮"②——它同样赋予了法军巨大的潜在优势。这款早期型号的机枪拥有 25 根 13 毫米口径的线膛枪枪管，可以依次旋转发射子弹，最大射速为 1 分钟 200 发。人们可以在 1320 码之外的距离观测到它，但它的有效射程略小于 2000 码。此外，非常有意思的是，无论德意志人还是绝大多数法军官兵都对这款兵器知之甚少，法国的高级指挥官从来不曾正确考虑过它最为有效的战术运用方式。这在很大程度上是由法军列装这款兵器时的高度保密性所导致的。法国步兵未曾接受如何使用这款武器的训练，事实也证明该型武器并不是特别有效：出现这一问题的原因部分是武器故障频出，另一部分则是法军指挥官对武器进行了错误的战术运用。[10]

拿破仑三世私底下一直对火炮抱有相当浓厚的兴趣。法国人本来有机会在这一领域也充分利用自身的技术进步，但最终完全没能做到。普鲁士的克虏伯工厂就跟世界上其他所有军火生产商一样，会在全欧洲的潜在冲突各方中寻找

---

① 编者注：为准确表达数据，中文版保留了原书的英制单位。1 码等于 0.9144 米，1320 码等于 1207.008 米，660 码等于 603.504 米。下文出现该单位时，读者可自行换算。

② mitrailleuse，现代法语中意为"机枪""机关枪"或"机关铳"。

自己可能的客户，并且从事实上看还曾一直努力向法国政府推销本工厂的铸钢后膛加农炮。不过根据记载，克虏伯的产品手册始终被归档在法国战争局的办公室里（也就是说根本没人愿意看），并被轻蔑地批判为"无用之物"（Rien à faire）。[11] 尽管自身受到皇室的密切关注，法军炮兵还是在使用各种明显低效落后的装备进行战斗。普军之所以能在火炮方面占优，很重要的一点便是他们依赖于激发引信（percussion fuses）；相比之下，法军仍在使用缺陷极大的定时引信（time fuses）。自 1859 年起，法军列装的前装线膛炮无论在射程还是精准度上，都要远逊于克虏伯的后装炮。此外，法军炮兵部队的组织也比他们的普军同行差得多。他们（法军炮兵）曾在前 20 年里经历过一系列实质性的重整工作，但在 1870 年，时任炮兵总监的苏珊宁（Susane）将军就曾表示，本国炮兵当前的备战程度比（他们在）波旁王朝统治时代还要糟糕。[12]

法国的一个行政机构军需部（Intendances）①，在法兰西第二帝国进行的几场战争期间一直有着非常糟糕的记录：其供给系统很不健全，运输系统的效率也相当低下。有人提出颇具说服力的观点，称其体制上的重大失败是由其自身不称职以外的其他原因所造成的，例如参谋工作中出现的重大缺陷、被外界强加到本部门身上的额外属性，以及军方一系列注定会使其补给负担过重的指挥决定等——总而言之就是任何军队都会出现的那些体制问题。[13]

但最引人注目的对比，或许还是发生在法国及德意志两军的参谋工作上。尽管法军可用参谋军官的数量在事实上超过他们的德意志同行，不过外界依然广泛相信他们的数量（对于庞大臃肿的法军体制来说）完全不够。与此同时，德意志人则非常期望，同时也总是能做到让自己的参谋人员拥有相当高超的技术能力，并做到始终如一且引人注目地出色发挥自身主观能动性。相比之下，法军却已经将参谋（从职能上讲）削弱成了单纯的文书。

假设给予充分的时间，尼埃尔的军事改革或许能充分渗透到军队内部，并做到显著提升兵员士气及领导者的专业水平。但直到 1870 年战争爆发，法军基本上都没有足够时间，来感受军事改革带来的好处；此外，整个法国陆军

---

① 此处是军需部之意，亦可代指军需部官员、军需部部长；在法国专制政体时代（如路易十四统治时期）指高级官员、郡长、地方行政长官。

经动员后可用的兵力规模，也未曾做到像尼埃尔最初计划所设想的那般庞大。

最终，到战争爆发时，拿破仑三世手头可用的实际总兵力为 567000 人，而且其中的 230500 人都不是有效兵力：他们要么还待在戍防地或是兵站里，要么远在阿尔及利亚。这导致皇帝手头仅剩下一支总兵力为 336000 人的野战军，可供其立即调用。这一数字同老毛奇在和平时期，对于法军可能拥有的总兵力数的估算非常接近。此外，法国拥有相当数量属于临时动员性质的别动队（征召对象是在先前的征兵活动中逃避兵役者）。德国的官方史对这些人的实际价值进行了极为严厉的批评，并且形容他们："处于极度原始的状态，组织薄弱，没有多少实际用处……事实上，这支预备役力量只是一群身着制服的武装平民，充其量也只能躲在墙后作战。"[14]

另外，法国还保留有国民卫队，但这类部队在当时仍处于欠发展状态。

即便如此，法国陆军的规模仍旧庞大到了足以对南德意志构成极其严重的威胁，只要他们能够以足够快的速度进行动员和部署。勒伯夫此前一直致力于改良动员计划，但就这一方面来讲，法国的战略安排在实践中仍旧做得不够好。一方面，陆军各步兵团当中，仅有三分之一的团兵站所在地与其驻地位置相同：一旦法军开始动员，大多数前来报到的部队成员都会不得不跑两趟路。另一方面，法国人的铁路系统同样没能像德意志的铁路系统那样做到充分适应相关需求，无法实现大部队在关键节点上的快速集结；通往边境的铁路线仅有四条，它们的终点站分别设在梅斯、蒂永维尔、南锡及斯特拉斯堡。尽管法国的各大铁路公司始终在努力配合军方对他们提出的要求，可法军参谋部在工作中远远没能完成国家铁路战略规划所必需的细致准备；相比之下，他们的对手在最近数年里一直致力于解决这个问题。这一切带来的后果将是注定不可避免的——也确实有人曾经提出——"由于缺乏适当的组织和中央控制，法国铁路在 1870 年 7 月下旬及 8 月上旬所表现出来的混乱局面，可能并不会让人感到意外"。[15]

尽管如此，有一位知名评论家在提及 20 世纪初的局势时还是表达过这样一个观点，即这支军队实际上是整个法国所能投入的最好军队。[16] 这一观点至少表明了法国内阁所提出的充满自信的军事意见，在当时并不是没有任何合理的基础。撇开法军士兵们在奔赴前线时高喊着"往柏林去！"（à Berlin）的狂热情绪，以及他们领导人身上那种可以理解的兴奋情绪不谈，法国最高司令部

◎ 1870年的法国战争部部长勒伯伯夫元帅像，郝赛（Rousset）/《法德战争通史（1870—1871年）》藏。

也从来没有想过，这场战役在个别极端情况下会是极其危险的。除了肯定能使人信服的普奥战争所呈现出来的证据，法国战争部还从本国驻柏林武官斯托菲尔处定期收到了多封描述客观且准确的军情报告。在对普法两国军事机构进行细致比较的前提下，此人一再指出法军领导人将要面对的任务是极其艰巨的。

到1870年，法军已有许多高层领导人的名字可谓家喻户晓。其中，弗朗索瓦·阿希尔·巴赞（Françoise Achille Bazaine）于1811年在凡尔赛[1]附近出生，但其家族的原籍为洛林[2]。他在20岁时加入法国陆军，成为一名列兵，并于第二年被转入外籍军团。他先是在非洲服役，后参与了西班牙王国的卡洛斯党人战争；之后又一次被调回非洲，并在36岁时正式晋升为中校。之后，巴赞又前往克里米亚战场，负责指挥一个团。作为当地法军总指挥佩利西耶（Pélissier）的门徒，他（巴赞）在战争结束时已顺利晋升为师长。

当第二次意大利战争于1859年爆发时，巴赞再次奉命指挥一个师[3]的兵

---

① Versailles，法国巴黎市西郊的一个镇，距巴黎市中心17.1公里。法国国王路易十四将行宫凡尔赛宫建于此处而常驻，（此处）昔日是法兰西王国的行政首都，目前是伊夫林省省会。

② Lorraine，法国东北部的一个旧大区，今北邻比利时、卢森堡及德国，下辖默尔特-摩泽尔省、默兹省、摩泽尔省、孚日省，首府为梅斯（在历史上曾以南锡为首府）。

洛林原为独立公国，成立于843年。1552年时，法王亨利二世夺取其境内的梅斯、图尔和凡尔登三个主教区。三十年战争中，法国军队一度占领洛林全境。1697年，洛林转属神圣罗马帝国；1737年成为法王路易十五的岳父、原波兰国王斯坦尼斯拉斯一世的终身领地；1766年并入法国。1871年普法战争后，洛林东部和阿尔萨斯被割让给德意志帝国；1919年依据《凡尔赛和约》割让给法国；1940年又被德国占领；1945年法国再度占领洛林。2016年，阿尔萨斯、香槟-阿登和洛林三个大区合并。同阿尔萨斯一样，它（洛林地区）是近代法德两国恩怨的重要症结之一。

③ 法第1军第3师。

◎ 1870年的法军部队，诺泰尔绘，施伯特藏。具体兵种包括猎骑兵、别动队、线列步兵、炮兵、阿尔及利亚狙击兵（土耳其兵）、胸甲骑兵以及龙骑兵。

力，甚至在亲自带领士兵朝梅莱尼亚诺村① 发起冲锋的过程中负了一次伤。此外，在决定性的索尔弗利诺战役中，正是巴赞的师强攻拿下了通向奥军所在地的关键性防御据点（即 6 月 24 日攻占市区墓地的战斗）。然而，在 1863 年的墨西哥战场上，巴赞在接替福雷②，成为扶持所谓"墨西哥第二帝国"皇帝马西米连诺③ 的法军部队总指挥后，他却没能再取得像先前那般令人瞩目的战功。巴赞于 1864 年荣升为元帅（他后来也因此被人称为"横贯欧洲及美洲两

---

① Melegnano，今意大利米兰省的一个市镇，总面积为 4.92 平方公里，国家统计代码为 015140。

② Forey，全名埃利·弗雷德里克·福雷，法国元帅，拿破仑三世发动政变的支持者。

③ 全名斐迪南·马克西米连·约瑟夫·冯·哈布斯堡－洛林（德语：Ferdinand Maximilian Josef von Habsburg-Lothringen），奥地利哈布斯堡王朝成员，曾任伦巴第－威尼西亚王国总督。1864 年 4 月 10 日，他在法国皇帝拿破仑三世的怂恿下接受墨西哥皇位，自称墨西哥皇帝马西米连诺一世。但他的帝国后来也因为法国的撤军而迅速灭亡，身为帝国皇帝的他于 1866 年 5 月 11 日试图突破封锁线时被俘，最终于 1867 年 6 月 19 日（星期三）凌晨 3:00，被前墨西哥共和国总统、著名的墨西哥民族英雄胡亚雷斯下令处决。

个大陆的元帅"）。尽管在战争的最后阶段让自己的部队平安撤离墨西哥，但在马西米连诺皇帝的帝国彻底倒台时，巴赞还是同这场鲁莽军事冒险的最终失败联系到了一起，并因此在军事法庭上不怎么受人欢迎（虽然不受公众尊敬，但他仍是帝国反对派最喜爱的军人）。然而，由于巴赞的军事声望是如此之高，以至于在战争爆发前法军考虑分为两个集团军行动时，他就被指定为洛林集团军的总指挥，不过在战争初期只负责指挥第3军。

莫里斯·德·麦克马洪出生于1808年，于1827年从圣西尔军校①毕业；之后直至1840年加入猎兵部队（Chasseursàpied），他一直在参谋部工作，后于1848年晋升为将官。克里米亚战争期间，他被派往前线接替康罗贝尔指挥第1师，并成功指挥了针对塞瓦斯托波尔②的马拉科夫（Malakoff）凸堡的突击行动。当友军因他那遭受敌军巨大压力的师逗留在刚攻克下来的据点而派出一名信使（要求他稍稍后退）时，他留下了一句堪称传奇的答复："告诉你的将军，我就在这里，而且我会一直待在这里（J'y suis, j'y reste）！"[17]到1859年，职业生涯期间曾长时间在非洲服役的麦克马洪开始指挥第2军，该军完全由来自非洲军的部队构成。马真塔战役期间，他的军在战场上执行了一次足以扭转战役局势的机动：在未收到上级命令的情况下，他果断下令，对这个城镇（马真塔）发起一场猛攻；麦克马洪甚至亲自带队，冲杀进该城镇中法军最初进入的几座房子里。随着法兰西外籍军团陆续跟进这场攻势，他因兴奋而有些过早地拍了拍自己的手，并大喊道："这里（我所在的地方）就是军团！我打包票能取得胜利（Voici la Légion. L'affaire est dans le sac）！"[18]最终，法军部队也确实如他所说取得胜利，只是在此之前经历了一场极其痛苦的血战，在这个过程中付出惨重伤亡。翌日，拿破仑三世在与麦克马洪的一次感

---

① St-Cyr，全称为"圣西尔军事专科学校"，由拿破仑一世始设于1802年，同法国的诸兵种军校和行政技术军校共同组成法国陆军初级军校群。该校位于伊勒－维莱讷省省会雷恩市郊外盖尔的科埃基当（Coëtquidan），在法国有"将军的苗圃"之称。

② Sebastapol，位于克里米亚半岛西南岸的港湾都市，面对黑海，是半岛上的重要港口城市。该地昔日是黑海舰队的基地，也是克里米亚战争时英俄两国必争之地，后为俄罗斯海军所拥有。2014年克里米亚就归属进行公投后，克里米亚共和国宣布和塞瓦斯托波尔一起从乌克兰独立。塞瓦斯托波尔以联邦直辖市身份加入俄罗斯联邦，并被编入了克里米亚联邦管区（后被合并进入南部联邦管区）。

情用事的会晤中当场提拔他为元帅，并册封他为马真塔公爵。之后，麦克马洪元帅又随拿破仑三世及维托里奥·埃马努埃莱二世[①]一同凯旋，进入米兰城内。作为一名厥功至伟且酷爱炫耀的人物，他（元帅）"抱起一名小女孩，并让她在自己的马鞍上同自己一道在大街上骑行，共同穿过街道两旁歇斯底里欢呼的人群，同时沐浴着从街道阳台和窗户上不断飘撒下来的鲜花和花瓣雨"。[19]

意大利战役后期阶段，麦克马洪元帅在法－萨联军向敌人发起进攻期间，成功运用一名热气球领航员侦察到奥军位置。此外，在索尔弗利诺战役期间，他那个军进行的浴血奋战再一次成为整场战役的重头戏。战后，在担任过一段时间的驻柏林大使后，他返回非洲就任总督一职；之后于1870年返回法国本土，奉命指挥第1军。

◎《一名老兵》——对一名年迈的法军步兵部队成员的真实写照。卡尔·罗切林（Carl Röchling）绘，林德奈藏。

埃德蒙·勒伯夫元帅出生于1809年，于1869年接替尼埃尔，成为法兰西第二帝国的战争部部长。他曾是一名炮兵，此前长期在非洲服役。克里米亚战争期间，他负责指挥围攻塞瓦斯托波尔的法军炮兵连。他同奥利维尔的关系并不好，因为后者于1870年1月内阁组建时接过了他的战争部部长一职。此外，两人还有着截然不同的政治观念：奥利维尔始终将帝国的军事事务视作拿破仑三世，而不是内阁的事情，从未接收勒伯夫的定期报告。[20]1870年7月，继1859年的先例之后，法兰西第二帝国皇帝再次以最高指挥官的身份代表帝国宣战，并由战争部部长充任自己的参谋长。"只有在通过可靠渠道向君主提供专业建议的情况下，这样一个体制才能很好地运行下去。但在1859年以及更不用说的1870年，没有人能在堪比（普鲁士国王）威廉的拿破仑三世面前，扮演一个类似老毛奇的角色。"[21]

---

① Victor Emmanuel，萨丁尼亚－皮埃蒙特国王，即意大利完成民族统一事业后的第一任意大利王国国王。

曾是一名工程兵的夏尔·奥古斯蒂·弗罗萨尔（Charles Auguste Frossard）将军出生于 1807 年。他同帝国皇帝的关系非常亲近，于 1867 年被任命为帝国皇储①的军事教师。他曾参与安特卫普及罗马两地的实战，此外还参加过克里米亚战争，于 1855 年晋升为将官。在 1870 年，当他有可能负责指挥莱茵河集团军的工程兵或是一整个军的兵力时，法军内部出现了一定程度的不安。最终，他被任命为第 2 军指挥官。

L. R. P. 德·拉德米洛（L. R. P. de Ladmirault）同样是个在阿尔及利亚长期服役的法军指挥官，曾是一名步兵。他出生于 1808 年，于 1848 年晋升为将官。1859 年索尔弗利诺战役期间，奉命指挥一个师的他在战场上两度负伤，并因此在之后的军旅生涯中难以骑马出行。他是一名理智、可靠的职业军人，军方任命他为第 4 军军长的决定可以说没有出乎任何人的意料。

皮埃尔·德·费利出生于 1810 年，同样是一名步兵出身的法军将领。他于 1857 年晋升为将军，在意大利战场上奉命指挥尼埃尔军麾下的一个师。他最为著名的战绩便是在 1867 年成功保卫罗马城（及教皇国），抵御加里波第的进攻，并就此赢得门塔纳②一战的胜利。普法战争期间，他担任的是第 5 军指挥官。

时年 61 岁的康罗贝尔元帅被任命为第 6 军指挥官。他是当时全法兰西最为杰出的军人之一。他同样曾经在非洲长期服役，于 1850 年晋升为将官。克里米亚战争期间，他曾短暂接过法军的总指挥权，之后又重新指挥自己的师。不过，他并没有给当地的英军高级指挥官留下多么深刻的印象，（英国方面）有个人甚至评价称"他的优柔寡断是众所周知的"，另一位则形容他"时刻处于一种不确定的兴奋状态"。一方面，康罗贝尔表现得过度警惕和谨慎；但在另一方面，他也深信"为了摆脱陷于包围的危险境地，自己必须当机立断采用一些手段，而正是这些手段催促着他表现得极度鲁莽"。[22]康罗贝尔本人从

---

① 即拿破仑四世——拿破仑·欧仁·路易·让·约瑟夫·波拿巴，法兰西第二帝国皇帝拿破仑三世与其妻欧妮皇后的独生子。他在法兰西第二帝国覆灭后流亡英国，后成为英国军官，在祖鲁战争中不幸战死。发现于 1998 年的小行星卫星"小王子"正是为纪念他而取此名。

② Mentana，今意大利罗马省的一个市镇，总面积为 24.09 平方公里。

来没有表露出多少政治或军事上的雄心，也从不对自己的能力有过高评价；甚至在军方于 1870 年提议让他指挥洛林集团军时，他坚决表达过自己的拒绝态度。值得一提的是，1859 年战争期间，康罗贝尔在意大利战场上十分称职地领导了第 3 军。

负责指挥第 7 军的费利克斯·杜威（Felix Douay）将军和统率帝国近卫军^①的夏尔·布尔巴基（Charles Bourbaki）将军则是法国各军军长中最年轻的两位，并且都出生于 1816 年。其中，杜威在强攻塞瓦斯托波尔的马拉科夫凸堡的行动中指挥过帝国近卫军的腾跃兵^②。布尔巴基是希腊裔，也曾经长期在非洲服役；1859 年索尔弗利诺战役期间，他担任的职务是师长。

法军还有另两位重要的指挥官，注定会在未来的色当战役中扮演特别重要的角色。奥古斯蒂·亚历山德烈·迪克罗（Auguste Alexandre Ducrot）将军出生于 1817 年，于 1837 年从圣西尔军校毕业并加入步兵部队，长期在非洲服役。克里米亚战争期间，他曾参与保玛尔宋特远征（Bomarsund expedition），并在此次行动中指挥一个团。他于 1858 年晋升为将官，在 1860 年成为法军远征叙利亚行动（历史上亦称法军干涉 1860 年叙利亚内战）的第二任总指挥。他是一个口齿伶俐、精力充沛、直言不讳的军人，曾大力提倡在多个方面对军队进行改革。1866 年，他写信给朱尔·法夫尔，就"王室顾问的懦弱和缺乏爱国主义"²³ 这一问题发表了措辞激烈的评论。迪克罗总是会十分轻易地发表这类社评，甚至抱怨尼埃尔"聪明过了头"。他对法国将与德意志爆发战争（这件事）从来没有产生过任何疑问，为此，他情绪激烈地主张法军需要做好战前准备，撰写了内容极为广泛的研究报告，并将其提交给战争部。普法战争爆发伊始，他接过了麦克马洪的第 1 军所辖一个师的指挥权。巴特勒密·莱布伦（Barthélemi Lebrun）将军则是勒伯夫的两名助理参谋长之一，到 1870 年战争爆发时已是 61 岁高龄。此人同时是一位颇有名气的军事艺术家兼作家，还在 1860—1866 年间担任过帝国近卫军参谋长。

---

① Imperial Guard，即人们常说的拿皇近卫军。

② Voltigeurs，法国陆军的散兵单位，因其能跃上骑兵所骑的马背后方，进而更快地进入战场而得名。

从总体上看，法军高级指挥官的年龄要比他们的对手稍小一些——拿破仑三世本人出生于 1808 年，勒伯夫则是一年之后的 1809 年。开战时，麦克马洪 62 岁；巴赞当时是 59 岁，而这个岁数也正好是战争爆发时法国各军军长的平均年龄。然而，理查德·霍尔姆斯对临近 1870 年战争时法国陆军进行的研究表明，当时有许多指挥官的健康状况并不理想，他们中的一部分人具有以下特征：

> 以一种会让自己成为上下级的负担的健康状况上了战场。在 8 月 1 日的 11 名骑兵指挥官中，有 4 人的健康状况堪忧，而法军骑兵在战时的不作为有一部分可能就应归咎于其指挥官的身体状况不佳。[24]

除了那些年迈的骑兵将领（在战场上）表现得可谓无精打采，当时的法军中还出现了许多步兵指挥官对战场突发事件反应迟钝的反面例子。但总的来说，法军将领所表现出的英勇气概肯定不亚于他们的德意志同行，并且他们同样因为自己的"大胆"而蒙受了极其惨重的伤亡。

法军战略所规划的是一场其高级指挥官认为注定不可避免的战争。可就算如此，在缺乏一个训练有素且组织有序的总参谋部的情况下，他们的战争准备其实在许多方面都要远远落后于德意志人。事实上，当后来成为巴赞的参谋长的亚拉斯（Jarras）于 1867 年接过战争档案及绘图管理局[①]的局长职务时，他为自己发现法军并没有拟制任何针对普鲁士的战争计划而感到"目瞪口呆"。[25]直到尼埃尔在后来成为战争部部长，法军才开始准备并实际制订这一类计划；但截至尼埃尔去世，勒伯夫于 1869 年 8 月接替他的这一职务时，这些战争计划仍然是不完整的。受限于本国在和平时期不组建师与军一级大型编制的政策，法军整个战略规划都显得极其粗糙。到目前为止，法军的对普战略仍然是以三个野战集团军的编制作为提案展开推演；这是从 1866 年至 1870 年战争爆发期间，法军所有计划的一贯特点。制定于 1868 年的三个集

---

① Dépot de la Guerre，成立于"太阳王"路易十四统治时期的 1688 年。

团军的初期部署总计划设想如下：第 1 集团军由麦克马洪元帅指挥，以斯特拉斯堡为前进基地；第 2 集团军由巴赞指挥，部队应在梅斯城周围集结；第 3 集团军由八里桥伯爵① 指挥，该部将负责占据朗格勒② 周围的一处据点。康罗贝尔会指挥近卫军，部队在沙隆③ 进行集结。前两个集团军各由三个军构成，第 3 集团军则由两个军构成。作为战略规划的基础，这一部署计划本可以做得足够好；但就事实而言，它从未有过比这更详细的发展——它只不过是一份考虑到人事变动而不断出现简单修改的战斗序列。[26]

然而，还是有其他一些个人，曾就法军行动计划指定过多份提案。其中考虑得最仔细的一份提案是弗罗萨尔于 1867 年准备好的。当时，他计划在战争中利用一系列自己所认为的"大据点"（positions magnifiques），并依托这些防御工事，让法军顽强抵抗德意志人的入侵。他同样是以法军兵分三个集团军的提案展开推演，同时在巴黎周围集结更多的预备兵力。他的预期是让法军发起攻击，迅速穿越过魏森堡④，并在当地组织一场防御战后，再沿着绍尔巴赫河（Sauerbach）一线，同敌军主力进行一场决定性会战。此外，他还认为摩泽尔河集团军将在萨尔格米讷⑤ 及圣阿沃尔德⑥ 两地之间，遭遇敌军的一场攻势行动，而法军可以依托卡登布龙（Cadenbronn）的据点应对此次攻势。[27]值得一提的是，他本人曾在各种场合下，亲自考察这些被自己提议用来组织防守的据点。姑且不论其是否可行，这份计划至少是弗罗萨尔对于（他觉得怎样才是）应对战争挑战的最好办法的讨论，所做出的原创且经过深思熟虑的贡献。然而，并不是所有法军领导人都认为军队应该采取防守战略。和平时期驻于斯特拉斯

① Palikao，即夏尔·纪尧姆·马里·阿波利奈尔·安托万·库赞·蒙托邦，法国将军和政治家，生于巴黎，1862 年因其在侵华战争中的北京八里桥战役中取胜而被拿破仑三世册封为八里桥伯爵。

② Langres，法国东北部的市镇，今隶属于大东部大区上马恩省，位于该省的东南部。它也是该省的两个副省会之一，下辖朗格勒区。城市历史可以追溯到新石器时代。

③ Châlons，又称香槟沙隆，位于法国东北部，是马恩省的省会。香槟沙隆地区在 1998 年前被称为马恩河畔沙隆。

④ Weissenburg，今德国巴伐利亚州中法兰克尼亚行政区魏森堡－贡岑豪森县的一个市镇。

⑤ Sarreguemines，今法国摩泽尔省的一个市镇，属于萨尔格米讷区和萨尔格米讷县。

⑥ St Avold，今法国东北部大东部大区摩泽尔省下辖的一个市镇，位于梅斯以东约 45 公里，萨尔布吕肯西南约 27 公里。

堡的奥古斯蒂·迪克罗将军就认为，击败德意志人压倒性进攻的唯一办法是迅速渡过莱茵河，实施一场先发制人的攻势。他相信此举能够阻止南德各邦的军队同普鲁士军队合流，同时还能使获胜的法军部队再向维尔茨堡① 发起挺进，同奥地利军队取得联系，进而北上，向柏林实施推进。[28]

然而，最终还是弗罗萨尔的计划大纲成为法军推进计划的基础——直至1870 年初，法军才有机会和可能，考虑这样一种诱人前景：奥地利人或许真的已经准备好了，在普法两国爆发战争时会立马介入，并配合支援法军的行动。1870 年 2 月，奥匈帝国最为杰出的军人阿尔布雷希特大公② 亲自造访巴黎，以商讨法国、意大利及奥地利三国之间缔结同盟的可能。这位大公所提出的战役计划大纲在许多方面同迪克罗将军的大纲有着相似之处，所设想的是法奥两国朝着维尔茨堡—纽伦堡③ 一线联合发起进军，迅速攻入南德境内，以此举阻止南德各邦在战争中支持普鲁士。接着，等到联军的各路集团军顺利完成会师，他们便可以向北发起进军。乍一看，这份作战计划非常值得称赞，但众人很快就明白了其中绝大部分可见的风险都将由法国人承担。在大公的此次访问结束后，拿破仑三世又召集弗罗萨尔、勒伯夫、莱布伦、亚拉斯等将领举行了一场会议，以重审这份计划。1870 年 5 月，他们得到最初结论：就当前情况来看，除非奥地利及意大利两国完全有信心准备与法国合作对抗普鲁士，否则这份战略计划的风险（对法方而言）就显得实在太大了。奥皇弗朗茨·约瑟夫更是在第二个月亲口告诉莱布伦，让他不要指望这份联合作战计划——无论是在哪一种场合下，奥地利都需要最起码 42 天的时间来完成动员。不过，拿破仑三世并未完全放弃这一想法（法奥缔结同盟），而且对奥地利终将参战的这样一种可能所抱有的虚幻期望，也是后来对法军决策产生严重影响的一大因素。[29]

---

① Würzburg，今德国巴伐利亚州美因河畔的非县辖城市，同时也是下弗兰肯地区政府及维尔茨堡县政府所在地，当地的维尔茨堡官邸现已被列入世界文化遗产。

② Archduke Albrecht，全名阿尔布雷希特·弗里德里希·鲁道夫，拿破仑战争时期的奥军名将卡尔大公之子。他是帝国亲王兼奥地利大公、匈牙利和波希米亚皇家亲王，受封泰申公爵，同时还是奥地利陆军元帅兼匈牙利总督。

③ Nuremberg，今德国巴伐利亚州中弗兰肯行政区的中心城市，巴伐利亚州的第二大城市（仅次于首府慕尼黑），是世界著名企业集团西门子公司的诞生地。

注释:

1. E. A. 波廷格著,《拿破仑三世与德意志危机》,第 196 页。

2. 切斯尼中校及 H. 里夫著,《普鲁士及法国的军事资源》,第 126、168 页。

3. E. 奥利维尔著,《普法战争及其被隐藏的起因》,第 84 页。

4. T. J. 亚德里昂斯著,《准备就绪》(康涅狄格州韦斯特波特 1987 年出版),第 24 页。

5. 切斯尼中校及 H. 里夫著,《普鲁士及法国的军事资源》,第 141 页。

6. T. J. 亚德里昂斯著,《准备就绪》,第 33—34 页。

7. 理查德·霍尔姆斯著,《通往色当之路》(伦敦 1984 年出版),第 222 页。

8. 同上书,第 202 页;G. F. R. 亨德森著,《沃尔特战役》(萨里郡约克镇 1899 年出版),第 3—4 页。

9. 理查德·霍尔姆斯著,《通往色当之路》,第 204 页。

10. 同上书,第 207 页。

11. 迈克尔·霍沃德著,《普法战争》,第 36 页。

12. 理查德·霍尔姆斯著,《通往色当之路》,第 42 页。

13. 同上书,第 49 页。

14. 德国官方文献,《法德战争 1870—1871》(伦敦 1874 年出版),第一卷,第 16 页。

15. 理查德·霍尔姆斯著,《通往色当之路》,第 177 页。

16. 同上书,第 49 页,援引自博纳尔将军。

17. A. J. 巴克尔著,《虚荣的战争》(伦敦 1970 年出版),第 266 页。

18. P. 坦恩布尔著,《索尔弗利诺战役:一个国家的诞生》(伦敦 1985 年出版),第 108 页。

19. 同上书,第 113 页。

20. 理查德·霍尔姆斯著,《通往色当之路》,第 12 页。

21. 同上书,第 60—61 页。

22. S. 艾德利－威尔莫特著,《海军中将莱昂勋爵的人生》(伦敦 1898 年出版),第 294 页。

23. 理查德·霍尔姆斯著,《通往色当之路》,第 12 页。

24. 同上书,第 60—61 页。

25. G. P. 寇克斯著,《泥泞中的停滞》(牛津 1994 年出版),第 181 页。

26. 理查德·霍尔姆斯著,《通往色当之路》,第 168 页。

27. 同上书,第 169 页。

28. 迈克尔·霍沃德著,《普法战争》,第 45 页。

29. 同上书,第 46—48 页。

动员及部署

　　由于这场危机[①]爆发得如此突然，以至于整个欧洲对此几乎都没有做好任何准备。巴黎城内，奥利维尔已于 6 月 30 日向议会宣布："相较以往任何时候，和平状态的维持似乎都不如现在这样更能得到保障。"与此同时，伦敦城内，经验丰富的外交部副部长埃德蒙·哈蒙德（Edmund Hammond）在向新近担任外交部部长的格兰维尔勋爵（Lord Granville）通报情况时亦使用了类似话语；前者还这样告诉后者，在自己漫长的外交职业生涯中，他从未有过"外交事务竟会如此平静"的经历，同时不知道当前有什么紧迫的问题需要立即处理。[1]但是，随着危机事态的迅速发展，霍亨索伦王室候选人参选西班牙国王事件所具有的丑陋潜力开始变得非常明显。尽管有许多英国政客一致认为俾斯麦是"这一切的始作俑者"[2]，法国政府的反应却引起了大多数人的焦虑。正如前文提到的那样，莱昂勋爵早在 7 月 10 日便已经警告格兰维尔，称法国人正变得愈发兴奋，很有可能会就此挑起一场冲突。

　　莱昂勋爵的判断很快被证明是完全正确的。然而，英国国内，就在比利时国王利奥波德离去之后，维多利亚女王起初认为这个问题现已完全得到解决，并对此深感宽慰。因此，当法国人突然宣战时，她表现得比其他任何人都要震惊得多，并于 7 月 16 日写信给自己的女儿普鲁士王妃："亲爱的孩子，我

　　[①] 原文如此。根据前后文推测，此处"危机"应是指普法战争。

◎ 法国参议院庆祝宣战，康拉德（Conrad）绘，郝赛 /《法德战争通史（1870—1871年）》藏。

说不出我心底的恐惧和愤怒到底是一种什么样的感觉，也难以表达出我心里认为法国人的这次宣战究竟是多么不公正！一想到这种疯狂的愚行将会造成多大的痛苦，我的心就开始沸腾与流血！就在我们和利奥波德·B[①]被要求解决这个问题的时候，整个问题就已经得到了解决。"[3]四天后，她再次以最为强烈的措辞，表明自己的观点："这里没有人会隐瞒自己对于这场战争是极端不公正的这一看法，也没有人会刻意隐瞒法国人的无理行为。"[4]

尽管英国国内有一些人在这场争端中站在法国一方，甚至接受法国人对于导致战争爆发的这起事件本身的看法，但英国人的普遍观点还是同维多利亚女王个人所表达的看法大致相同。至7月13日，格兰维尔向莱昂报告称："我在众议院的同僚如今变得非常生气，格莱斯顿[②]希望我对法国人说出一些（比我认为有用的温和语言）更加强硬的措辞。"[5]

---

① 此处指比利时王国的国王利奥波德二世，全名利奥波德·路易·菲利普·马里·维克多，1865年继承父亲利奥波德一世，成为比利时国王。

② Gladstone，英国自由党政治家，曾四度出任首相，以善于理财著称。

正当双方总参谋部忙于各路集团军的战争动员时，德法两地乃至许多中立国家的报纸编辑们也在忙着动员自己的战地记者。得到极大改善的通信技术迅速加强了这些战地记者的作用，并提升了新闻业的重要性，这一点在英国表现得尤为明显：这个国家在当时造就了一批最富有进取心且最成功的战地记者。然而，他们在柏林及巴黎城内所面对的官方态度截然不同，正如《每日新闻》（*Daily News*）所报道的那样：

充分意识到这场战争的历史重要性的英国各大报社，早已为获取欧洲报业史上这次前所未有规模的战争的讯息而做好准备；同时，军事和文学方面的绅士们也纷纷投入其中，跟踪和记录敌对双方军队的行踪及作战。但是，法国政府迟迟没有批准中立国的观察员派驻于其军队中——这一授权过程在最后阶段显然遭到了拒绝。

一位采访过奥利维尔的《每日新闻》记者就曾报道称："将军们可能不太喜欢记者，想把他们直接逮捕起来或是打发回巴黎。"同时，这位记者补充说，（法军这么做的）真正原因其实是他们拒绝收留任何写手待在自己的阵营中，因为法军并不喜欢，甚至非常憎恨这些写手的批评。[6]

当时最为著名的战地记者威廉·霍沃德·罗素（William Howard Russell），曾被《泰晤士报》的编辑部计划派往法军总部。然而，当法军拒绝批准罗素随行法兰西第二帝国的总参谋部后，这一计划不得不做出改变。俾斯麦从一开始就比法国人更加警觉地意识到世界新闻界的重要性，因此当罗素申请随行德意志军队时，他毫不犹豫地批准了。在经历了某些不可忽视的困难后，这位记者最终找到王储的参谋军官，并跟随他一路报道战事，但恰好错过了沃尔特①战役。与此同时，为《晨间广告报》（*Morning Advertiser*）报道新闻的阿奇博尔德·福布斯（Archibald Forbes）尽管没有罗素这般显赫的声望，但他更早一步来到现场，于7月19日之前抵达科隆，及时见证了德意志军队动员的早期

---

① Wörth，今德国莱茵兰－普法尔茨州的一个市镇。

◎ 1870年7月19日，在双亲墓旁的威廉国王，冯·韦尔纳（von Werner）绘，施伯特藏。

阶段。和其他被派驻到德方各部队进行报道的记者一样，福布斯也享有德意志当局提供的无微不至的协助。由于官方协助得力，再加上记者发送报道时所能达到的极快通讯速度，以及各报之间的激烈竞争，这一切使得英国公众能在战场之外获得相当迅速且准确（同时未经审查）的报道。此外，另一个结果便是，老毛奇和其他几位德意志军队领导人的表现都得到了第一手报道，同时还有可能得到（这些记者的）更多理解及尊重。

除战地记者之外，还有一些外国军事代表被派驻到敌对双方的指挥部里。他们当中最为杰出的或许是美国将领菲利普·谢里登（Phil Sheridan）及福塞斯（Forsyth）两人。其中，谢里登曾是美国内战期间格兰特将军（当时已成为美国第18任总统）手下最为杰出的指挥官之一。总统格兰特此前曾询问谢里登，他是否愿意被派驻到某一方的指挥部当中，后者毫不犹豫地选择了随行德意志军队的参谋部："因为我认为待在胜利一方能见证更多东西。"[7] 如同给予记者们通力配合一样，德意志人也在不遗余力地欢迎这些外国武官，为他们提供一切便利。谢里登于8月17日抵达普鲁士王家总指挥部，并被允许于翌日陪同

◎ 普鲁士部队成员动身前往战区，蒲林策纳（Plinzner）绘，施伯特藏。

首相俾斯麦本人前往战事迫在眉睫的格拉沃洛特①战场，亲历随后发生的整场战役，直至普军抵达色当才结束此次观摩，其间他享受到了堪比北德意志邦联军总参谋部高级成员的待遇。此外，谢里登和他的军事同僚还很有可能得到过比众多杰出的"业余大军事家"②更多的审慎关注。这伙王室及贵族人物始终陪同在参谋部的大量成员身边，觉得自己有必要跟随德意志的军队进入法国境内。俾斯麦从不掩饰自己对于这些不具有任何政治意义的贵族大老爷们的鄙视（除非他们能暂时起到一些作用），并对他们（在普鲁士王家总指挥部）的现身尤为恼火，因为这会给德意志大军的军需部门带来一个特别不好解决的问题，尤其是在战役期间，普鲁士王家总指挥部每天都要主动搬家的情况下。

然而，照顾所有这些（民间及外国）观察家仅仅是双方军队的参谋部在动员及部署的进行过程中，所要面对的艰巨而又复杂的任务的一小部分。随着日期的推移，德意志军队的动员正以其特有的效率进行着。一切都未曾超出老毛奇的事先预料：早在危机刚爆发及动员开始的两天之前，施蒂勒曾发

---

① Gravelotte，法国摩泽尔省的一个市镇，属于梅斯区和摩泽尔丘县。

② Schlachtenbummler，这个词语指代的是那些出于好奇等非军事原因，而在战时造访前线的民间人士，多少含有些贬义，在现代德语中还有"足球流氓""狂热支持者"等意思。

现老毛奇坐在沙发上，（颇为无所事事地）读着一本由沃尔特·司各特爵士①撰写的小说。当被问及自己在这样的（关键）时刻为什么会这样做时，老毛奇回答道："为什么不（趁现在放松一下）？一切都已准备好，我们只需按下按钮就可以了。"[8]这与他那疲惫焦虑的法军同行形成了再鲜明不过的对比——只要普军的动员能在大约两周的时间以内顺利完成。由于整个动员过程是如此顺利，以至于（战争部部长）罗恩在听说老毛奇向施蒂勒作出的自信保证后，他给出了一个多少有些夸张的评论："在他（老毛奇）的整个公共职业生涯中，他从来没有像现在这样有机会无忧无虑地度过整整两周时间，在此期间几乎没有任何工作需要完成。"[9]

普军的动员计划是极其全面的。该计划主要基于一份对可以立即投入使用的兵力所进行的详细评估，以及让部队形成战斗力所需采取的各个步骤。"它（动员计划）决定了在进军过程中，什么样的部队将被分配到各野战集团军麾下，哪些部队会被分配到兵站中，还有哪些部队会负责履行戍防职能。它也决定了所有部队的最初部署地点，同时提供了有关军品（matériel）、马匹运输装备、制服、武器弹药及工具的详细操作指南。"[10]而在另一方面，尽管法军相信自己在当前场合下已经赢得比对手大得多的优势，但很快便（在动员过程中）愈发落后于普军，因为他们的既定计划已经逐渐瓦解。勒伯夫的动员计划预计，野战集团军将会在动员后第 14 天完成集结。法军的动员令最终于 7 月 14 日这一天正式发布，就在短短两周后，拿破仑三世便抵达梅斯城，并接过法军的总指挥权。然而，动员的实际进度早已远远落后于勒伯夫的预期：在拿破仑三世抵达梅斯城时，实际完成了集结的法军部队数量远少于战争计划所预计的备战兵力的一半。而且最为重要的是，当时整个法军面临的后勤问题都极其严重：与其说是缺乏补给品，倒不如说是缺乏哪怕一种有效的分配手段。大量痛苦不堪的抗议从下级指挥官那里，向法兰西第二帝国的总指挥部涌来。总

---

① Sir Walter Scott，18 世纪末苏格兰著名历史小说家及诗人。在他的作品中，关于英格兰历史的小说有脍炙人口的《撒克逊英雄传》（另译为《艾凡赫》或《劫后英雄传》）等，关于欧洲史的小说有《昆丁·达威尔特》《十字军英雄记》等。其小说情节以浪漫复杂见长，语言流畅生动。后世许多优秀作家都曾深受他的影响。

而言之，这是一个非常不愉快的开始。

此外，在诸如列车货物装卸、永久性道路的安全保障以及部队集结区内车站设施的分配使用这类重大问题上，法国军方也完全没有预先做过考虑。[11] 康罗贝特元帅用了十个小时，从沙隆赶往梅斯，他在这趟路途中亲眼看见："最令人费解的秩序混乱……所有的铁路站官员都没了头绪。一节节满载着德·费利 (de Failly) 将军所指挥那个军掉队士兵的列车排列于车站一侧。列车上的士兵正以一种可悲的态度叫喊及歌唱着。"[12] 法军动员及部署计划的核心，则是基于这样一个基本假设：整场战争会以法军的迅速推进作为开端。因此，战争双方的参谋部都一致认为，自己需要的是德意志地图（而非法国地图）。

由于部署计划中出现突然且完全出乎意料的变动，法军各级指挥部所面临困难的程度也大大增强。7 月 11 日，随着战争爆发的前景正变得愈发清晰，法军当即决定放弃原先提案中三个集团军的编制，取而代之的是将所有兵力集结成一个野战集团军，并由这个"莱茵河集团军"统一指挥。勒伯夫认为，这一决定是拿破仑三世完全出于政治上的原因而做出的，相关依据便是法兰西皇帝对于法奥两军合作（共同对抗普鲁士）抱有的不切实际的幻想。[13] 这个莱茵河集团军所下辖的八个军将由皇帝本人统一指挥，并由勒伯夫担任参谋长。副参谋长将会由莱布伦将军及亚拉斯将军担任；索雷利尔（Soleille）将军负责指挥炮兵。起初曾理所当然地被选定为单个集团军总指挥的巴赞元帅显然遭受了特别的冒犯（因为职位一下从集团军总指挥降格成为军长）。此刻，他将负责指挥第 3 军，在梅斯城集结兵力；同斯特拉斯堡的第 1 军（军长为麦克马洪元帅）及沙隆的第 6 军（军长为康罗贝尔元帅）一样，他的军也是由四个师构成，而非常见的三个师（组成一个军）。此外，他的骑兵师由三个旅组成，同样异于常见的两个骑兵旅（构成一个骑兵师）。另外五个军集结情况如下：第 2 军（军长为弗罗萨尔）在圣阿沃尔德集结，第 4 军（军长为拉德米洛）在蒂永维尔集结；第 5 军（军长为费利）在比奇①周围集结；第 7 军（军长为费利克斯·杜威）在贝尔福集结；最后的近卫军（军长为布尔巴基）则在南锡集结。

---

① Bitsche，法国摩泽尔省的一个市镇，位于该省东北部，属于萨尔格米讷区。

就在法国人如此匆忙地从零开始，草草组建一个临时的总参谋部时，老毛奇完全可以依靠这样一支由他本人亲自组建和训练起来的团队，有条不紊地实施自己在经过长时间的准备过程后所精心起草的详细行动计划。他的现任副手是军需局局长（Quarter Master–General）泰奥菲尔·冯·波德别尔斯基（Theophile von Podbielski），此人在普奥战争爆发之前便一直担任这个职务。各局或各分处的局长或处长则分别为尤利乌斯·冯·韦尔迪·韦尔努瓦（Julius von Verdy du Vernois）上校、保罗·布隆萨特·冯·舍伦多夫（Paul Bronsart von Schellendorff）上校，以及卡尔·冯·布兰登斯坦（Karl von Brandenstein）上校。其中，最后者负责（普鲁士总参谋部的）铁路分处，普军动员计划的最初顺利，在很大程度上要归功于他当初在自己的分处内严格制订动员计划（以及全国铁路规划和行车表）时的杰出表现。普军的另一项关键任命是让备受推崇的阿尔布雷希特·冯·施托施（Albrecht von Stosch）担任总干事一职；此人曾担心自己可能得到一个（后方）指挥部的岗位——他本人实际上更倾向于担任前线职务。

德意志军队的最终构成，以及部署区域在很大程度上依旧遵循1868年及1869年的计划。然而其编制只有三个集团军。施坦因梅茨指挥的第1集团军由第7及第8军构成，在维特利希周围集结。腓特烈·卡尔亲王的第2集团军由第3军、第4军、第10军及近卫军构成，在新基兴①—洪堡一线的某个地方下火车。王储的第3集团军由第5军、第12军，以及第1与第2巴伐利亚军构成，此外还辖有符腾堡师及巴登师，在朗多及拉施塔特两地附近集结。老毛奇命令作为预备兵力的第9军及第12军暂时停留在美因茨正面。同时，根据推测，为了抵挡可能出现的奥军介入而被迫推迟行动的另外三个军的兵力，不太可能在对法战役的最初三周里出现。另外，第1集团军还辖有三个骑兵师；第2集团军辖有两个（骑兵师）；第3集团军则仅辖有一个（骑兵师）。

与此同时，拿破仑三世抵达梅斯，准备发动一轮攻势。目前，法军非常清楚只有迅速集中兵力并发起推进，才能弥补自身预期中已存在的兵力劣势。这

---

① Neuenkirchen，今德国北莱茵－威斯特法伦州施泰因富特县的一个市镇，距离萨尔布鲁根20公里，面积为75平方公里。"新基兴"直译即"新教堂"，音译也作"诺因基兴"。

场推进会从梅斯及斯特拉斯堡周围的据点出发，并将后一个地方作为支点，尝试着快速渡过莱茵河，进抵卡尔斯鲁厄①不远处的马绍（Maxau）附近，再推进至曼海姆南侧以及普鲁士第2集团军的集结区。为了实现立即发起攻势，法军的部署相当突出靠前，大多数部队都被早早地集中在靠近边境线的地方。但不幸的是，由于法军在后勤方面堪称可怕的种种问题，他们实际上并没有足够的补给及装备，可用于发动这场事先拟定的推进。这份早在进行兵力集结前便已被法军乐观地决定下来的计划，很快就不得不发生改变，因为勒伯夫和法军其他指挥官都很清楚，在法军当前的集结状态下，像这样的攻势计划是百分之百不可行的——后来出现的状况更是清楚说明了这一点——假设他们发动这场预先计划好的攻势，整个法军都会在战争早期迅速蒙受全面性的灾难。而且无论如何，现在的外交形势都已非常明显，法国根本就不能指望从奥地利或意大利那里得到军事支援。

当然，老毛奇并没有意识到法军动员计划所遭遇的问题及其困难程度，但他还是马上得出一些结论，他于7月19日记述道："如果法国人打算等到所有预备役动员完毕再发起行动，他们就不会在今天宣战。"此外，在边境地区发起早期战斗的可能性则意味着"在萨尔布吕肯安置一名冷静且谨慎的军官是一件极其重要的事情"。[14]法国人会立即采取推进行动的明显迹象，似乎证实了他们正在做普鲁士人早已预料到的事情，并出于军事及政治上的原因，试图扰乱德意志军队的动员：

通过对敌军动向的细致观察，我们得到了有关法军在之前未征召齐预备役人员且未完成对应驻地的动员工作的情况下，先行朝着边境地区发起进军的确凿证据……若是提前假设，我们的敌人会主动放弃有序动员及有序编制所带来的优势，而不去预判他们（会在付出这种牺牲的情况下）希望实现更大的目标以得到某种补偿，这是极其不自然（亦是不正确）的。[15]

---

① Karlsruhe，今德国巴登－符腾堡州的城市，是继斯图加特之后的巴登－符腾堡州第二大城市，同时也是德国联邦最高法院和德国联邦宪法法院的所在地。

在军级/集团军级部队中，普方为罗马数字（Ⅲʳᵈ Corps），法方为阿拉伯数字（4ᵗʰ Corps），其余各级别部队（如师、旅等），双方均为阿拉伯数字，后文不再一一说明。

I ˢᵗ ARMY：第1集团军
Guard Corps：近卫军
3 Cav.Div.：第3骑兵师
2 D.：第2步兵师
3 Bav.Div.（Walther）：第3巴伐利亚师（师长：瓦尔特）
Baden Field Div.：巴登野战师
13 Cav.Br.：第13骑兵旅

法国军队　　德意志及法国各集团军

◎ 7月31日，德意志及法国各集团军的所处位置。

提早向前发起进军表面上的动机似乎是迅速发起攻势，渡过莱茵河，对此老毛奇已经完全做好准备，因为这么做始终都是法军可能取得上风的最好机会。他断定，此次攻势将于7月25日前后发动，由法国人的三个军，共计65000名步兵构成其宽广正面。老毛奇同时还相信，这些法军必须等到第二线列的部队到来，才能进攻阿尔蔡①或曼海姆；届时，其兵力会略少于10万名步兵，而这也意味着法军接下来的动作将被推迟到8月1日。到这时，他（老毛奇）的手头将会再次拥有至少一半的兵力。大体上与此类似的情况也会在战场更南面发生：在这里，德意志人会遭遇法军麦克马洪元帅从斯特拉斯堡方向发起的推进。[16]

然而，随着数天时间的流逝，法军仍然没有出现普军预期中的进攻迹象；此时的德意志人终于逐渐意识到，到头来自己才应该是进攻者，同时己方所需要的应该是法国地图（而非德意志地图）。老毛奇于7月22日向国王报告，称法国军队仍未穿越边境线，但还是随时有可能这么做。而在另一方面，他意识到了法军很有可能会进一步推迟入侵。考虑到这一点，此刻的他提议让第2集团军在莱茵河畔进行集结。[17]军事部署上的这一变动，意味着第3军及第10军此时将在宾根②下火车，并在克罗伊茨纳赫③和美因茨两个地区进行集结；除此之外，近卫军及第9军会在曼海姆下火车。这样做的结果便是，普军将推迟这场大举越过边境的推进数天之久；但这也意味着如果法军确实发起这场似乎早已准备好的攻势向前挺进，第2集团军就可以在战斗状态下充分迎击（法军可能发起的这一轮攻势）。类似的几道命令最终于翌日由总参谋部陆续下达。与此同时，老毛奇还在密切关注沿边境线一带的普军动向，以及一部分采取了积极攻势的普军部队对桥梁和道路等交通设施的破坏。他给已经率先前往美因茨的施托施发送了数份电报，下达多项指示，要求他准备好执行预定的合流计划。"希望能立即将补给线向前推进至克罗伊茨纳赫—阿尔蔡—沃尔姆斯（Worms）一线；在阿尔蔡迅速设立一座大型前线军械库，其他前线军械

---

① Alzey，今德国莱茵兰－普法尔茨州的一个市镇。

② Bingen，全称莱茵河畔宾根，今德国莱茵兰－普法尔茨州的一个市镇。

③ Kreuznach，今德国莱茵兰－普法尔茨州中部的一个县，首府为巴特克罗伊茨纳赫。

库的地点可以设在古别基尔海姆（Gaubickelsheim）及蒙斯海姆（Monsheim）；在新基兴、洪堡、萨尔路易建起面包烤炉，工兵也可以协助面包师的工作。"[18]

另外，在梅斯城内，巴赞于拿破仑三世本人抵达当地之前，负责指挥已经完成集结的法军部队。7月21日，他从自己目前所收集到的有关普军集结动向的相当粗略的情报中得出了一些结论：

> 普军似乎打算在美因茨附近等待同我们交战。他们正在那片地区及科布伦茨之间集结兵力；他们在那片区域维持部队的存在（即实施日常补给）相当困难，且普遍认为战事持续时间超过两个月或三个月将会带来毁灭性后果。只有身体虚弱的人才会被允许留在兵站中，所有年龄在18～36周岁之间的健壮男性都必须（加入部队）行军打仗。[19]

到7月27日，勒伯夫已经抵达现场，并有能力向皇帝报告称："麦克马洪的四个师必须在斯特拉斯堡及阿公诺[①]基本完成编制集结工作。这位元帅将会因此在下阿尔萨斯拥有一支相当庞大的军事力量。他还可以从科尔马[②]调来杜威军麾下的孔西尔－杜梅斯尼尔（Conseil–Dumesnil）师。但我认为，从里昂通往斯特拉斯堡的铁路线应当受到严密监视，这一点是极其重要的。"此时，杜威的第7军已经被纳入麦克马洪元帅的指挥之下；勒伯夫则在不断催促他，要求他加快部队的集结速度。

而在法军战线的另一端，除了当时位于萨尔格米讷及比奇两地的费利第5军之外，余下各军全都紧密地凑在了梅斯及边境之间。快速发起攻势的想法正在法军内部不断消散。于7月28日抵达梅斯的拿破仑三世突然发现，自己的高级指挥官们对于最好该干些什么完全没有任何实际想法。他在那一天向自己军队发表的声明仍然宣称，这是一场进攻性质的战争："无论选择什么样的道

---

　　① Hagenau，法国下莱茵省的一个市镇，位于该省北部，是该省的一个副省会，下辖阿公诺－维桑堡区。

　　② Colmar，法国东北部城市，大东部大区上莱茵省的一个市镇，也是该省的省会和人口第二多的城市。

路，我们都会越过我们的边境，我们都会走过我们父辈的光荣足迹。我们将证明自己完全配得上他们。"[20] 然而，他现在极其清楚的是，朝着莱茵河畔方向发起一场雄心勃勃的进击是完全不可能的。作为这一方案的替代，他让第 3 军渡过位于萨尔布吕肯下游的萨尔河河段，发起一场较为温和平稳的推进，与此同时朝萨尔路易方向发起另一场攻势。然而，即便这份替代方案被更改到这种程度，它最终还是因巴赞元帅（他是原先被指定负责此次行动的人）及其他三位军长，以部队尚未准备好作为反对理由而被彻底放弃。[21] 拿破仑三世对现实情况的认知清楚反映在了他下达给麦克马洪元帅的指示之上：这位皇帝预计自己在一周之内都不会发起行动。

就这样，在没有任何明确战略目的，仍旧缺乏预备兵力且部分必要装备严重短缺的情况下，莱茵河集团军麾下的各部队在 7 月最后几天里慢慢向边境靠近，（各部队）彼此之间也在愈发接近，并等待着突发状况的出现。

在王家总指挥部，总体上冷静的氛围仍然持续着。尽管德意志军队的动员工作进展十分顺利，但整体部署工作——至少在其早期几个阶段——并非完全一帆风顺。老毛奇于 7 月 23 日做出的决策是让各集团军在莱茵河右岸下火车，并就此移动至各自的集结区，然而这一决定直接造成了与最后一刻被迫改变计划脱不了干系的重大问题。这给后勤方面造成相当严重的后果，导致当时的补给车队不得不沿着已经被战斗部队占据的道路，向着自己的集结区缓慢行进。因此，尽管他们（战斗部队）向前线移动的速度相对缓慢，但许多军的行进速度还是快过自己的补给车队，从而导致这些（战斗）部队未能如老毛奇所期望的那样完成战斗准备。[22] 不过，就总体而言，早期的事态发展仍完全处于老毛奇的 1868/1869 年动员计划的设想范围内。据判断，法军最初的集结行动正如他所预料的那样，带有入侵南德的战略意图；但在这之后，法军混乱的动向使普军对于他们意图的评估变得极为困难。到 7 月 29 日，法军似乎打算在福尔巴克①—比奇一线进行集结。截至目前，老毛奇已经对法军的战斗序列及其主要集结点有了大致了解，同时在这一天将这些要点分别传达给自己的

---

① Forbach，法国摩泽尔省的一个市镇，属于福尔巴克－布莱摩泽尔区和福尔巴克县。

指挥官们，并记述道："自 7 月 27 日以来，战争双方的先锋部队之间发生的遭遇战变得（比以前）更加频繁，但仍然没有找到法军发起攻势的明确迹象。"[23] 他已在密切关注施坦因梅茨过早发起挺进的可能性，还在同一天下达后续一系列命令中的第一条，要求第 1 集团军时刻保持严格的军事纪律："国王陛下命令第 1 集团军暂时不要带着主力部队，穿过萨尔堡①—瓦登②一线。如果遭到攻击，就请坚守特里尔。"[24] 德意志人的部署充分照顾到了绝大多数可能出现的状况，唯一可以对老毛奇这份计划提出批评的地方是，他让整个边境区都完全暴露在巴赞元帅的进攻威胁之下：哪怕仅仅是后者最为试探性的进攻行动。然而，老毛奇对于局势的重新审视正确表明了法军的选项在事实上极为有限，除非确实要采取一些极其大胆的策略。

到 7 月 31 日，施坦因梅茨的先锋部队已经抵达萨尔河畔。与此同时，第 8 军正沿着纳厄河③河谷南下，朝萨尔路易发起进军。由于（总参谋部之前做出的）在莱茵河畔下火车的决定，腓特烈·卡尔亲王同第 10 军仍然停留在宾根后方，第 12 军尚在美因茨，第 3 军及第 9 军则位于前两个军的正面不远处；近卫军在沃尔姆斯及曼海姆之间，第 4 军正在朝凯撒斯劳滕④移动。王储的集团军就此占据了施派尔⑤—安韦勒⑥—卡尔斯鲁厄三角地带。就在当天，王储本人亲自参加施派尔当地"一座极其丑陋的建筑"中的周日教堂礼拜仪式。但他还是为南德军队对于这场战争的反应而深感欣慰，并声称他们所有人都"以热情且自信的态度看待未来"。[25] 不过，他的集团军目前尚未完成准备，仍然在边界线后方集结兵力、编成梯队。

7 月最后几天里，普法两军的小股部队频频爆发冲突。这一点在骑兵部队之间尤为明显，因为此刻的战争双方都在努力收集有关对方兵力集结状态的情

---

① Saarburg，今德国莱茵兰－普法尔茨州的一个市镇。

② Wadern，德国萨尔州的一个市镇。

③ Nahe，德国西南部的河流，位于莱茵兰－普法尔茨州和萨尔州，属于莱茵河的左支流，河道全长 125 公里，流域面积为 4067 平方公里，发源自洪斯吕克山。

④ Kaiserslautern，又译作"凯泽斯劳滕"，位于德国西南莱茵兰－普法尔茨州中部的一座城市，目前是当地的信息技术和通信技术的中心，同时也是工业城市和大学城。

⑤ Speyer，位于今德国莱茵兰－普法尔茨州莱茵河畔的一座城市。

⑥ Annweiler，全称特里费尔斯山麓安韦勒，今德国莱茵兰－普法尔茨州的一个市镇。

报。到目前为止，老毛奇已经相当清楚地意识到，法军任何攻势的主要焦点都只会是萨尔布吕肯，而普军在当地仅有一个步兵营及三个骑兵中队负责防守。出于对这支小部队安全的担忧，他于 7 月 30 日给身处科布伦茨的戈本发送一封电报："绝对不能将萨尔布吕肯的小股部队全部牺牲掉。但当前的第 2 集团军不可能提供支援。总参谋部不反对瓦登的支队在苏尔茨巴赫①或新基兴驻扎，并由该支队支援（萨尔布吕肯的）守军撤退。就目前而言，总参谋部不希望守军（在撤退过程中为拖延敌军行动而）破坏铁路。"[26] 因此，这支"袖珍"守军于 7 月 31 日得到两个步兵营的增援；与此同时，法军在这座城镇正面的活动也变得更加频繁。但很明显的是，这支规模极小的守军在面对法军朝萨尔布吕肯发起的任何坚决进攻时，都只能进行一些象征性的抵抗。记者阿奇博尔德·福布斯先行来到了这座城镇，因为它是当时双方最有可能爆发第一场冲突的地点；然而在最初的几天之后，他发现此时的情形很不真实："当一个人坐在阳光明媚的莱茵舍尔霍夫（Rheinischer Hof）的别墅的桌旁享受着套餐②，同那些和蔼可亲的同志——霍亨索伦营的军官们——觥筹交错的时候，他总是会难以意识到即将到来的战争怒火。"[27] 接着，他又同德意志人的哨兵们进行了几次巡逻，并亲眼见证双方的几场小规模交火；与此同时，这支规模极小的德意志守军仍在等待弗罗萨尔军的进攻：到现在，普军已经知道该军正在山脊的另一侧（集结待命）；但令人费解的是，他们竟然还没有发起推进。

而在战线的南面，德意志骑兵的表现要比他们的法国对手活跃得多，在获取情报方面也更为成功——尤其是得到了有关麦克马洪军及杜威军部署与战备状态的情报。相当出乎法国人意料的是，由于普军早已预料到法军也有可能向这一地区发动进攻，因此显然没有打算立即实施攻击。7 月 30 日，老毛奇建议布卢门塔尔让第 3 集团军朝阿公诺—比什维莱尔③方向行进。当布卢门塔尔答复称法军正在洛泰堡④南部，准备架设桥梁所需的材料时，老毛奇进一步

---

① Sulzbach，今德国黑森州的一个市镇。
② table d'hôte，法语"多道主菜"的意思，日语写作"定食"，即中文常说的"定价套餐"。
③ Bischweile，今法国下莱茵省的一个市镇，属于阿公诺 – 维桑堡区和阿公诺县。
④ Lauterburg，今法国下莱茵省的一个市镇，位于该省东北部，紧邻德国。

指出，第3集团军"应该立即南下，朝莱茵河左岸发起推进，寻找敌军并对其发动攻击。法军在洛泰堡南部的架桥行动可通过这一办法予以阻止，同时整个南德意志都将得到最为有效的保护"。[28] 答复却相当令人失望：第3集团军仍然没有做好行动的准备。翌日，老毛奇就集团军何时才能做好准备，发表了一通言辞尖锐的质询，布卢门塔尔则答复称（完成备战准备的）日期将会是8月3日。老毛奇于7月31日下午，普鲁士王家总指挥部从柏林迁往美因茨前不久收到这一答复，但他本人对此极为不满。就在列车向西开动的过程中，老毛奇又同自己的参谋们讨论这一话题，另外他起草了"一份新的且非常果断的命令要求继续（加快备战工作）"。当韦尔迪读到相关命令时，他对波德别尔斯基说最好不要发出（这道命令），并表示自己很清楚布卢门塔尔的参谋们在上一次战争中的为人及表现："如果你想在整场战役期间同他们构建一种紧张敌对的关系，那就把它发出去吧；但我确信他们肯定会感觉自己遭到了（来自该命令的）冒犯。而且我会认为，这（上述问题的出现）绝不是没有任何理由的。"作为替代，他还建议众人一到美因茨，就直接跑到施派尔的第3集团军指挥部处，并以温和的措辞向该指挥部转达加快备战准备的迫切需要。随后，波德别尔斯基向老毛奇提出这个问题，后者对此表示同意，于是这一封电报也没有被发送出去。[29]

王家专列极其拥挤，上面载有普鲁士国王、俾斯麦、老毛奇、罗恩，以及他们的随行参谋人员。尽管有人提出建议，或许该让总参谋部的主体人员搭乘另一辆列车出行，然而老毛奇根本就不会听从这类建议。因为即使是列车在铁路上行驶的过程中，他都有可能需要手下军官中的任何一人；同时，他还坚持认为，他们当中的每一个人都必须同自己一道出行。在这段长达37个小时的旅途中，老毛奇的参谋人员们还有一项特殊任务——以陪同他玩惠斯特牌[①]的方式，让他暂时不去想那些过于沉重严肃的事情。这位总参谋长相当喜欢这

① Whist，是包括惠斯特桥牌、竞叫桥牌和定约桥牌在内的纸牌游戏的统称。这三种桥牌都是从最初的惠斯特牌相继发展而成的，起初是民间的一种娱乐形式。但到了18世纪初，这种牌戏开始在伦敦一些咖啡馆里被绅士用作消遣。1742年时还出版了一本由埃蒙德·霍爱尔（Edmond Hoyle）撰写的专门介绍惠斯特纸牌游戏的书，即《惠斯特牌戏简论》，该书十分畅销。于是，这种牌戏在追求时髦的英国社会中风靡一时，并且很快就传到欧洲与美洲，在之后150年里一直是纸牌游戏之王。

种游戏，但他玩得并不好。玩游戏的情况正如韦尔迪所记录的那样："老毛奇会用他那双大大的眼睛直视周围人一段时间，并接着说道：'我必须试着根据他的脸（即面部表情），来判断他的手里是不是有王牌'……不仅是被提问的玩家，就连其余所有人也都会被他的表现逗得捧腹大笑。"[30]

8月2日，法军的帝国总指挥部终于下达前进命令，同时做出了进军并占领萨尔布吕肯的决定。由于这场行动涉及兵力不少于六个师，因此它无疑会取得成功，因为法军付出的那么多成本都是完全值得的：此次推进让法军占领了俯瞰着当地城镇的几处高地，但并未占领城镇本身。一支渡过了萨尔河的小规模德意志部队的撤退行动，此刻在格奈森瑙伯爵[①]的指挥之下，并未遭到任何来自法军的阻碍。之后，这支部队便迅速构筑一道防线——其行动甚至快到足以让法国的战地记者写下一些值得发回本国、进行报道的新闻。时年14岁，陪同其父皇拿破仑三世一道出征的帝国皇储（即拿破仑四世），也向本国发回且描述了自己直面普军时的经历："他们仍在桥的后面留下了两个或三个连的兵力，并向我们发起伏击，朝着任何已经现身的骑兵开火射击。表现镇定的爸爸选择让自己看起来和先前一样，接着我们又听见几声枪响。一枚弹片落在了距离法国皇帝很近的地方。"[31] 同时也正是在萨尔布吕肯，福布斯高度赞扬了守军的勇气，因为他们"以奋不顾身的英勇的拼死作战，在猛烈火力之下的表现冷静得就像在吃晚饭"。法军未能持续跟进攻势的表现没有给他留下太深的印象；"他们错过了一个绝佳的机会"，他生出这样的想法，而这一失败正是由于"他们那令人难以想象的缺乏准备，领导人愚蠢的不作为，以及国会的无知、背叛和分裂所导致的"。[32] 但是在巴黎城内，这场推进行动依旧被当成一场大胜进行报道。于前不久的8月2日将指挥部设在美因茨的老毛奇及其参谋仍未动身前往别处：但真正的大战将要到来，甚至可以说很快就会出现。

---

① Count Gneisenau，此人应该是普鲁士陆军元帅、著名军事改革家奥古斯特·奈哈特·冯·格奈森瑙之子布鲁诺·弗里德里希·亚历山大·奈哈特·冯·格奈森瑙。

注释:

1. 迈克尔·霍沃德著,《普法战争》,第 48 页。

2. R. 米尔曼著,《英国的外交政策与普法战争的到来》,第 188 页。

3. R. 福尔弗德著,《致亲爱的信,维多利亚女王与普鲁士王储的私人通讯文集 1865—1871》(伦敦 1981 年出版),第 284 页。

4. 同上书,第 287 页。

5. R. 米尔曼著,《英国的外交政策与普法战争的到来》,第 192 页。

6.《每日新闻》:《德法战争的通讯 1870—1871》(伦敦 1871 年出版),第 5 页。

7. P. 谢里登将军著,《个人回忆录》(伦敦 1888 年出版),第二卷,第 359 页。

8. F. 冯·赫尔斯泰因著,《回忆录》(剑桥 1955 年出版),第 4 页。

9. T. J. 亚德里昂斯著,《准备就绪》,第 49 页。

10. 同上书,第 49 页。

11. 理查德·霍尔姆斯著,《通往色当之路》,第 177 页。

12. 同上书,第 177 页。

13. 同上书,第 175 页。

14. H. 冯·毛奇元帅著,《毛奇元帅的军事通讯文集 1870—1871》(编辑为 S. 威尔金森;牛津 1923 年出版),第 37 页。

15. 德国官方文献,《法德战争 1870—1871》,第一卷,第 60 页。

16. H. 冯·毛奇元帅著,《毛奇元帅的军事通讯文集 1870—1871》,第 40—41 页。

17. 同上书,第 45 页。

18. 同上书,第 53 页。

19. 德国官方文献,《法德战争 1870—1871》,第一卷,第 25 页。

20. 同上书,附录 2。

21. 同上书,第 27 页。

22. 同上书,第 75 页。

23. H. 冯·毛奇元帅著,《毛奇元帅的军事通讯文集 1870—1871》,第 57 页。

24. 同上书,第 55 页。

25. 腓特烈·威廉王储著,《腓特烈三世皇帝的战争日记 1870—1871 年》,第 19 页。

26. H. 冯·毛奇元帅著,《毛奇元帅的军事通讯文集 1870—1871》,第 58 页。

27. A. 福布斯著,《我在法德战争中的经历》(伦敦 1871 年出版),第一卷,第 28 页。

28. H. 冯·毛奇元帅著,《毛奇元帅的军事通讯文集 1870—1871》,第 59 页。

29. 尤利乌斯·冯·韦尔迪·韦尔努瓦将军著,《与王家总指挥部同行 1870—1871》,第 46—47 页。

30. 同上书,第 43—44 页。

31. K. 约翰著,《帝国皇储》(伦敦 1939 年出版),第 189 页。

32. A. 福布斯著,《我在法德战争中的经历》,第一卷,第 65 页。

开幕战役：
魏森堡及沃尔特

　　第一场遭遇战的发生时间比双方所能想象的都要早得多。就在法军的右翼较远处，麦克马洪元帅正尝试集结自己的兵力。在此之前，他已经让第1军麾下的第1及第2师向着边境线发起挺进，并将这两个师都交由迪克罗指挥。接着，他又直接向阿贝尔·杜威（Abel Douay）所指挥的第2师下达命令；与此同时，迪克罗也向杜威下达了他自己的命令——后来发生的事实证明，就在不幸的杜威收到这两个人所发出的相互矛盾的命令时，对法军来说极其致命的一天便这样开始了。此次事故中，杜威师于8月3日抵达边境小镇魏森堡。对于当时的法军而言，保护魏森堡（被他们认为）是件极有必要的事情，因为麦克马洪元帅指挥的所有部队日常食用的面包都是在这里完成烘焙工作（此地一旦有所闪失，全军的粮食供应就会出现危机）。

　　对杜威来说非常不幸的是，敌方军队中王储集团军的先锋师正在向他施加攻势压力。第3集团军的推进终于开始了：这部分可以归功于韦尔迪在8月1日造访王储的指挥部（并对王储及其参谋长施加催促）。而在此之前，韦尔迪还沿着德意志军队的行进路线，进行了一段繁忙且复杂的旅行。尽管一路上不乏布卢门塔尔所发出的诸如"指挥部下达给我们的关于行动总理念的指示是极不完善的，因为单就第3集团军（的行动方针）而言，这些指示对于该集团军应发挥何种作用并没有给出任何实际评论"[1]这样的抱怨，但韦尔迪还是成功地在8月4日这一天将命令下达给整个集团军，要求其沿着魏森堡—洛泰堡的路线穿过边境。与此同时，布卢门塔尔也承诺会写信给老毛奇，并阐述自己的想法。当老毛奇收到他的这封信时，这位总参谋长就彻底放心了——在布卢门塔尔这封毫无疑问地考虑过韦尔迪对于自己的言行所作出的报告的机智回信中，他这样写道：

> 您在昨天的信中所解释的意图，同其他各级指挥部的观点及意图相当一致。当下的第3集团军可以自由地执行自己的任务。由于哈尔特山脉①的存在，（第3集团军）与第2集团军的直接协同行动在当前是完全不可行的。只有从这里（山脉的尽头）开始，两个集团军之间的协作才能在适当考虑敌军（可能作为应对手段的）措施的前提下得到保障。[2]

在普军所选定的越境点，普法两国的边界线从劳特河②与莱茵河的交界点一路延伸至魏森堡，并从当地继续向西延伸到孚日山脉中。这使得王储的集团军当下只能沿着孚日山脉的一侧发起行进，要想同其他几个德意志集团军实现协同作战，该部就必须右转进入山脉。老毛奇和布卢门塔尔两人都很清楚，普军有必要在第一时间将注意力放在麦克马洪元帅身上。

魏森堡坐落于劳特河畔孚日山脉两山嘴之间，其北面是沃尔夫斯堡（Wolfsberg），南面则是格斯堡（Geisberg）。向这座小镇发起的攻势，将由位于集团军右翼的冯·博

◎ 腓特烈·威廉王储，德意志第3集团军总指挥，施伯特藏。

---

① Hardt mountains，今德国山脉，位于该国西南部，长30公里，宽2～5公里，面积约100平方公里，最高点在迈卡梅尔附近，海拔高度673米，山体在大约2.5亿年前形成。

② Lauter，西欧的河流，属于莱茵河的左支流，流经法国阿尔萨斯和德国莱茵兰－普法尔茨，河道全长39公里，流域面积为395平方公里，平均流量为每秒3.06立方米。

特默（von Bothmer）麾下第 4 巴伐利亚师担任先锋。当地的道路非常少，因此整场推进的正面在绝大多数情况下，都是在劳特河的北岸穿越拜恩瓦尔德（Bienwald）的茂密森林；而这也意味着如果想避免行进途中的道路拥挤状况，相关部队就必须表现得极其小心谨慎。但他们的实际表现不仅如此：第 4 骑兵师（师长为阿尔布雷希特亲王）便是（地形问题的）主要受害者之一。该师没能掩护这场推进行动，也没有被部署到能够侦察收集有关法军动向的情报的位置上，事实上已落后于前卫部队的先锋，乃至哈特曼第 2 巴伐利亚军的余部。而正是这起事故的发生，在战役结束后，王储对于敌我部队位置的预判也受到严重影响。

杜威所遭遇的困难因向魏森堡移动的计划受到延误而急剧增强。与此同时，在事实上，他的上级们对于他的师所面临的整体情况几乎一无所知。他最终于 8 月 3 日傍晚较晚的时候抵达魏森堡。当天晚上下起了大雨，到翌日早晨，泥泞的道路让部队的移动受到严重阻碍。凌晨 4:00，杜威派出首支侦察部队。这批前去侦察的骑兵徒劳无功地向前挺进了一英里左右路程，并从当地居民那里得知，有一大批普军部队正在抵近。该侦察部队竟在没有核实这一情报真实性的情况下，于上午 7:30 早早地返回大部队。除此之外，就在当天早上 6:00，杜威收到麦克马洪元帅迟来的警报，后者要求前者立即防备大股敌军即将发起的一轮攻击。

杜威从麦克马洪处接收到的命令，是让他将整个师的主力移动至魏森堡及劳特河谷，而这一部署会把这些法军部队完全暴露在设于劳特河北岸高地的敌军指挥部的眼皮底下。而在另一方面，迪克罗此前曾命令他（杜威）在魏森堡留下一个营的兵力进行防守，并率领余部迅速占领格斯堡山脊。事实上，到当天上午 8:00，巴伐利亚军早已抵达什未根（Schweigen），并将己方的炮兵部队先行部署至沃尔夫斯堡；到当天 8:30，他们已经来到一处可以朝当时仍在魏森堡镇内的法军部队开炮射击的位置。这场攻击完全出乎法军的意料。杜威当时位于战场南侧的指挥部中，在现场指挥第 2 旅的佩勒（Pellé）当即命令步兵及炮兵发起挺进，支援小镇内的友军。博特默师朝着小镇西侧出口发起的攻势进展颇为缓慢，更是因其右翼出现的明显威胁而受到进一步延迟。尽管法军炮兵一度迫使德意志人的炮兵后退，但随着基希巴赫（Kirchbach）麾下第

5 军的前卫部队抵达城镇东侧的施韦格霍芬[①]，巴伐利亚军得以在波泽（Bose）麾下第 11 军的先头部队开始跟进移动至基希巴赫左翼后不久，再度发起攻势。

到当天上午 10:30，随着博特默向魏森堡发起新一轮攻势，此时的杜威非常清楚——如果自己再不尽早撤退，整支部队的退路便会被完全切断。然而，就在他下达撤离魏森堡的命令后不久，其本人便因身边一辆弹药车的爆炸事故而被一枚榴弹破片杀死。接过指挥权的是佩勒（第 2 旅旅长），但他在一个半小时后才意识到那个问题（指挥官杜威现已战死）[②]。至此，战场的形势已经发展到了如果没有援军来掩护撤退行动，法军便无论如何都做不到将城镇里的部队撤出的险恶地步。中午过后不久，佩勒先是命令塞普特伊（Septeuil）的骑兵旅发起挺进，接着他的炮兵部队在格斯堡山及其周围留下三个营的兵力，由指挥官塞西尔（Cecile）负责指挥。塞西尔依托一处坚固据点，组织自己的部队进行了一场堪称绝望的防御战；但由于该部面临即将被敌军包围的明显威胁，他只得尝试发起突围行动，然而在部队刚撤出 50 码的距离之前便不幸战死。下午 3:00，遭到围困的守军最终宣布投降。此外，在格斯堡山南面，法军试图在沙夫布施（Schafbusch）组织抵抗以站稳脚跟，但德意志人的庞大兵力优势很快便击退这些杜威师的余部。与此同时，魏森堡镇本身的守军也早已收到撤退命令，但等到他们真的开始执行突围命令时，一切都已经太晚：整座小镇早已被敌军包围。经过几次逃跑尝试后，魏森堡的守军也被迫宣布投降。就在战斗接近尾声时，当时身处火线附近的基希巴赫（第 5 军军长）突然身负重伤，其颈部被一发由夏塞波步枪发射的子弹击中。他的参谋长冯·德·艾栩（von der Esch）只得接过部队的指挥权。

此刻，第 4 骑兵师的意外缺席让王储深感难堪，普军也因此完全跟丢敌人。事实上，杜威师的余部在蒙受超过 2000 人的损失后，一直朝着西南方向逃窜。对这批法军的唯一一次追击行动是一个骑兵团发起的，他们最远追击到了苏茨（Soultz），然后被迫返回。此时，第 3 集团军指挥部唯一知道的事实是敌军并

---

① Schweighofen，今德国莱茵兰－普法尔茨州的一个市镇。

② 编者注：值得注意的是，此处战死的法军军官是第 2 师师长阿贝尔·杜威，并非第 7 军军长费利克斯·杜威。

◎ 巴伐利亚王国的部队在魏森堡会战中向前发起推进，布劳恩（Braun）绘制版画，普夫卢克－哈通藏。

未占据阿公诺公路，但他们究竟是朝着比奇，还是朝着沃尔特的方向撤退仍无从知晓。而弄清楚这一点的重要性便在于，它或许能就"麦克马洪的其余部队究竟能在哪里找到"这个问题给出一些痕迹与线索。为此，普军下令进行广泛的侦察巡逻活动，以探明法军位置。[3]

就在这一天傍晚，当王储骑马在战场周围巡视时，他被深深触动了：不仅是被自己的军队所取得的胜利，同时也是被眼前的景象所深深触动。他震惊地发现，竟有如此之多的军官在战斗中不幸战死或负伤——这可能是他们（在战场上的表现）过于急切所导致的。他来到一具法军指挥官的尸体旁边，这位死者所喂养的忠实的狗仍在陪伴主人。王储还遇到一群激动的法国医生，他们的行李在溃败中不慎丢失了。返回自己集团军指挥部的过程中，王储看见了无数伤员，这让他的心情极度沉痛与悲伤。[4] 他已经赢得这场战争中第一场重要交火的胜利，但从德意志人的角度看，他在此战中并非没有犯下任何重大战术错误：其中最为重要的一个失误，就是轻率地对敌军的坚固阵地发动攻击。而从另一方面看，有一点非常重要，那便是普军已经非常明确地吸取了1866年战争的教训（应该充分发挥炮兵火力优势），在此次战斗中投入66门火炮对

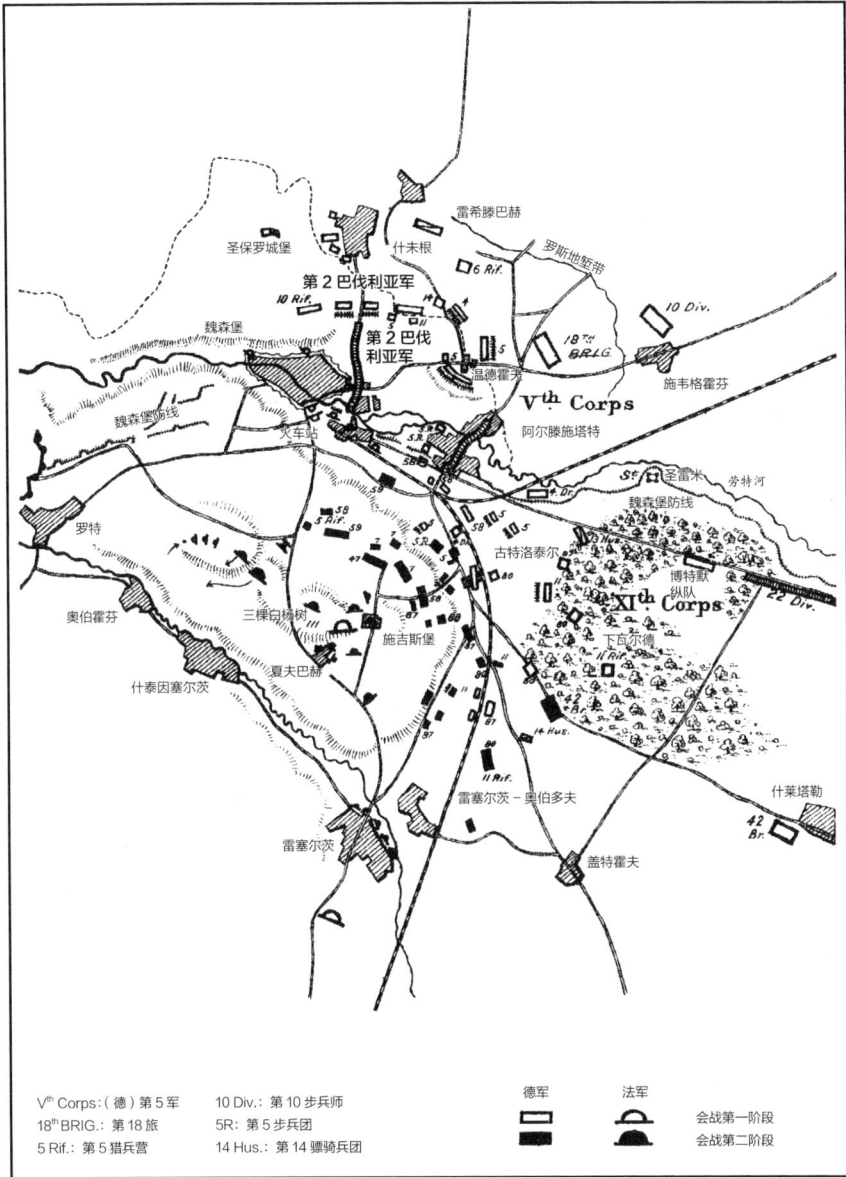

Vᵗʰ Corps:（德）第 5 军　　10 Div.：第 10 步兵师　　德军　　法军

18ᵗʰ BRIG.：第 18 旅　　5R：第 5 步兵团　　　　会战第一阶段

5 Rif.：第 5 猎兵营　　14 Hus.：第 14 骠骑兵团　　　　会战第二阶段

◎ 8月4日，魏森堡会战。

◎ 魏森堡会战期间正在战斗的巴伐利亚军炮兵，布劳恩绘，郝赛《法德战争通史（1870—1871年）》藏。

抗法军的16门火炮，以此来为决定性的步兵攻势进行（火力）准备。[5]

麦克马洪及迪克罗两人已经从鸽子谷（Col de Pigeonner）的顶部，观摩了整场战斗。两人对于这场战斗的最终结果都未曾抱有多少疑问，因为这场战斗的惨败在很大程度上要归咎于他们那糊涂且自相矛盾的想法。然而，麦克马洪的目标仍然是在完成自己所指挥集团军的集结工作后，立即对王储实施阻击，为达成这一目标甚至还有可能对他（王储）发起主动攻击。事实上，假如麦克马洪能让第7军的主力向北移动至沃尔特的据点中，并从目前出现在比奇周围的费利第5军处获得一些支援，他就会拥有一支在总兵力上并不比王储的集团军逊色多少的庞大部队。但真实情况是，第7军的主力于此前就已经被迟滞在贝尔福附近，距离战场南部相当远的地方；这一状况主要是由普军冯·苏伯特（von Seubert）上校指挥的分遣队在上莱茵河进行的活动所导致的，而该分遣队的成立目的，正是给予南德人一些安慰（以坚定其协助普军、共同作战的决心）。[6]

在8月5日那天闷热的雷雨天气中，王储发起了推进。落后于大部队的第4骑兵师现在正从魏森堡往西南方向移动，其侦察行动也精准定位到了沃尔特当地的一支庞大法军部队，以及阿公诺的一些法军步兵。但这一情报仍不能有效确定法军的主要集结点。因此，第3集团军的行动目的，便是彻底打消麦克马洪向南朝斯特拉斯堡行进，或是向西同法军主力合流的可能性。到8月5日夜幕降临时，哈特曼的第2巴伐利亚军已经穿过克林巴克①，并向朗巴克②发起推进。基希巴赫的第5军则直接朝沃尔特发起进军。与此同时，身处普军左翼的波泽也同第11军一道穿越苏茨。而在这几路部队的后方，冯·德·坦恩的第1巴伐利亚军正同韦尔德的分遣队一起，在战场后方进行收尾（断后）工作。

与此同时，麦克马洪也早已取得对德·费利第5军的控制权，但该军此时仍位于从萨尔格米讷通过比奇的行进路线上。第7军麾下的孔西尔－杜梅斯尼尔师已经在弗勒什维莱尔③与沃尔特之间的某处据点，同他（麦克马洪）的整个第1军完成合流。麦克马洪未曾料想到，自己最早会在8月7日于当地遭到攻击，当时他在这里还应该留有第5军大部，并于8月5日下午请求德·费利提供援助。德·费利支援麦克马洪的行动非常迟缓，导致这一问题的部分原因是前者错误地认为自己必须保护铁路线，以及那道将麦克马洪及莱茵河集团军余部分隔开的缺口；但由于德意志军队所发起的推进，整条铁路线此时已经彻底没有用处。而确保麦克马洪元帅同巴赞元帅两部相连的最好办法，便是为他（麦克马洪）提供支援，使他能够坚守住自己当前占据的位置。[7]

从正面来看，第3集团军此刻正在不断接近的法军沃尔特防御据点可谓非常坚固，并从绍尔巴赫河的沼泽河谷一直延伸到战场西面。从河谷西坡可以控制整个据点的东侧，同时河流两侧的草地并不能（为进攻方）提供多少掩护。乡间小镇沃尔特正好坐落于战场的中央及据点的正面，通向这座小镇的关键便是位于高原最高点的弗勒什维莱尔村后方的一处高地。整个据点的正面足有3.5英里长，而且麦克马洪元帅此时手头还有足足48000人，可用于防守这个据点。但奉命赶来提供支援的德·费利的行动过于迟缓，便意味着第5军目前仍没有任何部队抵达现场。

---

① Klimbach，今法国下莱茵省的一个市镇，位于该省北部，属于阿公诺－维桑堡区和维桑堡县。

② Lembach，今法国下莱茵省的一个市镇，位于该省北部，属于阿公诺－维桑堡区和赖什索芬县。

③ Froeschwiller，今法国下莱茵省的一个市镇，属于阿公诺－维桑堡区和赖什索芬县。

◎ 1870年8月4日，魏森堡会战后的格斯堡城馆，《战争编年史插画集》藏。

迪克罗占据着弗勒什维莱尔村正面据点的左侧，充分保护着自己的左翼。劳洛（Raoult）的第3师被部署在弗勒什维莱尔村东侧，俯瞰着整个山谷，佩勒所部则作为预备兵力，留守在前者的右后方。拉蒂格（Lartigue）的第4师位于战场右侧，正面朝向贡什泰特①及莫尔斯布龙②两地；与此同时，孔西尔－杜梅斯尼尔同米海尔（Michel）的骑兵，一道留守在他的后方。然而，对于法军据点来说，最大的威胁可能还是来自统帅麦克马洪本人——此时的他正为自己究竟该干什么而犹豫不决——这在他的整个军事生涯中并不会是最后一次。他从当天一开始便和迪克罗讨论撤退至孚日山脉是否明智，同时准备好了一旦战斗爆发，就立即下达这一命令并使其生效。尽管他很清楚有大批敌军部队正在发起进军，朝自己靠近，但他并没有（或多或少地）考虑一下自己该如何从当前占据的阵地上撤退。他的想法是通过比奇，直接朝法军主力的方向退却，可德意志人要是渡过了萨尔河，或是主动远离己方主力，通过阿公诺直接朝斯特拉斯堡方向发起进军，抑或是通过布克斯维莱尔③撤退到萨韦尔讷④，他就无法这么做（朝法军主力方向撤退，进而完成两部合流）。此外，麦克马洪也没有

---

① Gunstett，今法国下莱茵省的一个市镇，属于阿公诺－维桑堡区和赖什索芬县。

② Morsbronn，法国下莱茵省的一个市镇，位于该省北部，属于阿公诺－维桑堡区和赖什索芬县。

③ Bouxviller，法国下莱茵省的一个市镇，位于该省北部偏西、北孚日山自然保护区内，属于萨韦尔讷区。

④ Saverne，法国下莱茵省的一个市镇，位于该省西部，也是该省的一个副省会，下辖萨韦尔讷区。

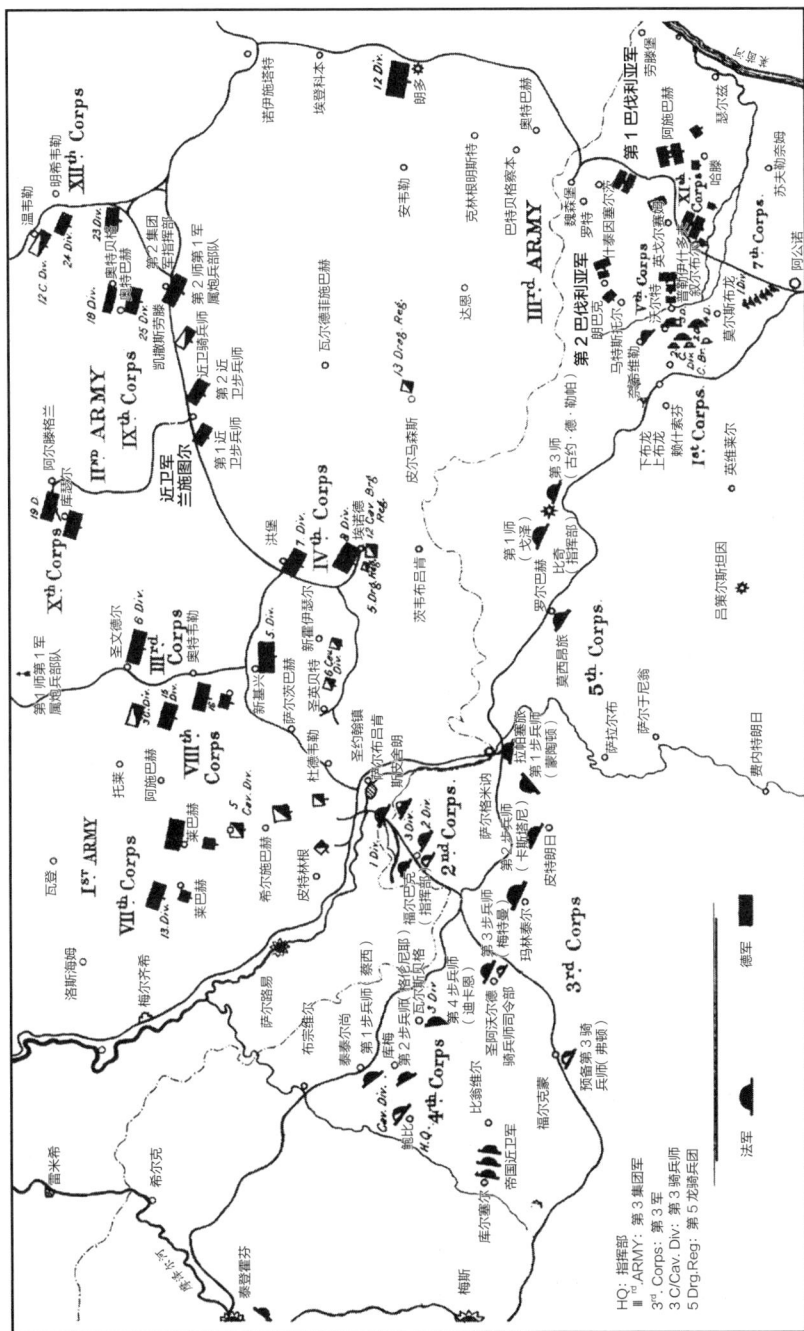

HQ: 指挥部
IIIrd ARMY: 第3集团军
3rd Corps: 第3军
3 C/Cav. Div: 第3骑兵师
5 Drg.Reg: 第5龙骑兵团

德军

法军

各集团军所处位置。

◎ 8月5日夜间，各集团军所处位置。

尽自己所能地加强沃尔特的据点，只是在当地构筑了极少量防御工事，甚至在绍尔巴赫河留下数座完好无损的桥梁（没有对其进行拆毁作业，以迟滞普军的行动）。

到 8 月 5 日下午稍晚些时候，第 3 集团军指挥部的参谋团队已经开始为己方正在弗勒什维莱尔周围面对着一支规模庞大的敌军力量的事实而感到满意。翌日，由该集团军指挥部下达的命令要求所有部队将自己的正面转向战场西侧。此外，这还是供部队进行休整的一天：当时，在经过酷暑天气下的漫长行军之后，普军各部队

◎ 麦克马洪元帅，莱茵河集团军下属第 1 军军长，后任沙隆集团军总指挥，普林策陶（Princeteau）绘，郝赛《法德战争通史（1870—1871 年）》藏。

也确实需要稍作整顿。[8] 同麦克马洪一样，布卢门塔尔亦断定 8 月 7 日之前双方不会爆发战斗；而且为了这场即将到来的战斗，他"早已准备好一份迂回包抄敌军右翼的绝好方案"。[9] 他的这份计划是让哈特曼及基希巴赫两人停留在自己的位置上；与此同时，让波泽掉头转向普军右翼，并让冯·德·坦恩向西移动，从而为前者提供策应；仅留下韦尔德的部队面向战场南侧；最后，让骑兵部队留守在位于集团军中心位置的苏茨。

布卢门塔尔可能曾经认为这是一份很好的部署计划，但在考虑过普军的整体位置情况后，他所下达的命令似乎也添上了一些试探性的成分。正如德意志人所知道的那样，法军主力可谓近在咫尺，不过仍有半数的德意志部队被命令停留在原地；除此之外，另一半则被部署到了指定位置上。因此，麦克马洪相信自己尚有一天空闲时间的判断在事实上是有一定依据的。然而，下级指挥官们的冲动行为再一次让法军部队提前卷入战斗，而有关这些战斗（在进行过程中）的决策完全脱离了战争基本原则。

与此同时，身在美因茨的老毛奇儿乎仍然不知道战场上究竟发生了什么。为此，他于 8 月 6 日早些时候，向布卢门塔尔发送一份语气相当暴躁的电报：

◎ 普军步兵穿越弗勒什维莱尔发起强攻，齐默尔（Zimmer）绘，克莱因（Klein）藏。

"到目前为止，有关魏森堡之战哪怕最小程度的细节，都未曾被传达到国王陛下手中，任何有关我军损失的大致描述也是如此。但现在的我们已经知道法国报纸所给出有关此役两军伤亡的统计，请立即弥补这一疏漏。"[10]

然而，等到这时（第 3 集团军开始反馈战役报告），前线已经发生更多需要特地汇报的大新闻，因为第 3 集团军的正面发生了一场新的战斗。位于第 5 军战线最前沿的第 20 旅由冯·瓦尔特（von Walther）负责指挥，此人在 8 月 6 日凌晨 4:00 亲自执行针对法军战线的侦察行动时，听到一些非同寻常的噪音。这些噪音向他暗示法军可能正在实施撤退行动，但由于当时已经下了一整晚倾盆大雨，山谷里显得雾蒙蒙的；因此，他试图让自己的部队发起推进，以察明究竟发生了什么。后来，他并没有从基希巴赫那里收到答复，并于当天早上 7:00 下令让一个营发起挺进，随后该营成功使一个连的兵力进入沃尔特村，然而在之后遭到法军炮兵的火力打击。这座村子当时仍未被法军占领，不过已经清楚知晓法军仍在河谷上游山地上的瓦尔特还是选择了自行撤退。[11]

差不多就在同一时刻，拉蒂格朝着贡什泰特方向发起推进，以确定当地的德意志军队到底有多少兵力，并在朝着前一天下达的命令所指定位置移动的过程中，同普方第 11 军的前卫部队相遇。

当这一切在前线的北部地区如火如荼地展开时，哈特曼已经让自己的部队向前发起挺进，以回应上级在前一天下达给他的"如果基希巴赫遭到攻击，（哈特曼）就应该准备好为其提供支援"的命令。炮火发出的响声让他立即断定这种情况现已发生，并因此下令让自己的第 4 巴伐利亚师发起挺进，迅速穿过弗勒什维莱尔村。该师麾下两个旅之一的第 7 旅因错误地朝尼维勒（Neehweiler）移动而迷路走丢一段时间；另一个旅则在弗勒什维莱尔村中遭遇法军的一个阿尔及利亚团，并因此遭到阻遇。当这个失踪的旅最终抵达现场时，该部已经拖延了相当长一段时间，这足以让法国人部署更多部队，以阻止普军的新一轮推进。到当天上午 10:00，法国人终于有能力发起反击，并逼迫巴伐利亚人穿越树林，渡过绍尔河向后撤退。就在此刻，非常不幸的是，哈特曼收到了要求中止战斗并撤退的口头命令：当时发生的情况其实是这样，第 3 集团军司令部已经向基希巴赫发送一份命令的副本，但由于不知道他所处位置，只得将这份命令传达给哈特曼。等到基希巴赫收到相关命令，他因为过于投入战斗而别无选择，只能无视该命令。但这也意味着当后来哈特曼被要求支援第 5 军时，他的部队将不得不把他们在当天早上所做的一切全都重复进行一遍。[12]

而在战线的中央，基希巴赫的参谋长冯·德·艾栩觉得自己有必要做些什么，因为当时他的左右两翼都爆发了战斗。尽管瓦尔特此前发起过一次侦察行动，但现在一切部队都只能被（平安地）撤回。相应地，他投入军属炮兵，并在当天上午 9:30—10:15 之间将其集中在沃尔特正对面的战线中央。此举很快便解决了法军炮兵的问题：面对普军的整整 108 门火炮，这些法军炮兵在坚持 45 分钟后就选择自行撤退。与此同时，早已抵达现场的能干的基希巴赫——由于在魏森堡一战中负伤，此时他是乘坐马车，而非骑马来到现场观察战况——果断下令占据沃尔特一地及其外围的高地，并将第 20 旅分为两个纵队，依次渡过绍尔河投入到这场攻势中。战线左侧，波泽指挥第 11 军，也正在愈发积极地参与到战斗中来；他将五个营的兵力同样分为两个纵队渡过河，发起了攻势。在集结于贡什泰特山上的大批炮兵连的有力炮火支援下，普军的攻势起初取得一定进展；但法军第 3 祖阿夫团、第 1 猎兵团，以及第 3 土耳其团① 所发起的反击很快便将他们悉数击退。

命令瓦尔特发起攻势后，基希巴赫于10:30收到王储所下达的"不要继续战斗"和"避免一切可能会导致新一轮战斗的因素"[13]的坚决指示。这一信息又被重复传达给哈特曼，并直接导致了巴伐利亚部队的撤退。

然而，早已下定决心将战斗继续进行下去的基希巴赫觉得，这样一个下达于上午9:00的命令此刻早已失去所有意义，如果现在主动放弃战斗，只会造成惨痛的士气及人员损失。他试图寻求哈特曼的支持，但此人抗议称，根据自己收到的即刻中止行动的书面命令，无法为其提供任何帮助。对波泽来说，他的部队也不能在第一时间提供支援。后来，基希巴赫向当时早已骑马来到前线评估战场位置的波泽发出的新一轮请求，直接让后者同意了以命令第21师[师长冯·沙赫梅耶（von Schachtmeyer）] 从正面发起进攻，并让第22师 [师长冯·格斯多夫（von Gersdorff）] 攻击拉蒂格右翼的形式，协助第5军的行动。分配给各部队的目标一度出现混乱——这些参战部队被分为三个行进纵队，其中一个旅的旅长冯·施寇普（von Schkopp）更是轻率地无视了一项以牺牲侧翼机动为代价，来加强正面攻势力量的指示，而他的这一决定也将会对这场战斗的最终结果产生极其重要的影响。

在贡什泰特山上的大量炮兵连所发起又一次残酷高效的火力支援下，这一轮正面攻势很快便取得成功，在将拉蒂格的法军第4师从战线突出部逼退回去之前，还顺利拿下了阿尔布雷希特豪沙霍夫（Albrechtshauserhof）。该处据点坐落于贡什泰特山正对面，位于莫尔斯布龙正上方，在施寇普所领导的转向机动之下，很快被普军攻占。此时该轮到拉蒂格寻求帮助了，但和他当前的对手不一样，这位法军指挥官没能得到任何援助：麦克马洪并没有给他任何东西，并声称他（拉蒂格）应该独自坚守下去。此外，麦克马洪补充说，第5军正在赶来支援的路上，所以希望总比预期的大。此时的拉蒂格必须采取一些措施，为此，他请求当时可以随时出动自己的胸甲骑兵旅的米海尔，向从莫尔斯布龙发起推进的敌军部队实施冲锋（以迟滞其攻势）。米海尔一开始很不情愿，但后

---

① Turco regiment，即 "Tirailleur Algérien"，法国非洲军的阿尔及利亚狙击兵团。

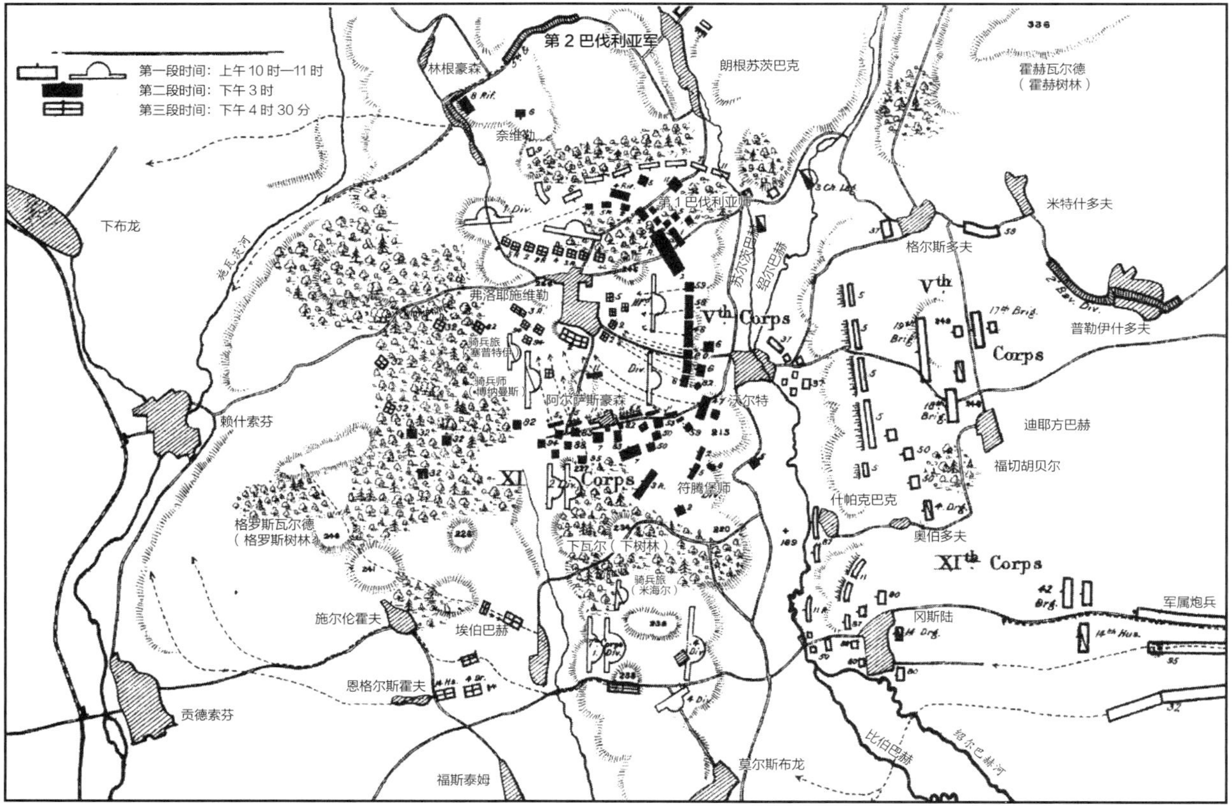

Vᵗʰ Corps: 第 5 军
Corps Artillery: 军属炮兵
2 Bav. Div.: 第 2 巴伐利亚师
4 Div.: 第 4 师
17ᵗʰ Brig.: 第 17 步兵旅
3 Lancer Br.: 第 3 枪骑兵旅
14ᵗʰ Hus.: 第 14 骠骑兵团
14 Drg.: 第 14 龙骑兵团
3 Ch.Leg.: 第 3 轻骑兵团
8 Rif.: 第 8 猎兵营

◎ 8 月 6 日，沃尔特之战。

来还是同意。他那战绩辉煌的骑兵部队随后蒙受了一次堪比（克里米亚战争期间）巴拉克拉瓦战役（Balaclava）中的卡迪根轻骑兵旅[①]的惨败命运。事实上，当时的场景简直就是（巴拉克拉瓦一战中）英军诺兰上尉[②]向卡迪根勋爵所给出答复的悲惨重演——就在米海尔询问拉蒂格，自己（前者）的行动目标是什么的时候，后者只是简单地指了指正从莫尔斯布龙陆续出发的施寇普的步兵部队。当米海尔命令自己的旅发起冲击，该部很快便遭到早早部署在葡萄园、啤酒花园、沟渠、凹陷道路等各类掩体中的敌军步兵的纵向射击。绝大多数生还者随后又在莫尔斯布龙村内被陆续砍倒。除了一队在莫尔斯布龙村西侧的埃贝巴赫（Eberbach）遭遇到一个德意志骠骑兵中队的法军胸甲骑兵，该旅残部的几乎所有人都被普军俘虏：当时，这两支小规模骑兵部队在只有十步的极近距离上发现彼此，随后用手枪互相朝对方开了几枪，几个人因此不幸落马，接着（两支骑兵）又都骑着马迅速逃跑。米海尔骑兵旅的另外几批生还者，则是在莫尔斯布龙村的后方遭遇敌军的骠骑兵及步兵部队，似乎也因此蒙受更为惨痛的损失。实际上，整个骑兵旅至此已不复存在。然而，该旅的牺牲还是为拉蒂格争取到了一点时间，使他能够向西撤退至舍伦霍夫（Schirlenhoff）及贡德索芬[③]两地。

麦克马洪元帅右翼的整个崩溃过程，到当天下午 2:00 时彻底宣告结束。另外，在战线中央，王储及布卢门塔尔两人已经抵达迪芬巴赫（Dieffenbach），正试图控制这场战役。两人于当天下午 1:00 左右所下达的第一道命令，试图让基希巴赫在冯·德·坦恩抵达现场之前主动停止自己的攻势；但很快，他们便接受整场战役的"惯性"早已超出己方控制范围这一事实，同时新发布了几道命令，以支援第 5 军的行动。至于第 5 军本身——该部于当天下午 2:00 左右，又

---

① Cardigan's Light Brigade，克里米亚战争期间大名鼎鼎的"轻骑兵旅的冲锋"的发起者——当时，该旅在收到完全错误的命令的情况下发起自杀式冲锋，冒着俄军的猛烈火力成功冲入其炮兵阵地，但因为伤亡惨重而被迫撤退。英军在此役中付出沉重代价，却没有得到任何实际收益，此战也预示了拿破仑时代的传统骑兵冲击战术在新时代的失败。

② Nolan，"轻骑兵旅的冲锋"事件中英军错误命令的传递者，他在战斗过程中向指挥官做出错误手势，让卡迪根勋爵误以为自己的行动目标是重重设防的俄军炮兵阵地，而非刚被敌军攻占的英军炮兵阵地，很有可能就是此举（做出错误手势）直接造成了后续轻骑兵旅主动向俄军炮兵阵地发起自杀式冲锋。

③ Gundershoffen，法国下莱茵省的一个市镇，属于阿公诺－维桑堡区和赖什索芬县。

◎ 博纳曼斯的胸甲骑兵在沃尔特之战中步履蹒跚，斯佩尔绘，波克藏。

从沃尔特及斯帕克巴克（Spachbach）两地发起新一轮攻势。半小时后，（终于抵达战场的）冯·德·坦恩开始在他的右翼同敌军交火，此时的基希巴赫亦投入自己军的全部剩余力量。在最后爆发的激烈战斗中，正同哈特曼的巴伐利亚部队展开对抗的迪克罗，突然被麦克马洪命令支援当时受到庞大攻势压力的法军战线中央。可就算这样做，也还是远远不足以维持（法军一方）战线的稳定，阿尔萨斯豪森（Elsasshausen）随后宣告沦陷，这使得麦克马洪元帅别无选择，只得从这个现在已经站不住脚的位置上迅速撤离。来自韦尔德分遣队的德意志生力军同样在此刻发起挺进，法军显然已经输掉战役。此刻的法国人只得再一次做出绝望的努力，来为己方争取一点时间。为了给大部队殿后，弗勒什维莱尔村附近的八个预备炮兵连就这样被牺牲掉了：这些骑炮连主动发起挺进，以全速疾驰（Gallop）的步伐快速穿过莫尔斯布龙，直接在阿尔萨斯豪森的正对面临时布置炮兵阵地，在几百码以内的极近距离同正在前进的德意志步兵交火，并因此蒙受极为惨重的伤亡。[14] 法军的骑兵同样被要求做出进一步牺牲，以掩护己方大部队的撤退行动。博纳曼斯（Bonnemains）的胸甲骑兵师当时正在沃尔特—莫尔斯布龙公路及格罗斯瓦尔德（Grosswald）之间的细长山坡下方，位于阿尔萨斯豪森以西约 1000 码。同先前米海尔的骑兵冲锋状况相似，"当地的地形极其不利于实施进攻，因为这里分布着无数道有一人高（或者深）的树桩和沟渠，这会严重限制马匹的移动；但敌军步兵可以依托带栅栏的啤酒花种植园和葡萄园，得到掩体的保护"。[15] 博纳曼斯麾下的两个骑兵旅也都没能完成突破，他们遭遇了"一轮毁灭性的集火纵射"以及德意志炮兵的持续炮火打击，最终在付出粉碎性的惨痛伤亡之后被迫撤退。一个在先前魏森堡之战中损失惨重的阿尔及利亚团（第1土耳其团）也不得不发起挺进，试图夺回阿尔萨斯豪森，并在

◎ 普鲁士第 47 步兵团强攻弗勒什维莱尔远处的高地，卡尔·罗切林绘，郝赛 /《法德战争通史（1870—1871 年）》藏。

这场战斗中蒙受了更为可怕的伤亡。此刻的德意志人想要完成对弗勒什维莱尔村的合围，可尽管他们能得到大量炮兵连熟练高效的火力支援，最终还是等到当天下午 5:00，整个村庄才落入他们手中。迪克罗在格罗斯瓦尔德的入口处集结了五个营的兵力，并凭此挡住敌军的一轮攻势达数分钟之久。但很快，法军便开始毫无秩序地沿着三条可通行的道路溃逃。这支疲弱不堪军队的主力正朝着萨韦尔讷方向撤退，迪克罗取道下布龙[①] 实施后撤，其他一些部队则选择通往比奇的道路（进行撤退）。其中，最后者的撤退行动还得到第 5 军麾下盖恩·勒斯巴（Guyon L'Espart）师的掩护：该师于当天下午 4:00 抵达下布龙，由于来得太晚而根本无法影响这场战役的最终结果，只能加入到法军的大撤退当中。

　　此战对双方造成的伤亡都极其惨重，法军的全部损失超过 2 万人，德意志人的伤亡也大约达到 1.1 万人。随着沉稳而又宁静的夏季夜幕逐渐降临，欢欣鼓舞的德意志人不得不停下来，思考己方蒙受的损失。波泽此前曾两度负伤，

---

　　① Niederbronn，或纯音译作"尼德布龙莱班"，法国下莱茵省的一个市镇，属于阿公诺 – 维桑堡区和赖什索芬县。

他的参谋长冯·史坦恩（von Stein）接过了指挥权；和在魏森堡的情况相似，普军军官在此战中的伤亡同样相当惨重。之所以能取得最后的战役胜利，归根结底还是因为德意志步兵的顽强作战，但这也是靠着炮兵对于战场的完全支配权，才使其（取得战役胜利）成为可能——此役中，普军炮兵主动将自己部署到堪称前沿的位置，并顶着法军步兵的火力，在非常近的射击距离上朝敌人开炮射击。[16] 对于王储和他的参谋们来说，这是个令人极其满意的时刻：虽然这场战役是在完全违背他们意愿的前提下进行，发动战役的基希巴赫等人一开始并没有参考他们的命令。当天傍晚，王储骑着马行进于战场上，来到第 5 军驻地，并这样记录下自己的所见所闻：

> 这场战役的结果实在是太感人了，甚至让我流下眼泪。无论是将军、军官，还是士兵，他们全都冲到我身边，军乐队奏响了《万岁！胜利者的桂冠》① 及《霍恩弗里德贝格进行曲》（Hohenfriedburg March），这些勇士的欢呼声直接掩盖了我向他们表示自己感激之情的任何可能，对于我来说，今天要比以往任何时候都更加激动人心。[17]

后来，他遇到一名垂头丧气的法军胸甲骑兵上校（即胸甲骑兵团的团长）。为帮助此人战胜由己方完败所带来的痛苦情绪，王储耗尽自己的心思，试图让他振作起来。

老毛奇对于第 3 集团军未能发来定期报告一事仍然感到不安，并于 8 月 7 日凌晨 3:30 发送一封紧急质询电报："到目前为止（由你们给我的）就只有一封电报，是在夜间 10:15 从苏茨传达到这里的。电报上缺乏如下重要信息：战役是何时爆发的？敌军正朝哪个方向撤退？"[18] 然而，等到自己收到进一步消息时，老毛奇又对第 3 集团军的胜利表达了非常慷慨的谢意，他在第二天写信给布卢门塔尔：

---

① Heil dir im Siegerkranz，这首歌曾取代《普鲁士之歌》，成为普鲁士的国歌；亦是 1871—1918 年间德意志帝国的非正式国歌，旋律来自英国国歌《天佑吾王》，但也因此未在德国全境流行（比如当时的巴伐利亚王国、符腾堡王国就没有接受此国歌）。

衷心祝贺你部取得的显赫胜利。由于你在昨天傍晚时分发来的第一封电报在当时还没有被传达到我这里，因此直到今天早上，我才清楚战斗发生在沃尔特而故军正在朝比奇方向撤退。请立即致电第 2 集团军，告诉他们用本集团军的骑兵力量及左翼，在罗尔巴赫（Rohrbach）附近拦截住法军麦克马洪元帅，以防他朝着法军仍在坚守的萨尔格米讷方向撤退。[19]

　　接着，老毛奇又概述了一遍自己对于当前状况，以及（该如何）利用此次胜利的最佳手段的看法。此外，他派出冯·霍勒本（von Holleben）少校到第 3 集团军的指挥部那里，为布卢门塔尔制作一份个人简报。而自我满足能力一向近乎于无穷大的布卢门塔尔竟然对此不为所动，还在自己的日记里如此抱怨：

　　又是一成不变的老套路！（老毛奇）先是在书信中敷衍地对胜利道个祝贺，再表示自己对于目前所有情况都很满意，此外还要为那些早就被执行了好久的计划给出一些不错的执行建议。仍同过去一样的是，（老毛奇在书信中）那一种不耐烦的情绪非常明显，尽管我们确实也应该行动得更快一些，但他的命令已经将我们的士兵逼到极限——说实在的，这太过分了。[20]

　　布卢门塔尔对于自己军事判断能力的过分自信，有时会直接妨碍他对老毛奇战略意图的理解。几天后，随着德意志的各路集团军开始靠拢，以追击实施撤退的法军，布卢门塔尔竟然在自己的日记中如此狂妄自大地坦白："我无法掩饰冯·毛奇将军把我们弄得一团糟的事实，同时我认为他对于什么样的部队有着什么样的能力，这样的部队究竟能被要求干什么，让各部队保持原有编制等问题都有着错误的看法。"[21]

　　对于在此役中损失了自己参谋长科尔森的麦克马洪元帅来说，他已经别无选择，只能将此次惨败的情况汇报给皇帝，并尽最大可能地撤回这个早已支离破碎的军。由于在此战中败得实在是太过"全面"，以至于现在的他无论如何都注定无法配合法军主力的动作；与此同时，法军主力也在其西侧约 45 英里处，被卷入了一场极其重要的对峙中。

注释:

1. K. 冯·布卢门塔尔伯爵 & 元帅著,《1866 年及 1870—1871 年的战时日志》,第 85 页。

2. H. 冯·毛奇元帅著,《毛奇元帅的军事通讯文集 1870—1871》,第 66—67 页。

3. 德国官方文献,《法德战争 1870—1871》,第一卷,第 136 页。

4. 腓特烈·威廉王储著,《腓特烈三世皇帝的战争日记 1870—1871 年》,第 27—28 页。

5. 霍亨洛厄 – 英格尔芬根亲王克拉夫特著,《论炮兵的书信》,第 31 页。

6. 德国官方文献,《法德战争 1870—1871》,第一卷,第 140 页。

7. G. F. R. 亨德森著,《沃尔特战役》,第 71 页。

8. K. 冯·布卢门塔尔伯爵 & 元帅著,《1866 年及 1870—1871 年的战时日志》,第 87 页。

9. 同上书,第 88 页。

10. H. 冯·毛奇元帅著,《毛奇元帅的军事通讯文集 1870—1871》,第 74 页。

11. 德国官方文献,《法德战争 1870—1871》,第一卷,第 151 页。

12. 同上书,第 155 页。

13. 同上书,第 163 页。

14. G. F. R. 亨德森著,《沃尔特战役》,第 48 页。

15. 德国官方文献,《法德战争 1870—1871》,第一卷,第 184 页。

16. 霍亨洛厄 – 英格尔芬根亲王克拉夫特著,《论炮兵的书信》,第 34 页。

17. 腓特烈·威廉王储著,《腓特烈三世皇帝的战争日记 1870—1871 年》,第 38—39 页。

18. H. 冯·毛奇元帅著,《毛奇元帅的军事通讯文集 1870—1871》,第 75 页。

19. 同上书,第 75 页。

20. K. 冯·布卢门塔尔伯爵 & 元帅著,《1866 年及 1870—1871 年的战时日志》,第 88—89 页。

21. 同上书,第 91 页。

开幕之战：斯皮舍朗

当麦克马洪及法军的右翼就这样同敌军陷入交火时，法军的左翼也发生重大事件：8月5日，麦克马洪被授予第5军、第7军，以及他自己原有第1军的指挥权，此外巴赞元帅被任命为第2军、第3军、第4军的总指挥；与此同时，帝国近卫军以及法军的预备兵力都由皇帝本人指挥。在随后几天向萨尔布吕肯进军的过程中，法军一直都无法确定，敌人究竟会采取什么样的行动。早在先前的8月4日，法国人就已经想到德意志人可能在余部并未完成集结的情况下，先行让一部分部队发起挺进的可能。就在同一天，勒伯夫还十分乐观地给弗罗萨尔写信："发生在萨尔布吕肯的事件以及对萨尔路易的侦察行动显然刺激到了敌军，使其发动了攻势行动。"[1]接着，他（在信中）又期待起一场法军具有明显主场作战优势的战役的前景。后来，法军又认为施坦因梅茨可能待在比他（原先的）实际位置更左侧的某处地方，或许是在萨尔布吕肯和茨韦布吕肯，这一想法直接导致法军将注意力转移到普军可能会向萨尔格米讷及比奇之间地域发起推进的前景之上。正是在这种不确定的状态下，当前在名义上听从巴赞指挥的弗罗萨尔向勒伯夫申请，从萨尔布吕肯撤退至福尔巴克与萨尔格米讷之间的高地上。勒伯夫被告知，他（弗罗萨尔）或许会在8月6日就这么干；但后者在此之前便已经注意到自己正面的敌军活动愈发频繁，因此没有继续停留，直接于8月5日傍晚时分撤退至斯皮舍朗高地上的新位置，同拉武古佩（Laveaucoupet）师一道占据了这个地方。

设于此处的据点相当坚固，也是弗罗萨尔在战前曾经亲自视察，并指定

117

◎ 冯·施坦因梅茨将军，德意志第 1 集团军总指挥，郝赛/《法德战争通史（1870—1871 年）》藏。

为适合进行防御战的几处"大据点"之一。坐落于战线中央的则是罗滕堡（Rotherberg），"它所折射出来的红色反光在远处相当显眼，像是布置在敌军正面的一座堡垒"[2]，在此处可以俯瞰整个山谷。事实上，这个据点还从萨尔河、圣阿努尔（St. Arnual）以南一直延伸到了斯蒂兰旺代勒[1]及福尔巴克之间的铁路线。即将到来的德意志人所要面对的高地向北陡然倾斜，地势起伏程度要比萨尔布吕肯以南不远处的一系列矮山丘明显得多。尽管据点西面的地势相当平坦，但法军的左翼还是能得到斯蒂兰矮林以及斯杜（Stü）村所提供坚固防御据点的掩护。那些位于高地上的据点亦通过挖掘掩体堑壕及炮坑的形式得到加固。此外，法军据点的右翼能够获得吉费尔特森林（Giferts Forest）及斯蒂夫茨瓦尔德（Stiftswald）提供的掩护。值得注意的是，弗罗萨尔手头还有另两个师的兵力：沃尔捷（Vergé）师被部署在斯蒂兰山谷中；巴代伊（Bataille）师作为预备兵力，留守在厄廷根（Oettingen）。于是，弗罗萨尔能够时刻关注自己的左翼，因为此处很有可能受到来自弗尔克林根[2]的德意志军队实施推进的严重威胁。

隶属于巴赞的第 3 军同弗罗萨尔所部距离相当近，可以及时为后者提供一些支援。巴赞本人也同弗罗萨尔一样，对于德意志人向萨尔布吕肯地区发动攻势的迹象有所察觉。由于巴赞无论在哪一个方面都要比自己（弗罗萨尔）资历更老，且现在正负责同时指挥弗罗萨尔军及他自己的军，因此他（巴赞）

---

① Stiring-Wendel，今法国摩泽尔省的一个市镇，属于福尔巴克－布莱摩泽尔区和斯蒂兰旺代勒县。

② Völklingen，今德国萨尔州的一个市镇，总面积为 67.07 平方公里。

很难不赞同弗罗萨尔所秉持的这样一种观点：如果巴赞将会参与到一场大型会战中，他就应该立即让他自己的军发起挺进，并亲自接过这场战役（己方部队）的指挥权。然而在事实上，巴赞同勒伯夫乃至法军一方的其他所有人一样，即对于德意志军队的动向知之甚少，完全处于一种单纯的不安状态中，总觉得有什么突发状况即将出现。

从老毛奇自己的角度看，他确实有资格对德意志各路集团军的动向抱有一种相类似的不确定感。施坦因梅茨的固执及冲动已经在考验老毛奇的耐心，并在第1及第2集团军向边境挺进的过程中制造了许多麻烦。施坦因梅茨此前一直在朝东南偏东的方向行进，比老毛奇原先设想的位置偏远得多。腓特烈·卡尔亲王要求施坦因梅茨转向自己的右侧，以便（遭到堵塞的）第2集团军继续行进；但施坦因梅茨并不准备让步，他所依据的理由是这样一个事实：他在8月4日中午时分收到老毛奇发来的一封言辞简明扼要的信件，这封信命令他待在托莱①—莱巴赫②—奥特韦勒③三角区的当前位置上。8月4日下午3:00，施坦因梅茨向老毛奇发出一封表示不会服从命令的电报，但后者要五个小时之后才能收到（这封电报）。施坦因梅茨在电报中这样解释道："我并不理解直接放弃萨尔河畔据点的战略想法，因为从军事形势上看，这样做是完全没有理由的。我希望得到解释，以便您能在将来正确地发挥我的作用……我害怕法军会在我们的新据点处，察觉出自己所赢得的优势。"³翌日，老毛奇很快以电报及一封言辞耐心的书信的形式给出答复，尽可能清楚地向施坦因梅茨重申了一遍自己实施战役合围的目标：

我非常赞同阁下您的观点，即有关各路集团军的指挥官必须洞察国王陛下向他们所下达命令的动机的重要性……正如之前在柏林已经解释过的那样——我一开始是想跟您本人进行解释的，但后来变成了向您的参谋长及军需总长解

---

① Tholey，今德国萨尔州的一个市镇，总面积为57.57平方公里。

② Lebach，今德国萨尔州萨尔路易区的一个小镇，位于萨尔路易东北约15公里处，萨尔布吕肯以北20公里处。

③ Ottweiler，今德国萨尔州的一个市镇，总面积为45.52平方公里。

释第 1 集团军的任务，即除了要在一开始保护莱茵省之外，还要在战役当中针对敌军的左翼发起最为决定性的攻势行动。

此外，他还言辞尖锐地补充道："三个集团军的协同只有在国王陛下的亲自指示下才能实现（也就是说禁止施坦因梅茨擅自行动）。"[4] 这份重申说明直到 8 月 6 日凌晨 2:30 才被送达第 1 集团军指挥部，但冲动的施坦因梅茨早已于 8 月 5 日凌晨 1:30，直接向国王本人进行了直言不讳的投诉，其大意是第 2 集团军的挺进行动将意味着该部 "会先于第 1 集团军让自己发起推进，同时由于我没有收到任何有关下一步推进的指示，因此我没有得到任何关于下一步（该如何）正确采取行动，来自上级的指导"。[5]

到目前为止，第 1 集团军（因其所处位置）已经对普军的行军道路造成极其严重的交通堵塞，老毛奇为此于 8 月 5 日中午 12:30，向施坦因梅茨发出一道简明扼要的命令，要求他立刻让出圣文德尔①—奥特韦勒—诺因基兴公路。[6] 此外，老毛奇写了一封信给施坦因梅茨，就后者试图越位向国王告状的问题给出答复，并直言不讳地再一次强调自己的命令："让第 1 集团军在今明两天待在其当前位置上是个明智之举，而且单纯地完全让出圣文德尔—奥特韦勒—诺因基兴公路对于第 2 集团军的行动来说是必不可少的。"接着，他再次不留任何商量余地地提醒施坦因梅茨，告诉他有义务照着自己所说内容这么做："国王陛下明确地保留了下达这类行动的命令的可能[7]（也就是说国王并不会听信施坦因梅茨的投诉）。"这段话本来足以让即便是施坦因梅茨这般固执任性的指挥官清楚地认识到自己当前的处境，但就算是老毛奇那如石头一般冷静的性格，也被这位第 1 集团军指挥官的新一轮反驳击打得无法保持原样：他在这封反驳信上潦草地填上了一些充满怒气的注解。明确反对该指挥官 "行动目标应该是以自己的力量吸引敌军部队，从而促进第 2 集团军的前进"这一建议的老毛奇，记述下了这样的内容："此举将导致第 1 集团军面临失败。"此外，为了反驳施坦因梅茨所给出之所以不能完全让出通往诺因基兴的道路，

---

① St. Wendel，今德国萨尔州的一个市镇，总面积为 113.54 平方公里。

是因为"（接到命令后）必须从这里向西面转移的部队将会（在老毛奇的命令下）来到几处早就有其他军队驻扎的地方"的解释，老毛奇只写下了"？？"这两个愤怒的问号（差不多就是"你到底在跟我表达些什么"的意思）。但最令老毛奇心烦意乱的其实还是施坦因梅茨所说出的"自己不仅将朝着西面移动，同时还要朝着南面移动"的宣言，因为这与他（老毛奇）下达的指示发生了直接冲突，而且完全违背他关于第二天的战略意图。[8] 多年后，老毛奇在自己亲笔撰写的法德战争史作品中，将本人（发表反驳意见时的情绪及表现）限制在了一个不带任何感情色彩的评论当中："第 1 集团军对萨尔河畔发起，面朝东南方向的突出部的行动并不是最高指挥部的意图。此举直接导致其左翼挡住了专为第 2 集团军及两个集团军的各路分遣队所制定的行进路线，而后两方还必须在 8 月 6 日这一天穿过萨尔布吕肯。"[9] 与此同时，将第 1 军纳入其指挥之下的施坦因梅茨在此刻又发布命令，让自己的集团军同时朝西和南两个方向发起挺进，这么做既是为了避免他的部队被排挤到一个（只为策应友军行动而存在的）支援性质的岗位上，同时也是出于本能地力求让自己的集团军尽快被卷入激烈的战斗中。他仍然选择相信第 2 集团军将会朝着南锡发起行动，尽管老毛奇曾数次提醒，但施坦因梅茨的实际表现似乎还是比他（老毛奇）所能设想到的自由得多。

老毛奇在集结部队的过程中尽了最大努力，试图让自己集结起来的部队远离边境线。现在的他无意批准第 1 或第 2 集团军自发地走出森林，并在被（敌军）发现后蒙受惨败。正是出于避免这种危险的考量，他直接下达了让第 1 集团军停留在其当时所处位置的最初那道命令。当我们回顾普鲁士王家总指挥部的政策时就会发现，其官史再次重申了总指挥部的意图并不是发布长期指令，而仅仅是给予各集团军的指挥官一种总体上的指导意见，并不会以其他方式限制他们的独立性。[10] 然而，由于有时候情况危急，总指挥部还是有可能需要逐日地下达直接命令。这一直以来都是老毛奇的行事方式——早在 1866 年战役爆发前，他便已经在一封写给布卢门塔尔的私人信件中，充分阐述了自己的战争哲学："不要根据我的电报就擅自推定那是我的意图——只要军队开始在敌军面前实施行动，就打算用来自上峰的指示限制他们（总的意思就是战役一旦爆发，身为总参谋长的自己并不能以指示的手段强制性约束各集团军参谋长）；而我的全部努力也是为了防止这种情况发生。"[11] 不过，正如现在老毛奇同施坦因梅茨相处的经历中所表现出的那样，一旦倔强任性的集团军指挥官突然表现得忘乎所以，这一政策（不强制约束指挥官的行动）就极有可能导致执行（来自上峰的）命令方面真实存在的困难。

进行于8月5日的骑兵侦察行动表明，法军此刻正在朝着斯皮舍朗高地的据点撤退。因为法国人现在从萨尔河畔撤退，且很有可能同时从摩泽尔河畔撤退，所以老毛奇于当天傍晚时分向第1集团军下达命令："由于敌人似乎正在从萨尔河畔撤退，边境线上的通道现已开放；与此同时，你们应该从萨尔布吕肯的南面迅速渡过萨尔河，因为途经那座城镇（萨尔布吕肯），通往圣阿沃尔德的道路是留给第2集团军的。"[12] 然而事实上，这封电报最终在第二天战役爆发后，才被送到施坦因梅茨那里，而施坦因梅茨及腓特烈·卡尔亲王两人都在此之前发起了挺进，以配合先前的指示。这就不可避免地意味着，第1集团军左翼以及第2集团军右翼在抵达萨尔布吕肯的边境线时会（因为行进路线的重合而）纠缠在一起。正是冯·扎斯特罗（von Zastrow）所指挥的第7军移动至其左侧的行动，才导致了接下来的战斗发生。正当第1集团军移动至萨

◎ 斯皮舍朗会战期间，在普法芬贝格的普鲁士第48步兵团，罗切林绘，林德奈藏。

尔河一线时（朝着萨尔布吕肯而不是萨尔路易的方向），位于其左翼的第 8 军亦在从圣文德尔及奥特韦勒两地发起进军，直接挡在第 2 集团军的行军路线上。先前提到的骑兵报告此刻又直接导致第 14 师的师长冯·卡梅克（von Kameke）坚定地得出这样一个结论："放弃萨尔布吕肯北面的高地意味着法军确实正在撤退。"同时，他还询问军长扎斯特罗，自己是否应该渡过萨尔河，占领这片高地。扎斯特罗只是答复他说，应该遵从自己的判断；而卡梅克的确不需要更多来自外界的鼓励，当机立断地命令冯·弗朗索瓦（von François）所指挥的前卫部队采取相应行动（迅速占领高地）。

与此同时，构成第 1 集团军左翼的第 8 军军长冯·戈本（von Goeben）已经亲自骑马出行，跑到自己这个军的前头，先行侦察萨尔河沿线的情况。他本来打算在萨尔布吕肯完成渡河行动，而施坦因梅茨此前也早已批准他这个计划，但当戈本遇到已经挡在通往那座城镇道路上的弗朗索瓦麾下部队时，他突然（被迫地）搁置了自己这一计划。然而，此刻的他还确信自己能在被友军需要的情况下发起跟进，以支援第 14 师的行动。渡过萨尔河后，弗朗索瓦所部先是占领城镇北面高地"操场山"（the Exercise Ground hill），接着又往自己左翼派出两个营的兵力攀登进入鲁佩茨贝格①。在这一阶段，法军仅有的回应便是从罗滕堡发射炮弹；同时没有一个德意志指挥官预计说将会发生重大战役，并且断定法军仍然处在撤退过程中：事实上，随后接踵而至的战役在后来被一位德国军事评论家形容为"在战术层面上完全出乎德意志人的意料，这绝对要完全归咎于普军在前几天对于第 1 及第 2 集团军的庞大骑兵部队（侦察能力方面）的不当使用"。[13]

此时，德意志人共有三个军的兵力正朝着萨尔布吕肯进军——尽管通往这个地方的各道路沿线都极度拥挤。除了已经下达命令，让渴望前进的卡梅克率领自己的军发起挺进的扎斯特罗，以及为他们让路放行的戈本，第 3 军（军长为康斯坦丁·冯·阿尔文斯莱本）同样被第 2 集团军命令发起进军，以占领萨尔布吕肯。该军麾下第 5 师的师长冯·施蒂尔普纳格尔（von Stülpnagel）也

---

① Reppertsberg，今德国莱茵兰－普法尔茨州的一个市镇。

◎ 冯·施蒂勒将军，德意志第 2 集团军参谋长，普夫卢克－哈通藏。

收到了将第 1 集团军所辖部队清理出道路的命令。然而，形势至此已开始急剧变化：弗朗索瓦得到阿尔文斯莱本麾下一个旅的旅长冯·多林（von Döring）及时支援，此人先前曾骑马渡过萨尔河，亲自观察周围究竟发生了什么。于当天上午 10:00 之前的某个时间点亲眼看到大批法军步兵正在发起挺进的他当即命令自己的第 8 旅赶赴现场，支援弗朗索瓦，并向施蒂尔普纳格尔汇报了自己正在做的事情。当这一消息被传达到阿尔文斯莱本那里时，作为答复，他当即命令自己这个军的全部剩余部队一齐向前推进。

与此同时，仍旧惦记着自己在之前向弗朗索瓦所给出承诺的戈本，也对不断增加的法军炮火声做出反应。他同样下令，让自己所辖军的余部发起挺进。但由于道路数量有限，再加上他们全都堵塞在萨尔布吕肯，这不可避免地意味着来自不同军的个别部队就这样被混乱地赶赴战场，甚至很快完全混杂在了一处。

德意志人的炮兵已经迅速就位，弗朗索瓦将三个炮兵连部署在操场山上，并让另一个炮兵连赶往鲁佩茨贝格。但事实上，普法两军之间的主要战斗要一直等到大约当天正午时分才会爆发。身处萨尔布吕肯的卡梅克一边骑在马背上，一边督促赶来的步兵纵队立刻发起进军。就在这些急切前进的步兵抵近高地时，他们这才首次亲眼看到这座即将遭到他们强攻的敌军阵地。位于右翼的两个营奉命朝德拉楚格（Drathzug）方向发起挺进；与此同时，冯·埃斯肯（von Eskens）上校带着两个营，从另一侧向吉费尔特森林实施推进。到当天下午 1:00，这几轮旨在保护侧翼的攻势似乎都已经取得足够进展，弗朗索瓦也在此刻带领第 74 团麾下两个营，从操场山出发，直接向罗滕堡发起推进。法国守军的一轮凶残火力很快便给普军造成非常惨重的伤亡。在某一段时间里，他们

（普军）都被火力压制在较低的斜坡上，但在亲眼看到自己的左右两翼都取得明显进展后，卡梅克再度命令弗朗索瓦强攻罗滕堡。

在弗朗索瓦的领导下，第74团爬上近乎垂直（堪比悬崖峭壁）的罗滕堡外缘，接着又夺取并坚决守住了山顶上的一处据点，把法军步兵悉数驱逐出当地的掩体堑壕。在此过程中，他们又蒙受了更为惨痛的伤亡，战死者当中就包括弗朗索瓦本人：他在第39团的一个连抵达高地时，为督促该连尽快行动而身先士卒，最终身中五弹不幸身亡。在当前情况下，发起进一步推进是完全不可能的，而卡梅克的大胆无畏在一段时间里似乎也让他的师暴露在了一场可怕且不必要的惨败风险之下：就在弗朗索瓦旅的右翼紧靠罗滕堡的边缘时，冯·沃伊纳（von Woyna）的第27旅也正围绕旧煤坑以及斯蒂兰旺代勒外围地区的归属权进行着一场苦战，但他这个旅的一部分部队在抵达战场后便突然调转方向，并被投入到了罗滕堡外缘处的战斗。更进一步的友军支援已是近在咫尺。德意志的预备部队一支接一支地抵达战场，并被零星地投入到战斗当中。而在普军的右翼，扎斯特罗让格鲁莫（Glümer）的第13师穿过弗尔克林根及克雷恩＆格罗斯－罗塞尔（Klein & Gross–Rossel）数地发起挺进，时刻威胁

◎《强攻斯皮舍朗高地》——在冯·弗朗索瓦将军亲自带领下，发起攻击的普鲁士第39步兵团下属第9连，冯·韦尔纳绘，施伯特藏。

着弗罗萨尔的左翼及其潜在的撤退路线。戈本的先锋部队也于当天下午 3:00 左右穿过萨尔布吕肯镇，抵达鲁佩茨贝格，此时他从卡梅克手中接过了对这场战役的指挥控制权。最终，在普军左翼，阿尔文斯莱本的部队陆续抵达战场，并被调转方向，投入到了吉费尔特森林的战斗中。在这里，普军成功拿下一处可以眺望横贯着狭窄山谷的斯皮舍朗岭上法军据点的新位置。至此，普军已不可能再取得更多攻势进展。随着战役的持续，德意志一方三个军的军长在加尔根堡（Galgenberg）附近的公路旁边碰了头，并举行了一场非常仓促的战争会议。在军长们看来，普军所取得的进展足以表明他们获得此次战役的胜利，于是向王家总指挥部发出了一封电报。[14]

　　而在右翼，格鲁莫穿过山谷，向福尔巴克发起的推进开始愈发严重地威胁着弗罗萨尔的左翼。但后者布置在高地上的据点一直坚持到傍晚 7:00，才最终被击破。击退阿尔文斯莱本的一轮攻势后，拉武古佩师得以再度发起进军以及反攻，弗罗萨尔则开始认为自己的据点已经无法继续坚守下去。在撤退过程中一旦出现任何形式的拖延，都意味着退回福尔巴克的道路会被敌军彻底封死。正如官方历史所记录的那样：“到夜幕降临时分，所有法军部队纷纷在一轮短促的炮火掩护之下，陆续撤离高地上的各处据点，而这些布置在普法芬贝格（Pfaffenburg）的炮兵连，又于当天夜间 7:30 再次开火。”[15] 差不多就是在这一时候，冯·施坦因梅茨也骑马来到斯皮舍朗高地。就在位于他右翼的斯蒂兰旺代勒，巴代伊师所发起的推进缓解了（普军所造成的）攻势压力，并让法军能够夺回斯蒂兰矮林的南端。随着冯·沃伊纳的第 28 旅在法军撤离高地这一行为的鼓舞之下再次发起攻势，激烈的战斗又继续进行了下去。渐渐地，村庄的守军被迫开始撤退，战斗到此时才真正宣告结束。

　　之后，弗罗萨尔的部队又用一整晚的时间艰难撤离战场，途中还遇到一些因姗姗来迟而未能对战役结果产生任何影响的己方预备部队。他们的撤退行动并未受到（来自敌人的）干扰。施坦因梅茨下达了重新集结的命令，但漆黑的夜色以及恶劣地形在无论哪一种情形下，都会使普军干涉弗罗萨尔所部撤退过程的行动变得极为困难。

　　德意志人的这场重大胜利，并没有反映出其上级（也就是王家总指挥部及总参谋部）的功劳。它也肯定不是由老毛奇制定的战略所事先准备的一场战

◎ 出现在斯皮舍朗罗滕堡的普军炮兵，
罗切林绘，林德奈藏。

役——正如他在自己撰写的战史中提到的那样，当天的决定性战斗"事先是
肯定没有预料到的"。[16] 而且在整个战役进程中，这也不会是最后一次因断定
对手正在撤退而主动挑起的战斗，除此之外：

　　如果我们想牢牢抓住他，或者无论如何都不想同他失去联系，那么就绝
对有必要采取行动。甚至可以这样说，这一点是每个人都可以本能察觉到的，
这已不再是一个长达数天的问题，而很有可能是一个只有若干小时的问题——
先锋部队就这样按照自己的意愿，毫不拖延地采取行动，这一行为完全符合上
级的意见——尽管（该部队）当时是在未收到上级命令的情况下，擅自做出
这一决定的。[17]

　　施坦因梅茨及腓特烈·卡尔两人都不知道当时究竟发生了什么。阿尔文斯
莱本则是相当坦率地写道："击败敌军的不是普鲁士的将军，而是普鲁士的士
兵。"除了敢于以承受惨痛伤亡为代价，攻下敌军据点的普鲁士步兵那非凡的
勇气及决心，这场胜利同样取决于不顾地形上的艰难险阻，仍得到了极其有效
的战场运用的德意志炮兵。一切就如同先前的沃尔特之战那样，德意志人完全

© 8月6日，斯皮舍朗战役。

抛弃预备炮兵的理念，因为普军非常正确地认定这一兵种理念在四年前（即普奥战争中）严重削弱了普军炮兵对抗奥地利军队的效能，所以他们现在选择以尽可能快且尽可能往前沿部署的方式集中火炮，并将压倒性的炮兵力量投入到战斗当中。对此，法军并没有任何有效的应对手段，这也直接导致了德意志人的炮兵能在早期的几场战役期间凭借自身的速度及力量，一次又一次挽救绝望的局面。

此外，以往那种让炮兵行进在步兵后方的思想现在同样被放弃，并变成了让炮兵行进在步兵部队的前方。骑炮部队过去的列队缓慢行进、全速疾驰投入战斗的传统操典，如今亦被全程小跑（trot）的步伐所取代，以此确保该部队在战役的早期阶段就能对战局施加决定性影响。炮兵战术上的所有这些变化给了老毛奇一种在这场战争的最初几场遭遇战当中便已充分展现出来的压倒性优势。[18]

尽管普军直到当天快结束时才最终占据这场战役的上风，以至于当时的战场环境使其无法对弗罗萨尔军发起有效追击，但战役产生的后果极其重要。官史是这样记述的：

由一场胜利对士气产生的影响会远远超出战场的范围限制。其重要性从表面就能清楚地看出来。大量有关法军在阿尔萨斯和洛林两地同时蒙受失败的未经审查的情报，如晴天霹雳一般涌向过度自信的法国首都。即使是在法兰西第二帝国的总指挥部，人们也暂时放弃了一切抵抗。因此，在接下来的一周里，最远延伸至摩泽尔河畔的大片土地都将落入德意志人的手中。[19]

注释：

1. 德国官方文献，《法德战争 1870—1871》，第一卷，第 142 页。

2. 同上书，第 214 页。

3. H. 冯·毛奇元帅著，《毛奇元帅的军事通讯文集 1870—1871》，第 69 页。

4. 同上书，第 69—70 页。

5. 同上书，第 70 页。

6. 同上书，第 70 页。

7. 德国官方文献，《法德战争 1870—1871》，第一卷，第 103 页。

8. H. 冯·毛奇元帅著，《毛奇元帅的军事通讯文集 1870—1871》，第 71 页。

9. H. 冯·毛奇元帅著，《法德战争 1870—1871》（伦敦 1907 年出版），第 19—20 页。

10. 德国官方文献，《法德战争 1870—1871》，第一卷，第 106 页。

11. H. 冯·毛奇元帅著，《毛奇元帅的军事通讯文集 1870—1871》（巴黎出版），第五卷，第 285 页。

12. 德国官方文献，《法德战争 1870—1871》，第一卷，第 203 页。

13. 冯·佩莱特－纳博尼将军著，《服役中的骑兵》（伦敦 1906 年出版），第 3 页。

14. 德国官方文献，《法德战争 1870—1871》，第一卷，第 234 页。

15. 同上书，第 243 页。

16. H. 冯·毛奇元帅著，《法德战争 1870—1871》，第 25 页。

17. 德国官方文献，《法德战争 1870—1871》，第一卷，第 252 页。

18. 霍亨洛厄－英格尔芬根亲王克拉夫特著，《论炮兵的书信》，第 52—53 页。

19. 德国官方文献，《法德战争 1870—1871》，第一卷，第 254 页。

波尔尼—科隆贝

第八章

8月6日，拿破仑三世从弗罗萨尔那里收到一连串报告，也正是这些报告，使皇帝以为后者在斯皮舍朗高地成功进行了一场防御战。然而，就在当天即将结束时，仍然等待这场战役最终消息的皇帝，突然收到麦克马洪发来的一份简短且充满灾难性语言的报告："我已经输掉了一场战役，我们在人员及物资两个方面都蒙受了极其惨重的损失。撤退行动目前正在进行。"[1]此外，就在当天夜间稍晚些时候，有关弗罗萨尔从布置在斯皮舍朗高地上的据点处兵败撤退的报告也传了过来。对法军来说，这的确是一次相当令人震惊的双重打击。

不过，拿破仑三世的第一个答复仍然是相当积极向上的。就在第二天，即8月7日（星期天），他命令专列沿着铁路线，将自己运送至圣阿沃尔德，也就是当前法军的预定集结地点。然而，等到专列抵达梅斯车站，他又得知福尔巴克沦陷的消息，而圣阿沃尔德镇本身现在也遭受德意志人实施推进的威胁。由这两场同时出现的惨败所带来的问题——最直接的（一个问题）便是该如何将法军的这些被分割出来的部分重新集结于一处。麦克马洪现在处于全面撤退状态，这在一定程度上为即将到来的德方王储集团军开辟了从边境通向法国首都巴黎的道路。而在法军的左翼，或许仍可以集结第5军的兵力，来挡住德意志人推进。康罗贝尔军正准备通过铁路，从沙隆赶往南锡。拿破仑三世最初的想法是命令整个集团军一齐撤退至沙隆；同时，为了实现这一目标，康罗贝尔被命令停留在原地，此外还被命令撤回那些现已开往南锡的部队。已经在8

月6—7日的夜间撤退至萨尔格米讷的弗罗萨尔将向皮泰朗格①发起行进，剩余各军也会一并撤退。另外，拿破仑三世致电皇后欧珍妮，称自己的部队正在全面撤退；且现在除了保卫首都外，他也再想不出别的什么好办法了。《每日新闻》的记者在这个星期天的早上抵达梅斯，当他找到一名来自拉德米洛军的熟人军官时，这名记者就"立即意识到出了问题"："他（军官）传达给我的消息足以证明，我从每个人脸上看到的恐怖和恐慌情绪都是不无理由的。"[2]该记者在自己周围亲眼看到了有关法军士气完全崩溃的令人信服的证据，以及当天梅斯城周围混乱不堪的景象，而他和另外几名记者更是被误认为间谍，险些遭到射杀。

麦克马洪所做出的从沃尔特战场撤向萨韦尔讷的决定，意味着任何想要将整个法军重新集结于某个比沙隆更为靠前位置上的尝试的实际成功率都极低。因此，从这一角度看，法兰西皇帝的第一个决定可以说是完全合理正确的。8月上旬的几场失败对法军造成的影响是莱茵河集团军的所有部队朝着摩泽尔河一线全面撤退，并在这么做的过程中将整个集团军分为两个独立集群，而这两个集群注定会分别成为在梅斯及沙隆的两个并不统一的集团军。如果麦克马洪元帅一开始选择途经比奇撤退，而不是通过萨韦尔讷，他就一度有机会避免法军的此次大分兵，但这条撤退路线也将会让他自己暴露在更大的风险之下；更何况他（在实际行动过程中）做到了以极其娴熟的手法完成此次撤退，几乎完全避免与王储的集团军接触。事实上，"同敌人失去接触"是法军目前执行的唯一一个行动计划。而这一行动在很大程度上还得到了德意志军队在8月6日的两场大胜后所出现的不可避免的混乱的助力，因为有许多部队在经历这两场极其激烈的战役后急需休整（根本无力追击法军）。而在第3集团军（德）指挥部，众人还是坚持断定法军正在穿过赖什索芬②，朝比奇撤退。然而，由于普法双方已经几乎失去联系，因此普军还要过一段时间才能意识到，法军并没有照着己方指挥部所设想的那么做。至于麦克马洪本人——他一直都在尽可

---

① Puttelange，法国摩泽尔省的一个市镇，属于萨尔格米讷区萨尔拉尔布县。
② Reichshoffen，法国下莱茵省的一个市镇，位于该省西北部，属于阿公诺区。

能快地行进，先是来到萨尔堡①，接着从这里赶往吕内维尔②，很快就让自己同对手之间保持了相当长的一段距离。为此，第3集团军沿着萨尔于尼翁③—萨尔堡的大致方向行进。但就目前而言，麦克马洪已经在事实上脱离战场，一并带走的不仅有他自己的第1军，还有受其指挥的第5军大部以及费利克斯·杜威的第7军。然而，此次撤退仍将法军牢牢拴在贝尔福周围，除了曾向米尔豪森④发起一次徒劳无功的推进，他们接着又几乎立刻撤退到了起点处。因此，王储在推进的过程中并没有遭遇特别明显的阻碍，他先是于8月12日抵达萨尔河畔一线，随后又于8月15日推进至位于南锡及布兰维尔之间的摩泽尔河畔一线——到这时，他才收到法军麦克马洪元帅正朝着沙隆方向撤退的情报。

与此同时，老毛奇仍然位于美因茨的王家总指挥部中；他接着又在8月7日上午，随总指挥部一起搬到洪堡。老毛奇现在更关心的是法军左翼的动向。在那个星期天的黎明时分，斯皮舍朗战场上浓雾弥漫，能见度大大降低，这严重影响了普军的侦察工作。无论如何，曾参与前一天战斗的施坦因梅茨集团军主要部队，都必须耗费一整天的绝大部分时间用于重整。然而，老毛奇在此刻竟命令他们立刻清理出萨尔布吕肯—圣阿沃尔德的主干道，供第2集团军通行。就在8月7日晚些时候，他又发布命令："第1集团军明天同第7军、第8军，一道停留在弗尔克林根及萨尔布吕肯之间的当前位置上，坚守斯皮舍朗高地，防备敌军的进攻——如果敌军确实发起了攻击。"此外，他还表示任何形式的推进都必须等到骑兵通过侦察行动收集到有关敌军动向的确切情报，在此之后才能发起。[3]第2集团军同样被命令暂时停下脚步，但由于当时的老毛奇断定麦克马洪元帅正在穿越比奇，朝萨尔格米讷方向撤退，因此焦虑地认为腓特烈·卡尔亲王应该将古斯塔夫·冯·阿尔文斯莱本（Gustav von Alvensleben）

---

① Sarrebourg，法国摩泽尔省的一个市镇，位于该省东南部，也是该省的一个副省会，下辖萨尔堡－萨兰堡区。

② Luneville，又译"吕内城"，是法国大东部大区默尔特－摩泽尔省的一个市镇，位于该省东南部，也是该省的一个副省会，下辖吕内维尔区。吕内维尔被称为"洛林的凡尔赛"，因《吕内维尔条约》而名声大噪。

③ Saarunion，或意译作"萨尔联"，法国下莱茵省的一个市镇，位于该省西北部，属于萨韦尔讷区和英维莱尔县。

④ Mühlhausen，今德国图林根州的一座城市，位于温斯特鲁特河畔。

指挥的第 4 军，移动到位于他左翼的罗尔巴赫。如果普军能够顺利追上正在沿公路迅速撤退的麦克马洪，第 3 军就会从北面拿下萨尔格米讷。

除此之外，施坦因梅茨也早已为发动新一轮攻势找到理由。他于 8 月 7 日向腓特烈·卡尔亲王发出一封语气愤怒的电报，向后者抱怨称第 2 集团军正在侵占自己集团军的场地。这封电报的一份副本被送至老毛奇处，这位总参谋长当即起草了一封带有国王本人的签名画押、语气坚决的抗议信，准备将其传达给施坦因梅茨，尽管这封抗议信最终似乎没有发送出去。在抗议信中，老毛奇又一次强调了自己下达给第 1 集团军的最初指示，以及针对他们不服从行为的批评，并在结尾处这样写道："因此，我必须明确回绝你在电报中转达给第 2 集团军的劝诫；同时我要明确承认，第 2 集团军正是在我的意图领导下发起进军的，而且我已经向骑兵上将腓特烈·卡尔亲王明确表达了这一点（所以他也肯定不会听从你的意见）。"[4]

麦克马洪的离去意味着老毛奇的正面此刻仅剩下莱茵河集团军的左翼。法军这一左翼由四个军的兵力构成，且正在朝尼德河河畔撤退。他们这一动作是在决议通过了"让法军左翼留守在梅斯正面，与此同时让麦克马洪继续撤退"的折中方案后才进行的。而在巴黎城内，欧珍妮、奥利维尔及法兰西第二帝国政府的其余人等，都被拿破仑三世对于斯皮舍朗及沃尔特两场败仗所做出的最初回应吓坏了。他们非常清楚，如此漫长的撤退可能对人民造成极其严重的影响。奥利维尔希望拿破仑三世立刻返回巴黎，但欧珍妮对此没有一丝认同。她决心尽力维持总体士气，并以一种强劲有力的语气，向法国人民发表了一通宣言："你们当中只有一个整体，那便是牢牢团结在一起的法兰西，你们也都在同一面旗帜之下，即身为国家荣誉象征的那一面（旗帜）。而我本人也会一直在这里，就在你们当中。同时，我将永远忠于我的使命及我的职责，而你们也将会亲眼看见我身处危险的前沿，捍卫着法兰西的旗帜。"[5]至于拿破仑三世，他在收到那封阐述了身处巴黎城内的奥利维尔所给出观点的电报之后，突然改变自己的决定，命令左翼部队继续留在梅斯城下。

8 月 9 日，巴赞再度承担起指挥法军左翼的责任；不过这些发生在指挥架构上的反复变化，将不可避免地继续制造混乱。作为对公众（所施加）压力的回应，巴赞于 8 月 12 日被任命为实际意义上的总指挥：主要原因是人们相信当时的莱茵河集团军左翼，正遭受来自北方的严重威胁。而他（巴赞）所指挥的部队，也早已开始从他们沿尼德河一线所占据的据点处陆续撤离。但在事实上，法军根本没有受到这种威胁。施坦因梅茨则因为自己在斯皮舍朗高地下未得到授权，擅自采取行动受到指责而觉得受到了极大冒犯。此刻，他也确实在非常谨慎地向前推进，而他的第 1 集团军同样因此多多少少落在了腓特烈·卡尔亲王所部的后面。然而，他已经因为曼陀菲尔所指挥的第 1 军而得到增强，当时该军正逐步接近集团军的右翼，朝尼德河的方向进发。此时，德意志人各路集团军的庞大规模本身也成了阻碍他们前进的一大因素："道路因连绵不断的降雨而变得湿滑难行，部队完全无法沿着它们进行移动。"[6]

8 月 9 日，老毛奇将自己的指挥部搬至萨尔布吕肯。就在老毛奇搭乘马车前往该地的过程中，他还遇到几支正在赶赴前线，至今仍未同敌军交过火的普军纵队。韦尔迪当时和总参谋长在一块，并在后来道出了这样的回忆：

当地的道路非常漂亮，在这条道路上列队行进的萨克森军部队，以及布置在路边的第 11 军所设营地也为这片风景增色不少。其中，后者（第 11 军）在道路两旁扎营（的长度）近 10 英里，其总人数超过 3 万。在我们乘车出行，直接跟在国王身后的时候，我的双耳仍因士兵们的欢呼声及军乐队的敲锣打鼓声而嗡嗡作响。[7]

当天晚上，在考虑了骑兵巡逻队传回来的报告后，此刻的法军在老毛奇眼里似乎正撤往摩泽尔河后方，或是有可能沿着塞耶河①一线撤退。据此，他下达指示，称三个集团军都应该发起挺进，追击法军；但准许第 1 及第 2 集团军在 8 月 10 日，用一整天的时间进行休整。然而，他还是有必要保持自己对于部队的紧密控制，因为"左翼要到 8 月 12 日才能抵达萨尔河畔，所以右翼各军都必须按比例地发起短程进军（不能将左翼远远甩在后面）"。[8]

翌日，就在老毛奇向施坦因梅茨发送一封内容明确、措辞尖锐的电报时，

---

① Seille，法国河流，位于洛林大区，属于摩泽尔河的右支流，河道全长 138 公里，流域面积为 1348 平方公里，发源自阿祖当日附近，平均流量为每秒 10.5 立方米。

地图标注文字：

鲁皮尼
弗烈米
圣巴尔贝
雪勒
费利
格拉斯城馆
瓦尼
普瓦
塞尔维尼
1st Corps
奥梅村
3 Cav. Div.
努瓦斯维尔
第 2 师（格伦尼耶）
2 Div
努伊
雷通费
10 Drg
梅伊
I Div
弗兰维耶
第 2 巴伐利亚军
第 1 巴伐利亚军
圣朱利安要塞
旺图
第 4 师（艾马尔）
劳瓦利耶
蒙托瓦
4 世 Corps
瓦利耶尔
6 Drg
圣朱利安
8 Hus.
第 1 师（蔡西）
波代要塞
普朗切
3rd
贝勒克瓦要塞
梅斯
13 Div
宽西
第 3 师 梅特曼
R.Div
2nd Corps
近卫军
Corps
第 1 师（蒙陶顿）
科隆贝
18 Hus.
奎罗
波尔尼
28 Brig
27 Brig.
第 1 旅（布林纳）
拉格朗瓦欧布瓦
欧比尼城馆
Lan
77
格里吉
77
VIIth Corps.
马尔西利
奎罗要塞
15 Hus.
阿尔斯 - 拉 克内克西
胡特贝尔沃耶
梅契勒亨特
第 8 骑兵师
2 Cuir.
6 Brig
第 18 步兵团前卫部队
3 Cuir.
尼德河畔库尔塞勒
克雷皮
佩尔特尔
4 Lan
儒利
弗朗提尼
切斯利

图例：

2 Corps/Cps: 第 2 军
4 Div: 第 4 师
3 Cav Div: 第 3 骑兵师
27 Brig: 第 27 旅
8 Hus: 第 8 骠骑兵团
6 Drg: 第 6 龙骑兵团

1 R: 第 1 团
2 Cuir: 第 2 胸甲骑兵团
4 Lan: 第 4 枪骑兵团
2 Batt: 第 2 营

战役开始阶段法军所处的位置

下午 7:00 后德军所处位置

◎ 8 月 14 日，波尔尼—科隆贝之战。

136

这位总参谋长再一次因该集团军的全体参谋人员未能让自己充分了解情况而深感懊恼：

> 据其他消息来源报告，阁下（施坦因梅茨）已于今日将自己的指挥部从弗尔克林根搬到劳滕巴赫①。但在今天，（普鲁士）王家总指挥部及总参谋部这边没有收到任何有关这一情况或第 1 集团军动向的官方报告，同时没有得到任何关于明天第 1 集团军位置变化的报告——如果确实有相应变化的话（提醒施坦因梅茨，今天就应该马上把这些东西发给老毛奇）。总之，这些报告仍然有待阁下发送过来。9

此刻，他对这名一点都不听话的部下的耐心已经彻底耗尽。

然而，施坦因梅茨本人对于这些指责竟是一点都不在乎。他于 8 月 10 日向王家总指挥部发出一封投诉信，再次声称第 2 集团军挡住了本应分配给他的道路；同时还要求自己的车队在圣安沃尔德完成集结，并从当地沿公路穿过法尔肯堡（Falkenberg）。这种划界争端从此开始占据老毛奇相当多的时间——在 8 月 11 日对施坦因梅茨（那封投诉信）的答复中，他又一次明确指出坚持（为各部队）指定路线的必要性：

> 第 35 团占领埃施博恩②的行为同国王陛下所下达的集团军行进命令并不相符，必须立即纠正。各军除非是行进在由总指挥部分配给他们的道路上，否则根本就不可能发起进军。在昨天前往福尔巴克的路上，到处都可以看到混乱的景象，这表明了偏离那种（正常的）做法是件多么不可接受的事情。10

尽管老毛奇已经在前一天表示相当严厉的谴责，但他仍然没有被告知第 1 集团军指挥部的动向，或是该指挥部打算进行的部署。因此，他于 8 月 11 日再次向施坦因梅茨发出一封言辞尖锐的信件，试图向他提出这样一个明显且基

---

① Lautenbach，今德国巴登 - 符腾堡州的一个市镇。
② Buschborn，今德国黑森州的一个市镇。

◎ 在科隆贝的普军第13步兵团第1营，诺泰尔绘，普夫卢克－哈通藏。

本的要求："必须发送每日报告，以便国王陛下随时布置一整个军的兵力，而随着各路集团军越来越靠近敌人，这一点也变得越来越有必要。"[11]

由于各部队经过的村庄实在太小（不足以收容大部队），普军不得不频繁地在外宿营，而这一情况与多变的天气在军中导致了相当严重的健康问题。正如老毛奇所发现的那样，当下的普军非常有必要用最为严格的纪律，来防止道路被前进中的部队堵塞。同样还有必要禁止部队对铁路线进行不必要的破坏，因此总参谋部于8月11日，向三个集团军就这一方面的问题发出了最为严厉的警告。[12]

对于法军意图的判断的不确定性，使老毛奇不得不谨慎行事。腓特烈·卡尔亲王则断定，法军在摩泽尔河后方的集结行动很有可能是在为一场出乎普军意料的反击行动做准备；为此，他于8月11日写信给老毛奇，陈述了自己对这一可能性的看法：

大批敌军的集结似乎会导致一场战役（的爆发）。我认为敌人不太可能主

138

动放弃自己的有利位置，向我们发起攻击，虽说这种做法显然比迄今为止的严密防守策略更能吸引法国人。法军的这种防御策略就是一场失败，因此现在的他们完全有理由尝试着发起一轮攻势。而在这种不太可能发生的情形下，我将采取这样的办法让自己做好（应对法军攻势的）准备：如果可能，我绝对不会让敌军在我们的第 2 集团军（第 4 军及第 2 军的部分部队除外）完成集结，并具有共同作战的能力之前先行集中数个军的兵力发起进攻。[13]

　　他（卡尔亲王）至少理解了老毛奇的战略。为此，他建议当第 2 集团军成功发现并抓住法军主力时，第 1 集团军就应该即刻就位，以包抄法军的左翼。由于得知了巴赞被任命为总指挥的消息，早已搬至圣阿沃尔德的老毛奇在自己的答复中评论了法军发起攻势的可能性，以及自己在充分考虑到这一点后所下达的命令："这些（评论和命令）都是基于亲王殿下您所表达的观点得来的，即（法军）集团军的新任总指挥将会在我们的各军分散于萨尔路易至萨韦尔讷一带的情况下，突然采取主动而又正确的攻势行动作为自己的解决方案，但他们只考虑了直接在我们面前向第 3 军发动攻势的可能。"[14]

◎ 在科隆贝的普军第 53 步兵团，亨滕（Hünten）绘，施伯特藏。

然而在事实上，早先就有证据表明法军试图在梅斯城的正面（通过组织防御）站稳脚跟；但一天后有迹象表明，他们终究是在朝着要塞自身的方向撤退。而普军发现尼德河早已被法军弃守的这一事实本身，则说明了法军正在渡过摩泽尔河，进行全面撤退。根据这一情报，断定这样的撤退行动确实是法国军队在当前形势下的正确反应的老毛奇，又给全部三个集团军下达新的命令。第 1 集团军此刻被命令沿莱埃唐①—庞日（Pange）一线向梅斯进发；与此同时，第 2 集团军将会移动至比希（Buchy）—萨兰堡②一线，朝塞耶河畔派出前哨部队（执行侦察任务）；第 3 集团军则会朝着南锡—吕内维尔发起挺进。老毛奇设想，第 1 集团军的骑兵部队会挺进至介于梅斯及蒂永维尔之间的摩泽尔。除此之外，第 2 集团军的主攻方向大致会向左移动，以确保对准蓬塔穆松及马尔巴什③两地的摩泽尔河的渡口：这一机动将使第 2 集团军的左翼同第 3 集团军发生接触。这道命令的后续结果对巴赞集团军的命运造成了极为深刻的影响。老毛奇及腓特烈·卡尔亲王都意识到，让第 1 及第 2 集团军的骑兵部队向梅斯南北两面发起钳形机动的可行性是相当之高，但施坦因梅茨显然不这么认为，因为他向自己骑兵部队所下达的命令中并没有这么刻意强调过（发起此类机动）。

事实上，尽管德意志人的骑兵在这场战争期间迅速取得显赫名声，特别是后来人们对于（普鲁士）枪骑兵团（Uhlans）的畏惧以及尊敬，但这些骑兵部队在战役初期阶段所进行的一些侦察工作可谓出奇般的无效。比如他们在 8 月 6 日的两场会战结束后，因为追击失败，同弗罗萨尔及麦克马洪失去接触的问题就得到了相当公正的批评。然而，在接下来几天里，普军一些大胆的（扩大战果）行动，都要归功于哪怕是小股枪骑兵在敌军当中制造出来的恐慌情绪。因此，老毛奇很快就对敌人的动向有了更好的了解。不过，到目前为止，尤其是施坦因梅茨的骑兵在很大程度上遭到阻遏，这严重影响了老毛奇"朝梅斯及

---

① 德语为 Tennschen，法语为 Les Étangs，法国摩泽尔省的一个市镇，位于该省中西部，属于梅斯区。

② 法语为 Chateau Salins，德语为 Salzburg；意为盐堡，今法国摩泽尔省的一个市镇，属于萨尔堡－萨兰堡区和勒索尔努瓦县。

③ Marbache，法国默尔特－摩泽尔省的一个市镇，位于该省南部，属于南锡区。

蒂永维尔之间的摩泽尔挺进，在此之后渡过摩泽尔河"这一计划的发展。8 月
12 日，老毛奇带着手下一部分军官骑马从圣阿沃尔德出发，亲自侦察战线前沿
的情况；但因为（这部分人）同法军之间的距离太远，最终还是没有看到法国
人的任何动向。[15]

　　巴赞现在遭遇的困难则是：经历了战争初期的几场败仗后，法军已没有
任何现实可行或是带有连贯性的战略可供遵循。更重要的是，拿破仑三世（对
这两场败仗）的反应，就同他对于巴黎安危的担忧息息相关。包括更为激进
冒险战略在内的各类替代性解决方案，都因为无法保障首都的安全而遭到拒
绝；而位于梅斯城正面的集团军，无论是其兵力规模还是所处位置都不足以
在没有援助的情况下，长期拖住德意志人。唯一能立即得到的支援是康罗贝
尔的第 6 军，该军最终于 8 月 11 日（深夜）至 12 日（凌晨）间抵达梅斯，
但仅凭这个军本身的兵力还是远远不够。此时早已远在沙隆的法军右翼，亦
不能在行动初期提供任何帮助。而在萨尔堡内，仍旧关注上级对自己部队所
提出要求的布卢门塔尔也在反思法军当下的状况。他注意到法军的士气是如
此之低落，以至于根本就不可能再一次组织好防御，站稳脚跟；只会在战斗
中被彻底击退，并朝巴黎方向仓皇撤退。从某种程度上讲，他给出的评论竟
同后来发生的史实相差并不太远："我在想，从此（打完这一仗后）就再也不
会有别的战斗了。14 天后，世上就再也没有什么（法兰西第二帝国）皇帝或
是（法国人的莱茵河）集团军了。"他非常满意地"收到冯·毛奇将军所发
来的一封非常有魅力的信，从中可以得知（普鲁士）国王陛下对我们（普军）
相当满意"。[16]

　　法军于 8 月 11 日在梅斯城正面所占据的新战线，基本可以得到城市西侧
要塞群的直接保护，绝对不是一处糟糕的位置。然而，它很容易被敌军从宽广
正面上发起的一轮推进迅速包围，而且很明显的是，德意志人确实正在这么
做（从正面合围法军）。因此，法兰西第二帝国总指挥部最近几天以来一直在
痛苦地对此事犹豫不决：既害怕这条战线被包围，又极不愿意放弃梅斯要塞本
身所提供的安全保障。8 月 12 日傍晚，拿破仑三世告诉巴赞，如果德意志人
没有在第二天发起攻击，那么整支军队就应该立即移动。但巴赞对此什么都没
有表示，而是将 8 月 13 日的整个上午耗费在一些琐事上。被送到拿破仑三世

那里的德意志骑兵动向报告，更进一步地增强了这位皇帝的警惕性，使得他于当天中午时分坚定地要求巴赞立即撤退。可就算到了现在，巴赞仍旧表现得犹豫不决，用于撤退的桥梁直到第二天才完全准备好，他本人则记述称无论如何德意志人都同自己实在是太近，这将让撤退行动变得极其危险。而且，他似乎确实考虑过对施坦因梅茨发动一轮攻击，以逼退德意志人。但对于拿破仑三世来说，发动这样的攻势似乎会严重破坏安全撤退的前景，因此于当天晚上否决这一提案。最终，巴赞与拿破仑三世达成妥协：双方决定军队应当于翌日向凡尔登① 撤退。然而，就在他们尚能离开梅斯城西侧的位置之前，一起突然发生的事件使整个局势完全超出了他们的掌控。

当时，作为第 1 集团军推进先锋的是扎斯特罗所辖第 7 军的冯·德·戈尔茨（von der Goltz）旅，该部也确实如期发起挺进，并直接遭遇位于瓦利耶尔② 及波尔尼（Borny）正面的法国第 3 军 [现由迪卡恩（Decaen）负责指挥]。事实上，老毛奇于 8 月 14 日 [星期天，此刻他已将自己的指挥部搬到哈灵根（Herlingen）] 向第 1 集团军下达的命令是让该集团军停留在尼德河河畔，并"通过前卫部队向前发起挺进的方式，观察敌军究竟是在撤退，还是在前进发起攻击"。[17] 相关命令都是在施坦因梅茨的参谋长施佩林骑马来到第 1 集团军的前哨部队处，亲自观察敌军位置后下达的。他判断，法军并不是没有可能在考虑发动进攻，但这种事情发生的可能性还是太小。这些命令同时表明了老毛奇的意图：腓特烈·卡尔亲王现在应该对法军的右翼实施弧形包围；与此同时，施坦因梅茨所部应在正面牵制住这些法军。接着，老毛奇强调了让骑兵部队向右翼的蒂永维尔，以及左翼梅斯城南面发起挺进的必要性，但施坦因梅茨未曾采取任何措施使这一指示生效，仅仅是命令自己集团军麾下部队停留在当前位置。8 月 16 日早上 6:00，冯·德·戈尔茨带着第 8 骠骑兵团的一个中队亲自来到战线前沿，同时派出一支由斯图姆（Stumm）中尉负责指挥的先遣队——此人是冯·德·戈尔茨在之前的战役中，专门派去执行这一类特殊侦察任务的得力军官。到当天上午 10:45，斯图姆在经历了数场前线侦察行动中一系列险象环生的逃亡后，终于能发出报告，称确实有大股部队在梅斯正面运动；并在后来报告称，法军的意图显然是让全军穿过城市，进行总撤退。大胆而又精力充沛的斯图姆立即在马鞍上，给冯·德·戈尔茨写了一封加急信："法军正沿着一整条线 [阿尔斯 – 拉克内克西①、旺图②、卢瓦维利埃（Lauvallier）、宽西③、努瓦斯维尔④] 实施撤退，这似乎就是我能得出的唯一结论，当下仍能被我目击到的敌军部队仅剩下胸甲骑兵团。只需要一个步兵支队，即可轻易将这些骑兵驱逐出这里。"[18] 随着上午时间的流逝，越来越多的报告传了过来，并进一步证实法军即将逃跑。对于冯·德·戈尔茨这样一位坚决且主动的指挥官来说，这一推论（法军即将撤退）是毋庸置疑的；王家总指挥部的布兰登斯坦的突然到来，则进一步证明了以一场突然进攻将法军牵制在当前位置的重要性：只有这样做，才能实现计划中对法军两翼的合围。将自己的意图汇报给第 7 军的两位师长，以及第 1 军军长曼陀菲尔后（这位军长已于当天下午 2:00 左右亲自骑马来到前线，观察战场情况），冯·德·戈尔茨于当天下午 3:30 出动自己的旅，试图以一场突然攻击迅速遏制住法军的撤退。当下法军依然占据的据点战力十分强大，他们在这里俯瞰着当地的一条深谷，深谷之中横贯着一条小河，小河两岸也极其陡峭；除此之外，法军还拥有相当明显的数量优势。迪卡恩的第 3 军仍然待在据点中，只是该部早已准备好跟在弗罗萨尔及拉德米洛身后，渡过摩泽尔河进行撤退。

冯·德·戈尔茨的突然进击很快就拿下了欧比尼城馆（Château Aubigny），之后他又向自己的主要目标科隆贝（Colombey）发起推进。拿下这座村庄并击退法军的一轮反击后，他又被兵力庞大的法军部队阻挡在远处的树林中。此后，他便再无办法，只得坚守自己刚攻下的土地。然而，他很快便得到友军的支援，先是曼陀菲尔的军赶到现场支援他的右翼；不久之后，第 7 军余部也一并赶了过来。

---

① Ars Laquenexy，法国摩泽尔省的一个市镇，位于该省西部，属于梅斯区和梅斯地区县。

② Vantoux，法国摩泽尔省的一个市镇，位于该省西部、省会梅斯市东北，属于梅斯区。

③ Coincy，法国上法兰西大区埃纳省的一个市镇，位于该省南部，属于沙托蒂耶里区。

④ Noisseville，法国摩泽尔省的一个市镇，属于梅斯区和梅斯地区县。

在战役开始前，施坦因梅茨就已经拒绝曼陀菲尔发起推进的请求，而扎斯特罗同样没有进攻的意图。不过，就同先前的斯皮舍朗战役一样，德意志人炮兵弹幕的隆隆开火声迅速迫使施坦因梅茨的下属们拿定主意，而冯·德·戈尔茨所急需的支援的到来，更是迅速扩大了战场的正面。穿过蒙托瓦（Montoy）山谷及努伊①来到右翼的曼陀菲尔很快被法军压制。而此前返回战场以增强法军左翼的拉德米洛军，更是做到了抵御德意志人最为坚决的几轮强攻。此外，在另一侧翼，扎斯特罗军余部经过一轮苦战，从山谷爬上高地，向波尔尼发起推进；与此同时，第 2 集团军第 9 军麾下佩尔特雷·冯·乌兰戈尔（Peltre von Wrangel）师也被催促发起推进，其推进矛头直指格里吉（Grigy）。激烈的战斗成了整条战线上发生的普遍现象，但在当天的夜幕降临时，双方在战线各处都陷入僵局：德意志人蒙受惨重伤亡（兵力损失超过 5000 人）；法军的伤亡同样极其惨重，就连（第 3 军军长）迪卡恩本人也不幸战死，法军在这一天的全部损失达到大约 3500 人。于夜间 8:00 左右抵达战场的施坦因梅茨，在当天晚上就命令曼陀菲尔及扎斯特罗两人撤出战场，以免遭到法军炮兵的攻击。但这是一条后两者拒绝服从的指示，因为他们宁愿尊重那些奋战了一整天，虽已疲惫不堪却仍旧情绪高昂的部队的感受，而不是单纯地去尊重那位从一开始便丝毫没有交战意图的集团军总指挥的命令。施坦因梅茨本人对于这场战役的反应也被记录在第 1 集团军的军史中："他不能不表示失望，因为自己的下属竟在没有得到上级命令的情况下，擅自同敌人展开如此激烈的交火，而且是在第 1 集团军所执行任务大体上仍属于防御性质的状态下，让整个事态被（手下的两个军长）允许发展到了这个地步。"[19] 在施坦因梅茨于战役初期发出数封抗命投诉信后，一件极其讽刺的事情就这样发生了：向来桀骜不驯、违抗老毛奇命令的他，此刻竟要求手下服从自己的命令。

现在将视角转移到哈灵根（即普军总指挥部所在地）那里去，老毛奇对于当下发生的状况完全一无所知，一切正如韦尔迪所记述的那样：

---

① Nouilly，法国摩泽尔省的一个市镇，属于梅斯区和梅斯地区县。

当天下午，我们时不时地听见北面传来炮火声。这只有可能是第 1 集团军在梅斯正面同法军交上了火。但我们要一直等到被派去前线的布兰登斯坦及温特费尔特两人于当天夜间回来，才能最终确认这一现象的实际意义。[20]

尽管到战役结束时，法军再一次进行他们于当天上午就已经开始的撤退；但冯·德·戈尔茨的这一机会主义行径正如后来的事实所证明的那样，给法军的整个后撤行动带来了严重而且极有可能致命的拖延。等到德意志一方的高阶指挥官悉数来到现场，这场战役已经结束。此时，冯·德·戈尔茨仍在为自己未经授权便擅自发起攻击的行为感到焦虑，但 8 月 15 日同他在战场上见了一面的韦尔迪很快就向其给出保证："他（戈尔茨）的这一行动极大地促进了目标的实现，这场战役给法军造成的延迟有利于我们制定的军事行动，同时有利于这些行动的具体执行。"[21] 同诸如冯·德·戈尔茨这样的德意志指挥官娴熟的专业机会主义形成鲜明对比的是他们法国对手谨慎的不作为，一切正如老毛奇评论的那样："随着有所准备的全体指挥官欣然接受个人责任，他们这种热切的相互帮助很快也在战场上表现了出来。"[22] 就在 8 月 15 日早晨，老毛奇带着国王及总部大多数人员一同造访战场的过程中，这位总参谋长终于有了一个同施坦因梅茨及曼陀菲尔两人进行私底下讨论的机会。当他们朝着梅斯骑马行进时，韦尔迪突然注意到己方一行人已经远远超出骑兵前哨的前哨线："我骑马来到冯·毛奇将军的跟前，并让他注意到了我们那宽厚的君主正朝着敌人的方向行进，没有获得任何保护。但老毛奇仍命令我们骑马往前走，只是要求尽量不吸引敌人的注意。"[23] 韦尔迪只好接着骑马前行，直到他亲眼看见梅斯城——"被裹在一片泛蓝的薄雾之下，而且在晨雾之中，又直接升起了（梅斯）大教堂的宏伟轮廓"。就在这座城市的正面，他没看见要塞外围有任何法军部队，却发现城外有多个庞大的（法军步兵）纵队正朝着远处摩泽尔河畔的高地移动。据此，老毛奇命令施坦因梅茨停留在自己的当前位置上，并派出骑兵部队侦察法军在梅斯要塞的活动。[24]

早在 8 月 14 日，巴赞就因为这场不期而遇的战斗，变得比施坦因梅茨更加困惑不安。接过法军的总指挥权后，他便立即遭遇了因 9 万多名士兵只能通过仅有的几条狭窄道路撤退而造成的严重后勤问题。法军现已决定好的行动计划是让拿破仑三世撤往沙隆；与此同时，巴赞会带着集团军，从梅斯撤往凡尔登要塞，并希望在该地同麦克马洪的部队建立联系（完成会师），从而避免在梅斯城据点被普军合围。当普军的主动开火宣示着冯·德·戈尔茨发起了那场出乎（法军）意料的突击行动时，巴赞竟愤怒地拒绝下令反击，声称自己不会同敌人战斗，且撤退必须照常进行下去。可就算如此，他还是不得不应战——很快，他便在激战的过程中极其偶然地被一枚弹片击中肩膀。当天夜里稍晚些时候，他穿过挤满撤退法军的梅斯街道，来到位于城外数十公里处的朗格维尔（Longueville）；这同时也是拿破仑三世早已抵达，并提议在此过夜的地点。这位皇帝热情地接见了巴赞元帅，并这样说道："你刚刚打破了咒语（vous venez de briser le charme，意思是让军队避免了被包围的命运）。"[25] 伤口仍在作疼的巴赞建议称，由于自己负伤，他应当放弃指挥权。拿破仑三世表示自己拒绝考虑这种情况，但又补充道："最重要的是，法军将不再倒退了，我选择相信你。"事实上，这道强制性的禁令只会进一步抑制这位过分谨慎的元帅。他所下达的撤退命令也充分反映其对自己的整支军队"尽可能密集地集中于一处，且只能沿着一条道路极其缓慢地离开城市"这一糟糕现状的严重焦虑。鉴于巴赞已经意识到德意志人在梅斯城以南渡过摩泽尔河给他的撤退路线造成的严重威胁，此时，他的军队未能加快撤退速度的糟糕表现是"相当令人震惊的"；同时也会在不久后，让他的军队再一次暴露在急切的德意志军队指挥官的机会主义式奇袭之下。

注释:

1. 迈克尔·霍沃德著,《普法战争》, 第 117 页。

2. 《每日新闻》:《德法战争的通讯 1870—1871》, 第 23 页。

3. H. 冯·毛奇元帅著,《毛奇元帅的军事通讯文集 1870—1871》, 第 77 页。

4. 同上书, 第 78 页。

5. T. 阿隆松著,《拿破仑三世的陨落》(伦敦 1970 年出版), 第 117 页。

6. 德国官方文献,《法德战争 1870—1871》, 第一卷, 第 288 页。

7. 尤利乌斯·冯·韦尔迪·韦尔努瓦将军著,《与王家总指挥部同行 1870—1871》, 第 60 页。

8. H. 冯·毛奇元帅著,《毛奇元帅的军事通讯文集 1870—1871》, 第 79 页。

9. 同上书, 第 81 页。

10. 同上书, 第 82 页。

11. 同上书, 第 83 页。

12. 同上书, 第 84 页。

13. 同上书, 第 85 页。

14. 同上书, 第 86 页。

15. 尤利乌斯·冯·韦尔迪·韦尔努瓦将军著,《与王家总指挥部同行 1870—1871》, 第 62 页。

16. K. 冯·布卢门塔尔伯爵 & 元帅著,《1866 年及 1870—1871 年的战时日志》, 第 93 页。

17. 德国官方文献,《法德战争 1870—1871》, 第一卷, 第 299 页。

18. 冯·佩莱特－纳博尼将军著,《服役中的骑兵》, 第 271 页。

19. A. 冯·舍尔著,《冯·施坦因梅茨指挥的第一集团军的行动》(伦敦 1873 年出版), 第 86 页。

20. 尤利乌斯·冯·韦尔迪·韦尔努瓦将军著,《与王家总指挥部同行 1870—1871》, 第 64—65 页。

21. 同上书, 第 67 页。

22. H. 冯·毛奇元帅著,《法德战争 1870—1871》, 第 33 页。

23. 尤利乌斯·冯·韦尔迪·韦尔努瓦将军著,《与王家总指挥部同行 1870—1871》, 第 68 页。

24. A. 冯·舍尔著,《冯·施坦因梅茨指挥的第一集团军的行动》, 第 93 页。

25. A. 巴赞元帅著,《1870 年战争中的几段插曲》(马德里 1883 年出版), 第 71 页。

马斯拉图尔

腓特烈·卡尔亲王此前一直在小心翼翼地朝梅斯南面发起推进,一步步抵近摩泽尔河的渡口。8 月 15 日,老毛奇因为前一天发生的事件,而向他发出了数道紧急命令。在造访波尔尼战场之前,老毛奇就已经向腓特烈·卡尔亲王通报普军获胜的消息,着眼于该如何采取措施进一步利用及扩大这次胜利战果的他(总参谋长老毛奇),决定保留第 3 军的部署(使其作为集团军的预备兵力)。而在造访战场后,老毛奇又于当天 11:00 从设在弗兰维耶(Flanville)的第 1 集团军指挥部,向腓特烈·卡尔亲王发出一份相当简短的报告:"法军已完全退入梅斯,且现在很有可能朝着凡尔登全面撤退。"此外,简报中还提到将第 3 军转由第 2 集团军负责指挥。当天下午即将结束时,老毛奇在返回位于哈灵根的总指挥部的路上,又根据新形势向全部三个集团军发出全面指示:

昨天夜间,第 1 军、第 7 军,以及第 18 师一部在取得胜利时(早已精疲力竭)的状态完全排除了发起追击,扩大胜利战果的可能性。因此,胜利的战果只能通过第 2 集团军对"从梅斯城出发,途经弗雷讷① 及埃坦(Etain)两地,最终通往凡尔登的数条道路"发起活跃攻势的方式来取得。而第 2 集团军的指挥官应根据自身判断,采取一切可用手段,来执行此次攻势。[1]

---

① Fresnes,法国马恩河谷省的一个市镇,位于该省西部。

为了服从老毛奇发出的第一道命令，阿尔文斯莱本的第3军被腓特烈·卡尔亲王命令暂时停下脚步，直至（当前所处的）整个位置完成清剿（之后才能移动）。与这道命令相伴而来的还有阿尔文斯莱本发出的一份报告——这位军长此前已经决定，将自己的军推进至摩泽尔河畔，因为现在无需担心梅斯方面出现任何危险情况；但传达给第2集团军的最初一份命令中提到了他的军，这一问题直接导致让他的军在谢曼奥（Cheminot）暂时中止推进的命令因意外被重复了一遍。阿尔文斯莱本一收到"将第3军转交第2集团军指挥"的命令，便再次率领自己的军朝诺韦昂①的摩泽尔河渡口进发（他的炮兵除外，因为这些部队是从蓬塔穆松完成渡河的）。紧随在他身后的是第9军；与此同时，位于他左翼的福格茨－雷茨（Voigts-Rhetz）所辖第10军，则正朝着蓬塔穆松的渡口进发。按照福格茨－雷茨所下达命令行动的第4骑兵师正在向前挺进，穿越摩泽尔河，并朝梅斯—凡尔登公路方向发起侦察行动：这条公路对于法军巴赞元帅的撤退极为重要。抵达那条公路后，传达给该骑兵师师长莱茵巴本（Rheinbaben）的命令又突然要求他转向北面的梅斯；但非常不幸的是，他非常缺乏想象力，竟没能想到在向北移动的同时，准许自己手下的旅长冯·雷德恩（von Redern）切断凡尔登公路。位于他正对面的则是遥遥领先于仍在缓慢驶出梅斯城的法军主力的弗顿（Forton）所辖骑兵师。莱茵巴本此前已被福格茨－雷茨要求采取有力行动，以"尝试让敌军陷入停滞状态"。[2] 如果从一开始便表现出更强的主动性，他就可以决定性地击败法军前卫部队。在此之前，他已经成功集结了整个师的兵力，同他对抗的也仅有弗顿（所辖骑兵师）及其身后另外两个骑兵师的若干部队。而弗顿本人正是受限于年龄及不确定的（糟糕）健康状态的几名法军骑兵指挥官之一；他未能发起推进并清理这条道路，这一失误使他在后来饱受批评，且很大程度上是他"（因年龄过大，身体状况不佳而）无力指挥自己的师"所导致："他深受痔疮 (piles) 的折磨，这让骑马都变成了一件极为痛苦的事。"[3] 最终，领先于普军第3军并来到其右翼的普第6骑兵师先行巡逻队，仍然同梅斯城的要塞保持着紧密接触。与此同时，

---

　　① Novéant，全称"莫塞尔河畔诺韦"，是法国摩泽尔省的一个市镇，属于梅斯康帕涅区莫塞尔河畔阿尔县。

◎ 巴赞元帅，莱茵河集团军总指挥，郝赛 /《法德战争通史（1870—1871 年）》藏。

他们发出的一部分报告被阿尔文斯莱本接收。尽管报告说明了撤退中的法军主力的真实位置，阿尔文斯莱本却完全不相信它们（这些报告）。

对于老毛奇来说非常明显的一点是，如果想对撤退中的法军进行拦截，那么就会有相当一部分责任落到第 3 军身上；但韦尔迪记述称，该军的军长完全配得上这项艰巨的任务："阿尔文斯莱本将军作为部队的领导者享有极高声誉，以至于他被认为能够应对最为艰难的状况。因此，我们对他所在位置即将出现状况所抱有的期望，确实已经到达了最高点。"为了让阿尔文斯莱本在第一时间倾听到总参谋部对他的期望，布隆萨特于当天夜间被派驻至第 3 军指挥部。韦尔迪明确表达了此刻的老毛奇相信决定性时刻（主力进行决战）即将到来的观点，并补充说："法军在梅斯城内的过久拖延给'腓特烈·卡尔亲王的先锋纵队于今天或明天通过强行军迅速推进的方式给他们造成巨大伤害'这样一种可能提供了相当大的操作空间。"[4]

至于巴赞方面——他最担心的是德意志人会在他的集团军行进于陡峭道路上，缓缓驶离梅斯城的过程中突然出现在自己后方。法军战时的参谋工作在此前一直没有什么突出表现，但到了现在这个比以往任何时候都更加重要的关头，他们竟然做得更糟了。到 8 月 15 日夜幕降临时，整个集团军的先头部队，除骑兵之外，都没能来到比勒宗维勒[①] 更远的地方。这支先头部队是法国第 2 军，位于其身后的集团军剩余部队则是呈梯队状，一路延伸至梅斯城，而拉德米洛的第 4 军更是待在梅斯城内，一点撤退进展都没有。弗顿所部及其他一些法军部队同德意志骑兵的交火让巴赞毫无疑问地相信，自己将会在沿着凡尔登

---

① Rezonville，法国摩泽尔省的一个市镇，位于该省西部，属于梅斯区。

摩泽尔河

泰登霍芬

布里埃

奥恩河

埃坦

格奈森瑙将
军的分遣队

凯当日   达尔斯坦

VIIIth. Corps   布宗维尔

龙库尔

圣玛丽

圣普里瓦

3. Cav. Div.

阿农维尔   阿旺西

阿尔维尔

叙泽蒙   马拉斯图尔   努伊

圣伊莱尔   第2骑兵师   努瓦斯维尔

弗雷讷   3rd. Corps   纳瓦尔   科隆贝

拉穆尔昂沃弗列   桥第3骑   第4骑兵师   帝国近卫军
指挥部

斯蓬维尔   艾马尔   兰斯   (梅斯)   兰斯   库尔塞勒绍西

蒂永维尔   近卫军   1st. Corps

雄维尔   比克西里尔   庞日

多马尔林   奥维尔   蒂勒   拉帕塞旅   VIIth. Corps

帝欧库尔   林克尔的骑兵分遣队   科里   菲瓦   弗隆提尼   尼德河畔伊   库尔塞勒   VIIIth.   1st. ARMY

近卫龙骑兵旅   IIIrd. Corps   阿尔纳维尔   塞耶河畔宽   方特伊   Corps   IInd. Corps

6th Cav. Div.   韦尔尼   西莱尼   西利昂索努瓦   赫尼

19th Div.   帕尼   亚赫尼   洛伊   王家总指挥部
（普鲁士）

Xth. Corps.   IXth Corps

20 Div.   蓬塔穆松   诺默尼   XIIth. Corps

第2集团军   第2集团
军指挥部

博蒙   近卫胸甲骑兵旅

贝尔内库   近卫军

近卫枪骑兵旅   IVth. Corps   沙德萨林

梅尼勒拉皮尔   维克

蒙切尔   莫延维

IInd. Bav. Corps

图尔   4 Cav. Div.   南锡   IIIrd. ARMY

摩泽尔河   1st. Bav. Corps

圣尼科莱   符腾堡师   吕内维尔

圣凡颂湖   Vth. Corps   H.Q.

H.Q.: 指挥部   马洪河   罗西耶尔   布兰维尔

IIIrd ARMY: 第3集团军   梅翁库尔

IInd Bav Corps: 第2巴伐利亚军

VIIIth Corps: 第8军   XIth. Corps

3 Cav. Div.: 第3骑兵师   拜翁

德军 ■   法军 ▲

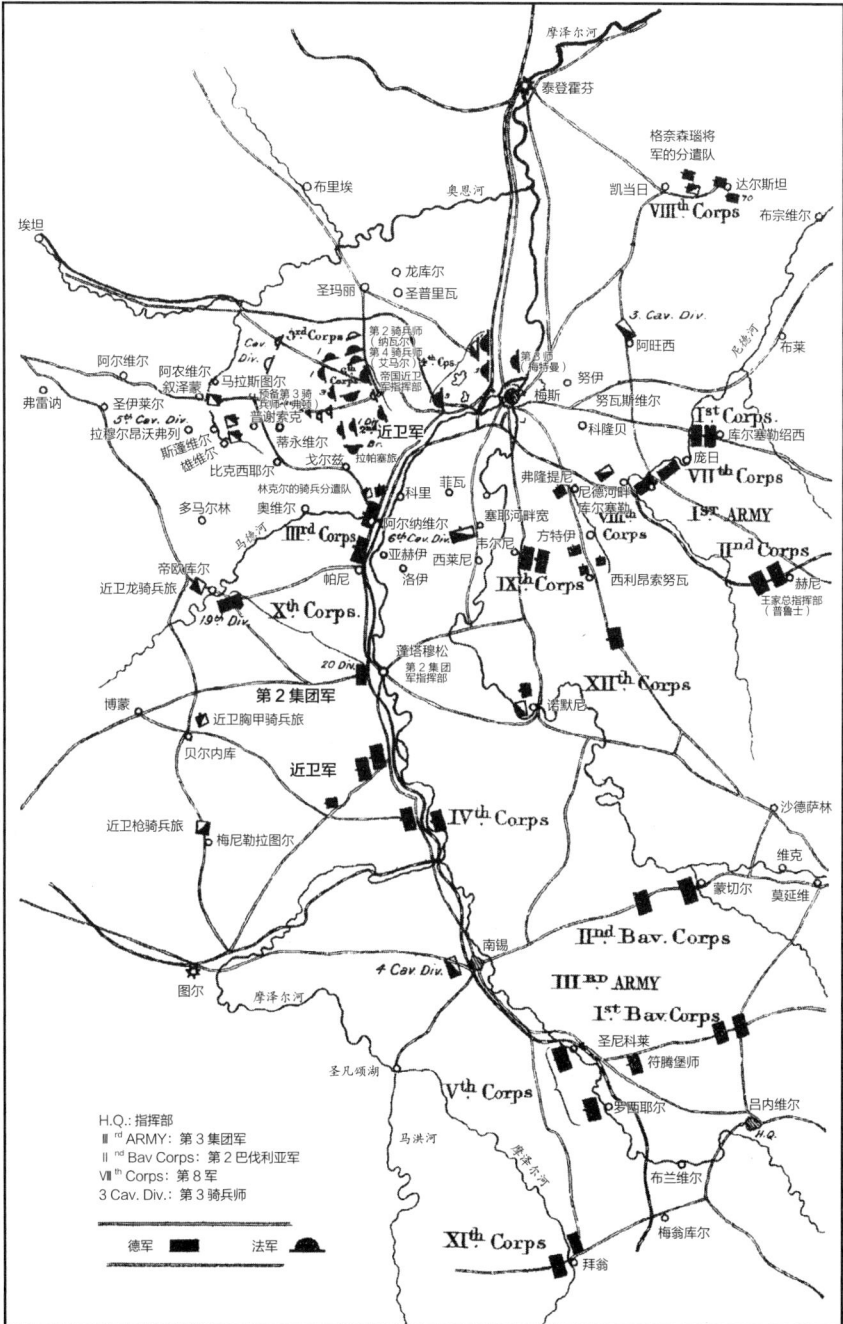

◎ 整体态势图：8 月 15 日夜，各集团军所处位置。

151

公路推进的过程中遭遇一些困难，但他仍然更关心（如何）将自己的集团军集中起来，以应对尚未发展加剧的敌军威胁。这一想法直接促成了他主动接受自己手下的各位军长，尤其是拉德米洛所提出"推迟离开梅斯城的时间"这一提议。当天晚上，拿破仑三世最终决定离开集团军。翌日早晨，巴赞在近卫枪骑兵及近卫龙骑兵的团团簇拥下，于格拉沃洛特为他送行。在这里，这位憔悴且沮丧的法兰西第二帝国皇帝再次督促巴赞，告诉他需要将集团军尽快移动至凡尔登。接着，他便带领帝国皇储及拿破仑亲王，连同护卫一道沿着树木繁茂的道路南下，朝凡尔登及沙隆两地进发。

如果说巴赞对于自己敌人的位置是知之甚少，那么老毛奇当下的处境也没有比他好多少。莱茵巴本对于雷德恩旅的胆怯处置注定了普军无法掌握太多有关法军主力所在位置的确凿事实，对此，腓特烈·卡尔亲王推测，法军主力现在正朝着马斯河[①] 方向快速进军。事实证明，普军对于法军位置这种普遍性的一无所知（的担忧）是完全没有必要的。因为有一名从梅斯赶往凡尔登的鞋匠在半路上，被一名正在巡逻警戒的枪骑兵抓住；经审讯，他非常精准地报告称，位于梅斯及维翁维尔[②] 之间的几座村庄中挤满了超过 10 万人的法军部队，而且拿破仑三世本人此前曾同这个集团军在一起，巴赞则身处格拉沃洛特。这名鞋匠后来在被送回指挥部的路上悄然溜走，这条极其重要的情报也因此从未被传达至上层。[5] 其他的一些骑兵报告则显示，梅斯城以西的高原上部署有规模极其庞大的敌军兵力，可以说这相当清晰地指出了巴赞集团军的真实位置，且这个集团军现在正从逃跑路线的更南面撤退。正如我们在老毛奇 8 月 15 日夜间下达那几道命令当中看到的那样，普军总参谋长在介绍第 2 集团军的职责时很早就已经高度强调过发动一场"果断攻势"的必要性；同时，他早已批准腓特烈·卡尔亲王可以自由地采取一切手段，来执行这场攻势。[6]

腓特烈·卡尔亲王在当天早上就已经表示，自己正打算于翌日渡过摩泽尔河；甚至在收到老毛奇的命令之前，便于 8 月 16 日先行赋予阿尔文斯莱本的

---

① Meuse，也称"默兹河"，发源于法国香槟–阿登大区上马恩省朗格勒高原，流经比利时，最终在荷兰注入北海，与莱茵河口连成三角洲，全长 925 公里，是欧洲的主要河流。

② Vionville，法国摩泽尔省的一个市镇，属于梅斯康帕涅区莫塞尔河畔阿尔县。

◎ 一场战役发生时，当天上午的法兰西第二帝国近卫军掷弹兵，佩蒂－杰哈德（Petit-Gérard）绘，郝赛/《法德战争通史（1870—1871年)》藏。

第3军进抵梅斯—凡尔登公路的任务，并将圣西莱尔（St. Hilaire）定为福格茨－雷茨第10军的行动目标。因此，第2集团军于8月16日这一天，向着法军将要占据的路线发起推进，法军也于当天上午重新开始撤退行动。与此同时，在迪卡恩于先前的波尔尼—科隆贝一战中伤重不治后，勒伯夫接过了第3军的指挥权。由于整个第3军极度缺乏紧迫感，以至于勒伯夫的部队竟被获准再度在野外搭起帐篷：因为他们都未曾预想到，自己要一直等到当天下午才能出发。就目前而言，只有前一天落在后面的法军右翼发起了挺进。位于己方主力前头的法军骑兵在维翁维尔及勒宗维勒两地的村庄周围扎营。整个集团军当中最前沿的部队，是当时处于维翁维尔的弗顿师麾下缪拉（Murat）龙骑兵旅；但该部队丝毫不关心敌军的行踪，竟若无其事地在村庄外围的阴暗池塘边上，干起了准备早饭以及给马匹喂水等日常琐事。随后，这里被普军先锋莱茵巴本师麾下雷德恩旅的挺进部队发现，而他们居然还能在未被发现的情况下，轻易抵近至法军士兵的步枪射程之内。德意志骑炮部队于当天上午9:15发出的第一轮炮击，立马给当地法军制造了混乱，缪拉的龙骑兵随即无序地朝着勒宗维勒的方向溃逃。一位法国历史学家曾这样描述当时的场景：

> 很快，维翁维尔的街头便（因为敌人的攻击而）出现恐慌。士兵骑在他们的战马上，朝着道路推进过来，道路上则挤满了马车以及脱缰的马匹。尽管（敌人的）火力异常猛烈，但军官们依旧在试图阻止自己的士兵四散逃跑，然而这很难成功；最终，他们只在极少数部队当中成功恢复秩序，这些部队刚站稳脚跟的地方随后成了剩余部队的集结点；此刻，他们仿佛又回到了勒宗维勒的高原上。[7]

一名愤世嫉俗的法军中士在执行侦察任务时，突然被告知缪拉旅此刻正在返回的路上，随后便对他的上尉说道："他们回来得似乎有点快。"这场攻势完全出乎法军的意料，但无论其效果有多么戏剧化，德意志人在此战中取得的优势在很大程度上都要归功于骑兵发起的奇袭行动，而不是骑炮部队（实施的行动）。然而在事实上，法军骑兵在一段时间后便完成自身的集结（与重整）工作，并在当天结束之前再度做好战斗准备；与此同时，法军步兵除了曾经收到普军即将到来的警告外，再没有受到其他任何影响。因此，现在的他们开始朝维翁维尔方向实施挺进。弗罗萨尔派出巴代伊师，朝着比克西耶尔① 方向发起进军，占据弗拉维尼② 及维翁维尔两地；除此之外，沃尔捷朝着戈尔兹③ 北面的高地发起进军；而在他的右翼，康罗贝尔同样让麾下的第6军从其原有位置移动到了勒宗维勒。

在德意志骑兵的身后，阿尔文斯莱本正尽可能快地向北移动。他相信法军的一支后卫部队就位于自己前方，且该（后卫）部队正在掩护主力沿北线撤离梅斯城的行动。此外，在阿尔文斯莱本右翼，施蒂尔普纳格尔的第5师已于上午9:00抵达戈尔兹，并很快爬上高地；与此同时，法军的沃尔捷部也正朝着这片高地发起挺进。当法国人试图在德意志人开始加固自己的据点之前便

---

① Buxières，法国阿列省的一个市镇，属于穆兰区和波旁拉尔尚博县。
② Flavigny，法国科多尔省的一个市镇，位于该省中部，属于蒙巴尔区。
③ Gorze，法国摩泽尔省的一个市镇，属于梅斯康帕涅区莫塞尔河畔阿尔县。

◎ 康罗贝尔元帅，法莱茵河集团军下属第 6 军军长，郝赛/《法德战争通史（1870—1871 年）》藏。

将他们从高原上赶走时，一场激烈的战斗就此爆发。第 9 步兵旅（德）的旅长多林在骑马前往当时陷入一场严重困境，其本人所辖旅的左翼视察战况时不幸战死；幸亏第 10 旅的挺进部队朝着弗拉维尼发起一场相当及时的刺刀冲锋，德军这才避免失败的命运。能否保住弗拉维尼以南的山脊对于德意志人来说至关重要，因为这个位置现在面对着法军不断发展壮大的整整两个军的兵力。施蒂尔普纳格尔骑着马，在自己那遭受重压的师的正面来回走动，他在这场持续一整个上午的激烈战斗中损失了相当多的高阶军官。但对施蒂尔普纳格尔来说非常幸运的是，第 10 军的前沿部队正在赶来，并开始在位于他右翼的维翁维尔树林（Bois de Vionville）中进行部署。

战场西侧，阿尔文斯莱本此前一直在同第 6 师的师长冯·濮登博（von Buddenbrock）一道骑马出行（视察战况）。根据从施蒂尔普纳格尔处所获得"法军正在向北撤退"的报告，阿尔文斯莱本当即指示濮登博穿过马斯拉图尔[1]，向雅尼[2]进发——换句话说，就是在巴赞的集团军向西朝凡尔登方向移动时，直接穿过这个法国集团军的正面。随后，阿尔文斯莱本便一马当先地骑马赶至特龙维勒[3]，面见莱茵巴本，并查明了那些正在同法军交火的据点所处位置。到当天上午 10:00 左右，局势已经十分清楚地表明，将马斯拉图尔—雅尼定为行动目标是不恰当的，濮登博随即将部队调转至右侧，攻击设在维翁维尔的法军据点；身处当地的巴代伊此刻已经得到来自第 6 军的拉冯·德·维利耶

---

[1] Mars la Tour，法国默尔特－摩泽尔省的一个市镇，属于布里埃区和雅尼县。

[2] Jarny，法国默尔特－摩泽尔省的一个市镇，属于布里埃区和雅尼县。

[3] Tronville，法国默尔特－摩泽尔省的一个市镇，位于该省中部，属于布里埃区。

（Lafont de Villiers）师的支援。随后，维翁维尔于当天上午 11:30 被普军攻占，濮登博继续向着这座村子的北面移动，一直来到罗马古道（Roman road），在正面遭遇了康罗贝尔军的快速部署部队。提希尔（Tixier）师此刻能从圣马塞尔（St.Marcel）向前发起推进，而位于他正面的阿尔文斯莱本同样处于被敌军庞大兵力优势压垮的危险中。尤其是沿着罗马古道的高地进行部署的法军火炮严重威胁到了仍在维翁维尔的濮登博所部。为加强这一据点的防守，后者命令部队从村庄直接向弗拉维尼发起一轮挺进，而随后双方爆发的战斗竟是如此激烈及混乱，以至于（普方）官史都无法详细描述这场战斗的细节：

就在这片以往几乎空无一人的高原上，我军同拥有宽广正面的法军展开对抗，瞬间引发了一场高强度的战斗。在这种充满血腥的战场变化中，部队指挥的统一性很快就消失不见，取而代之的是下级指挥官的警觉和个人的勇敢。在地形构成、敌军（"球球炮"机枪的）扫射火力，以及军官们一时灵感启发的指导之下，各连队之间都隔着一段空间，以便人员来回移动，相互交织……任何想要在完美细节上彻底重现这场疯狂斗争的真实画面的尝试，都只会是徒劳的。[8]

整个上午，阿尔文斯莱本的据点因其指挥的军所下辖炮兵部队赶赴前线并完成作战部署的速度之迅猛，而得到极大加强：事实证明这些炮兵总是会远远领先于己方的步兵。毫不出人意料的是，阿尔文斯莱本到现在为止已经被迫投入了自己所有的预备兵力，因为同他交火的是弗罗萨尔及康罗贝尔整整两个军的部队。他判断道，自己只能对一支消失得相当快的法军后卫部队发起追击，这让他对自己所指挥军的真实位置有了一个相当清楚的认识，而他的这一位置此刻也早已充分暴露。不过，在当天享用早餐时，巴赞收到普军对缪拉所辖骑兵发起奇袭行动这一消息，这使他在一整天时间里都被"德意志人真正想尝试的事情是包抄到自己左翼处，并截断自己与梅斯之间的联系"这一想法所干扰。但如果事实不是这样，他就很有可能会更快意识到阿尔文斯莱本所在位置的弱点，并更加严厉地惩罚后者那过于大胆的推进行动。可即便如此，由于只能期望第 10 军参谋长卡普里维（Caprivi）事先向自己给出的"第 10 军将

◎ 康斯坦丁·冯·阿尔文斯莱本将军，德意志第3军军长，郝赛/《法德战争通史（1870—1871年）》藏。

于当天稍晚些时候提供支援"的承诺（这位参谋长于当天伊始便亲自赶来观察战场上的情况，同时催促生性谨慎的莱茵巴本尽快发起进军），对于此时的阿尔文斯莱本而言，他面前还有一场漫长且令人焦虑的苦战在等待自己。

到中午，第5师及第6师（德）麾下的若干部队完成了对弗拉维尼的占领：当时，这些部队从不同的侧面抵近这座村庄，并相对独立地展开行动。由于"第6师为针对弗拉维尼的攻势所做的准备工作在很大程度上被第5师从交叉河谷处进行观察时的视野所屏蔽（也就是说第5师无法完全观察到第6师的战况，并为其提供配合）"9，这导致了第一轮戏剧性的骑兵攻击，且直接奠定整场战役的基调。法方的弗罗萨尔请求骑兵增援，并于当天中午12:30如愿得到这批援军。随着巴赞元帅低声说出"我们必须牺牲一个团"，法军的一个枪骑兵团当即得到命令，向位于弗拉维尼东侧的普军第10旅发起进攻，而该旅所在的这座村庄此时早已被熊熊大火吞没。紧随其后的是法军一个胸甲骑兵团。尽管这些骑兵表现出了最大程度的勇气及决心，但他们发起的突击是完全无效的，在付出极其惨痛的伤亡后还是被普军击退。随后，巴赞元帅亲自骑马赶至现场评估局势，同时参与了一个近卫骑炮连的炮兵定位工作，结果突然遭到一支德意志骠骑兵部队的反击。然而，他在这场遭遇战中幸运地做到了完全没有受到伤害，更没被杀死或是被俘。在这一整天里，巴赞始终身处前线，频频将自己暴露在敌军火力之下，并密切参与法军的各类战术细节。他用了一整天时间，全神贯注于满足自己赢得当前这场自己亲身参与的战役的迫切需求，除了持续不断地为自己可能被切断与梅斯城的联系而感到焦虑外，他似乎从未考虑过（法军在宏观及整体层面上的）战略目标，仅仅是拘泥于在自己当前的位置上进行战斗。

阿尔文斯莱本的最大弱点位于其左翼，因为这一侧翼正越来越受到康罗贝尔军实施推进的威胁；尽管法军此举仅仅是初步性的，但他们也正是在此刻开始行动（即实施推进）。阿尔文斯莱本痛苦地意识到，自己手头仅有的一项资产正是时间。因此在当天下午2:00，他转而向骑兵部队求助，命令冯·布雷多（von Bredow）的第12骑兵旅（该旅麾下的两个团都能立即投入使用），对当时沿着主干道北面高地进行部署的康罗贝尔所辖炮兵部队发起进攻。向着维翁维尔以北低地移动的布雷多又马不停蹄地将兵力调至自己右侧，并冲向自己这个旅的先锋部队处：第7胸甲骑兵团位于其左翼，第16枪骑兵团位于其右翼。这是一场本应属于先前那个步枪火力并未强大到足以遏制住骑兵冲锋的时代的（传统骑兵冲击式）攻击，可尽管如此，遭遇极大困难的布雷多最终还是踏平了位于罗马古道附近，法军炮兵连的第一道炮兵线列。法军炮兵纷纷被砍倒，骑兵旅的幸存者则骑马进入山谷，南下前往勒宗维勒。第7胸甲骑兵团的团长曾这样描述这场惊心动魄的大冲锋：

> 我们杀穿了法军的第一个炮兵连，但该连还是有两门炮成功开火。炮兵连的连长及其所有部下都被我们砍翻。由于已经意识到自己有必要尽可能多地摧毁位于树林及马路（chaussée）之间的敌人，骑兵团冒着树林里敌军步兵发射的侧翼纵射火力，直接冲进了第二个炮兵连及一个步兵纵队中。而在该炮兵连的人员里，那些未能处在步兵庇护之下的人最后全被（我方）骑兵砍倒。根据冯·布雷多少将下达的指示，我们不能在第一条炮兵线列上停下来四处抓俘虏，而应立即对第二条炮兵线列发起冲锋。[10]

在勒宗维勒的北面，弗顿师已经重新集结完毕。巴赞命令他在来自瓦拉布利格（Valabrègue）的部队支援下，向普军发起反击。激烈而又混乱的交战接踵而至，到这场战斗的收尾阶段，布雷多的部队抄近路，穿过他们先前摧垮的法军炮兵线列，撤离了战场，并在弗拉维尼后方进行集结。全部800名参与此次骑兵大冲锋的士兵中共有400人不幸战死，但康罗贝尔的推进确实遭到了阻遏，普军受到的攻势压力也暂时得到缓解。冯·布雷多本人幸运逃生，当时的情形就如同第20步兵团的团史所记述那样：

Guard Corps: 近卫军
2 Div.: 第 2 师
4 Cav.Brg.: 第 4 骑兵旅
10 Hus.: 第 10 骠骑兵团
Zouaves: 祖阿夫团
1 R.: 第 1 步兵团
13 Cuir.: 第 13 胸甲骑兵团
9 Drg.: 第 9 龙骑兵团

1 G.Drg.: 第 1 近卫龙骑兵团
5 Che.: 第 5 (法军)猎骑兵
Chl.: 轻骑兵
Art.: 炮兵
Volt.: 腾跃兵部队

当天下午 4:00 至
5:00，交战双方军
队所在位置

德军
法军

* 正文中的同名军官皆为骑兵师师长（而非旅长），应是此处职位位置有误。

◎ 8 月 16 日，马斯拉图尔之战。

159

在这出大戏的明显影响下，战斗似乎暂时停止。这场狂野的骑兵冲锋得到了众人心神不宁的紧张瞩目。此刻，一群零散稀疏的胸甲骑兵经过我们据点，接着我们看见这支队伍的后方有一名高阶军官，很快便认出那人正是冯·布雷多将军，他们正遭受法军胸甲骑兵穷追不舍的追击。法国人几乎每时每刻都在这位将军的身后，而将军的马已经精疲力竭。他们一定会在很短时间内追上他，可就在此时，（我们第 20 步兵团下属）第 11 连的一位士兵突然冲上前来，朝着马上就要用剑砍翻将军的法军领头军官开了一枪。我们的士兵霎时间欢呼起来，法国人也悄然撤退了。[11]

就在布雷多所发起的这场冲锋期间，普军步兵已经确保了位于主干道北面高地边缘处一个更为坚固防御据点的安全。这场冲锋的影响力非常巨大，霍亨洛厄就曾这样表示：

这场八百骑兵对抗四万大军的冲锋不仅仅是第一流的英勇行为，在各方面都堪比任何一场新旧战争当中最为著名且最受人传颂的行为；而且以一次极其微小的牺牲，换取了重大到非同寻常的成功。因此，它绝不是像卡迪根的巴拉克拉瓦大冲锋那样的一次毫无目的的死亡之旅——虽说有许多批评家仍在试图证明这一点。[12]

与此同时，赞同阿尔文斯莱本有关法军位置的最初看法的腓特烈·卡尔亲王，也正在向北赶往战场的路上。他同样没有什么手段能影响事态的发展。接着，他于当天下午 4:00 左右抵达战场，并很快动身前往位于战线右翼的弗拉维尼。但接下来的严重威胁发生在战线另一端。

阿尔文斯莱本的左翼由冯·巴尔贝（von Barby）的第 11 骑兵旅负责掩护。当时，该旅正在观察布吕维勒① 及圣马塞尔两地的敌军动向。在一段时间里，法军对普军这一部分战线所采取的行动还仅限于（零星的）炮火攻击。但到

---

① Bruville，法国默尔特－摩泽尔省的一个市镇，位于该省中部，属于布里埃区。

◎ 弗罗萨尔将军，法国第 2 军军长，郝赛/《法德战争通史（1870—1871 年）》藏。

了当天下午 2:45，格伦尼耶（Grenier）带着拉德米洛麾下数个师所辖的先锋部队，从布吕维勒向前发起挺进，并逼迫巴尔贝朝特龙维勒方向撤退。在特龙维勒树林当中，负责防守这片树林的普军三个营所要面对的是拥有压倒性优势的敌军，并逐渐被敌军步兵猛烈的攻势压力及其密集的炮火支援逼退。为守住阿尔文斯莱本的左翼，他们退到了特龙维勒村。最后，当友军冯·克拉茨（von Kraatz）的第 20 师抵达现场时，这批守军在当地得到了最为重要的一批增援。福格茨 – 雷茨本人在收到自己的参谋长卡普里维不断发来的消息后（这位参谋长始终身处前线），亲自骑马来到自己那个军的前头；等到克拉茨抵达现场，最前者（福格茨 – 雷茨）又命令最后者（克拉茨）立即夺回特龙维勒矮树林。与此同时，为第 10 军指定的最初那条通向圣西莱尔的行进路线直接导致施瓦茨科彭（Schwartzkoppen）连同第 19 师突然改道，进军到了西面。直至当天下午时分，他的师才改变行军方向，随后施瓦茨科彭得以行进于通往马斯拉图尔的主干道上，于下午 3:30 左右抵达叙泽蒙[①]。下午 5:00 之后不久，他通过派出驻扎在布吕维勒高地上的第 38 旅这一方式，加入到了针对法军右翼的攻势中。除此之外，克拉茨师也重新占领特龙维勒树林。然而，这场攻势并没有如普军所愿落在法军右翼处，而是直接冲出了格伦尼耶的正面。由于没有任何炮兵支援，再加上部队相当出乎意料地冲进一座深谷里，陷入近 50 英尺[②] 深的地方，普军

---

① Suzemont，法国默尔特 – 摩泽尔省的一个市镇，属于布里埃区雅尔尼西地区孔夫朗县。

② 编者注：为准确表达数据，中文版保留了原书的英制单位。1 英尺等于 0.3048 米，50 英尺等于 15.24 米。下文出现该单位时，读者可自行换算。

的这场攻势很快就蒙受了灾难性的失败。法军随后发起反击，此时德意志军队的整个左翼都受到威胁。直到普军的另一波骑兵冲锋出现，整个局势才得到挽救：冯·奥尔斯瓦尔德（von Auerswald）的第 1 近卫龙骑兵团麾下三个中队以及第 2 近卫龙骑兵团麾下两个中队，奉命对不断推进的法军蔡西（Cissey）师下属部队发起一轮铤而走险的大冲锋。尽管普军骑兵在战斗中伤亡惨重[①]，但这一轮冲锋还是瓦解了法军的攻势，并让产生动摇的施瓦茨科彭麾下步兵得以脱离战斗。

与此同时，莱茵巴本正在亲自准备，让巴尔贝旅发起一轮攻势——而且是立即从马斯拉图尔以南发起推进。亲眼看见普军这一动向的拉德米洛为了保护自己的右翼，不得不出动六个骑兵团的兵力。就这样，交战双方一个团接着一个团的可用骑兵力量，被陆陆续续投入到了战斗当中。双方再度承受惨重伤亡，其中（正副）团级指挥官的伤亡尤为突出。巴尔贝在马斯拉图尔西侧进行了移动。他所发起这一轮突击的主要影响当即在伊罗讷河畔维尔[②] 以东显现。在偶然从西北方到达此处的冯·特罗塔（von Trotha）上尉指挥的单个龙骑兵中队援助之下，德意志人的骑兵最终取得胜利。这一场战斗，正如后来的官史所形容那样，是"整场战争当中最为重要的一次骑兵交锋"。[13] 此役对于士气的影响甚至还要更大：拉德米洛直接放弃一切包抄德意志人左翼的意图，并因此决定采取守势；与此同时，福格茨 – 雷茨为了毫无疑问地保住阵地，直接选择加强自己设在特龙维勒及马斯拉图尔之间高地上的防线。

然而，在德意志人的右翼，双方的战斗一直持续到晚上。此刻的巴赞仍然断定，老毛奇正试图包抄自己的左翼，并威胁自己同梅斯要塞之间的联系；为此，他让弗罗萨尔及康罗贝尔身后的大量援军发起挺进，使手头可用的额外兵力在奥尼农树林（Bois des Ognons）的正对面集结。因戈本及曼施坦因两军抵达战场而得到大量援军的腓特烈·卡尔亲王亲自下令，对勒宗维勒发起最后一轮猛攻；而巴赞早已在当地布置下了一条多达 54 门火炮的强大炮兵线列，他

---

① 其中甚至包括首相奥托·冯·俾斯麦的儿子赫伯特·俾斯麦（Herbert Bismarck），他的大腿在此次战斗中负了伤。

② Ville sur Yron，法国默尔特 – 摩泽尔省的一个市镇，属于布里埃区雅尔尼西地区孔夫朗县。

◎ 马斯拉图尔战役期间的普鲁士炮兵，诺泰尔绘，施伯特藏。

们同德意志炮兵之间的激烈对决一直持续到当天深夜。随着暮色降临，曼施坦因的部队向前发起挺进，并在漆黑的夜色中将法军赶回勒宗维勒；尽管后来普军用两个骑兵旅直接瓦解位于勒宗维勒正面的一座法军步兵阵地，但也为此付出了极其惨痛的伤亡代价。腓特烈·卡尔亲王同样命令福格茨－雷茨向法军左翼发起新一轮攻势，不过考虑到他的军此刻早已处于精疲力竭的状态，这显然是完全不可能的。到当天夜间 9:00，战役接近尾声："从当天早上 9:00 起，死神就在这片广袤的土地上获得了如此可怕的丰收（收割了如此多的生命）；而现在，深深的寂静却又笼罩着这片广袤的土地。炎热的夏季白昼过后是一个凉爽的夜晚，（普军的）战士们则在付出了近乎超人般的努力后，在自己的露营地里短暂休息了一下。"[14] 在这场战斗中，法军的整个战斗序列损失约 17000 人，德意志人的损失也超过 16000 人（占其总兵力的近四分之一）。但巴赞的撤退行动已经遭到阻遏，并且随着腓特烈·卡尔亲王集团军的余部开始向北移动，法军任何想要在向南通往凡尔登的道路上恢复进军的尝试，从此刻起都已经成为不可能。

直到当天结束时一直凭着自身的英勇无畏而表现突出的巴赞不得不重返格拉沃洛特的旅馆，并重新思考自己的处境。他在这一整天里始终高估了同自

◎ 齐滕骠骑兵团（即普鲁士第 3 骠骑兵团，因腓特烈大帝时代的普鲁士骑兵名将汉斯·约阿希姆·冯·齐滕曾任该团团长而得名），普夫卢克－哈通藏。

己立即进行对抗的敌军的兵力规模。任何想要在第二天沿着马斯拉图尔一线重开战端的想法，对于他来说都只有极为渺茫的（取胜）可能。他那早已精疲力竭的部队此刻也混作一团，直接在战场上扎起了营。对于他的许多参谋来说，这一天似乎是一场相当可观的胜利。但巴赞本人并不认同这种看法，他如此说道："我们当前的处境可是一点都不妙。"晚餐过后，疲惫不堪的他又准备好了关于第二天的命令。在他的参谋长亚拉斯看来，（下达命令时的）他几乎就要睡着了。他向皇帝发出一封有关此次战役的报告，表示自己正在向梅斯城撤退，以补充弹药及补给品，并且目前很有可能选择北面的道路。而巴赞发布的命令当然也全都是（要求部队）朝要塞方向撤退："弹药的巨量消耗依然在发生，再加上我们已有多天没能收到补给品这一事实——这一切都导致我们无法继续进行此前早就开始的进军。因此，我们必须立即撤退至普拉普维尔① 高原。"15

---

① Plappeville，法国摩泽尔省的一个市镇，属于梅斯区和蒙蒂尼莱梅斯县。

就在他口述完自己这一命令时，他又突然告诉自己的参谋们："如果你们中的任何人有更好的解决办法，那就尽管说出来吧。"[16] 不过，由于梅斯似乎能为整支军队提供暂时的安全庇护，因此没有任何人表示反对。

德意志人因为这场战役取得了极为明显的战略优势，而这一切都要归功于普军顽强的意志，以及对于战场局势的清醒认知。普方首先需要感谢的是阿尔文斯莱本，其次是福格茨-雷茨，最后是广大官兵的勇气及献身精神——这一切都使普军最终能够将自己的意志强加到敌军身上。阿尔文斯莱本辨别出了自己对于这场战役所做出贡献的关键点："（阿尔文斯莱本）就好比病人在病危将逝的时候陪在他床边的医生，而在这场战役当中，这位'病人'就是从维翁维尔通往马斯拉图尔的公路。"[17] 按照官史的记述，腓特烈·卡尔亲王所下令发起的几场收尾攻势向敌军展示了"普鲁士人既有足够的能力，也有坚定的意志在这场尚未决出胜负的战争中取得胜利"。[18] 在多年后撰写战史时，老毛奇并没有对腓特烈·卡尔亲王（在当时发挥的作用）抱有这般积极有利的看法——确切地说，他从未对亲王有过特别高的评价：

很明显，向一支兵力仍旧远超德意志人的敌军部队重新发起数场攻势是件非常不明智的事情。此举……势必会危及我们在付出了如此惨痛的代价后才取得的胜利……尽管对于这些情况都有所考虑，腓特烈·卡尔亲王的指挥部还是于当天 7:00 下达一条命令，要求对敌军的各处据点重新发起一轮总攻。[19]

或许老毛奇此刻是在放纵自己对于红亲王[①]的个人厌恶情绪，就如同福布斯所想的那样；但事后看来，第 2 集团军在这几轮新发起的攻势中收获甚微，因为巴赞当时早已笃定，自己必须立即撤退以挽救整个法国军队（而不是亲王的攻势迫使他改变主意，选择撤退）；即便拉德米洛后来声称，当时的自己急于对福格茨-雷茨发起新一轮的攻势，他也不太可能真正做到这一点。

老毛奇早在当天上午，就已经将自己的指挥部搬往蓬塔穆松，并于当天

---

① Red Prince，由于腓特烈·卡尔亲王身兼勃兰登堡第 3 骠骑兵团的名誉团长，而该骑兵团的上半身制服是一片大红色，这使得长期穿戴该团制服的亲王有了"红亲王"或"血亲王"的绰号。

下午抵达该地。他一到这里就收到了第一批有关马斯拉图尔之战的报告。然而（收到的时候）实在是太晚了，老毛奇根本无法及时抵达战场，并对战役的最终结果产生任何影响；此外，正如韦尔迪记述的那样，无论如何，"普军所做出的任何安排都完全处在腓特烈·卡尔亲王的管辖之下，毕竟他才是身处现场的人（比其他人更有资格做决定）"。[20] 因此，老毛奇不得不满足于研究那一堆送到他指挥部的战报，而这些战报又全都表明当时的战斗极其激烈，部队伤亡惨重。根据自己收到的第一批情报，老毛奇于当天下午 5:00 断定自己对于战场形势已经足够清楚，于是命令施坦因梅茨，让他麾下两个当前可用的军迅速渡过第 11 军身后的摩泽尔河："以便把敌人从沙隆及巴黎两地逼退至北面……第 8 军及第 7 军的下一步行进方向必须经过第 1 集团军总指挥部的规划，除尽可能快地接触敌人之外，再无别的战略考量。"当然，考虑到近期的经历，他补充说："为了下一步的推进行动，恢复两个集团军部署的相应指挥权将由（王家）总指挥部保留。"[21] 然而，当时非常明显的是，法军的撤退行动已经遭到拦截；但要一直等到布隆萨特归来，并"以从不轻易放弃的冷静自制力汇报了此次战役的细节"之后，（老毛奇和总参谋部的）众人才对总体情况有了一个较为清晰的认知。[22]

而近期一份关于此役的研究报告则断定，当天是这样的一个日子：

当时的法军确实有机会击败——确切地说应是摧毁德意志战争机器的主要构成部分，并充分利用好自身的逃脱行动。这一点是否会影响到战争的最终进程一直以来都是一个相当值得探讨的问题。但毋庸置疑的是，这场战争乃至整个欧洲的未来，都已经在 1870 年 8 月 16 日的马斯拉图尔战场上被彻底决定下来了。[23]

巴赞在当天早些时候未能对位于自己正对面，兵力仍旧相对薄弱的德意志部队采取行动，这一失误确实导致他错失了让集团军脱身的机会。正如阿斯科利上校指出的那样，巴赞的真实意图直到他于 8 月 16 日夜间郁闷地准备命令时仍然不算明朗，这是因为他于 1871 年向调查委员会所给出的自己将"通过在自己认为坚不可摧的阵地上进行一场或两场防御战"来挫败敌人的说辞，与他向军事法庭提供"当时的自己实际上试图为沙隆集团军的部署争取时间"[24]这一证据不相符。而且非常讽刺的是，后者（沙隆集团军）在之后所遭遇的命运正是为了营救巴赞（有所尝试），而毁灭了自身。

注释：

1. H. 冯·毛奇元帅著，《毛奇元帅的军事通讯文集 1870—1871》，第 94 页。

2. 冯·佩莱特－纳博尼将军著，《服役中的骑兵》，第 30 页。

3. 理查德·霍尔姆斯著，《通往色当之路》，第 62 页。

4. 尤利乌斯·冯·韦尔迪·韦尔努瓦将军著，《与王家总指挥部同行 1870—1871》，第 70 页。

5. 冯·佩莱特－纳博尼将军著，《服役中的骑兵》，第 319—320 页。

6. H. 冯·毛奇元帅著，《毛奇元帅的军事通讯文集 1870—1871》，第 95 页。

7. 博涅中校著，《1870 年的法军骑兵》（堪萨斯 1896 年出版），出自《两次世界大战中的骑兵研究》，第 44 页。

8. 德国官方文献，《法德战争 1870—1871》，第一卷，第 373 页。

9. 同上书，附录 19，第 125 页。

10. 凯勒尔少校著，《维永维尔—马斯拉图尔会战中的德军骑兵》，出自《两次世界大战中的骑兵研究》，第 170 页。

11. E. 伍德爵士 & 元帅著，《骑兵的成就》（伦敦 1897 年出版），第 232 页。

12. 霍亨洛厄－英格尔芬根亲王克拉夫特著，《论骑兵的书信》（伦敦 1897 年出版），第 26 页。

13. 德国官方文献，《法德战争 1870—1871》，第一卷，第 412 页。

14. 同上书，第 412 页。

15. F. 赫尼希著，《毛奇战略的 24 小时》（伍利奇 1895 年出版），第 22 页。

16. P. 盖达拉著，《两名元帅》（伦敦 1943 年出版），第 186 页。

17. W. 麦克尔维著，《从滑铁卢到蒙斯的战争艺术》（伦敦 1974 年出版），第 67 页。

18. 德国官方文献，《法德战争 1870—1871》，第一卷，第 418 页。

19. H. 冯·毛奇元帅著，《法德战争 1870—1871》，第 45 页。

20. 尤利乌斯·冯·韦尔迪·韦尔努瓦将军著，《与王家总指挥部同行 1870—1871》，第 71 页。

21. H. 冯·毛奇元帅著，《毛奇元帅的军事通讯文集 1870—1871》，第 96 页。

22. 尤利乌斯·冯·韦尔迪·韦尔努瓦将军著，《与王家总指挥部同行 1870—1871》，第 72 页。

23. D. 阿斯科利著，《一天的战斗：1870 年 8 月 16 日马斯拉图尔》，第 339 页。

24. 同上书，第 213 页。

格拉沃洛特

　　在重新审视过布隆萨特为身处蓬塔穆松的自己带回来的情报后，老毛奇清楚地意识到，局势的发展给他带来了一个前所未有的"庞大"机会，这个机会足以迫使巴赞无法挽回地偏离他原定前往凡尔登及沙隆的路线。老毛奇并不害怕重新发起战斗导致的结果，并在写给位于第 2 集团军指挥部的施蒂勒的一封信中明确指出："第 3 军正面的兵力越多，那么明天我们在对抗敌人时的胜算就会越大——届时，我们手头可用的兵力将会有第 10、第 3、第 9、第 8、第 7 军，可能的话还包括第 13 军。"[1]

　　对于总参谋部来说，当前重要的是让老毛奇本人到前线亲自视察一下情况。因此，就在 8 月 17 日早间，国王连同老毛奇，以及其余参谋等人从蓬塔穆松出发向北骑行，于当天早上 6:00 左右抵达弗拉维尼。之后，他们便在这里待到当天结束，同参与了前一天战斗的部队保持着密切联系。就在老毛奇沿着勒宗维勒公路向北骑行的过程中，韦尔迪始终陪伴在他的身边：

　　空气焦灼滚烫，地面僵硬无比，昨日血腥战斗留下的痕迹四处可见。同我们最近的一座村庄，直到夜间（或许是一大早）才被法军疏散。而在村庄之外与梅斯城相平行的一条山脉上，（我方）可以清楚地看到一排排白色的轻帐篷（法语为 tentes-d'abri）——显然，它们意味着一支规模庞大的法军部队的存在。[2]

老毛奇同走在自己的军前头的戈本商讨了一番，但很明显的是，此时的他们已无法再采取什么措施，将当天的战斗持续下去；同时，法国人也不再打算采取攻势行动。当时天气晴朗干燥。韦尔迪记录称，整个指挥部的工作人员并没有足够多的食物，其中有许多人在酷热中变得心力交悴。俄国武官库图索夫伯爵（Count Kutusov）便是其中之一，他在精疲力竭之后躺倒睡下，结果被两名普军工兵误以为是一具法国军官的尸体而被带走，而且这两名工兵准备直接将其埋葬。在布隆萨特及韦尔迪感到自己有必要干预之前，这一幕将这两个人乐坏了。

普军侦察工作在当天的匮乏，或许可以归咎于德意志骑兵早已精疲力竭的身心状态。无论如何，巴赞还是能在不受德意志巡逻队密切监视的情况下，迅速中止与敌军的交火（德意志军队战线的西端除外），他所撤往的位置也并没有在德意志人的侦察行动面前立即显现出来。然而非常明显的是，当时的他正在返回梅斯，这使得老毛奇毫不费力地断定，第 2 集团军应当以第 1 集团军为枢轴，进行大幅度的转向机动，先是向北，接着再朝西北方向进军，以追击后撤中的法军。韦尔迪表示，此刻的老毛奇急于在 8 月 17 日这一天，同法军重开战端。由于巴赞发起的行动将自己的军队多多少少地布置到了老毛奇所期望的地方，因此，这一观点在普军中普遍不受信任；同时，老毛奇在刚抵达战场时，并没有采取手段同敌人重新建立接触，而是明确地禁止施坦因梅茨发起任何进攻性的行动。无论如何，"法军应该于翌日遭到攻击"的决策是在当天中午之前做出的；此外，这一命令早在当天下午 2:00 就已经被传达出去。发布这道命令的时间点引发了相当多的讨论：赫尼希（Hönig）就曾特别指出，老毛奇之所以在这个时间点发布这条命令，很大程度上是因为国王年事已高——他从当天早上 6:00 起便已身处战场，而且在此之前骑马从蓬塔穆松出发，经过一段漫长的旅途之后赶到这里；同时，他还提议再骑马返回那里（蓬塔穆松）过夜。话虽如此，尽管赫尼希对如此之快地下达命令的原因持批评态度（虽说表达得相当委婉），但他还是观察到："在其他任何一种情况下，老毛奇的伟大构想都未曾像这般在命令中如此清晰地表达出来。"[3] 这道下达于当天下午 1:45 的命令详细内容如下：

第 2 集团军将于明天，也就是 18 日的早上 5:00 出动，呈纵队（从战线左翼开始）在耶隆河（Yron）及戈尔兹两地的溪流之间发起推进（粗略地说就是在伊罗讷河畔维尔及勒宗维勒之间发起推进）。第 8 军也会加入到第 2 集团军右翼的这一运动中。第 7 军的任务首先是确保第 2 集团军的行动不受可能来自梅斯方向敌军活动的影响。国王陛下的下一步决策取决于敌人所采取的措施。而呈交给国王陛下的报告，则将被暂时送往弗拉维尼以南的高地处。[4]

就在下达这一命令的时候，老毛奇当然知道法军正在途经格拉沃洛特，撤离勒宗维勒。而那些从更北面，超出指挥部视线范围的地方传回来的报告则都是自相矛盾的。尽管这些报告指出法军正在朝韦尔内维尔[①]方向撤退，但他们不能给出法军在该地区以外那些行动的迹象；同时，老毛奇本人也承认了法军有可能"通过埃坦[②]及布里埃[③]方向这两条仍处于开放状态的道路进行撤退"[5]，作为"在梅斯集中兵力"这一方案的替代。他判断，法军可能会采取这一方针完全基于这样的想法：在梅斯城集结兵力从战略层面来看很有可能是错误的。

按照赫尼希的观点，老毛奇这一命令是故意表现得很不准确的。它并没有明确给出法军可能的位置，没有给腓特烈·卡尔亲王安排任何战役目标，没有对骑兵部队的运用作出任何指示。而且最重要的是，它是直接给第 1 集团军的两个军下达命令，却没有为这一不寻常举动（跳过集团军一级的指挥部，直接命令军一级指挥部）给出任何理由（尽管到目前为止，老毛奇对于第 1 集团军总指挥施坦因梅茨的不信任已是极为严重）。而在另一方面，它又保证了德意志人的军队将发起推进，他们那暴露在外的右翼此刻正被施坦因梅茨掩护着，无论法军采取什么样的实际部署都能从容应对。老毛奇能看到的是，法军在 8 月 16 日之后的撤退行动极大地加强了他自己的战略地位，但他的集团

---

① Verneville，法国摩泽尔省的一个市镇，位于该省西部，属于梅斯区。

② Étain，法国默兹省的一个市镇，位于该省东北部，属于凡尔登区。

③ Briey，又译作"勃利耶"，法国大东部大区默尔特－摩泽尔省的一个市镇，属于布里埃区和布里埃地区县。

◎ 腓特烈·卡尔亲王，德意志第 2 集团军总指挥，普夫卢克 - 哈通藏。

军指挥官能否像他这般清楚地看到这一点是相当可疑的，而他们（这些指挥官）在 8 月 18 日所做出的行动决策，也绝对不是因为老毛奇本人的意图或是形势提出的要求。

施坦因梅茨被这道命令大大地激怒了，因为它以"欠缺考虑"为由，直接剥夺了他对于自己集团军多达三分之二兵力的直接控制权，同时还想要他表现得这件事打一开始就没有发生过那样。[6] 而这一恼怒情绪对于他第二天做出的冲动行为没有带来任何有益影响。不管怎样，仍处在气头上的施坦因梅茨于 8 月 17 日夜间发出报告，称自己先前命令麾下全部三个军发起行动，就是为了应对他自己认为的"来自摩泽尔河谷方向，可能会对第 7 军造成影响的威胁"。老毛奇对此没有哪怕一丝认同，他于翌日凌晨 4:00 给出的坚定答复进一步加强了他先前作出的指示，更进一步的直接命令将会在步入战场的那一天直接下达。他解释称，假如"敌军直接退入梅斯城中，我们的集团军将会做一个右翼转向机动（对其侧翼实施包抄）。如有需要，第 2 集团军的第二线列将会为第 1 集团军提供直接支援"。[7] 发出这道命令后，老毛奇便从蓬塔穆松出发了。

无论如何，当德意志人向前挺进时，施坦因梅茨并没有待在正确的位置上，作为推进行动的支点。8 月 17 日，依旧沉浸于"来自摩泽尔河谷方向上的威胁"这一观念的他，没有命令第 7 军向格拉沃洛特发起推进行动，反而直接将该军留在了狭窄的芒斯① 山谷当中。第二天早晨，仍然在生闷气的他直到当天上午 8:00，才在格拉沃洛特西南面的高原上现身。而在另一方面，腓特烈·卡尔亲王早在 8 月 18 日上午 5:30，就已经骑马离开马斯拉图尔，且非

---

① Mance，法国默尔特 - 摩泽尔省的一个市镇，属于布里埃区布里埃县。

常肯定法军已经北上，朝孔夫朗（Conflans）方向移动：只有在确信自己并未遭到敌军紧密追击的情况下，法军才有可能这么做。因此，亲王的目标仅仅是集中大量兵力向北发起进军，而不是排起长长的纵队，然后再决定"第2集团军是否有必要做一个右转或左转机动"。[8] 然而，他获得的有关敌军动向情报的质量并没有因先前所做出"让骑兵主力留守在后方"的决定而得到保障。他也没有通过将近卫军从最左端拉到战线中央的方式来改善情况；由于第12军正在通过马斯拉图尔向北移动，因此，集团军直接推迟了近卫军的进军。后来，老毛奇对于这一举动提出相当不准确且不公正的批评。而在最靠近法军阵地的第2集团军右翼，第11军发起了推进；与此同时，第3及第10军紧随其后。第2军则是从更远的地方赶来，将在当天稍晚些时候参与战斗。这又是一个晴朗的日子，天空无云，能见度很高。到当天中午，气温已上升至86华氏度。从蓬塔穆松动身出发的普鲁士王家总指挥部人员，于当天早晨6:00抵达弗拉维尼。当时，韦尔迪很有可能并未睡过头，但令他感到恐惧的是，在自己醒过来时，竟发现参谋人员所占用的地方是出奇的安静。当他开始惊慌失措的时候，他遇到位于一辆马车上的施托施，随后便跟随后者，赶在抵达战场前追上了总指挥部的其余人员。他们占据了一处同腓特烈·卡尔亲王的指挥部相距不远的位置，并能通过此处，在维翁维尔后方一棵高大的白杨树下，清楚地看见他们（亲王所辖部队）的左翼。[9] 从这里（总指挥部人员所在位置）眺望东面，可以看见部署在莫斯考（Moscou）及莱比锡（Leipzig）农庄之间高地上的法军炮兵连。然而，将王家总指挥部的位置定在弗拉维尼南面的高地上远不是一个理想选择。但韦尔迪辩护称："它（这处高地）提供了足够好的视野，能让我们至少在一段时间之内控制住整个部队的行动。"[10] 不过，说话更加中肯的赫尼希，对此持有更加严厉的批评态度："首先，德意志人的指挥部离战场实在太远；其次，他们抵达的时间实在太晚；接着，他们又将自己部署到了友军一处侧翼的后方（从而无法全面了解亲王的部队）——这只是最不重要的两个原因之一；另外，他们距离火线又太近，并最终犯下了最为糟糕的过错——'指挥'部队的行动，而不是'指示'部队。"[11] 按照老毛奇的辩词，他这一整天的心思都是为了时刻紧紧盯住施坦因梅茨。但非常不幸的是，即便是老毛奇再加上王家总指挥部的大量人员一并抵近战场，他们照样没能对施坦因梅茨

173

的战斗进程产生多少影响。老毛奇本人一直对王家总指挥部的规模颇有微词，对于罗恩及其部下（出现在总指挥部这一现象）特别发表了评论。他将战争部的责任总结为："在和平时期负责陆军的行政管理。因此，到战时，（该部）在国内依旧留有一定数量的文职管理人员，只准许通过一个中心点对他们实施领导。总的来说，战争部不应隶属于总指挥部之下，而应留在柏林。"[12]

眼看着这些部队发起挺进，老毛奇的总参谋部里有几位关键成员同他本人都产生了这么一种想法：今天将会是决定性的一天。这不仅仅是因为交战双方的军队已经扭转自己的正面，而且此战的结果很可能会让败者处于极度不利的境地。但对于另一边的法军而言，有一种（与普军的乐观想法）截然不同的精神占了上风。在占据一个非常坚固的据点后，此刻法军所期望的却仅仅是打一场成功的防御战，据此可以得出结论：法军此前就有的大多数问题到目前仍然存在。尽管如此，己方据点的（庞大规模）兵力还是毫无疑问地鼓舞了他们。在法军战线南面，第 2 军（军长为弗罗萨尔）部署于破晓角（Point du Jour）、圣休伯特（St. Hubert），以及莫斯考三地周围；位于其右翼不远处的是勒伯夫第 3 军，其战线一路延伸至蒙蒂尼拉格喜（Montigny la Grange）；随后，拉德米洛连同第 4 军抵达阿芒维莱尔[①]周围；最后，康罗贝尔的第 6 军部署在圣普里瓦[②]周围。其中，后两个军所占据的位置有着比南面那几个军（所处位置）更加开阔的火力带。但非常不幸的是，尽管他们身处的位置朝预期的进攻方向倾斜了一个较为平缓的坡度，可防御工事构筑得并不是特别全面——哪怕巴赞曾事先警告康罗贝尔，要求他"应该尽可能地加强巩固"自己的据点。而这也将成为一个足以让他们在当天稍晚些时候后悔不已的致命疏忽。

因此，巴赞的下属们在法军总体部署中留下了一个带有重大缺陷的位置，但由于（法军的位置）在战术层面上选择得相当好，这使得巴赞显然不想干涉他们在后续战斗中的决策进程。他将自己的预备兵力，即布尔巴基的近卫军派到普拉普维尔，以加强自己的左翼，这进一步反映出了他断定老毛奇意图将自己驱逐出梅斯城的焦虑心理。因此，康罗贝尔军那位于圣普里瓦北面，完全

---

① Amanvillers，法国摩泽尔省的一个市镇，属于梅斯康帕涅区马朗格西尔旺格县。

② St. Privat，法国科雷兹省的一个市镇，位于该省东南部，属于蒂勒区。

Ⅲ rd Corps: 第3军　　　　　　3 G.Cav.: 第3近卫骑兵团　　　2 G.lan: 第2近卫枪骑兵团
5 Cav.Div.: 第5骑兵师　　　　7 G.Rif.: 第7近卫猎兵营　　　7 l.: 第7枪骑兵团（疑似）
46 Brig: 第46旅　　　　　　13 Rif.: 第13猎兵营　　　　　4 Drg.: 第4龙骑兵团
5 G.G.: 第5近卫掷弹兵团　　　1 Cav.: 第1骑兵团　　　　　1 G.F.Rg.: 第1近卫燧发枪兵团
2 G.H.: 第2近卫骠骑兵团　　　5 G.: 第5近卫步兵团

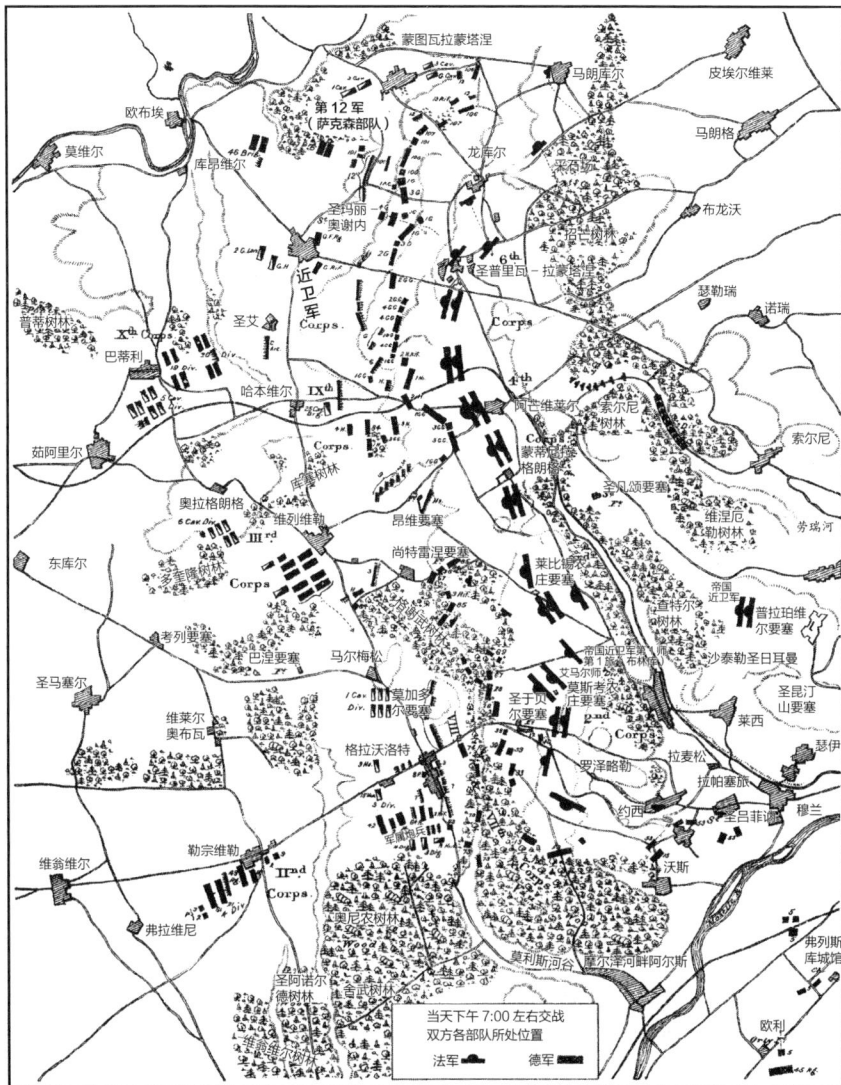

◎ 8月18日，格拉沃洛特战役。

175

暴露在外的薄弱右翼未能得到任何掩护。

巴赞此时的思想仍被"梅斯要塞似乎能承担起确保法军安全这一重任"的想法所完全支配。正是同这一力量来源（防御力强大的梅斯要塞）的联系，才直接决定了他在维翁维尔—马斯拉图尔之战结束后的撤退目标。一方面，他已决心不能与梅斯城失去联系；而在另一方面，他又急于占据一处"能给予自己一些在日后重新获得行动自由的希望"的位置。除此之外，他似乎已再没有别的行动计划。他的参谋长亚拉斯认为，他只是单纯地在等待一次（偶然出现的）机遇，能让他同时达成两个目标。但正如赫尼希指出的那样，问题在于巴赞只有在确保自己右翼不被击败的情况下，才能同时达成这两个目标，而他的最初部署过分强调左翼以及保护自己同梅斯之间的联系，以至于他的其他目标都注定无法得到实现。[13] 对于从自己的侧翼位置向德意志人的进军线发起反击的可能，巴赞并没有表现出多少兴趣。当勒伯夫报告称，腓特烈·卡尔的第 2 集团军正在自己的正面发起北进行动时（普军这一动向所扬起的遮天尘土，到当天上午 9:00 甚至都能从法军据点处用肉眼目击到），他似乎一刻都没有产生过发起挺进行动的想法。

几个小时以来，德意志军队的部署工作在未受任何干扰的情况下顺利且持续地进行着。战争双方唯一的敌对迹象是第 1 集团军正面持续不断的前哨活动；此外，普鲁士王家总指挥部对于法军意图的不确定状态一直持续到了当天上午 9:30。[14] 当时对于梅斯方向高地上法军部队的观察表明，他们可能是在向北移动，或是朝着布里埃，而老毛奇本人也是这样通知腓特烈·卡尔亲王的。[15] 与此同时，曼施坦因的第 9 军开始准备穿越韦尔内维尔，发起推进。然而，后来的形势十分清楚地表明，法军在第 1 集团军的正面仍旧保留有规模极其庞大的兵力。到当天上午 10:30，老毛奇断定，法军的意图是在破晓角及蒙蒂尼拉格喜之间站稳脚跟（组织防御），并进行一场（防御性质的）战斗；为此，他命令腓特烈·卡尔亲王，让他自己的左翼（由第 12 军及近卫军构成）向巴蒂利①移动，并准备部署在该地，以防法军恢复向布里埃的移动或直接攻击阿芒维莱

---

① Batilly，法国默尔特－摩泽尔省的一个市镇，属于布里埃区奥梅库尔县。

尔。[16] 这道命令充分考虑了两个集团军同时发起突击的可能；此外，该命令还因为老毛奇亲自将其传达给施坦因梅茨的参谋长施佩林，而得到进一步证实。当然，在上午 10:30 下达的这道命令显然是错误的，因为它假定的是普军可以通过向阿芒莱尔移动的方式，来包抄法军右翼。随着前线传来的报告表明法军右翼早已延伸到那个地方之外，腓特烈·卡尔亲王当即于 11:30 尝试推迟曼施坦因第 9 军的攻势，直至第 12 军及近卫军陆续就位（然后再发起行动）。但他的行动实在太晚了。曼施坦因的炮兵按照先前收到的命令发起行动，同时还受奇袭法军这一宝贵机会的诱惑，最终在当天中午之前不久发起战役，对韦尔内维尔以东的法军阵地发动炮击。尽管事实早已证明，普军无法从韦尔内维尔奇袭法军的右翼（因为这一侧翼已经延伸到战场北面），但曼施坦因还是义无反顾地采取了这一行动：这个战术机会实在是太好太难得，根本就不容他主动错过。而曼施坦因的炮兵一开火射击，老毛奇便立即向施坦因梅茨发出一次严厉警告："我们现在所听到的战斗仅仅是韦尔内维尔正面的一场局部交火而已，这并不意味着要求第 1 集团军发起一轮总攻。因此，不应（在敌军面前）展现出大量兵力，而应该让炮兵为后续的进攻做好准备。"[17]

曼施坦因的这一决定是极其错误的。他的攻势主要落在拉德米洛第 4 军，以及勒伯夫第 3 军的右翼部队身上。其中，最后者主要是在高原顶部构筑防御工事，同时将一支部队向前推进到了哲尼武树林（Bois de Genivaux）。而第 4 军并没有构筑堑壕工事，也没有抓住机会，将自己正面的农庄要塞化。[18] 尽管这次攻击毫无疑问地出乎法军意料，但拉德米洛很快便回过神，让自己的步兵发起挺进，并将炮兵迅速投入到战斗当中。因此，曼施坦因的炮兵很快就发现自己处于一个极度暴露的位置上，并由于法军的炮兵火力及散兵线的步枪火力而开始蒙受惨重伤亡。即便第 18 师及第 25 师的步兵陆续赶至战场，由法军实施反扑所带来的压力仍然未被减弱，而普军的推进也随之迅速陷入停滞状态——法军充分利用了自身所占据点带给他们的宽阔火力带，以及远胜普军德莱赛击针枪的夏塞波步枪的优势射程。第 18 师随后分散自身兵力，让三个营的前卫部队向着位于哲尼武树林边缘的尚特伦（Chantrenne）农庄发起挺进；后续的三个营则奉命支援坚守于库塞树林（Bois de la Cusse）的山嘴处，严重暴露在敌军火力之下的炮兵部队。事实上，这支部队随后便被驱逐入树林的庇护当中，且无论如何都已来不及阻止一整个德意志炮兵连被法军步兵的突击行动摧毁。而在这场战斗中，法军的一个"球球炮"（机枪）连所发射出的毁灭性弹幕，还给普军的人马造成极为惨重的伤亡：只有两门火炮被救下来。然而，法军在一段时间内又控制住了剩下的几门火炮——虽说他们在这之后只能带走其中的两门，而另外两门也都在当天稍晚些时候被普军夺回。当曼施坦因终于能将第 25 师投入战斗时，该师同样直接攻入了库塞树林当中。其炮兵部队占据一处位于铁道线两侧的位置，直接截断道路，并集中火力猛轰圣普里瓦，但该师的步兵部队暂时还是无法拿下敌人的阵地。

与此同时，事实证明老毛奇向施坦因梅茨下达的禁令根本就不能起到什么作用。先发起行动的是戈本，他的部队当时在维莱尔奥布瓦①及勒宗维勒周围。他自前一天下午 2:00 起，就已经被第 1 集团军分派出去，一听到北面传来的炮火声，便在此刻将第 8 军投入战斗。戈本在整场战役期间始终保持独立，事实上他也并没有从（集团军）指挥部收到任何进一步的命令。

中午 12:15 时，戈本命令自己的第 15 师，从维莱尔奥布瓦移动至曼斯河谷内一处为后续进军行动做准备的出发位置（jumping off position）。到 12:30，施坦因梅茨已经无法克制自己，直接命令扎斯特罗的第 7 军所辖炮兵开火射击。这些炮兵随即在格拉沃洛特公路南面构筑了一条炮兵线列，并借助戈本的炮兵部队，将这条线列一路延伸至北面。这支聚合于一处的强大炮兵力量先是在一个距离目标约 2500 ~ 3000 码的位置上，后来又在一个相较而言距离敌人更近的位置上，直接压制住了法军炮兵：因为在这个射程内，法军的火炮无论如何都是不能起到什么作用的。因此，德意志的炮兵能让友军步兵在基本不受干扰的情况下，完成突击行动的准备工作。在这里，笔者希望为施坦因梅茨说一句公道话：单纯就他对于火炮的运用而言，这其实完全符合老毛奇下达的指示，但他（后者）在无意之间就对这件事置之不理了。

遭到第 7 军及第 8 军攻击的法军据点拥有相当强大的天然（地形）防御力，此处高出曼斯河谷的河床约 200 ~ 300 英尺，且整个防御据点额外进行了

---

① Villers aux Bois，法国马恩省的一个市镇，属于埃佩尔奈区阿维兹县。

◎ 冯·弗兰泽基将军，德意志第 2 军军长，郝赛 /《法德战争通史（1870—1871 年）》藏。

人为改造。其关键节点是莫斯考及破晓角的要塞化农庄，两地之间还有一整套堑壕体系相连。而在这些设施的正面，且横跨曼斯河谷桥梁旁边的则是设有围墙的圣休伯特农庄。法军的右翼由勒伯夫第 3 军负责防守，其战线一路延伸至拉佛丽（La Folie），而这里的部队已经同普军曼施坦因部发生交火。勒伯夫的左翼部队由梅特曼（Metman）师及艾马尔（Aymard）师构成。而位于他左翼不远处的是弗罗萨尔军麾下的沃尔捷师，随后到来的巴斯托尔（Bastoul）师则被部署到了破晓角的东南面（至于拉武古佩师，该部早已被派去成防梅斯城）。最后，巴赞以部署在罗泽略勒[①]—圣吕菲讷[②]—穆兰[③]一线上的第 5 军麾下拉帕塞（Lapasset）旅，防守自己的战线最左端。

普方第 15 师的攻势从一开始就遭到连接着哲尼武树林及沃斯树林（Bois de Vaux）两地的一片树林阻挡，而且这片树林的边缘处已被法军占领。但在战线右翼，冯·韦德尔（von Wedell）的第 29 旅并没有被阻挡太长时间：到当天下午 2:00，该部便已将法军逐出破晓角正对面的那片树林。然而在普军战线左翼，冯·斯特鲁堡（von Strübberg）的第 30 旅（所实施攻势）面对了更大的困难，在付出大量时间和伤亡之后才最终穿过树林，并一路推进至通向圣休伯特的斜坡上。截至目前，普军共有 116 门火炮投入到战斗当中，位于这些炮

① Rozerieulles，法国摩泽尔省的一个市镇，属于梅斯区和摩泽尔丘县。

② Ste Ruffine，法国摩泽尔省的一个市镇，属于梅斯区和摩泽尔丘县。

③ Moulins，法国奥弗涅 – 罗纳 – 阿尔卑斯大区阿列省的一个市镇和该省的省会，位于阿列河右岸。

兵身后的德意志步兵随后发起挺进，同敌军主动交战。普军的这支炮兵力量让圣休伯特的守军（火炮）静默了相当长一段时间，这足以让友军步兵在当天下午 3:00 左右，以一轮冲击行动顺利拿下这座农庄。而在战场更右面，位于圣休伯特南面的砾石采掘坑同样被普军攻占。攻克圣休伯特这一事件直接促使普军对罗泽略勒的采石场发起一轮突击，整个行动一开始就相当顺利。然而，与此同时发生的是，在第 15 师另一处侧翼，普军向莫斯考发起的几场攻势都没能取得多少进展。

除此之外，密切关注这些事态具体发展的施坦因梅茨已经能看出戈本的推进行动正在取得进展。处于一种非常激动状态下的他，亲自骑马赶到身处格拉沃洛特的戈本那里。他（施坦因梅茨）坚信法军正在撤回部队的举动是为了加强远处的右翼力量，据此断定发动决定性攻势的时刻已然到来。两人之间的讨论相当简短：性急且浮躁的施坦因梅茨同冷静沉着的戈本形成了极为鲜明的对比，而后者对于施坦因梅茨的提议知之甚少——尽管他很快就会因此而受到相当大的影响。施坦因梅茨固执地断定法军正在撤退，为此，他决定投入第7军的一部分炮兵力量以及哈特曼的第 1 骑兵师一部，命令他们穿越曼斯河谷，并占据格拉沃洛特公路南面的一处位置；与此同时，他还命令第 7 军的步兵发起推进。一位撰写了此次战役战史的历史学家写道："很少有人会在战争中尝试比这更加放肆的举动，或是做出（像这般）从当时处境的明显事实或最终结果来看，没有任何正当理由的举动。"[19] 赫尼希对此的评价则是："简而言之，冯·施坦因梅茨将军及冯·扎斯特罗二人将会在这里，在数小时之内将自己伟大人生当中的荣誉摧毁殆尽。"[20] 一听说施坦因梅茨此刻下达这样一道命令，相关的德意志军官们几乎都不敢相信自己的耳朵。施坦因梅茨的专横态度及自信过剩早已是众所周知，这一点无须进行任何讨论。作为应对，第 7 军炮兵部队的指挥官冯·齐默尔曼（von Zimmermann）在私底下将命令一个个地传达给自己的下属，以此来浪费及拖延时间，希望挽救麾下部队——对于炮兵部队的许多人来说，他的挽救举措成功了；但也不是所有人都获救，正如赫尼希记述的那样：

自 1866 年以来，冯·施坦因梅茨将军一直都认为自己是绝对正确的，因

◎ 格拉沃洛特战役期间的萨克森王储，齐默尔绘，施伯特藏。

此（在他眼里）任何人都没资格发表意见。冯·施坦因梅茨将军的整个指挥范围之内只允许有一种意见存在——也就是他自己的意见。这种遍及全体的，对于施坦因梅茨个人意见的绝对服从的必要性，给他身边的人造成了噩梦般的效果。此外，对于老毛奇而言，他（施坦因梅茨）似乎是一个态度乖戾的集团军指挥官：令人烦恼、难以管理，而且是一大妨碍——事实也证明了这家伙确实是这样的人！[21]

这场行动完全是灾难性的。四个炮兵连以及紧随其后的第1骑兵师麾下数个团发起挺进，并立即屈从于敌军的凌厉炮兵弹幕及猛烈的机枪步枪火力之下。一个炮兵连被当场击退，骑兵部队同样在承受惨重的伤亡之后掉头撤往格拉沃洛特。另外几个炮兵连则表现出非同寻常的勇气，直接坚守住了自己的炮兵阵地。然而，骑兵部队的撤退还是影响到了步兵。事实上，法军并没有像固执的施坦因梅茨自以为是的情形那样准备撤退，而是早就准备好一批预备兵力，并在亲眼见证普军骑兵及炮兵部队推进行动所造成的灾难性后果后，直接发动一轮局部反击，夺回了罗泽略勒的采石场。而在后续撤退过程中，施坦因梅茨与他的参谋遭到猛烈的火力打击，大批后撤的德意志步兵逃窜到曼斯河谷当中寻求庇护。此刻已是当天下午 5:00 左右，在一段时间里，双方的战斗突然停止。令人丝毫不感到意外的是，这种情况直接导致普军王家总指挥部的气氛愈发紧张，甚至连一向沉着冷静的老毛奇都不免受到影响。当国王开始为攻势缺乏进展而感到不耐烦时，老毛奇那一直以来都压抑着的情绪突然爆发了，正如瓦德西观察到的那样：

> 一段时间后，国王再次发起了火，并亲自向老毛奇表达自己对于部队本身以及部队未能拿下阵地的不满。老毛奇也以同样强烈的怒气答复称："他们正在像英雄一般为陛下您战斗着！"国王本人则反驳称："我对此有着最好的判断。"于是，老毛奇鞭打了一下自己的马，沿着斜坡朝格拉沃洛特一路狂奔了过去。[22]

不管怎么说，截至目前，法军完全可以认为自己在一部分战线上已经取得一场相当明显的战术胜利。然而，迈克尔·霍沃德教授所提出的"德意志军队在这条战线上的整个阵地将会任由法军适时的强大反击行动支配"[23]这一说法或许还是过于高调了。要想取得一定成果，这样一轮反击行动需要预先准备，同时还需要克服仍旧占有极大优势的德意志炮兵所带来的威胁；除此之外，法军尚未投入新部队的事实也会对该行动的发起造成消极影响。

然而，施坦因梅茨目前的失败让他不知道自己下一步该怎么做。尽管他可以通过攻击拉帕塞旅的方式来进

◎ 符腾堡的奥古斯特亲王，普鲁士近卫军军长，郝赛／《法德战争通史（1870—1871 年）》藏。

攻巴赞阵地最左侧，但他仅仅是在当天下午 4:15 向老毛奇发出的报告中表示："发生在正面的战斗仍未出现决定性结果，而为了在这一方向上取得成功，我方有必要出动一支部队，对敌军的右翼发起进攻。"[24]

对于这条消息，老毛奇并没有给出任何答复。他此刻缺乏的是任何有关腓特烈·卡尔亲王所部行动进展的准确情报。下午 2:00 时，王家总指挥部从弗拉维尼移动至勒宗维勒，之后又前往马尔梅松（Malmaison）南面不远处，并在当地一直待到战役结束。正是在这里，老毛奇与他的参谋人员们发现事态的发展并没有如自己想象的那般顺利；同时也正是在此刻，布兰登斯坦带着第 2 集团军的消息回来了。而在战线的那一部分，德意志人的动作已经导致一个让事态发展得更加迅速的特别局面，但老毛奇至少还是知道腓特烈·卡尔亲王是在按照他的意图行事。[25]

到当天下午 2:00，萨克森王储已经确定龙库尔①为法军据点的最右端，因此派出自己的第 23 师做出更大幅度的转向机动，穿越欧布埃②；同时，第 24 师的一个旅向圣玛丽 – 奥谢内③ 发起推进。除此之外，近卫军也已抵达哈本维尔（Habonville）。而腓特烈·卡尔亲王此前已经下令对圣玛丽发起一轮协同攻势，这座村庄随后于下午 3:30 被普军攻占。在这之后，德意志的炮兵部队（隶属于圣玛丽北面的第 12 军，以及介于圣艾④ 与哈本维尔两地之间的近卫军）得以在圣普里瓦进行集结：该地现在显然已被视为法军右翼的关键性节点。法军炮手对此却无力做出回应。随着第 12 军及近卫军的步兵发起挺进，第 10 及第 3 军也紧随其后。同德意志人右翼战斗的暂缓一并而来的还有左翼战斗局势的缓和；但在这里（左翼），法军依旧无法庆祝自己取得了任何形式的战术胜利。而德意志人在康罗贝尔军及拉德米洛军正面不断发展壮大的兵力，也确实预示着巴赞右翼的安全状态极度不佳。

然而，在战场上的每一片区域，事态都将发生新一轮的戏剧性转变。在德

---

① Roncourt，法国摩泽尔省的一个市镇，属于梅斯康帕涅区马朗格西尔旺格县。
② Aboué，法国默尔特 – 摩泽尔省的一个市镇，位于该省中北部，属于布里埃区。
③ Ste. Marie aux Chênes，法国摩泽尔省的一个市镇，属于梅斯康帕涅区马朗格西尔旺格县。
④ St. Ail，法国默尔特 – 摩泽尔省的一个市镇，属于布里埃区奥梅库尔县。

意志人的右翼，冯·弗兰泽基（von Fransecky）指挥的第 2 军正取道勒宗维勒及格拉沃洛特，不断逼近法军。该军是在施坦因梅茨的能干军需总长瓦滕斯勒本向身处马尔梅松的王家总指挥部作出报告后，才被置于他的指挥链之下。普军大批增援部队向前发起挺进的壮观景象直接促使法军试图通过从莫斯考及破晓角发起一轮反攻的方式，来预先阻止德意志人发起攻势。在相当一段时间里基本处于静默状态的法军炮兵此刻突然重新开炮射击，法军步兵也开始从山上朝德意志人直扑过来。然而，由基尼格（Gnügge）所指挥，仅剩下的一个德意志炮兵连此刻仍在圣休伯特南面的（炮兵）阵地上，尽管（普军的）炮兵观测员担心这个炮兵连会在法军突击中被横扫一空；但在烟幕散去后，普军还是能看见该连仍在奋战中。弗罗萨及勒伯夫两人并未协调好法军的这一轮攻势，尽管法军沃尔捷师麾下第 55 团一部（在进攻行动中）暂时取得了成功 [26]，但在树林附近遭到阻遏，这些攻击者很快又撤退到自己的起始线上。与此同时，戈本手头已有来自第 32 旅的整整四个营兵力，并下令让这四个营从曼斯河谷发起推进，及时地加入到早已人满为患的圣休伯特守军当中，共同击退法军的最后一轮反击；然而除此以外，这些部队无法在其他方面为德意志人的奋战努力再增添任何东西——只是在某个骠骑兵团一部跟随他们抵达前线时，无意之中造成了一场短暂却颇为严重的混乱，直接导致这些骠骑兵在惊慌失措的状态下，仓促混乱地冲向后方。

第 2 军的到来引发了老毛奇与国王之间的新一轮争执。弗兰泽基和他的军从蓬塔穆松出发一路行进，且似乎很热衷于参与战斗。不管怎样，身处马尔梅松的普鲁士国王始终相信德意志人设在高地上的阵地要比实际状

◎ 拉德米洛将军，法第 4 军军长，郝赛/《法德战争通史（1870—1871 年）》藏。

况军固得多，因此他驳回了老毛奇的抗议，而这位总参谋长后来也在自己对这场战争的记述中详细记录了本次争端，虽说其态度是非常"间接"的："如果当时身处现场的总参谋长（也就是老毛奇本人）未曾在当天傍晚这么晚的时间里批准普军的这一行动，那么情况或许还会变得更加'恰当'一些。"此外他补充道："这场（由施坦因梅茨擅自挑起的）作战行动很难断定将会是决定性的战役。"[27] 事实上，老毛奇秉持的是完全不赞同的态度——当国王坚持发动进攻的时候，他突然转过身，默默地离开国王，假装自己正忙于其他事情。身处现场的旁观者们都没有错过这一景象，这是老毛奇少有的关于自己（对某事）持有异议态度的公开表现。他只身离开了王家总指挥部，直至战斗结束才返回。[28]

因此，虽然老毛奇早已意识到国王所提议的攻击行动没有任何实际意义，但这也不足以让第 2 军免受这场攻势带来的后果。弗兰泽基同样做不到这一点：此刻，他发现自己正处于暴躁的施坦因梅茨指挥之下，且早已意识到这项任务是不可能完成的，然而对此无能为力。事实上，这（战场上的实际情况）甚至比预想的还要危险得多，因为当地的地形意味着第 2 军必须一路推进至格拉沃洛特公路，而施坦因梅茨下达的命令更是让情况变得愈发复杂：他要求部队从宽广正面对破晓角发起一轮突击。就在第 2 军行进的过程中，夜幕也逐渐降临。因为担心误击友军，德意志的炮兵不能再顺利地支配这片战场。在彻底的混乱中，随着第 2 军的先锋部队陆续赶到战场，他们竟朝着圣休伯特附近的一支部队开火射击——他们错误地判断圣休伯特现已落入敌军手中。到目前为止，普军共有 59 个连的兵力集结于圣休伯特。他们坚守在自己的据点中；但向着南面进军的友军步兵现在突然朝他们开火射击，这导致他们陷入了惊慌失措、四散而逃的境地。之后，普军又用一整天时间，才在曼斯河谷内完成对于溃败的掉队士兵的集结工作。整支混乱无序的部队悉数逃窜到了后方。第 2 军无法取得任何进展，除了坚守战线外，他们几乎再无其他事情可做。

然而，在战场更北面，德意志人的状况则要（比南面）好得多。下午 5:00 左右的宁静过后，萨克森军开始从欧布埃树林（Bois D'Aboué）方向，对龙库尔进行合围，这使得法军据点开始变得极度危险。此刻，近卫军正从圣艾向圣普里瓦行进，此举促使曼施坦因再一次向阿芒维莱尔发起推进；参与此次推进的部队有现在已被置于他指挥之下的第3近卫旅，以及第49旅。普军这场攻势因法军的步枪火力而蒙受了相当惨重的损失，同时攻势本身也收效甚微。然而，同往常情况一样，炮兵部队再一次向前发起挺进："无论经过的步兵朝着哪里发起决定性的突击，炮兵部队都会像在格拉沃洛特之战中表现的那样，坚决地步入散兵线当中，有力地支援友军兵种的行动，与步兵并肩作战。"[29]

与此同时，在观测到萨克森军从北面及东北面发起的推进行动进展似乎颇为顺利后，奥古斯特亲王于下午5:15左右断定进攻圣普里瓦特的时刻已经到来。他犯了一个极其严重的错误。负责指挥第1近卫师的冯·帕佩（Von Pape）试图指出他的错误，同时将注意力放在了"圣普里瓦（的防御）尚未被炮兵火力削弱"这一事实之上。但亲王同他起了争执，并且否决了帕佩所提出的"萨克森军炮兵已经静默一小时之久"的说法。对预定攻击行动（可能造成的后果）感到害怕的帕佩仍在抗议，同时建议亲王应该走一小段路，亲眼看看战场上的实际情况。"不，我不会这么做。"亲王厉声说道："照（我的）吩咐去做，你总是要听到最后通牒才会奉命行事。"[30]在这一情形之下，帕佩只得转身执行命令，而这一命令将同战线另一头的施坦因梅茨所下达命令一样徒劳无功。近卫军沿着斜坡向圣普里瓦发起进军，但因为法军未曾被（普军炮兵）破坏过的据点火力带居高临下发出的步枪火力而蒙受巨大损失。普军的这一轮攻势在距离目标不到500码的范围内遭到压制，除非能等到友军萨克森部队的出现（及其策应攻势的支援），否则部队不可能再推进一步。在（参与此次攻势的）第4旅中，仅有一名校官未曾在战斗中负伤。[31]

但非常幸运的是，萨克森军的推进行动所产生的影响并未受到延误

◎ 冯·曼施坦因将军，德意志第9军军长，郝赛／《法德战争通史（1870—1871年）》藏。

（而是按时产生了影响）——到下午 6:00，萨克森军已经从蒙图瓦（Montois）赶至龙库尔的后方，法军右翼的崩溃进程由此开始。由于受到普鲁士近卫军的威胁，此刻康罗贝尔无法分出兵力来加强自己的极右翼。布尔巴基以及作为巴赞预备兵力的帝国近卫军，已经在此前向拉德米洛军派出了皮卡尔（Picard）师。但布尔巴基并没有考虑过派出剩余兵力及时赶往康罗贝尔处，为后者提供支援，因为直到当天夜间 7:00，他的近卫军仍在索尔尼树林（Bois de Saulny）后方。因此，康罗贝尔不得不准备撤回位于自己最右翼的部队。[32] 一开始，这场撤退行动还在来自若蒙树林（Bois de Jaumont）方向上的友军炮兵火力掩护下，处于井然有序的状态；但到了当天夜间 7:30，萨克森军从北面，普鲁士近卫军从西、南两面强攻圣普里瓦的时候，康罗贝尔的据点已再无法继续坚守下去，大批混乱无序的法军部队开始朝摩泽尔河方向溃逃。

　　这对拉德米洛第 4 军造成的影响可以说是立竿见影。腓特烈·卡尔亲王当即命令曼施坦因的第 9 军向阿芒维莱尔发动新一轮突击；同时，这一轮攻势还得到了早已准备就绪的第 3 军麾下一个旅的支援。但事实很快就证明这道命令是没有必要（下达）的，因为拉德米洛的部队也已经从那几处他们有效坚守一整天之久的据点中撤退了。

◎ 普军向圣普里瓦发起突击，普夫卢克 - 哈通藏。

与此同时，震惊于法军右翼解体景象的布尔巴基当即命令皮卡尔师进行转向机动。该师以其炮兵部队为先导，在普拉普维尔同布尔巴基的主力完成合流，对于当天所发生战役的最终结果没有做出任何有用的贡献。至于这场战役本身——就连双方的总指挥官都还不清楚自己究竟是输是赢，但战役结果确实有着无比明显且极其重大的战略意义。此时的巴赞已是别无选择，只得撤退。他显然是非常冷静地这么做了，甚至在当天晚上 7:00 平静地坐下来吃了晚饭，而且明显考虑到目前为止所发生的一切事情都意味着法军必须提前一天进行撤退。他或许还会感到欣慰，因为不管怎样，自己最害怕发生的事情——德意志人发起攻势，切断他同梅斯之间的联系——暂时还没有成为现实。

　　而在另一方面，老毛奇的心情可谓极不高兴。在亲眼目睹普军针对破晓角的最后几轮并不成功的攻势后，他同韦尔迪一起骑马，忧郁地回到王家总指挥部；他未曾注意到（位于战场另一侧的）腓特烈·卡尔亲王所取得的成功，同时冷峻地决定于翌日再次进行战斗。就在他们两人（老毛奇与韦尔迪）在勒宗维勒重新找到王室众人后，韦尔迪在抗议一名被他形容为"上级军官"的人向国王提出的建议时竟被后者驳倒，因为他在无意间听到此人向国王建议，称普军不应于翌日再次发动攻击。[33] 老毛奇更是坚决反对这类建议。就在午夜时分，第 2 集团军获胜的消息传来时，王家总指挥部的工作人员终于能在勒宗维勒安心过夜了。他们当中的一些人住在狭小且不怎么舒适的房间里，另一些人则是露宿野外。此外，他们所有人都很清楚，无论付出的代价有多么高昂，至少老毛奇设定的目标已经实现，巴赞已经百分之百地被围困在了梅斯城内。

　　这场战役的伤亡——尤其是德意志一方——可以说是相当令人震惊的。普方死伤总数多达 20163 人，其中光是近卫军就承受了 8932 人的伤亡。法军一方虽然没有这般准确的数据，但根据估计，其全部损失也超过 13000 人。

　　德意志的各路集团军从一开始就应该身处阵地当中，进行这场战斗，而普军之所以能在这些位置上发起这场战役，完全也是因为老毛奇自法德边境的几场战役以来一直奉行的冷静且清醒的战略。这是从勒宗维勒—马斯拉图尔战役开始的战略准备工作的必要完成条件。甚至早在 8 月 16 日之前，老毛奇就已经在同巴赞的个人对决中占据上风，此刻剩下的事情也就只是动用德意志那支精良的部队，将老毛奇所操纵，他的对手也正一步步踏入的这栋监狱（梅

◎ 格拉沃洛特战役期间，对香槟农庄实施攻击的黑森军队。罗切林绘，郝赛/《法德战争通史（1870—1871 年）》藏。

◎ 格拉沃洛特战役结束后，一些垂头丧气的法军战俘，杜普瑞绘（Dupray），郝赛/《法德战争通史（1870—1871 年）》藏。

斯城）的大门彻底关上。但一些下属表现出来的战术技能匮乏，给老毛奇这场决定性的战略胜利导致了极为可怕的代价。其中，最为重大的错误是过于急切地发动这场战役，而这一趋势（施坦因梅茨擅自行动）早在这场战争之前的一些场合中就已经相当明显。老毛奇则是急于实现（两个集团军的）同时进攻，因此完全反对将部队零星地投入战斗——但事实是，这种情况已经发生。这些错误的责任都必须无可争议地归咎于腓特烈·卡尔亲王，因为他在战役伊始就表现出了相当程度的思维混乱以及部署混乱（尽管他在猜测出法军阵地的实际范围之后，便立即实质性地弥补了这些不足）；施坦因梅茨的责任则是那足以让一个世纪后的人都深感震惊的固执且不负责任的态度。奥古斯特亲王的责任与上一位颇为相同，但还要加上那令人震惊的判断力匮乏；至于普鲁士的国王陛下，他的责任则是对第 2 军那毫无希望的突击行动的盲目坚持。然而除此之外，剩下的就只有世人对于德意志军队非凡勇气的赞美了。尽管这支军队的军事指挥表现得时好时坏，但他们表现出的军事技能及勇气完完全全配得上这样一场胜利，而这正是他们所取得的最终成就——这场胜利确保了前一周的战斗所取得的决定性结果，同时也为在色当上演的那出大戏布置好了舞台。

注释：

1. H. 冯·毛奇元帅著，《毛奇元帅的军事通讯文集 1870—1871》，第 97 页。

2. 尤利乌斯·冯·韦尔迪·韦尔努瓦将军著，《与王家总指挥部同行 1870—1871》，第 73 页。

3. F. 赫尼希著，《毛奇战略的 24 小时》，第 29 页。

4. H. 冯·毛奇元帅著，《毛奇元帅的军事通讯文集 1870—1871》，第 98 页。

5. H. 冯·毛奇元帅著，《法德战争 1870—1871》，第 47 页。

6. F. 赫尼希著，《毛奇战略的 24 小时》，第 39 页。

7. H. 冯·毛奇元帅著，《毛奇元帅的军事通讯文集 1870—1871》，第 98 页。

8. 德国官方文献，《法德战争 1870—1871》，第二卷，第 10 页。

9. 尤利乌斯·冯·韦尔迪·韦尔努瓦将军著，《与王家总指挥部同行 1870—1871》，第 79 页。

10. 同上书，第 86 页。

11. F. 赫尼希著，《毛奇战略的 24 小时》，第 12 页。

12. 同上书，第 13 页。

13. 同上书，第 24 页。

14. 尤利乌斯·冯·韦尔迪·韦尔努瓦将军著，《与王家总指挥部同行 1870—1871》，第 80 页。

15. H. 冯·毛奇元帅著，《毛奇元帅的军事通讯文集 1870—1871》，第 99 页。

16. 德国官方文献，《法德战争 1870—1871》，第二卷，第 16 页。

17. H. 冯·毛奇元帅著，《毛奇元帅的军事通讯文集 1870—1871》，第 99 页。

18. 德国官方文献，《法德战争 1870—1871》，第二卷，第 25 页。

19. G. 胡珀著，《色当战役》(伦敦 1908 年出版)，第 213 页。

20. F. 赫尼希著，《毛奇战略的 24 小时》，第 101 页。

21. 同上书，第 109 页。

22. A. 冯·瓦德西伯爵 & 元帅著，《一名元帅的回忆录》，第 65 页。

23. 迈克尔·霍沃德著，《普法战争》，第 172 页。

24. F. 赫尼希著，《毛奇战略的 24 小时》，第 131 页。

25. 同上书，第 133 页。

26. 迪克·德·隆莱著，《法兰西人与德意志人》(巴黎 1890 年出版)，第三卷，第 735 页。

27. H. 冯·毛奇元帅著，《法德战争 1870—1871》，第 58 页。

28. F. 赫尼希著，《毛奇战略的 24 小时》，第 149 页。

29. 霍亨洛厄 - 英格尔芬根亲王克拉夫特著，《论炮兵的书信》，第 44 页。

30. G. 胡珀著，《色当战役》，第 220 页。

31. 德国官方文献，《法德战争 1870—1871》，第二卷，第 131 页。

32. 同上书，第 141 页。

33. 尤利乌斯·冯·韦尔迪·韦尔努瓦将军著，《与王家总指挥部同行 1870—1871》，第 92 页。

沙隆集团军

　　就在格拉沃洛特—圣普里瓦之战结束后的第二天早晨，老毛奇毫不迟疑地做出几项重大决定。从此刻起，这些决定便会左右整场战争最终的决定性结果。他此前在勒宗维勒过了夜，在这时仍然不知道腓特烈·卡尔亲王在战线左翼所取得的成功。他（老毛奇）早在当天夜间 8:30，就已经命令参与了此役的各军参谋长于翌日凌晨 5:00 在考列（Caulre）农庄集结。等到这场参谋会议召开，德意志人的这场胜利（的明显程度）才变得愈发明了。在会议上，腓特烈·卡尔亲王的参谋长施蒂勒阐述了当天为确保巴赞将会百分之百地被围困在梅斯城内所必须做的事情。对于老毛奇来说，此刻正是思考在新形势下所要采取的新战略的时候。现在，他已经达成自己的主要目标，而这一主要目标——"阻止莱茵河集团军在其余法国军队的支援下完成撤退"——对于他自战役开始以来，迄今为止每一天的决策都产生了极为深远的影响。"在德意志人一方，这种观点从一开始就占据主导地位，即它（莱茵河集团军的撤退行动）必须在符合法国人利益的前提下，才能实现以最小程度的拖延，完成莱茵河集团军同后方军事力量的合流。"[1]

　　但从现在起，对德意志人来说，巴赞任何想要实现这一合流的尝试都会（比过往）更加危险。不过，早在当天上午 11:00 发布的命令中，老毛奇就已经谈到这样一种可能："被击退至梅斯城内的法军有可能冒险尝试向西面发起突围行动。"尽管他以惊人的速度决定了现在需要采取的战略，但他同样知道，自己必须考虑部队在经过一系列的艰苦战斗后所面对的各种实际困难，以及后勤补给问题：

经历了最近几天的各种事件后，我们有必要且有能力给予部队充足的休整并补充预备兵力，以弥补我方由于战损所造成的人员空缺。而在进一步向巴黎推进的过程中，各集团军同样必须齐头并进地行动，以便使用充足的兵力，对抗有可能在沙隆进行集结的法军新编制。[2]

以上几道命令的发布是老毛奇的决策速度及其参谋人员高效性的显著体现。霍亨洛厄亲王则指出，当时的王家总指挥部无法评估前一天的伤亡情况：

在当前这种情况下，令人十分惊讶的是最高指挥部竟然能为了完成两个主要行动目标，而如此正确地分配两支可用的部队；而且早在 8 月 19 日上午11:00，就不光是为下一步的措施做出了必要且最为重要的战略决定，同时完成了对实现这些效果的命令的准备及发布工作。[3]

老毛奇将围困梅斯城的任务交给了腓特烈·卡尔亲王，同时授予他整个第 1 集团军，连同他自己那个集团军麾下的四个军（第 2、第 3、第 9、第 10军），外加冯·库默尔（von Kummer）所指挥的一个预备师，以及第 1 与第 3骑兵师的指挥权。将这整支部队都交由腓特烈·卡尔亲王指挥还有一个额外的好处，那就是基本解决了该如何对付脾气暴躁的施坦因梅茨的问题：后者将在三周之内的某个时间里主动挑起一场争吵，因此被遣返回国，担任波森① 州长这一职务（从此再也无法干预战事）。

一个全新的集团军——马斯河集团军正式宣告成立。该编制由近卫军、第 4 军、第 12 军，外加第 5 及第 6 骑兵师构成，由萨克森王储指挥，而老毛奇一直以来都对他有着相当高的评价。该集团军连同第 3 集团军一同被赋予了"解决遗留在梅斯城外的法军部队"这一任务。老毛奇此刻牢牢地掌握着主动

---

① Posen，今波兰中西部城市波兹南。

◎ 营地内的沙隆集团军成员，帕朗德尔（Pallandre）绘，郝赛／《1870—1871 年的战士们》藏。

权，打算不失时机地跟进并扩大己方的战略优势。就目前而言，第 3 集团军被命令暂时停留在马斯河畔，因为老毛奇的意图是不让它（该集团军）在与萨克森王储的集团军向西联合进军的过程中，过分领先于后者（而是让两个集团军的兵力尽可能地集中）。

当天下午，老毛奇乘坐马车，同韦尔迪及温特菲尔德（Winterfeld）两人一道返回设在蓬塔穆松的王家总指挥部。此时的老毛奇甚至比过往都要更加沉默寡言，在整个旅途中只说了三次话——亲眼看到一名不幸战死的第 11 团所辖青年士官的遗体后，这位总参谋长首次开口评价道："这位是众多勇士当中最为英勇的那个。"之后他反省道："我再一次认识到了，（自己）在战场上不能表现得过于强硬。"最后，当他们在傍晚时分的夕阳下缓缓驶入蓬塔穆松，他又沉思并说道："如果被击败的是我们，那么我们现在会有什么样的感觉呢？"[4]

新组建的马斯河集团军的领导班子也被立即组织起来。在该集团军参谋长的人选问题上，老毛奇选择了冯·施洛特海姆少将。后者到目前为止一直负责指挥黑森骑兵旅，但在先前的1866年战争中担任过易北河集团军参谋长。他（该少将）的任务是让自己的集团军通过公路，尽可能快地向西进军，并以骑兵部队为先导（采用侦察手段），察明剩余法军的兵力。由于事不宜迟，因此就在8月20日，新成立的马斯河集团军所有部队都已经开始行动。

而在第3集团军的指挥部，众人于8月18—19日间的一整个晚上，都在焦急等待着有关格拉沃洛特之战结果的消息到来。直到19日凌晨5:00，相关消息才经由冯·汉克（von Hahnke）少校传达给王储：这位少校在此前的8月18日就已骑马赶往王家总指挥部了解情况，之后又用了一整晚的时间赶回第3集团军指挥部。王储先前曾提出亲自前去视察战场情况，但遭到布卢门塔尔的苦苦阻拦，此刻又"不可抗拒般地主动提出要加入到（普鲁士王家总指挥部）国王一行人的行列当中"[5]；不过他接下来承认道，自己必须待在自己的集团军里（以便坐镇指挥）。布卢门塔尔则收到了来自波德别尔斯基的指示，上峰命令第3集团军必须待在它现在的位置上。有鉴于他（布卢门塔尔）先前发出的各种抱怨，这一指示可以说是毫无理由地激怒了此人，因为他觉得第3集团军此刻应该立即发起挺进——"否则整个集团军的士气都会受到影响"——这与"希望该部（第3集团军）能进行兵力集结工作，并在行进的过程中稍稍后退"的王室主人（也就是国王及总参谋部）的意见完全相反。[6]

第二天，王储及布卢门塔尔两人一道乘坐马车，从摩泽尔河谷出发，向蓬塔穆松（即设于此地的王家总指挥部）移动。布卢门塔尔发现国王"神经高度紧绷"且"非常紧张"[7]；与此同时，王储则记录称国王"被（普军在先前战役中所蒙受的可怕损失）折磨得精疲力竭"。[8]这两人同样观察到了国王同老毛奇两个人在表现上的鲜明对比。布卢门塔尔此前曾理所当然地同老毛奇有过不止一次争执，且总是爱在日记中坦白自己同老毛奇的分歧。但在此刻，他突然发现老毛奇"（表现得）一如既往的冷彻且冷静，未曾受到这些担忧的困扰，对于这种思想状态，我（布卢门塔尔）实在难以苟同"。[9]王储的态度则要宽宏大量得多，他观察称老毛奇"自始至终完全不受任何干扰、自信、头脑清晰，一直在坚定地朝自己的主要目标——巴黎发起进军"。[10]而在当天王家总指挥部的讨论会上，老毛奇对自己的西进计划大纲进行了解释，第3集团军则获得一整天的休整时间：作为老毛奇战略计划的一部分，该集团军不应领先于萨克森王储集团军一天的行军距离（而是应该尽可能地与后者齐头并进）。此时，普军普遍认为决定性的战役会在沙隆地区进行；同时据他们推测，正在集结的大批法军部队也都在奉命赶往该地区。而在离开蓬塔穆松之前，王储还找到机会，同俾斯麦进行一轮谈话，同时他发现后者"思想温和"且"谈吐合乎逻辑"。[11] 翌日，布卢门塔尔在沃库勒尔① 享受了"得到（上帝）祝福的长达一整天的休假"。[12] 与此同时，位于其北面的马斯河集团军则在继续向西进军，其下属的第4军正在科梅尔西②；近卫军在沃厄③ 及阿农维勒④ 两地；第12军则在让代利兹⑤。位于集团军右翼的几个骑兵师早已经走在了大部队前头。其中，第5骑兵师位于埃坦；第6骑兵师位于弗雷讷；萨克森骑兵师位于埃内蒙（Hennemont）；近卫骑兵师则位于岭下圣莫里斯⑥。

就在第3集团军麾下各军沿马斯河一带陆续就位，并准备发起推进时，该集团军的参谋们已经考虑到前方很有可能发生的决定性战斗的进程。而在两个巴伐利亚军的指挥部当中，"为了纪念在当地度过的日子，先前遭到废弃的'在沙隆扎营'的计划此刻又被突然提了出来"。[13] 这片即将发生战役的区域的地形，非常适合部署一支试图阻挠敌军从洛林向巴黎行进的军队。在战场南侧，相对平缓一些的山坡被多条河流和溪流隔开，高地普遍被树林覆盖。而在战场更北面、阿贡（Argonne）丘陵地带的边缘，当地的森林（比战场南面）要茂密得多。阿贡地区本身则向西延伸了20 ~ 30英里。对这里而言，如果处于潮湿的气候环境中，想要脱离公路发起进军将是一件极其困难的事情。

---

① Vaucouleurs，位于法国大东部大区默兹省的一个城镇。

② Commercy，法国默兹省的一个市镇，位于该省东南部，也是该省的一个副省会，下辖科梅尔西区。

③ Woël，法国默兹省的一个市镇，属于凡尔登区沃厄夫尔地区弗雷斯内县。

④ Hannonville，法国默兹省的一个市镇，位于该省东部，属于凡尔登区。

⑤ Jeandelize，法国默尔特－摩泽尔省的一个市镇，属于布里埃区雅尔尼西地区孔夫朗县。

⑥ St. Maurice sous les Côtes，法国默兹省的一个市镇，位于该省东部，属于科梅尔西区。

在战场的西面，塞纳河[1]、马恩河[2]、埃纳河[3]三条大河流经深谷，为防守方的持久防御提供了相当多地形方面的便利。至于战场东北面，从隆维[4]向西延伸的河谷被希耶河[5]及马斯河两条河流所横断。而在梅济耶尔[6]，马斯河向北弯曲，流入阿登[7]的茂密森林当中；与此同时，更东面的比利时边境线横贯了大片森林及山丘，距离两条河流仅6英里。德意志人此刻将要进入并穿越这片区域，当地的主干道基本都是呈东南—西北走向，其中一部分公路遭到法军图勒[8]及凡尔登要塞的遮断。除此之外，当地数条自西向东、横贯南锡—沙隆—巴黎一线，以及横贯梅斯—梅济耶尔—兰斯[9]的铁路也出于同样的原因，对德意志人并不开放。

8月16日，拿破仑三世在向巴赞元帅道别的时候就曾说过："我会把法兰西的最后一支军队交给你指挥。考虑一下帝国皇储的未来吧。"同时，皇帝还补充说这个集团军应全速赶往凡尔登。通过公路进行了一次极为冒险的旅途后，皇帝本人于当天下午1:00左右抵达凡尔登，接着搭乘列车前往沙隆——虽说当时唯一可供他使用的铁路车辆仅仅是一节（与皇室身份并不相符的）三等车厢。此外，他还要一直等到翌日凌晨，才能抵达沙隆。

8月17日，法军召开一场军事会议，以便让各级军事领导人评估自己当

---

① Seine，流经巴黎市中心的法国第二大河，全长780公里，流域面积为7.8万平方公里。

② Marne，一条流经法国巴黎盆地东部的河流。发源于香槟－阿登大区和勃艮第大区的交界处东端，先后向西北和西流经上马恩省和马恩省，途经绍蒙和香槟沙隆等城镇，之后进入法兰西岛大区的塞纳－马恩省和马恩河谷省，经过巴黎东部众多的卫星城，最后在巴黎东南的伊夫里和沙朗东桥之间汇入塞纳河。

③ Aisne，位于法国东北部，发源于马恩省圣梅内乌尔德附近的森林，向北然后向西流动，最后在贡比涅注入瓦兹河，全长290公里。埃纳省因此而得名。

④ Longwy，法国默尔特－摩泽尔省的一个市镇，位于该省北部，属于布里埃区。

⑤ Chiers，欧洲的一条河流，流经卢森堡、比利时和法国，属于默兹河的右支流，河道全长130公里，流域面积为2222平方公里，发源自迪弗当日附近，河口在巴泽耶。

⑥ Mézières，法国大东部大区阿登省的一个市镇，也是该省的省会和人口最多的城市。

⑦ Ardennes，位于今比利时和卢森堡交界的一片森林覆盖的丘陵地带，并一直延伸到了法国境内。

⑧ Toul，法国默尔特－摩泽尔省的一个市镇，位于该省西南部，同时也是该省的一个副省会，下辖图勒区。

⑨ Reims，位于法国东北部大东部大区马恩省的城市，世界著名的香槟城。

前的处境。此时的沙隆营地可以说涌入了法兰西第二帝国几乎全部可用的野战兵力。麦克马洪元帅同他的第 1 军，以及第 7 军麾下的孔西尔－杜梅斯尼尔师在沃尔特之战结束后先是取道公路，向西撤退至萨韦尔讷；之后，他（元帅）继续以足够的速度和技巧执行着此次行动，成功避免同（普方）王储集团军的进一步接触。8 月 7 日，他的部队抵达萨尔堡，当时一并进入这座城镇的还有德·费利第 5 军。到 8 月 10 日，麦克马洪无视了一切要求他向北移动，同梅斯周围法军主力合流的建议，率军抵达吕内维尔。从这里开始，他的一部分部队直接通过铁路前往沙隆；剩余部队则安全走出普鲁士第 3 集团军骑兵的活动范围，徒步行进到肖蒙①，接着通过铁路来到沙隆。

费利克斯·杜威的第 7 军余部同样在适当的时候向沙隆发起进军。该军的一个师此前曾驻在贝尔福，并在当地让自己陷入一片混乱之中。这个师先是行进到米卢斯②，且在当地未曾遭遇任何敌军抵抗；接着，收到沃尔特之战的消息后，该师又一次朝着贝尔福匆忙撤退。正是在这里，第 7 军剩下的一个师于 8 月 12 日适当的时候同他们完成合流，并一道在当地待了四天之久，直到被上级命令通过铁路同沙隆集团军会师；但在事实上，他们要一直等到 8 月 22 日，才在经历了一段漫长、累人且非常不舒适的旅程后，在兰斯跟上该集团军。除上述三个军（第 1、第 7、第 5 军）之外，法国人还在沙隆新组建一个军——第 12 军，该军的指挥权在开始时被交给特罗胥将军（Trochu），此人是 8 月 17 日那场痛苦讨论的核心人物之一。

当然，所有出席会议（前文所述痛苦讨论）的人并不知晓勒宗维勒—马斯拉图尔之战的真实结果；但这场会议本身同往常一样，会上不断流传着有关法军获胜的传言。他们在这次会议上所要面对的问题极其复杂，涉及政治及军事两方面。所有人都非常清楚，沙隆集团军的未来同法兰西第二帝国政权的稳定乃至存续有着极为密切的联系，而军队高层最终做出的决策正是考虑到了这

---

① Chaumont，法国东北部城市，大东部大区上马恩省的一个市镇，位于上马恩省中南部、马恩河畔（具体是马恩河与叙伊泽河汇合处），是这一地区的政治文化中心和铁路枢纽。

② Mulhouse，又译"米卢兹"，位于法国东部，是上莱茵省最大的城市，也是阿尔萨斯大区仅次于斯特拉斯堡的第二大城市。

一点。身为皇帝的拿破仑三世正因为前一天旅途的影响而饱受煎熬，只能一声不吭地静坐着，表现得十分麻木；与此同时，各位将领则在争论究竟该怎么办。当天决策过程的主要推动者是拿破仑亲王，他的观点最终在讨论中占据上风，因为其本人深受民众的尊敬。会议还一致同意由特罗胥将军担任巴黎总督一职，并让他带着充斥着喧闹和不满情绪的塞纳河动队（Gardes Mobiles de la Seine）立即返回首都，因为这支部队在每天做出来的行为，全都是在一步步地挫伤整支军队的士气。拿破仑三世的侄子在讨论会的讲台上这样对皇帝说道："在巴黎，当时的你抛弃了帝国政府；而在梅斯，现在的你又抛弃了军队的指挥权。"[14] 之后，亲王又将话题转回到巴黎城方面（暗示皇帝更进一步的放弃将导致政权不稳）。最后，会议决定麦克马洪会在最后的兵力集结工作彻底完成后，立即命令沙隆集团军向首都巴黎进军，并准备依托这座城市的城墙（及规模庞大的防御工事）来迎接战斗。拿破仑三世对自己侄子所坚持的政策是否明智的怀疑，最终被麦克马洪关于"向巴黎撤退是一个正确的军事决定"这一想法的坚信所折服（此外，麦克马洪向拿破仑三世作出保证，称可以完全信赖特罗胥的政治忠诚）。

麦克马洪被任命为沙隆集团军的总指挥多多少少可以说是一件不可避免的事情。同康罗贝尔一样，他早在先前（战争刚爆发的时候）就曾被认为是莱茵河集团军总指挥的可能人选之一。然而，麦克马洪在沃尔特一战中的失败让他失去了获得这一任命的资格，康罗贝尔则是断然拒绝接受这一任命，最终使得资历比这两个人都要更浅的巴赞被正式任命为莱茵河集团军总指挥。不过，现在的麦克马洪是所有仍旧在场的指挥官当中资历最老的候选人，而且他本人非常欣然地接过了集团军指挥权。朱尔·法夫尔被任命为（该集团军）参谋长；精力充沛的迪克罗则接替麦克马洪，成为第 1 军的军长。莱布伦被任命到特罗胥的位置上，即第 12 军的军长。除了现在多多少少已经克服的集结兵力的问题，以及士气相对低落的问题外，沙隆集团军还真不是一支微不足道的战斗力量（其规模及战力均足以称得上极其可观）。新成立的第 12 军还囊括瓦索涅（Vassoigne）的海军陆战师，该师可谓全法兰西第二帝国最为精良的部队；此外，尽管第 1 军在沃尔特一战中伤亡惨重，但第 5 军及第 7 军基本还是完好无损的。

然而，法军最终在 8 月 17 日会议上做出的坚决决定，实际上并没有持续太长时间。巴黎城内，埃米尔·奥利维尔的内阁在遭到议院左右两派代表的猛烈抨击之后，最终于 8 月 9 日被迫倒台（尽管此前他并没有考虑过发动一场政变来针对反对派）。看着自由党内阁（离开议会时）的背影丝毫不感到愧疚的欧珍妮皇后，立即任命了一个由 74 岁的八里桥伯爵领导的新内阁。此外，这名伯爵还兼任战争部部长。皇后和八里桥伯爵两人在通过电报得知沙龙会议所列出的战争计划后，当场就被吓坏了。8 月 17 日午夜时分，特罗胥再度现身于巴黎城。由于自己的奥尔良党人身份，他曾在多个关键场合中被人认为是个绝对可疑的人物；再加上（他一并带过来的）叛逆且军纪败坏的别动队归来所造成的不良前景，这使得欧珍妮皇后和八里桥伯爵一致认为，特罗胥不太可能有助于维持帝国的政权。然而，他们（皇后及伯爵）更加关心的是沙隆集团军向巴黎撤退可能造成的影响，八里桥伯爵更是很快就谴责称此举是"对梅斯集团军的抛弃"。欧珍妮皇后同样反对那些让拿破仑三世本人返回巴黎的建议，因为她认为这种举动将会威胁到他本人的生命乃至整个皇朝的命运。经过漫长且激烈的讨论，一封坚定建议拿破仑三世及麦克马洪两人留在沙隆的电报就这样被发送出去；随后，欧珍妮皇后又在 8 月 18 日写了一封信，由于这封信的措辞过于专横强硬，以至于她的秘书竟不得不请求她缓和一下文本的语气，但没有成功。

　　与此同时，巴赞于 8 月 16 日夜间 11:00 从梅斯城内发出的有关勒宗维勒—马斯拉图尔一战结果的官方通报，也已在第二天下午被传达至沙隆。巴赞报告称，集团军在长达一整天的苦战中坚守住了自己的阵地，但最终还是被迫朝着梅斯方向撤退，以便为辖内部队进行补给。此外，考虑到位于自己正面的德意志人的阵地，他将有可能不得不采取北面的路线赶往凡尔登。拿破仑三世或许是在字里行间读到了这些话，对于这条信息，他所给出的答复是让巴赞告诉他（梅斯城内集团军的）真实状况："只有这样，我才能采取相应的行动。"面对所有这些压力，拿破仑三世现在已是完全犹豫不决。他的第一个回应是，决定自己和集团军都不应该前往巴黎；但他又一次改变主意，于 8 月 18 日上午告诉麦克马洪，说他可以在第二天出发（朝巴黎方向撤退）。在 1 ～ 2 个小时之内，他（皇帝）竟然再一次改变主意，决定听从八里桥伯爵的意见。这让麦克马洪担负起了责任，同时他还在当天尝试着向巴赞寻求指示，因为此人在名义上是他的上级。巴赞则答复称，麦克马洪的行动"在当下完全超出了我（前者）的管辖范围"。[15] 如果此言属实，那也就意味着巴赞提供不了丝毫帮助。但非常不幸的是，这竟是沙隆方面同巴赞指挥部之间的最后一次直接接触。此时的麦克马洪只能完全依靠他自己，依据各种有关巴赞的意图及动向的非正规且不可靠的情报行事，同时还不断收到八里桥伯爵发来的急切建议。翌日，仍期望着能从巴赞处收到一些指示的麦克马洪在一封信中，向这位名义上的上级说明了自己亲身感受的处境："如果你正如我所相信的那样，在不久后被迫撤退的话，由于我们之间相隔的距离，届时我将不知道自己该如何在没有放弃退守巴黎的情况下向你求助。如果你不这么认为，还请告诉我。"[16] 但对于这一通（他本人所给出的）不无道理的分析，麦克马洪并没有得到任何答复。他的阵地是非常不可靠的，而现在也该轮到他在这种压力下变得犹豫不决了，就如先前拿破仑三世表现出的那样。

尽管没有任何真正可靠的情报，但此刻的麦克马洪元帅显然是在考虑朝巴赞方向移动。为此，他于8月20日电告八里桥伯爵，向后者汇报了自己当前所处的困境：

> 部队收到的情报似乎表明，普军部署有整整三个集团军的兵力，分别取道布里埃、凡尔登及圣米耶勒①，以拦截巴赞的部队。尽管我已准备好在明天发起进军，但由于不知道巴赞的撤退方向，因此我认为自己将会在知晓巴赞的确切撤退方向之前——无论他是向北还是向南——都继续待在营地中。[17]

八里桥伯爵（在这个问题上）并不能给予太多帮助，于是答复称，他自己收到的唯一一条消息是巴赞于8月18日夜间，曾待在阿芒维莱尔—苏西（Sussy）一线上。

而在这紧张焦虑的几天时间里，对于法军来说，有一点已变得非常明朗：

---

① St. Mihiel，法国默兹省的一个市镇，位于该省中东部偏南、默兹河右岸，属于科梅尔西区。

德意志人的骑兵正向前发起推进，且毫无疑问的是，王储集团军的主力紧随其后。在这种情况下，法军的沙隆营地将会处在一个过于暴露的位置，以至于相应部队无法在当地继续待下去。再加上 8 月 20 日时，突然有消息称德意志人的骑兵此时距离沙隆营地仅 25 英里远，这最终迫使麦克马洪放弃营地，启程前往兰斯。这在本质上算是一种折中方案，介于先前招致了政府极大敌意的"集团军向巴黎撤退"的计划，以及那些主张"对即将到来的德意志人采取更具进攻性的机动"的计划之间。在滂沱大雨中，沙隆集团军开始朝兰斯方向进军；其身后留有一个骑兵师，而该师的悲惨职责便是毁掉这座庞大营地里的物资及装备（以免被普军缴获利用）。

八里桥伯爵及部长会议并不赞同麦克马洪对于正确行动方针的质疑。他（麦克马洪）在"尽最大努力解救巴赞"这一问题上所表现出的任何犹豫，都有可能导致法兰西第二帝国政权的垮台。因此，沙隆集团军必须动身前往梅斯，为了向这名在这一严肃问题上态度开始变得可疑的指挥官施加压力，八里桥伯爵于 8 月 21 日派出参议院议长奥古斯特·胡耶赫（August Rouher）前往兰斯，同麦克马洪碰面。

胡耶赫还为麦克马洪带来了八里桥伯爵的最新计划。这份计划的内容是让法军在王储面前做出一系列虚假的部队派遣动作，（做出这些动作的）目的是引诱王储朝着巴黎方向挺进；与此同时，让麦克马洪悄悄溜向北面，发起进军，直接救援巴赞。然而，此刻的八里桥伯爵并不清楚，自己的这份计划究竟能欺骗德意志人多长时间。此外，截至目前，法国的各集团军在战争中的行进速度——即便是在速度最快的情况下——也不太可能让麦克马洪长期远离危险。不过，当胡耶赫抵达兰斯的时候，他发现麦克马洪正处在一个（比先前）更加坚定的心态之下，因为离开沙隆后的第一天进军过程使其确信自己的集团军现在除了朝巴黎方向撤退外，已再无其他切实可行的替代方案。他同样很清楚德意志人的位置，但由于普军骑兵部队的推进领先于主力部队数天（所行进的距离之远），这便暗示了王储的实际位置可能还要更近一些。[18] 而在随后的讨论中，更具说服力的人正是麦克马洪元帅，胡耶赫亦是被他打动，决定协力起草一份必要的声明，以便向沙隆集团军给出解释，告诉士兵们由集团军高层完成的提案。在这份声明中，元帅表示："我最为迫切的愿望便是为巴赞元帅提供援助，但这一愿望是不可能实现的。"[19] 完成这份声明后，胡耶赫启程返回巴黎，以应对八里桥及皇后两人（将会对这份声明）做出的可预见反应。

就像法国人在之前几天所做出的看似坚决的决定那样，这一决策也仅仅持续了数小时，之后同样被扔进熔炉（遭到彻底废弃）。除了巴黎城内对于这项提议所做出的反应外，还有一项极其重大的事态发展彻底终结法军的最后一次机会，让麦克马洪及沙隆集团军丧失了唯一一个至少能暂时确保自身安全的行动选项。此刻，法军将要做出的决定被后来的事实证明了是导致麦克马洪通向色当惨败这一必经之路上的关键一步。

8月22日夜间，有关巴赞的最新消息通过凡尔登要塞守军指挥官传达了过来，他（巴赞）向麦克马洪方面报告了格拉沃洛特之战的结果，消息发送时间为8月19日。这则消息是在麦克马洪下达向巴黎方向撤退的命令之后才被送过来的，但它立即产生了决定性的影响。在简要描述8月18日的战斗后，巴赞表示自己的部队因此需要两天或三天时间休整；同时，他还宣布自己的意图是以战斗的方式实现突围："通过蒙梅迪①向圣默努②—沙隆公路行进，只要这条公路尚未被大量敌军占据。此外，如果确实有大量敌人占据这条公路，我将直接穿过色当及梅济耶尔，最终抵达沙隆。"[20] 面对"巴赞即将发起进军，以实现同自己会师"的确凿证据，麦克马洪立即表示他会放弃拟定的撤退至巴黎相关提案，转而朝着巴赞的方向行进。为达成这一战略目标，新的命令被立即发布出去，以便到第二天即可发起挺进；此外，麦克马洪向巴赞发出一则消息，其大意是沙隆集团军将在两天内抵达埃纳河畔。在这不久后，从巴黎处传来了八里桥伯爵对于胡耶赫所提交"沙隆集团军已预定朝首都巴黎方向撤退"的报告那早就可以猜出来的愤怒反应：但不管怎样，向东进军的想法到现在已经被麦克马洪正式确定。8月22日夜间稍晚些时候，又有一封巴赞发出的信被传达过来，其发出时间为8月20日。这封信先是重复了一遍先前那封信所给出的一些情报，但又补充说只有在"不让集团军陷入危险境地"的

---

① Montmédy，法国默兹省的一个市镇，位于该省北部，属于凡尔登区。
② Sainte-Menehould，位于法国大东部大区马恩省的一个市镇，也是该省的一个副省会，属于香槟地区沙隆区。

前提下，自己（巴赞）才有条件选择原先拟定的路线。[21] 麦克马洪后来坚持声称，这封信从未被送到他手中；同时，他还表示如果当初的自己确实收到这封信，那么它（此信）就足以让他相信，当时的正确做法终究是撤退到巴黎。当时，正担任沙隆集团军情报总长的斯托菲尔则声称麦克马洪确实收到了这封信，但后者忽视了此信所提供信息的重要性。[22] 不过这一点（究竟有没有收到信）已经不重要了，因为麦克马洪于8月22日做出的决定将会直接影响接下来发生的一切。此外，他在那封信到来前后所做出的表现当然也不足以说明，如果他确实看了信中所给信息，他就会有足够的胆量来反抗八里桥伯爵的明确命令。

由于现在已经收到巴赞所发出的令人鼓舞的消息，八里桥伯爵坚定地向帝国皇帝传达了各位部长的意见：

> 必须放弃昨天夜间做出的决定。不应发布任何形式的敕令、公开信或是声明。战争部的一名侍从官① 正带着所有必要的指示，启程赶往兰斯。不为巴赞提供帮助将会在巴黎城内造成最为恶劣的后果。面对这样的灾难，可以确定的是首都根本就做不到保护自己。[23]

拿破仑三世不愿同他争辩，只是答复称自己将于翌日动身前往蒙梅迪，同时批准了几项将会造成重大结果的决定，并补充道："我同意让温普芬（Wimpffen）接替德·费利。"[24] 后者（德·费利）的实战表现从战争最开始的几天起便一直饱受批评。尽管皇帝一直陪在军队身边，但麦克马洪似乎并没有受到他那一直病恹恹且昏昏欲睡的君主所提出的任何建议的太大影响。面对自己收到的"立刻发起进军以营救巴赞"的明确指示，此刻的他（麦克马洪）已再无其他事情可做，除了辞职以外就只能表示服从。不管怎么说，从他在8月22日这一天的所处位置来看，法军拟定的向梅斯城进军的路线或许并不能说是完全没有希望的：当然，他现在已经浪费整整两天时间。他断定王储的集团军目

---

① aide de camp，法语词汇，专门指代王室成员、司令或特别重要的政治人物的私人特别助理或秘书。

前正在抵近维特里①，后来发生的事实也证明这一想法是正确的；但普军是正对着南面发起行进，而且他们的进军速度非常快。麦克马洪自信地断定，无论对手实际身处何方，自己都能先于他们抵达介于斯特奈②及丹村（Dun）之间的马斯河渡口。如果自己的骑兵能充分地掩护他的行动，他还能在被普军追上前迅速渡过马斯河，并朝着巴赞的方向快速进军。正如事先打算的那样，后者（巴赞）将会朝梅斯城北部发起突围行动，经过勒宗维勒向蒙梅迪移动——事实上，当时的法军也并非不可能真正地赢过老毛奇的一部分部队，因为普军的兵力在那时候已被分散得相当稀疏。但能否达成这一切的关键因素还是沙隆集团军的行进速度。然而非常不幸，事实证明了这（沙隆集团军的实际行进速度）是远远不够的。此外，在这样一种情形下，法国人也未能有效地运用骑兵部队，从而向敌人隐瞒己方的真实意图。

① Vitry，法国法兰西岛大区马恩河谷省的一个镇，位于巴黎郊区。
② Stenay，法国默兹省的一个市镇，位于该省北部偏西、默兹河右岸，属于凡尔登区。

注释：

1. 德国官方文献,《法德战争 1870—1871》, 第二卷, 第 166 页。

2. H. 冯·毛奇元帅著,《毛奇元帅的军事通讯文集 1870—1871》, 第 100 页。

3. 霍亨洛厄 – 英格尔芬根亲王克拉夫特著,《论战略的书信》(伦敦 1898 年出版), 第二卷, 第 8 页。

4. 尤利乌斯·冯·韦尔迪·韦尔努瓦将军著,《与王家总指挥部同行 1870—1871》, 第 101 页。

5. 腓特烈·威廉王储著,《腓特烈三世皇帝的战争日记 1870—1871 年》, 第 63 页。

6. K. 冯·布卢门塔尔伯爵 & 元帅著,《1866 年及 1870—1871 年的战时日志》, 第 97 页。

7. 同上书, 第 98 页。

8. 腓特烈·威廉王储著,《腓特烈三世皇帝的战争日记 1870—1871 年》, 第 64 页。

9. K. 冯·布卢门塔尔伯爵 & 元帅著,《1866 年及 1870—1871 年的战时日志》, 第 99 页。

10. 腓特烈·威廉王储著,《腓特烈三世皇帝的战争日记 1870—1871 年》, 第 65 页。

11. 同上书, 第 65 页。

12. K. 冯·布卢门塔尔伯爵 & 元帅著,《1866 年及 1870—1871 年的战时日志》, 第 99 页。

13. H. 赫尔维格著,《冯·德·坦恩指挥的巴伐利亚第一军的行动》(伦敦 1874 年出版), 第一卷, 第 39 页。

14. 迈克尔·霍沃德著,《普法战争》, 第 185 页。

15. A. 巴赞元帅著,《1870 年战争中的几段插曲》, 第 91 页。

16. 德国官方文献,《法德战争 1870—1871》, 第二卷, 第 186 页。

17.《帝国皇室的文件及信件》(巴黎 1870 年出版), 第 44 页。

18. 德国官方文献,《法德战争 1870—1871》, 第二卷, 第 187 页。

19.《帝国皇室的文件及信件》, 第 62 页。

20. 同上书, 第 46 页。

21. A. 巴赞元帅著,《1870 年战争中的几段插曲》, 第 163 页。

22. 迈克尔·霍沃德著,《普法战争》, 第 190 页。

23.《帝国皇室的文件及信件》, 第 47 页。

24. 同上书, 第 48 页。

麦克马洪的侧翼进军

到 8 月 23 日夜幕降临时，整个沙隆集团军已经抵近叙普河①一线。其位于最南边的部队是博纳曼斯的骑兵师，当时就在沙隆大营北面不远处。与此同时，该集团军位于蒙图瓦②的最前沿部队是马加雷特（Margueritte）的骑兵师。就在法军朝着叙普河方向不断移动的过程中，沙隆大营的几座弹药库都已被留下来断后的骑兵师人为地纵火焚烧。巴伐利亚军的官方战史认为这一幕颇有讽刺意味：

法军在行进过程中亲眼看到己方营地的上空弥漫起滚滚浓烟，而在此前，他们所接受的宣传还声称这座营地将会是法军未来胜利的发祥地。正如后来一位不幸战死的高级军官在自己日记中所记述的那样，这片毁灭的景象在许多认真考虑的人的脑海中激起了一种不寻常的反思——对于穆尔默隆③附近白垩质平原上的这座"胜利的苗圃"的严肃反思。¹

各种强加于自身、来自政治方面的限制，以及最初的延误已经给沙隆集

---

① Suippe，一条法国河流，位于该国东北部，属于埃纳河的左支流，河道全长 82 公里，流域面积为 802 平方公里，发源自索姆叙普，河口在叙普河畔孔代，平均流量为每秒 4.34 立方米。

② Monthois，法国香槟 - 阿登大区阿登省的一个市镇，属于武济耶区蒙图瓦县。

③ Mourmelon，法国马恩省的一个市镇，位于该省北部，属于香槟沙隆区。

◎ 行进中的沙隆集团军，沙佩隆（Chaperon）绘，郝赛/《法德战争通史（1870—1871 年）》藏。

团军带来了相当沉重的负担；此时，该部又多出一个困难：补给方面的难题迫使麦克马洪紧贴着铁路线行动，行军距离最远也不曾超过勒泰勒[1]。因为只有这样做，严重的食物短缺问题才能得到妥善解决。到 8 月 24 日，博纳曼斯的骑兵师也在不断朝勒泰勒行进，从集团军的后方经过；位于这座城市（麦克马洪已将自己的指挥部设在勒泰勒）周围的则是第 12 军及第 5 军。第 1 军正朝东北方向行进，并于当天晚上到达勒泰勒以南约 8 英里处；与此同时，第 7 军已经抵达位于武济耶[2]西南面的孔特勒弗[3]。马加雷特所部依然停留在蒙图瓦附近。

令人遗憾的是，法军在第二天的进展依旧不容乐观。麦克马洪并没有使用自己的骑兵部队对南面发起侦察以搜寻敌人，而是将马加雷特师移动到勒谢讷[4]，并留下此刻正在武济耶的第 7 军作为沙隆集团军的极右翼。博纳曼斯的

---

① Rethel，位于法国东北部香槟 - 阿登大区阿登省的一个市镇和一个副省会。

② Vouziers，位于法国东北部香槟 - 阿登大区阿登省的一个市镇。

③ Contreuve，法国香槟 - 阿登大区阿登省的一个市镇，属于武济耶区武济耶县。

④ Le Chesne，法国香槟 - 阿登大区阿登省的一个市镇，属于武济耶区勒谢讷县。

骑兵师仍然留在勒泰勒，从这座城市出发的第 5 军及第 12 军同样没能取得什么进展；与此同时，第 1 军最远也只是行进到了埃纳河畔的阿蒂尼①。持续性的补给困难仍在阻碍法军的行动，这一问题在第 7 军身上表现得尤为突出。此刻的麦克马洪逐渐痛苦地意识到，自己的机会之窗正在明显且不断地缩小。

　　不幸的麦克马洪的焦虑混乱精神状态，与老毛奇那冷静的决心之间可以说是形成了再鲜明不过的对比：前者仍处在自身职业观点同极端的道德压力之间的个人斗争中。而在设于蓬塔穆松的普鲁士王家总指挥部，从德意志骑兵处接收到的初步报告都清楚表明了沙隆不仅仅是麦克马洪军及德·费利军的会师地点，同时显然还是正处于集结过程中的新部队的会师地点。8 月 21 日，老毛奇以惊人且简洁的顺序发布数道指示，要求马斯河集团军以及第 3 集团军在 8 月 26 日之前占据圣默努—维特里一线的据点。第 3 集团军将会继续向西行进约一天，这一举动的目的是让普军在同法军对峙的时候能从法国人的正面及侧翼同时行动，对其发动夹击。身处沃库勒尔的王储担心的是，为了包围沙隆，他将不得不命令各纵队在彼此相隔较远距离的情况下发起行动，但布卢门塔尔表达了军队当前的普遍想法——这场战争的下一个阶段将会是决定性的，同时他还写道："我们将直接朝巴黎发起进军，而这正是上帝的旨意。"[2] 现在的天气已经转为这一年气温较冷的时候，同时就在 8 月 23 日，当普军开始向前发起进军时，当地又下起了暴雨。

　　早在格拉沃洛特之战爆发的前一天，普鲁士的王家总指挥部就已经迎来两名杰出的访客——从美国远道而来的谢里登将军及福塞斯将军。8 月 19 日，俾斯麦带着谢里登造访了格拉沃洛特战场。此外，在返回的路上，谢里登还得到一次亲眼见证俾斯麦在战斗中临时充当"交通警察"的机会：

　　我们的路线会经过戈尔兹村，同时我们发现当地的街道被大批马车堵塞，以至于我担心我们将不得不耗费今天剩下的所有时间，在清理完路障后才能通过，因为马车驾驶员们根本就没有理会我们的左马驭者（postillions）的喊叫

<hr />

① Attigny，法国香槟－阿登大区阿登省的一个市镇，属于武济耶区阿蒂尼县。

声。当时的俾斯麦伯爵处于同样紧急的处境之下，但他竟然从马车的坐垫后面掏出一把手枪，并叫我老实地待在座位上；接着，他便跳了出来，迅速开始"高效清理街道"（用枪声赶跑这些马车），命令堵在道路两侧的马车向左右两边掉头（以便为自己的马车开路）。他走在马车的前头，并利用手枪为我们开路，直到我们通过那一道道障碍。随后，他便回到自己的座位上，并表示对于北德意志邦联的首相来说，这（动用武力为自己强行开路）真的是件非常不庄重的事情，但也是唯一一种能让我们顺利通行的办法。[3]

之后，谢里登又与王家总指挥部一道出行，继续同俾斯麦一行人度过了相当长的时间。

8月22日，整个总指挥部从蓬塔穆松搬迁至科梅尔西，国王（威廉一世）依旧记得1814年（拿破仑战争时期）反法联军向巴黎进军的过程中，自己在这座城镇里露宿过夜的情形。当谢里登及福塞斯抵达当地时，他们发现："普方早已在远处为我们选好住处，而且这一住处的门上也用粉笔写上了我们的名字。"[4]这种行政效率让德意志人克服了收容大批随行的"业余大军事家"所造成的持续性困难。布希在前往科梅尔西的路上好奇地看着俾斯麦以徒步走上山的方式来减轻自己马匹的负担，为他带路的是阿贝肯，此人"穿着高大的宽顶靴，在整个队伍的最前面走了约一刻钟。他穿的这双靴子的大小及形状，总是让人联想到那些能在三十年战争时期（1618—1648年）的肖像画上看到的东西"。[5]迎来大批访客的不仅仅是普鲁士王家总指挥部，因为就在同一天，第3集团军指挥部的所在城市——利尼（Ligny）南面的城堡中，突然"来了一大堆英国人"，前来拜访王储。对此，王储本人在日记中愤怒地评论道："天知道我早就没有多少（隐私）空间可供这些旁观者窥视了，虽说现在有这么多英国人出现在指挥部当中是件很重要的事情。"他的这句话反映出了普鲁士王国对于自身公共关系的关注丝毫没有减弱。[6]

8月23日，随着德意志人的骑兵巡逻队逐渐四处扩散，并冒着滂沱大雨向前发起挺进，谣言开始源源不断地传至老毛奇的总指挥部，而这些谣言全都声称法军"或许正在撤离沙隆大营"。随着传来的骑兵报告声称，当地（沙隆）东面的村庄没有任何敌军部队出现，这种情况（法军撤退）确实已经出现的可能性变得更高了。很明显，获得一切有关麦克马洪可能的动向的最全面情报是极有必要的；同时，老毛奇还写信给布卢门塔尔，以便后者了解到最新情况：

> 如果骑兵师能始终处在集团军的正面并一直保持到 8 月 26 日，那么这一安排部署便是符合国王陛下意图的。根据我这里接收到的报告，在沙隆完成了集结的敌方集团军并不是不可能正在从该地出发，前去救援梅斯。而在这种情形下，我方有必要让骑兵部队通过向前推进至更远的地方以及沙隆的北面，从而发起侦察行动来确定敌军的确切行进方向。[7]

到目前为止，老毛奇的参谋人员们已经能根据审讯俘虏（所得情报），以及对前几天所收集的一切情报的仔细检查来充分准备一份详尽的沙隆集团军战斗序列；随后，该战斗序列便被分发给了所有为追击麦克马洪而发起挺进的普军部队。[8]在白天，德意志人正试图攻占一周前第 4 军未能强攻得手的图勒要塞。第 6 军的军属炮兵部队并没有接受攻城重炮投入战斗这一过程遭到延迟的现实，而是在手头没有攻城重炮，只有野战炮的情况下直接移动至前沿支援巴伐利亚步兵发起的攻势。最初的几次劝降通告都被法军拒绝；尽管之后发起的一轮长达三小时的炮击让城镇（即图勒）着火，但普军在这之后发出的又一轮（劝降）通告还是遭到回绝。由于这座要塞的防御显然不可能单靠野战炮就可以削弱，于是，德意志人最终只能选择放弃围攻，仅满足于部署（二三线的）地方民兵部队来遮断合围它。[9]到 23 日夜幕降临，除了对沙隆方向进行侦察外，德意志骑兵还主动挺进，对维特里—勒维尼①—蒙德库尔（Mondrecourt）—凡尔登一线进行侦察；与此同时，两个集团军的推进行动也都取得了相当良好的进展。马斯河集团军此刻已经抵近马斯河；第 4 军现已通过科梅尔西，渡过这条河流。第 3 集团军则以坐落于圣迪济耶②及利尼之间的第 5 军，以及身处

---

① Revigny，法国默兹省的一个市镇，位于该省西部、奥尔南河右岸，和马恩省接壤。

② St. Dizier，法国的一座城市，属大东部的上马恩省，也是该省的一个副省会，下辖圣迪济耶区。

◎ 冯·波德别尔斯基，德意志各路集团军的军需总监，郝赛 /《法德战争通史（1870—1871 年）》藏。

索河畔蒙捷[①]的第 11 军作为先锋。第 2 巴伐利亚军位于特龙维勒及利尼之间；除此之外，第 1 巴伐利亚军正在圣欧班[②]后方约 10 英里处；第 6 军则在贡德勒库尔堡[③]的后方。

8 月 24 日，当前领先于军主力约 40 英里，执行侦察任务的骑兵部队传来第一批报告，确认了法军设在沙隆的庞大营地已被废弃。半个中队的龙骑兵骑马闯进大穆尔默隆，他们发现主要军械库的火情虽然给整个营地造成相当大的破坏，但现场仍然留有大量给养、帐篷，以及（完全无法带走的）重型火炮。另一个相关迹象是普军截获到的一名法国军官撰写的一封信，信中内容表明麦克马洪试图发起进军，解救梅斯。这一切都促使老毛奇特别指出，萨克森王储有必要密切监视兰斯方面的动向；同时，他还建议称普军应该破坏兰斯—隆吉永[④]—蒂永维尔整段铁路线上的多处节点，以防在这一情形下（麦克马洪发起进军并解救梅斯），相应铁路确实被麦克马洪及巴赞两人用作未来行动的交通路线。[10]

8 月 24 日中午，随着德意志人继续在阴冷的天气中行进，老毛奇也来到设在利尼的第 3 集团军指挥部，同布卢门塔尔及王储两人进行讨论。早在此前，他便一直催促这两人让骑兵部队尽可能向前挺进，以便确定法军的具体位置。就在他们坐下来重新审视当前位置的时候，他们脑海中非常想要了解

---

① Montiers sur Saulx，法国默兹省的一个市镇，位于该省南部，属于巴勒迪克区。

② St. Aubin，法国科多尔省的一个市镇，位于该省东南部，属于博讷区。

③ Gondrecourt，法国默兹省的一个市镇，属于科梅尔西区和利尼昂巴鲁瓦县。

④ Longuyon，法国默尔特－摩泽尔省的一个市镇，位于该省西北部，属于布里埃区。

的问题是，麦克马洪究竟会不会真的尝试营救巴赞。出席了此次会议的波德别尔斯基首先提出，尽管这（麦克马洪前去营救巴赞）存在极其可怕的军事风险，但法国人还是会出于政治层面的理由做出有关尝试；因此，他建议己方进一步向右进军。[11] 布卢门塔尔则认为，法军向着兰斯方向发起进军意味着"他们的意图是占据一处位置，而该位置的侧翼我们无法穿行；此外，如有必要他们还能从这个位置出发，继续前去营救梅斯。这对于法军来说也不是个坏主意"。[12] 而老毛奇是所有人当中最不相信麦克马洪会为了动身前往梅斯，而主动在自己脑袋上套上绞绳的那个（因为这么做无异于让沙隆集团军自杀）。对他（老毛奇）而言，所有的迹象都在表明麦克马洪仍然打算凭借直接行进，或是占据一处侧翼据点的方式来拱卫巴黎城，就如布卢门塔尔在会议上提出的那样。当下的普军已经决定继续向西进军，但传来的有关法军动向的报告最终说服王储，让他相信他们（与会众人及集团军）至少应该加快推进速度，以备一切不测情况。就在同一天下午，德意志人的骑兵截获众多法国报纸中的一份，并将其呈交给指挥部，此举带来了这样一条情报：麦克马洪同他那支总兵力在 15 万人左右的集团军此刻确实位于兰斯。到 8 月 24 日夜间王家总指挥部人员动身前往巴勒迪克[①] 时，天空再次下起了雨。就在抵达这座城市时，老毛奇基于利尼会议上的讨论结果起草了一道命令，准备让两个集团军朝着一个"可以视情况而定，让他（麦克马洪）主动选择掉头朝兰斯进军或是继续向巴黎进军"的方向发起挺进。但最近传来的"麦克马洪已经抵达兰斯"的新闻意味着这道命令已经没有任何存在必要，于是他（老毛奇）撤回了该命令。[13]

当天晚上，霍亨洛厄亲王寄宿在一名牧师的家里，由于后者总是对德意志人的意图感到好奇，以至于亲王怀疑自己的东道主可能与法军存在联系（为其充当间谍）。当牧师询问德意志人在抵达沙隆后会不会通过铁路前往巴黎时，霍亨洛厄亲王的旅参谋长（brigade major）严肃地回答说，他们担心法国铁路

---

① Bar le Duc，法国东部城市，大东部大区默兹省的一个市镇，也是该省的省会和人口第二多的城市。该地位于默兹省西南部，是这一地区的政治文化中心，巴黎—斯特拉斯堡铁路经过其境内并设有车站。

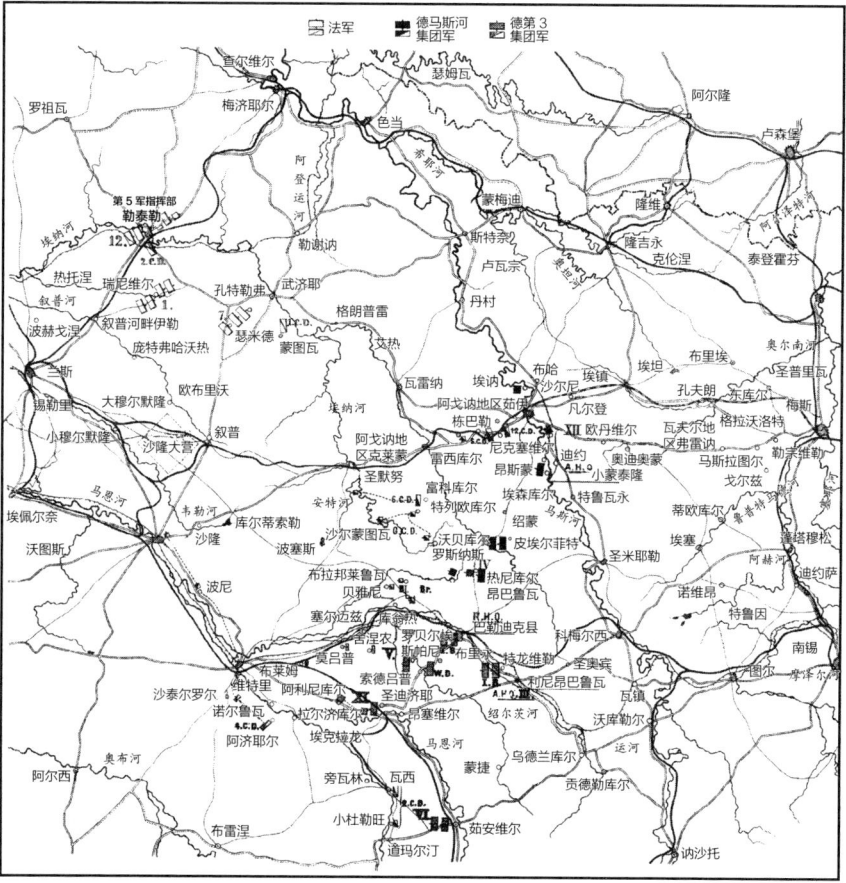

◎ 8月24日，各集团军所处位置。

局的官员早就已经逃走，因此，他们（普军）在火车站的售票处应该找不到卖给自己车票的人。牧师的答复让霍亨洛厄打消了对他的疑虑，不再怀疑他心怀不轨（为法军刺探情报）的可能："是的，那确实有些困难（Ah oui, il pourrait y avoir des difficultés）。"[14]

为了移除自己推进路线上进一步的阻碍，老毛奇已经命令萨克森第12军于8月24日通过一场强袭行动①，再次尝试夺取凡尔登——同图勒要塞的情况一样，为避免投入攻城重炮将会造成的长时间拖延，普军再一次只用野战炮，对要塞发起强攻。尽管遭到相当猛烈的炮击，但结果还是一样，要塞守军的司令官愤怒地拒绝了劝降。面对这样的决心，要塞的强大防御工事决定性地挡住了萨克森王国陆军的一轮步兵突击。留下一个旅遮断要塞后，萨军转而向西面发起推进。[15]

福布斯在一次寻找第3集团军的失败之旅后，再次追上了普鲁士王家总指挥部，亲眼看见国王抵达当地，后来又从住所出来，一边抽着雪茄，一边听着巴伐利亚步兵团军乐队的演奏。福布斯认为，巴伐利亚王国军的军盔同普鲁士士兵所用的头盔（矛尖盔）相比，可以算得上（德意志联军所有参战国军队当中）最丑的，而且他们的淡蓝色军服很快就会变得"肮脏不堪"。[16]谢里登则秉持着完全不同的观点，记述称巴伐利亚军"都是外观齐整的士兵，身着亮蓝色的整洁制服②。他们看上去健康强壮，但身高似乎要比北德意志人矮些"。[17]陪同老毛奇及波德别尔斯基两人来到第3集团军指挥部参加利尼会议的韦尔迪，同样被自己在当地看到的士兵制服所震惊："王储的指挥部外都是些五颜六色的家伙。除了北德意志邦联军各兵种的制服外，在这里你还可以看到巴伐利亚王国陆军的亮蓝色步兵制服及亮绿色轻骑兵制服，以及颜色较暗的符腾堡王国陆军制服。同样显眼的还有英军红——其（这种颜色的军服）穿戴者是英国全权军事代表沃克尔（Walker）中将。"[18]但德意志人的步调统一性是相当令人震惊的——正如布希在亲眼观察过巴伐利亚王国陆军的部队在普鲁士国王前列队行进，接受检阅的情形后所给出的评论那样："究竟有谁会在1866年战争③结束后，甚至三个月之前认为这一切都是有可能发生的？"[19]

---

① coup de main，法国军语，法语原意为"用手猛击"，指通过飞快的速度或是意外性，向敌人发起迅猛的攻击。

② 谢里登在美国内战时期所指挥的北军制服也是蓝色的，不过色调更深些，南方对其有"蓝色魔鬼"之类的蔑视性称呼。

③ 1866年普奥战争时，巴伐利亚王国、符腾堡王国等大部分南德邦国还都是奥地利帝国的盟友，与普鲁士王国为敌。这些南德邦国也并没有加入普奥战争结束后新成立的北德意志邦联。但北德意志邦联的宪法在原则上还是保留了"允许南德邦国加入邦联"的可能。

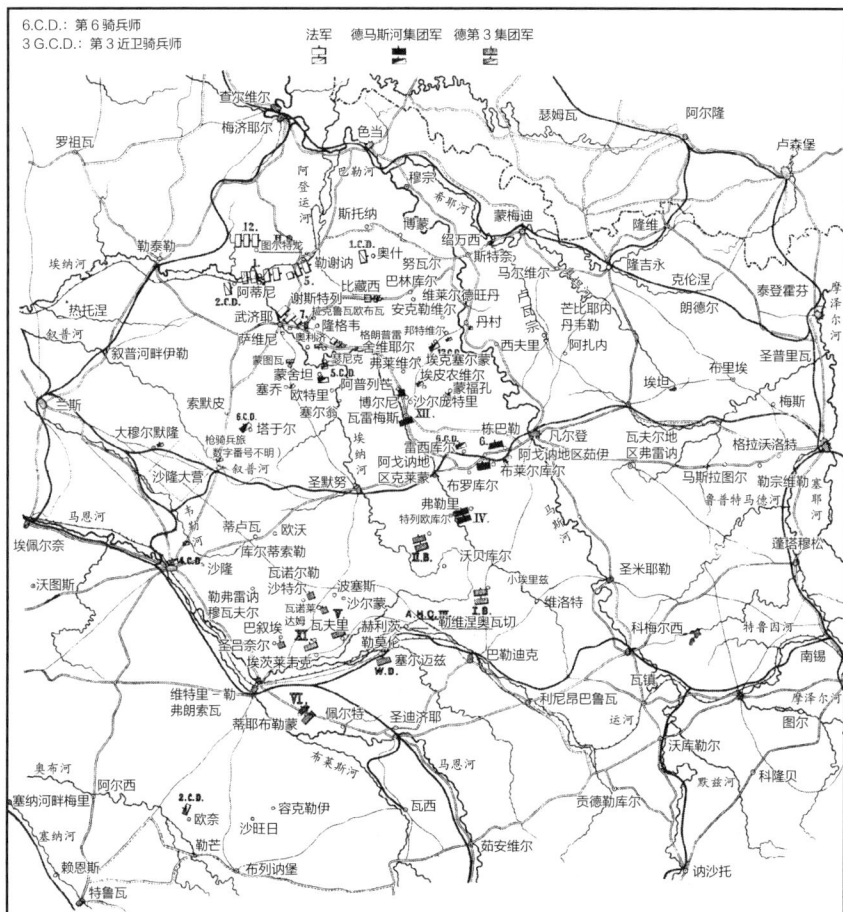

◎ 8月26日，各集团军所处位置。

8月25日，送达指挥部的几份侦察报告都被众人急切地读完。它们证实了麦克马洪向兰斯的进军，但没有透露其后来的动向。老毛奇仍对法军的意图持谨慎态度。除了对敌军意图持续的不确定外，他还担心任何计划上的变动，都将造成极其严重的后勤恶果：

在没有最迫切需要的情况下，将一份早已拟定好、精心设计的行动计划替换为一份全新、未做好任何准备的计划都将是件非常严肃的事情。因为一些

216

后来可能会被证实是毫无根据的虚假谣言及情报，而仓促改变整个集团军的推进方向可以说是极其不明智且极不熟练的。这样的行动进程必然会导致无穷无尽的困难：运输部队行李及增援部队的安排均会遭到取消，漫无目的的行进可能会损害部队成员对于其指挥官的信心。[20]

因此，就在上级让马斯河集团军向西行进的同时，第3集团军于翌日，奉命只向自身右侧稍稍移动，将右翼布置在吉夫里[①]，左翼布置在尚吉[②]。第3集团军的侦察行动表明麦克马洪已经在兰斯停了下来，因此，当下的普军暂时推迟了任何更为剧烈的转向机动。

整个8月25日里，德意志人的骑兵部队始终在朝西面及西北面不断推进。第5骑兵师依照老毛奇下达给马斯河集团军的指示，派出一个团的兵力（第17骠骑兵团）去破坏蒙梅迪以西的铁路线，烧毁了斯特奈附近的一座木质铁路桥梁。该师的余部则朝着圣默努发起进军；与此同时，第12骑兵师在未遭遇任何敌军的情况下行进到了瓦雷讷[③]。此外，第6骑兵师在前往巴黎的路上，具体是自维特里出发，向圣默努进军的过程中因为偶遇法军的一个别动队营，而出现了一段短暂的兴奋时刻。经历一场混乱的遭遇战之后，法军整个营被普军俘虏，双方的损失都非常轻微；但在当天稍晚些时候，有一批法军战俘在行进途中因逃跑未遂而被打死或是打伤。[21]在事态不断发展的过程中，第4骑兵师同样记录下了一场胜利——该师出现在维特里城下，当时这座要塞的守军仅为300名国民卫队成员。随后，该师向要塞司令官发出劝降令；而后者也在普军的炮击威胁之下，最终选择投降。[22]

当天下午，老毛奇坐了下来，开始思考当前处境。尽管仍然难以相信自己的对手会采取如此冒险的举动——直接朝东北方的梅斯城发起进军——但战场上的蛛丝马迹越来越多地指向了这种可能。

因此，他制定了一份仅限个人使用的行军进程表，并在这份表中估计马

---

① Givry，法国东部布格涅地区索恩和卢瓦尔省的一个社区。
② Changy，法国卢瓦尔省的一个市镇，位于该省西北部，属于罗阿讷区。
③ Varennes，法国默兹省的一个市镇，位于该省西部偏北，属于凡尔登区。

斯河集团军麾下的三个军连同两个巴伐利亚军将会耗时三天，赶赴马斯河东岸的当维莱尔①地区。如果这些部队真能顺利渡过这条河，他们便完全可以在一个有利的位置上同麦克马洪交战。此外，老毛奇还期望自己能把构成了腓特烈·卡尔亲王集团军（当时正负责围困梅斯）的预备兵力的第3军及第9军，途经埃坦及朗德尔②两地，投入到战斗当中——这将使他的手头拥有总计15万名步兵的庞大兵力，并将其用于阻挡麦克马洪的前进。[23]

福布斯此刻早已说服自己，充分让自己断定维特里及沙隆将会是第3集团军的行进方向。因此，他在另一次尝试追上王储的旅途中直接朝这个方向出发，从而完全错过了（该部当时所进行）这场战役的下一个阶段。他这次同目的地的距离实在是太远了，以至于最终在8月31日才跟上集团军。[24]

8月25日夜间，韦尔迪与数名德意志联军的低阶参谋军官在巴勒迪克用完晚饭后，兴高采烈地唱起了《守卫莱茵河畔》③及其他一些歌曲。可就在这时，他们的娱乐活动被一名值班军官打断：

此人（值班军官）突然闯进来并大声说道："毛奇将军要求各处处长出席会议，另外四名军官也要立即准备好骑马出发！"没过一会儿，我们先前那股兴高采烈的精神就彻底消失了，不得不再度回归到严肃的工作当中。佩剑很快就被扣在武装腰带上面。"敌人正在进军"——我们如此猜想道。随着我们冲进附近的办公室，"但究竟是朝着哪个方向"才成了（我们脑海中）真正的问题。事实证明我们是对的，敌军早已发起进军。阿尔伯特亲王的骑兵师此前早已冲进沙隆大营，却发现当地已是空空如也，因为法军正在朗兰斯方向撤退。后来有情报表明，敌军已经通过勒泰勒。对于总参谋部的所有工作人员来说，麦克马洪竟会直接发起进军以营救梅斯城是件令人相当震惊的事情。我们需要主动对抗他的这一尝试，这一点的必要性在理论上似乎也没什么可说的。但法军想要通过一场侧翼进军以包抄我们右翼的企图，只可能在

① Damvillers，法国默兹省的一个市镇，属于凡尔登区当维莱尔县。
② Landres，法国默尔特－摩泽尔省的一个市镇，位于该省北部，属于布里埃区。
③ Wacht am Rhein，这是一首德语爱国颂歌，流行于普法战争及后来的第一次世界大战期间。

218

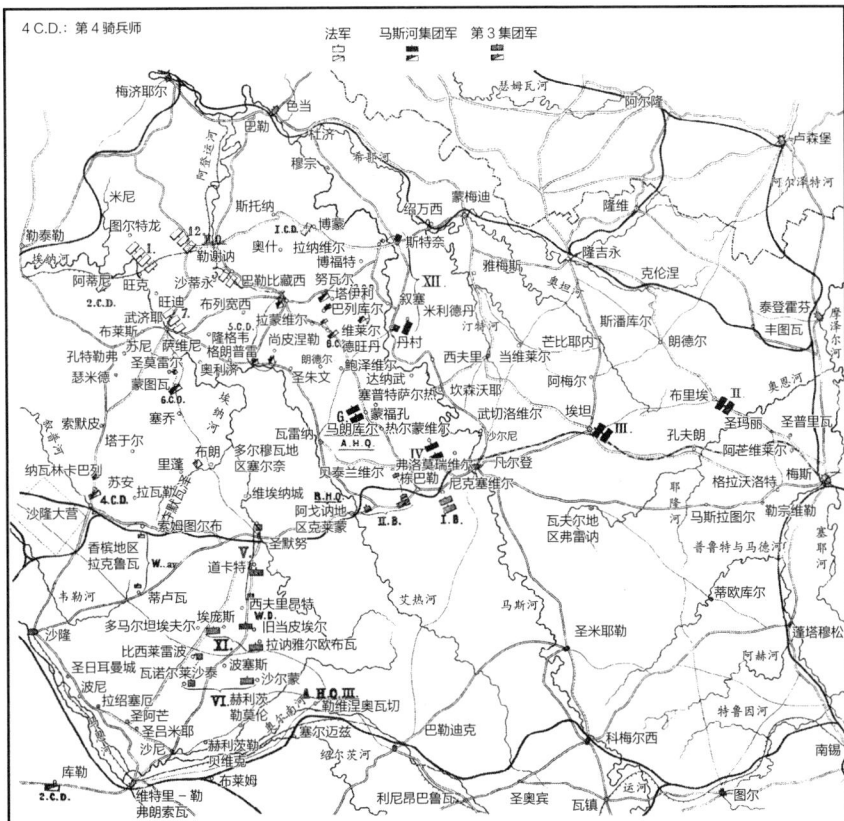

◎ *8月27日，各集团军所处位置。*

他们部队的行军速度快过我们，且我们所有人都成为瞎子的情况下才变得切实可行。[25]

老毛奇当即直接对相应几个军下达命令："根据先前的指示，各军明天将不会发起进军，而是及时生火做饭，暂时休整，并等待进一步的行军命令。"[26] 布卢门塔尔于当天夜间收到这一消息时，起初他还有些怀疑，因为所有的报告都源自"报纸及其他一些类似的进行了不可靠描述的情报来源"；但对其（该消息）真实性反复确认后，他也接受了麦克马洪正试图掉头转向北面的这一事实。[27] 韦尔迪被派遣至 20 英里之外的萨克森王储处，在黑夜中忍受了一段相当毛骨悚然的旅程，最终于黎明之前抵达目的地。正是在这里，他叫醒王储及施洛特海姆，这两人随后"下定了决心，几乎也就在同时这么照做——没有等待更进一步的情报到来，而是立即让自己的部队向着更北面移动"。[28]

对于老毛奇来说，做出这项决定仍旧不是那么轻松的：在任何情况下，直接闯入多丘陵且植被茂密的阿贡，并因此打乱先前基于向巴黎进军的计划而谨慎制定的补给安排，都会是极其冒险的举动。此外，做出这一决定的依据不是直接通过自己的骑兵部队实施侦察行动所得来的有关敌军行踪的切实报告，而是通过报纸、人们的言论及海外电报——这意味着老毛奇接下来不得不做的一切，都将会是一场巨大的赌博。而"先掂量下斤两，然后再放手一搏"（Erst wägen, dann wagen）这句话一直以来都是他的座右铭；同时，老毛奇一旦拿定主意，他和波德别尔斯基两人便立即找到国王，并获得了最后者的授权。庞大的车轮就这样朝着北面转动了。

与此同时，老毛奇得出一个结论——麦克马洪此时仍在勒泰勒——并据此展开行动。8月26日，他开始向东移动。尽管第7军仍旧停留在武济耶周围，掩护着普军右翼，但位于左翼的第12军已经取得进展，抵达图尔特龙①。在战线中央，第5军及第1军于勒谢讷及阿蒂尼之间排成多个纵队，走在两军前面的是位于奥什（Oches）的马加雷特骑兵师，跟随在该师后面的则是博纳曼斯师。杜威已经向格朗普雷②派出第7军麾下一个由博达斯（Bordas）将军指挥的旅，但此人在当地遭遇了第5骑兵师的前沿侦察部队：该师最初是从圣默努向武济耶行进，在此刻却已经被命令向格朗普雷发起行进。博达斯立即撤离这片地区，并直接钻进不可通行的波赫戈涅树林（Bois de Bourgogne）；同时，他还告知杜威自己正面对着兵力远胜于己的敌军力量，因此只得向比藏西③撤退——第7军麾下的另一个旅也已经挺进到这个地方（比藏西）。然而，萨克森军一个骑兵中队在当地的突然出现，同样导致了该旅立即朝着武济耶的法军主力方向撤退。杜威已被这些战报说服，断定有敌军正在他的北面，因此没有尝试离开

---

① Tourteron，法国北部阿登省的一座社区。

② Grand Pré，法国香槟－阿登大区阿登省的一个市镇，属于武济耶区格朗普雷县。

③ Buzancy，法国皮卡第大区埃纳省的一个市镇，属于苏瓦松区乌希堡县。

自己布置在武济耶东面高地上，介于切斯特列（Chestres）及法莱斯（Falaise）之间那座早已准备好用来自卫的据点。然而就在此时，博达斯突然发现自己先前所犯下的错误（过于盲目地撤退），并意识到他的正面仅有若干普军骑兵支队。因此，他又重返格朗普雷，夺回了这座城镇。不过就算这样，他的师长杜蒙（Dumont）还是命令他，朝着位于武济耶的法军主力方向撤退。在倾盆大雨中，杜威军仍旧留在原先的位置上，并为迫在眉睫的敌军攻势做好了准备。麦克马洪则于当天夜间晚些时候回到图尔特龙，并在得知消息后决定自己必须于翌日，集中整个集团军的兵力向武济耶—比藏西一线行进。尽管当前情形下的法军完全不了解自己正对面敌军的情况。但在另一方面，多份有关这片地区法军动向的准确且详尽的报告，已经被迅速送到了德意志人的指挥部。

当天夜里，拿破仑三世确信了当前战场上到处都有德意志人的骑兵部队在沙隆集团军的危险位置（对该部而言）周围出没，因此决定将帝国皇储送走。拿破仑三世特地小心翼翼地不去和欧珍妮皇后商量自己所做出的这个决定，于是就在第二天早上，"父亲同儿子及多名对于一支蒙受了惨败的军队而言没有任何用处的副官，在图尔特龙分别了。路易[1]悲伤而又困惑，但作为一名军人还是表现出了服从的态度。拿破仑三世则在竭力掩饰着'这将是他们之间的最后一次拥抱'的不祥想法"。[29]帝国皇储与他的护卫们就这样启程前往梅济耶尔；与此同时，拿破仑三世带着麦克马洪的指挥部人员，向勒谢讷出发了。

8 月 26 日，麦克马洪发出一则消息，警告巴赞称如果自己没有他的情报，就会很难再向东继续移动。同时也是在这一天，巴赞计划执行一场行动，让自己的部队向梅斯东面行进，以迫使德意志人在城市的那一侧（东侧）集中，进而促成自己与麦克马洪之间的相连。然而，糟糕至极的天气状况直接导致推进的步伐被迫停下。而采取这样一种行动的决策，似乎是在没有任何关于麦克马洪动向的情报这一情况下擅自做出的。根据巴赞后来向军事法庭提交的证据，他一直等到 8 月 29 日才得知麦克马洪以及沙隆集团军所实施推进的消息（尽管他的一名参谋人员后来声称，他早在 8 月 23 日就已经得到消息）。为讨

---

① 即拿破仑四世。

论当前局势而召开的将领会议得出的结论是，可用弹药数量的不足已经彻底排除了当天再发动任何攻势的可能。[30] 在仍未结束的滂沱大雨中，巴赞骑马返回自己的住处，并在路过一队士兵时说道："好吧，他们今天是不会咬人的。"这句话指代的可能是他自己的将军们，也有可能是敌人——这些普军部队并没有被法军的推进所诱惑，从而对自己的所处位置做出任何实质性的改变。

整个 8 月 26 日里，德意志人的骑兵一直在孜孜不倦地沿着整条正面战线搜寻麦克马洪。然而，他们的大胆使自己不可避免地遭受了偶尔的挫折：就在沙龙以西约 20 英里外的埃佩尔奈①，一支总兵力为 40 人的枪骑兵部队被派遣到这里，负责捣毁铁路；可就在他们在集市上实施集结的时候，该部遭受了占压倒性数量优势的别动队及当地居民的攻击。虽说绝大多数枪骑兵都侥幸逃脱，但还是有六个人被法方俘虏。

事实上，假如施洛特海姆在前一天想到过向北，对自己的右侧进行侦察，老毛奇就会在 8 月 25 日黄昏之前得到自己需要的一切情报。然而从实际情况来看，双方很快便发生了交火。但马斯河集团军的主力当时正在向北朝瓦雷讷、唐贝索（Dombasle）及弗勒里（Fleury）三地移动，仍旧未与敌人发生任何接触。当天中午，王家总指挥部在巴勒迪克召开一场会议，以思考当前处境。即使到了现在，老毛奇还是难以接受麦克马洪确实想要前往梅斯的这一事实："在战争的绝大多数情况下，只有战略家才能估计出可能性。而在通常情况下，其规则往往是——战场上出现的可能只会是敌人做出正确的事情（而不是像现在的麦克马洪那样，犯下如此明显且严重的战略过失）。"[31] 王储突然发现，老毛奇此刻竟一反常态地"处在明显的兴奋情绪之中，因为现在一下子出现了一个具有充分根据，足以分割麦克马洪元帅所辖集团军的绝佳机会"。[32] 当然，王储和布卢门塔尔两人在自己脑海中可以说是相当清楚：事实就是巴黎方面可以等待②。因此，他们两人并不准备就此错过这样一场有可能迅速结束整场战争的决定性大会战。第 3 集团军现在也正转向根据现有信息所推断出来，麦克马洪集团军的侧翼及后方。作为预防措施，这几道命令又被抄送给了身在梅斯的腓特

① Épernay，法国马恩省的一个市镇，属于埃佩尔奈区。
② 因为时间拖延越久对法军越有利。

烈·卡尔亲王，并要求第3军及第9军移动至当维莱尔，支援马斯河集团军的行动。王储和布卢门塔尔两人随后启程，前往设在勒维尼欧瓦切（Revigny aux Vaches）的集团军指挥部新地址，以下达在翌日发起进军的命令。就在当天下午，布卢门塔尔通过一张这片区域的地图，向战地记者罗素解释了当前的处境："你看，这些法国人全都跟丢不见了。可我们知道他们在这里，还有那里——麦克马洪整个集团军的成员到处都是。他们能跑到哪里去？一帮可怜的傻瓜！他们一定是跑去（中立国）比利时了，否则就是在这里同我们交战，并就此蒙受惨败。"当他说话时，他的手指向的是介于梅济耶尔及卡里尼昂①两地之间的大片区域。[33]

8月27日，麦克马洪基本已经确定，他无需在武济耶及比藏西之间进行预定的集结行动，但还是整顿好了自己的部队并继续进军：虽说杜仍被他自身周围的敌军骑兵巡逻队所迷惑。认为自己的一切举动都已遭到敌军密切监视的想法，已经让整个（麦克马洪）集团军所有阶级的官兵逐渐丧失信心。德意志骑兵对法军行进纵队实施的袭扰很快就产生了非常重大的影响：

> 这一切的结果便是敌军步兵那难以形容的疲惫状态。夜幕降临时，他们行军到了尽头，可整支部队早已精疲力竭，彻底忽视了对自己那悲惨的宿营地周围前哨的最为基本的防范敌袭措施。与此同时，尽管我们的步兵同他们离得相当近，他们对此却毫不知情。而我方这些步兵现在正舒适地住在村庄里。[34]

然而，麦克马洪并没有纠正将自己的大部分骑兵部队部署在集团军主力左翼及后方的严重错误，而这一错误在一定程度上还是造成他持续性完全不了解德意志人动向，以及德意志骑兵能够轻松且彻底追上沙隆集团军的行动的原因。

在个别少见的情形下，法军骑兵在被运用的过程中表现出了更强主动性——他们几乎无法与对手（德意志联军的骑兵）匹敌。8月27日，德·费利所辖第5军麾下的布哈霍（Brahaut）骑兵师已经移动至比藏西，以掩护该

---

① Carignan，法国大东部大区阿登省的一个市镇，位于该省东北部，属于色当区。

军在巴尔（Bar）的集结行动，该师有两个猎骑兵中队被部署到这座城镇的南面。遭遇这伙法军的萨克森第 24 骑兵旅前卫部队立即遭到攻击，不过在该旅旅长、富有进取心的森夫特·冯·皮尔萨赫（Senfft von Pilsach）少将的个人指示下，萨克森人还是将这伙猎骑兵驱逐到了比藏西镇里面。然而正是在这里，法军骑兵的主力加入到战斗当中，并迫使萨军撤退；直到冯·沃菲尔斯多夫（von Wolffersdorff）上尉带着一个中队发动一场漂亮的侧翼攻击，法军才被再次击退。当萨军的一个骑炮连参与时，这场战斗亦被完全终结：该炮兵连的火力极其有效，以至于法军再度发起反击的尝试被彻底粉碎，这伙猎骑兵则是"过分匆忙地撤离比藏西，甚至导致现在同样处在前进状态下的第 18 枪骑兵团第 3 中队根本无法接近他们"。[35]25 年后，一位评论员在提及炮兵与骑兵之间的关系时就曾指出，这场战斗"是整场战争中或许最具特色的，甚至有可能是唯一一场纯骑炮与纯骑兵之间的战斗"。同时，他还表示这一经历直接导致了三天后德·费利未能有效运用自己的骑兵部队，以掩护他当时待在博蒙（Beaumont）的军。[36]法军在阻遏野心勃勃的个别普军（骑兵）巡逻队时也没能起到多少作用。同样是在 8 月 27 日这天，一位富有进取心的德意志骑兵军官——冯·齐格勒（von Ziegler）中尉骑着马，在第 7 军周围跑了将近 90 英里，并凭此确定该军当时在武济耶。[37]

麦克马洪将马加雷特师向前移动至博蒙，试图以此获得巴赞的消息，因为现在他正非常明显地变得愈发不安。对于德意志骑兵的突然现身所表现出的过度惊恐，反映了法国人正越来越焦虑于自己当前那明显危险的处境。布卢门塔尔认为，麦克马洪应该立即发起进攻："对于我们（普军）来说，最不利的情况可能是麦克马洪在此刻投入自己的所有兵力，向我们发起攻击。"[38]当时的德意志各路集团军正在掉头，向北进入阿贡森林，状态确实有些虚弱。韦尔迪及他的同事们则正在解决各种突然产生的参谋工作问题，而问题产生的原因是："近 25 万人面朝西方，分布在一条长约 70 英里的战线上，他们经历了 4 ~ 5 天之久的行军，又突然掉头转向自己的极右翼，将自己（的正面）从原先朝向西面转为朝向北面。"尽管阿贡当地景色迷人，但上述种种问题直接导致这个地方被"深深地诅咒了"。[39]老毛奇在麦克马洪的当前选项问题上与布卢门塔尔持相同看法，即：

在法国军队中，人们对于阻遏一轮攻势的关注，似乎远不如对于躲开这一轮攻势（的关注）来得多，对于同另一个集团军进行会师的合流点蒙梅迪的关注好像还要更少些。当德意志人自南面发起行动的情况被法军确凿无疑地探明后，他们（法方）的最佳选项肯定是朝着那个方向发起猛烈攻势，尝试着击败他们（普方），或者至少把他们（普方）驱逐出自己（法方）的行进路线附近。

然而，老毛奇还记述道："德意志人的骑兵构筑了一道几乎无法突破的屏障。法国的麦克马洪元帅不可能知道自己的敌人从维特里一直到瓦雷讷排成多个纵队，两地之间的距离超过 37 英里，而且（由于兵力过少且过于分散）无论是通过哪种形式，都根本不足以认真地发起攻势。"[40] 就在 8 月 27 日当天稍晚些时候，老毛奇有了足够的信心，收回了让腓特烈·卡尔亲王从位于梅斯周围的集团军当中抽出两个军兵力（派来支援作战）的命令。[41]

在整个 8 月 27 日，法军同德意志人骑兵巡逻队之间持续不断的交火，进一步向麦克马洪强调了他当前所冒的风险；此外，就在他收到德意志人的步兵已经先于自己，来到马斯河畔的报告时，麦克马洪充分断定自己成功穿行至梅斯的最后希望现已破灭。因此，他此刻在勒谢讷的指挥部内下达数道命令，要求部队通过左转，将自己的正面转为朝向北面，试图让自己的集团军朝着作为行动目标的沙尼（Chagny）、旺德雷斯①、普瓦（Poix）及梅济耶尔移动。接着，他又向自己的情报总管斯托菲尔上校口授了一份需要传达给八里桥伯爵的报告。在这封电报中，麦克马洪提到当前有整整两个集团军在威胁自己，一个位于马斯河右岸，另一个正朝阿登进军：

我没收到任何来自巴赞的消息。如果我想发起推进以实现同他的会师，我的正面将遭到德意志人的第 1 及第 2 集团军一部的攻击——这些敌军得益于树林的掩护，能够隐藏起一支规模远胜于我的兵力。与此同时，我还会遭到普

---

① Vendresse，今法国东北部阿登省的一个社区。

鲁士王储的攻击，这会导致我的撤退路线被切断。我将于明天抵近梅济耶尔，并在那里继续我的撤退；同时在这一系列事件指引下，一路向西行进。[42]

就在麦克马洪即将发出这封电报时，他的参谋长朱尔·法夫尔突然进入房间。朱尔·法夫尔把电报读了一遍，并正确预言了这么一种情况：如果真的将这封电报发出去，那么它在之后肯定会被巴黎方面否决。因此，他强烈建议麦克马洪不要发出电报，并如此说道："你可以明天再将它传送出去，届时我们已经在前往梅济耶尔的路上了。"然而，麦克马洪还是坚持（在当时）将它发送出去，并于翌日凌晨 1:30 收到来自八里桥伯爵不可避免的强硬答复：

如果你让巴赞陷入了困境，革命就会在巴黎城内爆发，而你本人也将遭到敌军全部力量的攻击。巴黎城能很好地保护自身，免受外敌攻击，防御工事全都是完整的。在我看来，你同巴赞之间的快速会师是极有必要的……在这里（巴黎）的每一个人都感觉到了营救巴赞的重要性，而你的举动在被人注目的过程中，充满着最大程度的悬念。[43]

接着，八里桥伯爵表示王储虽然已将正面朝向北面，但麦克马洪至少还有 36 个小时的时间可用于摆脱他：如果可能的话，甚至会有 48 个小时；此外，他的答复中还有"增援部队正在赶来的路上"诸如此类的内容。当然，麦克马洪很清楚，或者说应该很清楚这一切都是胡说八道。尽管皇帝向他提出紧急建议，可他还是一如既往地取消了撤退命令："元帅的意志在这般重压之下彻底崩溃了，他无法忍受人们在将来，把他说成抛弃了另一位元帅同僚的人。"[44]虽说新的命令被立即下达给法国人的四个军，但这一切来得实在是太晚了，根本无法阻止移动的开始：

然而，各军早在收到这一命令之前，就已经于 8 月 28 日上午发起朝向梅济耶尔的进军；与此同时，被派到队伍前头的马车车队也被命令必须撤回。行进中的纵队在多处地方交错。在倾盆大雨中变得泥泞不堪的道路上挤满了疲惫不堪的法军部队，他们浑身湿透、灰心丧气，直到当天深夜才抵达目的地。[45]

因惨败造成的死亡总是人为的，或者说几乎完全是人为原因导致的。就在同一天，即 8 月 28 日，皇帝于斯通（Stonne）做出最后一次且最为坚决的劝阻尝试，试图说服麦克马洪不要执行八里桥伯爵的指示。他指出这（八里桥伯爵所给指示）在事实上并非具有强制效力的命令。同时，皇帝表示麦克马洪可以自由地采取一切他自己认为合适的行动。总之，他应该重新思考自己接下来的处境。但在之后，斯通方面又收到一封来自八里桥伯爵的电报，且这封电报的措辞比以往更加强硬："我以枢密院部长会议的名义，请求陛下您协助巴赞，利用您所拥有的 36 小时优势摆脱普鲁士王储。[46] 这就足够了，因为这就是我向您提出的（全部）请求（Je vous demande）。"面对这一点（八里桥伯爵的强势催促），尽管拿破仑三世可谓说出了自己能说出口的一切理由，但麦克马洪元帅仍旧倾向于压抑遵循军事常识的自身本能，转而执行这样一份不合乎军事常识的明确命令。

看到这里，我们很难不对麦克马洪产生些同情心理：施加到他身上的两方压力不仅空前强大，而且是相互矛盾的。然而事实上，几乎是直到最后一刻，他都还有逃脱的机会。他也并不是看不出来将八里桥伯爵的指示继续执行下去，将招致一场彻彻底底的浩劫，但在最后，他还是照做了。他似乎是期望发生什么事情来扭转局势：或许期望巴赞能发起突围行动，或许期望德意志人会主动以某种方式把他（麦克马洪）留给他们（普军）的大好机会弄得一团糟。其中，后一种期望或许是最不可能发生的一种（出现能最终挽救他的突发事件）。因此，就在 8 月 28 日的斯通，麦克马洪最终"确保"了沙隆集团军将会面临彻底的毁灭。

然而，麦克马洪如果能在向东北面进军的过程中，让自己的行进纵队更快地发起推进，整个战役进程或许就会变得有所不同。特别是杜威——如果能在此前让部队向丹村的渡口发起推进，他就很有可能会先于最为前沿的德意志军队抵达该地；当时的普军在完成右转向机动后，处于最前沿的是第 12 军及近卫军。正如巴伐利亚军的官史作者所指出的那样，这两个军是不可能在 8 月 27 日夜间之前抵达丹村的，而杜威一开始其实完全可以坚守这座渡口，直到迪克罗的第 1 军及另外两个军通过斯特奈完成渡河。就如黑尔维格（Helvig）接下来所观察到的那样："通往色当的整个行动的成功取决于这两天——8 月

◎ 发生在努瓦尔的战斗，帕朗德尔绘，郝赛 /《1870—1871 年的战士们》藏。

27 日及 28 日正确并且迅速的军事部署。"[47] 同时，也就在这两天中的后一天，杜威再一次浪费了一天里的绝大多数时间，在卡特尔尚[①] 等待着早已被推迟的命令：因为麦克马洪派出去的第一名携带该命令的军官，已经在半路上被德意志人的骑兵部队俘虏。到 8 月 28 日夜幕降临，杜威仍未抵达巴尔一线，而是在布尔欧布瓦[②] 露营过夜。当时，德·费利已经抵达贝尔瓦尔（Belval）及贝尔瓦尔布瓦德达姆[③] 两地，位于其后方的马加雷特师则在索莫特（Sommauthe）。莱布伦的第 12 军位于斯通及拉伯萨斯（La Besace）之间；与此同时，博纳曼斯的骑兵师仍旧留在斯通西南面。最后，迪克罗同第 1 军则是在勒谢讷及巴尔河畔的桥梁之间一条公路上。

身处勒维尼的布卢门塔尔于 8 月 28 日凌晨 4:30 被突然唤醒，并收到了向

① Quatre Champs，法国香槟－阿登大区阿登省的一个市镇，属于武济耶区武济耶县。
② Boult aux Bois，法国香槟－阿登大区阿登省的一个市镇，属于武济耶区勒谢讷县。
③ Bois des Dames，法国香槟－阿登大区阿登省的一个市镇，属于武济耶区比藏西县。

图尔贝河（Tourbe）一线移动的新命令。[48] 接着，他又移动到圣默努，这座城镇正是当天他的指挥部所在地。同样是在这里，他收到消息称敌人正在撤退，且可能是朝勒谢讷方向撤退。在这一整天里，第3集团军冒着连绵不断的大雨，继续向北行进。布卢门塔尔则同往常一样，认为让每个人都处在可以遮风挡雨的居所的庇护之下是件非常重要的事情。普鲁士王家总指挥部在这一天将自身驻地选在克莱蒙（Clermont），谢里登则在当地的一户药剂师家中舒适地度过一晚之后，前去造访俾斯麦，却发现这位首相不像他那么幸运，只被分配到了一间非常窄小且极不舒适的房子内。正是在这里，谢里登发现首相"将自己裹在一件破旧的晨袍中进行他的工作"。俾斯麦向谢里登解释了当前发生的情况，并将麦克马洪的推进形容为"一种浮躁的策略，除非是法国政治环境所导致（这么一种现象的发生），否则根本无法解释"。[49] 经过白天时分因相互矛盾的骑兵侦察报告所导致的不确定性后，令此刻的老毛奇非常满足的是，他知道了麦克马洪当前正在试图做什么，而且很清楚对付这位法军元帅的最好办法——"德意志的骑兵收到了要求严格的命令；与此同时，需要尽可能密切地注意法军动向，而不是以任何方式阻遏或压制他们"。[50] 正是在执行这些指示的过程中，萨克森军在面对法军向马斯河渡口推进的情况下，先行撤离了努瓦尔①。到夜幕降临时，第12军抵近马斯河右岸，并占据了丹村及斯特奈两地的渡口。近卫军则被部署在邦特维尔②及罗马涅（Romagne）。同往常情况一样，德意志联军的指挥官们都极度关心自己部队的待遇，正如霍亨洛厄亲王描述的那样：

　　绝对有必要让近卫军在安通溪（Anthon）前方的两座村庄——邦特维尔及罗马涅之中安营扎寨，准备过夜。但在向这两处位置行进的过程中，一场猛烈的暴雨倾盆而下，把一切淋得湿透，地面也因此变得泥泞不堪。仰仗着前沿骑兵部队的可靠性——他们在任何情况下都能足够快地带来敌军抵近的情报，让友军部队及时占领据点及有利位置——总指挥部得以让步兵充分利用上述两

---

① Nouart，法国香槟－阿登大区阿登省的一个市镇，属于武济耶区比藏西县。

② Bantheville，法国默兹省的一个市镇，属于凡尔登区蒙特福孔达尔贡县。

座村庄的庇护（为他们遮风挡雨）。事实上，整个军的官兵都在众多民房、马厩和谷仓当中找到了抵御这一恶劣天气，属于自己的庇护所。[51]

第4军则在南面约5英里之外的蒙福孔①。第1巴伐利亚军已经抵达瓦雷讷；第2巴伐利亚军则在维埃纳勒沙托②；与此同时，第5军正在塞尔奈③及马尔米（Malmy）之间横渡图尔贝河。符腾堡师也已抵达图尔贝河一线，第11军则在伯恩（Bionne）后方的考蒂蒙特（Courtimont）。因此，当下的德意志联军仍然只有骑兵同麦克马洪发生交火，而这些骑兵也还在继续观察他的一举一动。在战线右翼，第12骑兵师现已撤离努瓦尔；除此之外，近卫骑兵师在比藏西及雷蒙维尔之间展开了部队。第5骑兵师已经移动到自身左面，介于蒙图瓦及格朗普雷之间的一处位置上；与此同时，在前一座城镇（蒙图瓦）北面的公路上以及武济耶外围，第6骑兵师已开始侦察麦克马洪集团军的后方。

当天夜里9:00，老毛奇收到当时正身处比藏西的近卫骑兵师枪骑兵旅所发出的一份报告。该报告表明法军并没有试图逃往北方，而是直接朝着马斯河畔发起推进。这进一步证实了老毛奇对于麦克马洪意图的判断。8月28日夜间11:00，老毛奇从设在克莱蒙的指挥部发出数道指示，以确保自己的猎物彻底落网：

大批敌军步兵出现在比藏西附近的巴尔，这意味着敌军的意图是替其梅斯城友军解围……为了在集结起足够兵力之前尽量不以进攻的方式主动挑衅敌军，我（老毛奇）建议萨克森王储殿下④首先尽早集结第12军⑤、近卫军及第4军的兵力，并在朗德尔—安克勒维尔⑥一线的某处位置上采取防御态势。[52]

---

① Montfaucon，法国默兹省的一个市镇，位于该省西北部，属于凡尔登区。
② Vienne le Château，法国马恩省的一个市镇，位于该省东北部，属于圣默努区。
③ Cernay，法国上莱茵省的一个市镇，位于该省西部，属于坦恩－盖布维莱尔区。
④ HRH，即"His/Her Royal Highness"，这是一种用来称呼或提及某些王室成员的格式，通常指王子或公主。
⑤ 接替王储指挥第12军的新一任军长乔治亲王是前者的弟弟。
⑥ Aincreville，法国默兹省的一个市镇，属于凡尔登区默斯河畔丹县。

230

注释：

1. H. 赫尔维格著，《冯·德·坦恩指挥的巴伐利亚第一军的行动》，第一卷，第48页。

2. K. 冯·布卢门塔尔伯爵＆元帅著，《1866年及1870—1871年的战时日志》，第101页。

3. P. 谢里登将军著，《个人回忆录》，第二卷，第386页。

4. 同上书，第388页。

5. M. 布施著，《法德战争中的俾斯麦1870—1871》（伦敦1879年出版），第一卷，第45页。

6. 腓特烈·威廉王储著，《腓特烈三世皇帝的战争日记1870—1871年》，第69页。

7. H. 冯·毛奇元帅著，《毛奇元帅的军事通讯文集1870—1871》，第106页。

8. 霍亨洛厄－英格尔芬根亲王克拉夫特著，《论战略的书信》，第二卷，第65页。

9. 德国官方文献，《法德战争1870—1871》，第二卷，第195—197页。

10. 同上书，第198页。

11. 同上书，第199页。

12. K. 冯·布卢门塔尔伯爵＆元帅著，《1866年及1870—1871年的战时日志》，第102页。

13. H. 冯·毛奇元帅著，《毛奇元帅的军事通讯文集1870—1871》，第108页。

14. 霍亨洛厄－英格尔芬根亲王克拉夫特著，《论战略的书信》，第二卷，第87页。

15. 德国官方文献，《法德战争1870—1871》，第二卷，第195—197页。

16. A. 福布斯著，《我在法德战争中的经历》，第一卷，第219页。

17. P. 谢里登将军著，《个人回忆录》，第二卷，第389页。

18. 尤利乌斯·冯·韦尔迪·韦尔努瓦将军著，《与王家总指挥部同行1870—1871》，第108页。

19. M. 布施著，《法德战争中的俾斯麦1870—1871》，第一卷，第55页。

20. H. 冯·毛奇元帅著，《法德战争1870—1871》，第70页。

21. 德国官方文献，《法德战争1870—1871》，第二卷，第200页。

22. 同上书，第201页。

23. 同上书，第204页。

24. A. 福布斯著，《我在法德战争中的经历》，第一卷，第221页。

25. 尤利乌斯·冯·韦尔迪·韦尔努瓦将军著，《与王家总指挥部同行1870—1871》，第111页。

26. H. 赫尔维格著，《冯·德·坦恩指挥的巴伐利亚第一军的行动》，第42页。

27. K. 冯·布卢门塔尔伯爵＆元帅著，《1866年及1870—1871年的战时日志》，第103页。

28. 尤利乌斯·冯·韦尔迪·韦尔努瓦将军著，《与王家总指挥部同行1870—1871》，第113页。

29. K. 约翰著，《帝国皇储》，第217页。

30. A. 巴赞元帅著，《1870年战争中的几段插曲》，第164—167页。

31. H. 冯·毛奇元帅著，《法德战争1870—1871》，第70页。

32. 腓特烈·威廉王储著，《腓特烈三世皇帝的战争日记1870—1871年》，第72页。

33. W. H. 罗素著，《我在上一场大战期间的日记》（伦敦1874年出版），第148页。

34. 霍亨洛厄－英格尔芬根亲王克拉夫特著，《论骑兵的书信》，第43页。

35. 德国官方文献，《法德战争1870—1871》，第二卷，第215页。

36. E. S. 梅著，《枪炮与骑兵》（伦敦1896年出版），第102—105页。

37. 霍亨洛厄－英格尔芬根亲王克拉夫特著，《论骑兵的书信》，第42页。

38. K. 冯·布卢门塔尔伯爵＆元帅著，《1866年及1870—1871年的战时日志》，第105页。

39. 尤利乌斯·冯·韦尔迪·韦尔努瓦将军著，《与王家总指挥部同行1870—1871》，第115页。

40. H. 冯·毛奇元帅著，《法德战争1870—1871》，第72—73页。

41. H. 冯·毛奇元帅著，《毛奇元帅的军事通讯文集 1870—1871》，第 116 页。

42. G. 胡珀著，《色当战役》，第 252 页。

43. 德国官方文献，《法德战争 1870—1871》，第二卷，第 220 页。

44. G. 胡珀著，《色当战役》，第 253 页。

45. 德国官方文献，《法德战争 1870—1871》，第二卷，第 220 页。

46. G. 胡珀著，《色当战役》，第 253 页。

47. H. 赫尔维格著，《冯·德·坦恩指挥的巴伐利亚第一军的行动》，第一卷，第 49—50 页。

48. K. 冯·布卢门塔尔伯爵 & 元帅著，《1866 年及 1870—1871 年的战时日志》，第 105—106 页。

49. P. 谢里登将军著，《个人回忆录》，第二卷，第 393—394 页。

50. H. 冯·毛奇元帅著，《法德战争 1870—1871》，第 75 页。

51. 霍亨洛厄－英格尔芬根亲王克拉夫特著，《论骑兵的书信》，第 52—53 页。

52. H. 冯·毛奇元帅著，《毛奇元帅的军事通讯文集 1870—1871》，第 119 页。

博蒙

对于布卢门塔尔来说，8月29日的开始可谓非常糟糕。前一天晚上，他在制定完翌日的行动计划之后便上床睡觉了；结果没能睡上多久，他就在夜间12:30被叫醒，以接收老毛奇发布的新命令。同往常一样，他在自己的日记中写下了一段情绪暴躁的内容：

> 一切都再度发生变化。我们不得不（根据变化）制定出新的计划，接着动笔撰写并发布命令，这要让我们一直忙到凌晨3:00。按照我自己的思考方式，对传过来的每一份新报告持续不断地进行修改将是一个极其巨大的错误。因为这些情报在很大程度上是不可靠的，或者是有所夸大甚至曲解的。不断更改计划会产生一种紧张的不确定性，而且这种情绪是会传播到部队里的。[1]

下达给第3集团军的命令是（该部）向前发起挺进，以便为8月30日的大规模战役做好准备，但前提是"持续针对武济耶—比藏西—斯特奈的进一步攻势"；老毛奇又亲自补充说："上述命令并不排除立即发起推进，以便从力量较弱的敌军手中夺取比藏西这一可能。"[2]就在8月29日早晨，其本人从克莱蒙途经瓦雷讷前往格朗普雷的路上，他又向第3集团军的先锋军下达了数道直接命令，并根据德意志骑兵不断反馈回来的新情报，稍微修改了一下向他们下达的指示。

第二天，萨克森王储采取手段，集中第12军的兵力，并让该部渡过马斯

233

◎ 冯·布卢门塔尔将军，德意志第 3 集团军参谋长，施伯特藏。

河来到（作为渡口的）丹村；同时，他还让第 12 骑兵师在该军前卫部队的支援下，向努瓦尔发起推进。破晓时分，德意志人的各路骑兵巡逻队沿着整条战线向前一路小步快进。老毛奇在这一天的目标并不是进行任何决定性战役，而是打消他自己对于法军此刻到底在做什么的所有疑虑。

在那一天，麦克马洪实际下达的命令是法国的集团军应该继续朝东北方向移动。对于距离敌军最远的两个军来说，当天的这一行军目标还是相当容易达成的。迪克罗在忍受德意志骑兵的大量骚扰后，带着自己的第 1 军继续赶往罗库尔①，该军这一行动让德意志骑兵在一整天里都陷入了麻烦当中。莱布伦则以马加雷特的骑兵师作为先导，渡过马斯河来到穆宗②。然而，对于另外两个军来说，这一天过得并不像前两者那么顺利。杜威及第 7 军收到的命令是行进至拉伯萨斯，可他们在路上同样不得不忍受德意志骑兵的一再干扰；尽管并没有爆发激烈战斗，但以他的情况来看，持续不断的袭扰足以严重延误部队的行动。因此，该部只得在奥什及圣皮埃尔蒙特③露宿过夜，这两个地方都在杜威的目标南面 4 英里之外。

然而，对于第 5 军来说，8 月 29 日可谓最灾难性的一天。早在前一天晚上，德·费利就已经下达命令，他觉得自己应该在第二天赶往斯特奈。他将自己的部队分为两个纵队行进，右翼由布哈霍的骑兵师担任先锋，跟随其后的则是向博克莱④ 发起行进的勒帕（Lespart）师；德·费利的左翼由戈泽 (Goze) 师及莫

---

① Raucourt，法国默尔特 – 摩泽尔省的一个市镇，属于南锡区诺默尼县。

② Mouzon，今法国北部阿登省的一个社区。

③ St. Pierremont，法国北部阿登省的一个社区。

④ Beauclair，法国默兹省的一个市镇，属于凡尔登区斯特奈县。

西昂 (Maussion) 旅构成，两部会向着博福特发起推进。就如法军朝东北方向实施进军的整个过程那样，法军骑兵与其主力始终保持着密切联系，而不是朝向南面，迎击即将到来的敌军部队。

然而，德·费利自己不知道的是，他现在甚至比以往更加不走运了。就在前一天夜间晚些时候，身处斯通的麦克马洪就已经收到斯特奈被萨克森军攻占的情报；于是，他放弃途经该地的想法，转而打算穿过更北面的雷米伊[①]及穆宗，接着再向东面及东南面推进，穿过蒙梅迪，最终赶往梅斯。因此，新拟定的命令是让德·费利于翌日向博蒙移动，而不是（原先计划中的）斯特奈。此外，麦克马洪还继续详细介绍了法国军队近期的一切动向。这些命令都被托付到一位名叫格鲁希侯爵[②]的参谋军官手上，此人在一队猎骑兵的护卫之下被派了出去（准备穿过战区，为德·费利通风报信）。但非常不幸的是，他突然遇到一支由冯·普罗森（von Plessen）中尉领导的德意志骑兵巡逻队，并在随后的遭遇战中被俘。于是，没能收到格鲁希侯爵所提供情报的德·费利还是按照原定计划，朝着斯特奈出发了；老毛奇则得到了一些关于对手的非常有趣的最新情报。[3]

上午 8:00，萨克森王储同各军军长在安克勒维尔一起坐下来，重新审视了最新的几份侦察报告。考虑到老毛奇关注的地方在于让法军继续行进，但急于得到有关他们可能动向的最准确情报，他（萨克森王储）批准了一份向比藏西—斯特奈公路发起推进的计划，由近卫军朝比藏西进发。担任先导的是该军骑兵师，该师此前曾外出，朝勒谢讷—博蒙公路方向执行侦察行动。与此同时，萨克森骑兵师将在第 12 军的前卫部队支援下，穿过努瓦尔及奥什。然而，越来越多的证据正在表明——法军已近在咫尺，且规模颇为庞大。

不过，德·费利对这些情况并不是特别了解。作为他的掩护部队的骑兵，只是领先于军主力，向前推进了一小段距离，结果出乎意料地在努瓦尔突然遭遇大批德意志联军部队。负责指挥第 12 军前卫部队（由第 46 步兵旅、第 1 骑兵团，以及一部分炮兵构成）的冯·塞德利兹（Von Seydlitz）已经让自己的

---

① Remilly，法国摩泽尔省的一个市镇，位于该省中部偏西，属于梅斯区。

② Marquis de Grouchy，此人似乎是拿破仑战争时期的法兰西第一帝国元帅、世袭侯爵埃曼努尔·格鲁希的孙子。

◎ 在博蒙遭遇奇袭的法军部队，斯佩尔绘，波克藏。

步兵发起推进，以支援骑兵巡逻队占据努瓦尔村的行动。就在穿过该村北面不远处的维塞普①后，法军骑兵又开始爬坡，向西北面的努瓦尔树林（Bois de Nouart）缓缓移动。萨克森军步兵随即离开村庄，向着树林行进，并驱散了那里的法军骑兵；但后者发出的有关交战情况的报告还是让德·费利立即下定决心，放弃向马斯河畔行进的计划，而是同勒帕师合流，并在贝尔瓦尔布瓦德达姆及尚普（Champy）之间的一处据点采取守势。成功击退法军骑兵后，塞德利兹再度命令自己的步兵部队发起推进，穿过维塞普，从而占领溪流另一侧的一片矮树林——如有必要，萨克森军可以从这里，向法军的主要位置发起一轮突击。这场交战持续约四个小时，直至当天下午 4:00 才结束。军长萨克森的乔治亲王（Prince George of Saxony）已经亲自来到现场，视察了情况，且他的主力部队近在咫尺；但他很清楚，老毛奇并不想过早地发起一场战役。因此，他于

———————————

① Wiseppe，法国默兹省的一个市镇，属于凡尔登区斯特奈县。

下午 3:00 左右下令中止这场战斗，并让前卫部队撤退至努瓦尔北面的高地。[4]

非常凑巧的是，德·费利本人也命令部队撤退了：当时的他刚收到一份先前因传令者被俘而失踪的命令，该命令将博蒙定为他当天的行军目标。在这场漫长的交战中，萨克森军蒙受了 363 人的伤亡，法军的伤亡情况与之大体相同。然而，萨克森军已经成功实现自己的有限目标——进一步拖延德·费利军的行进。法军向博蒙发起的撤退行动受到了萨克森军骑兵的密切关注，并在迟滞阻遏前者缓缓向北撤退（有两个旅的兵力及炮兵火力为其提供掩护）这一过程中实施了相当顽强的抵抗。

由努瓦尔之战造成的声响甚至能被率领着近卫军主力，刚刚抵达比藏西的奥古斯特亲王听见。此时，非常明显的是，有一支兵力大约为军一级规模的庞大法军部队，正经过距他（亲王）的先锋部队正面仅两英里的某处位置。急于攻击这支法军部队，从而介入战斗，或是向努瓦尔移动以支援萨克森军的奥古斯特亲王当即将这一情况汇报给了萨克森王储，后者坚定地告诉他不要擅自加入战斗；因为己方当天的目标是侦察敌军的情况并挡住他们发起的攻势，而不是主动向其发起攻击。仍在受德意志骑兵部队骚扰的杜威尚能继续朝拉伯萨斯进军，尽管他因为把德·费利军误认为一支向前挺进地比自己预期更远的敌军部队，而更进一步延误了他部队的行动。但杜威还是不得不再停下一段时间，直到证实这支部队的身份（是友军而非敌军），才能继续发起进军。与此同时，德·费利麾下那早已精疲力竭的部队在夜间继续向北艰苦跋涉，而他的后卫部队事实上要一直等到翌日凌晨 5:00，才刚刚抵达博蒙以南的营地。

在这一整天中，令老毛奇最为焦虑担心的事情是：麦克马洪并没有陷入当前自己为他设好的陷阱里，而是会在一切为时已晚之前突然掉头，并尽可能快地向西撤退（以摆脱普军的围堵）。而现在看来，这种情况或许已经发生了。随后，老毛奇骑马穿过第 1 巴伐利亚师多个正在向北行进的纵队，并命令该师移动至其左翼的圣朱文（St. Juvin），而不是索姆伦斯（Sommerance）："因为到了第二天，行动可能会在西面继续进行。"[5] 就在王储及布卢门塔尔两人抵达当晚的指挥部所在地瑟尼克（Senuc）时，老毛奇遇到了他们。最后者在问候前两人时，道出了法军似乎已经逃走的消息。[6] 此刻的老毛奇可谓深感失望。王储及布卢门塔尔随后同他一道，驱车前往现已坐落于格朗普雷的王家总指挥部。他们共同推测，由于当前德意志联军规模如此庞大的北进兵力的出现，这已经导致麦克马洪直接放弃向梅斯进军的计划。半路上，王储饶有兴致地阅读了一封被己方截获的法国某军官写的信，信中直接评论麦克马洪的各种不足，并指出"他做出的部署没有带来任何好处"；此外，这封信还表示皇帝"正处于极度沮丧的状态[7]，且不带任何思考地跟着军队四处走动，现在的他只会是军队的负担"。然而，等到三人最终抵达格朗普雷时，老毛奇对于法军现在可能逃脱的担忧已经逐渐消失。德·格鲁希的被俘"完全证实了他们（老毛奇等人）所猜测的法军动向"[8]，而传来的其他所有报告都表明麦克马洪现在所处的位置，实际上会让他自己几乎没有任何脱身希望。就在他们（前文所述"三人"）于格朗普雷安顿下来后，老毛奇立即重新审视了一遍处境——从右至左，他的手头拥有——仍在努瓦尔周围的第 12 军、身处比藏西的近卫军，以及位于前两者后方城镇瑞蒙维尔（Remonville）的第 4 军。第 3 集团军在白天已经取得足够多的进展，完全可以在第二天参与任何形式的实战行动。第 1 巴伐利亚军位于圣朱文及索姆伦斯之间；与此同时，第 2 巴伐利亚军位于科尔奈① 南面。而坐落于该军左翼，也就是格朗普雷周围的则是第 5 军及符腾堡师；除此之外，第 11 军位于武济耶及蒙图瓦之间的公路上。第 6 军在很久以前就已经抵达维埃纳勒沙托。由于己方两个集团军的合流进展是如此顺利，以至于老毛奇断定，自己在第二天便可以扩大普军的宽广正面，并向着极有可能成为决定性会战发生地的某处位置发起推进。在白天收集到的情报已经确定，法军正位于勒谢讷及博蒙之间；而且老毛奇现已下定决心，向着法军的这条战线发起推进，并由左翼的第 3 集团军向勒谢讷进军——这一行动会将该集团军直接推到麦克马洪的实际位置的西面。[9]

在当天晚上的普鲁士王家总指挥部，德意志人仍然很难相信自己幸运到了这种程度。谢里登当时正和普鲁士国王共进晚餐："桌上的谈话几乎全是在讲当前处境。当然，当时的每个人都对法军的动向表达了惊愕的情绪：他们沿着比利时边境发起的行进完全可以归咎于拿破仑三世。"[10]俾斯麦则是像往常

---

① Cornay，法国香槟－阿登大区阿登省的一个市镇，属于武济耶区格朗普雷县。

◎ *8月30日，博蒙之战。*

一样，独自一人在小镇周围散步，这让布希对于他的个人安全颇为担心："他于夜色之下，在城里狭窄的街道上自由走着，身边没有任何人陪伴，他就这样在很容易遭到攻击的偏僻地方四处活动着。"[11] 布希对此十分担心，于是跟在他后面，试图将他保持在自己的视线范围之内。

　　老毛奇对于当前处境的理解在很大程度上得益于自己参谋部的两名关键成员所带回来的情报。此前曾造访第12军的布兰登施泰因报告称："法国人的两个军在圣皮埃尔蒙特及贝尔瓦尔布瓦德达姆的现身似乎是可以肯定的；此外，博蒙也出现了敌军部队。"归来的布隆萨特则声称，热尔蒙（Germont）

及欧特吕什（Autruche）两地已被法军放弃。这些报告进一步肯定了麦克马洪正在朝东北方向行进。[12]

德意志人现在可以大肆庆祝的这场胜利，在很大程度上取决于他们在这场战役中对于己方骑兵的广泛运用。这与德意志指挥官在战争初期的传统习惯形成了相当鲜明的对比：此前，他们更倾向于让骑兵部队留守在步兵及炮兵部队的后方。因此，从一定程度上看，边境地区的几场遭遇战是普军在对于法军实际占据位置一无所知的情况下所进行；直到格拉沃洛特之战时，普军的情况（从大体上讲）仍是如此。事实上，假如法军骑兵能在战争的这一阶段（即初期）就有机会得到更具主动性的运用，他们完全可以在自己的德意志同行未出场的情况下，收集有关敌军动向的大量情报，甚至反过来阻挠德意志联军骑兵的这些行动。但在这一连串的事件当中，他们把自己的一切机会都彻底浪费了。8月最后几天里，德意志人的骑兵部队表现出一种持续的主动性，这对法军的士气造成了相当深远的（负面）影响——他们将士气涣散的沙隆集团军驱赶至道路泥泞不堪的乡间，密切注视着法军的一举一动；同时，他们还让麦克马洪无从知晓一切关于老毛奇动向的有用情报。到8月29日夜间，德意志人终于"能够预见的是，如果不是命中注定般地安排好了这一切，又或者是没有犯过重大错误，没有产生误解且错误的认知未曾扩散开来，那么，法国最后的这个集团军，可以说是早已把自己带到了一处不遭遇大灾难就注定无法逃脱的位置上"。[13]

位于王储指挥部的罗素记录下了当天夜晚时分的场景：

转身前，我望了最后一眼……我看到了一片美丽景象：天上的所有星星似乎都落在了地面上，我的眼睛所能观察到的一切景象是山坡、山谷和起伏的平原上能熊燃烧的篝火，还有近在眼前被火光点亮的士兵们在露营地旁的身影，每一分每一秒都像是在衬托伦布朗①的艺术，在远处汇集于地平线尽头的则是无数的星星及模糊的幸运。约有8万人的大军正在我们周围搂着自己的武器睡觉休息，但除了不时传来的马嘶声或是哨兵打更的声音外，我们什么声音也听不到。[14]

---

① Rembrandt，即伦布朗·哈尔曼松·范·莱因，欧洲巴洛克绘画艺术的代表画家之一，也是17世纪荷兰黄金时代绘画的主要人物，被称为荷兰历史上最伟大的画家。

8 月 30 日早些时候，麦克马洪亲自骑马来到博蒙以南的德·费利所部营地；此刻，他对于自己集团军的所处位置感到极度焦虑和担忧。与德·费利进行了一场简短的讨论后——后世并没有留下关于他们两人之间此次谈话的记录——麦克马洪又骑马，前往设在奥什的第 7 军营地。在这里，他发现法军已经开始向北进军，孔西尔－杜梅斯尼尔的第 1 师早已出发前往斯通；与此同时，第 2 师也正准备离开。在与杜威的谈话中，麦克马洪表现得相当直言不讳，并这样说道："如果你不能成功渡过马斯河，今天晚上你的手头就会拥有 6 万人的兵力。"[15] 此外，他还补充说，杜威应该摆脱自己的行李运输车队，不惜一切代价尽快渡过马斯河，并表示维勒德万穆宗（Villers devant Mouzon）将会成为本次渡河行动使用的渡口。此次访问结束后，麦克马洪的内心仍然满怀疑虑，还再次骑马去了北面。当天早上的天气自破晓时分起便大有好转。身处格朗普雷的韦尔迪看了看自己的窗外，并这样表示："在经历了上周的多个雨天后，早晨的阳光再一次愉快闪耀了起来，照亮了我所居住的那个舒适的小房间。晴朗的天空预示着今天将会是个炎热的日子，而炎热可能还不仅仅是一种感觉。"[16] 与此同时，在瑟尼克，布卢门塔尔又忍受着熬过了一个支离破碎的夜晚："国王陛下的指挥部所下达的命令再一次于夜间突然传达到我这里。它们（这些命令）把我从第一次睡得较为完整，且睡得最甜的美梦中拽了出来。我拼命忍住自己（想继续睡下去）的个人意愿，坚持起了床，并花费了夜间的数个小时，费力耗脑地处理手头的问题。"[17] 但随着一场显然会成为决定性战役的作战的临近，布卢门塔尔手下参谋人员的兴奋情绪也愈发高涨。这股紧张的情绪同样被传到了罗素身上：

有很多关于那种"在烈火之中还能保持冷静的人"的说法，也曾有人确实见过在这种危急环境下极其冷静的人，但我未曾见过在参与战斗之前几乎不感到激动的人。不过，这（参与战斗）也许仍是令他感到愉快的——他的眼睛里仍然有一种闪光，脸颊上有一种更为鲜艳的颜色，以及声音中带有情绪波动的一种音色，这一切全都不是发自内心的那种冷静。但我们的参谋人员仍旧表现得非常文明。我们私下里交换灯光甚至是香烟；在战前等待时刻，众人打量着自己的手枪套，顺便看看还有什么东西可以用于维持自己的生命。有个手

◎ 古斯塔夫·冯·阿尔文斯莱本将军，德意志第4军军长，普夫卢克－哈通藏。

里拿着一根不错的香肠、一大块面包和几个煮鸡蛋的人，则是在此时表现得相当高兴。[18]

然而，首相俾斯麦并不是认为8月30日将导致任何决定性战斗（爆发）的人之一。他同布希一道驱车从格朗普雷赶往比藏西，并在一路上批评布希向经过马车的军官回礼的行为。俾斯麦对此解释称："军官向别人敬礼并不是因为后者的部长或是首相这一身份，而只是单纯地因为后者[①] 有着将官的军衔而向他敬礼；但要是一个平民向包括他本人在内的人敬礼（以及回礼），那么军官可能会觉得这种行为是不恰当的。"他们在普军的一个炮兵连处停下来，并和军官谈了话，后者同俾斯麦分享了自己对于当天接下来可能发生情况的猜测。俾斯麦则评论说："这让我想起了在阿登经历的一次猎狼活动。当时那场活动差不多也是从这里开始。我们在雪地里待了许多天，最后才听他们说找到一条狼的踪迹。但就在我们追赶它（这只狼）的时候，又发现它早已经消失。而法军也会在今天出现这种情况（摆脱普军的围堵及追击）。"[19]

当天，普军推进行动的主要目标是博蒙镇。该镇坐落于穆宗以南约6英里处的一座斜坡上。小镇教堂的尖顶从远处望去依旧很显眼。茂盛的树林则是一直延伸到了小镇南面约1英里之外。城镇北面的山坡上分布有多座营地。

浓密且杂草丛生的树丛在城南周围形成一片半圆形的屏障，这使得推进中的德意志部队不得不紧贴着公路行进。但由于下了接连数天的暴雨，道路也变得泥泞难行。而在博蒙北面，四条可以通往马斯河渡口的公路正是麦克马洪

---

① 身为首相的俾斯麦在普奥战争结束后被晋升为骑兵少将，尽管身为名誉骑兵团长的他从未亲自指挥过部队，但在形式上他还是需要在战时穿将官制服。

当下的行进目标。这四条道路分别是：途经莱塔讷①及维尔蒙特里（Villemontry）两地的山路；从博蒙出发，途经拉萨特勒（La Sartelle）农庄的公路；从博蒙出发，通往穆宗的主干道；以及一条途经杨克溪（Yoncq），通往弗堡德穆宗（Faubourg Mouzon）的公路。博蒙北面的高地坐落于马斯河及杨克溪之间，这里地势陡峭，而高地顶部的树林同样无法通行。

就在杜威继续向北进军的同时，德·费利竟被一列将近9英里长的行李运输列车所拖累，仍旧停留在博蒙南面的营地中，甚至觉得自己那早已精疲力竭的部队在出发去往穆宗前，还需要更进一步的休息。尽管他知道自己南面约5英里之外有一支德意志人的前卫部队，但还是相信这支部队是在朝斯特奈进发，而且会一直待在这里（斯特奈）。因此，在当天早上，没有一个人（包括德·费利）反对杜威（的部队）继续待在营地中。

老毛奇的命令是让自己的两个集团军，在8月30日非常早的时候就开始行动。其中，马斯河集团军将朝着比藏西—博蒙公路的东面移动，并被要求于上午10:00之前穿过福斯（Fosse）—博克莱一线；与此同时，第3集团军将会足够早地出发，以便为马斯河集团军提供支援——其麾下至少有两个军的兵力将朝着比藏西及博蒙进发。马斯河集团军的推进行动会由第4军及第12军担任先锋。第12军将沿着马斯河左岸向北移动；除此之外，将会在当天凌晨极早时候出发的第4军将在福斯及努瓦尔进行短暂休息，之后再从两地向博蒙进发。

这些行动的目的是尽可能协调两个集团军的步调，以便在遭遇敌人时，他们可以立即发起一场协同攻势。但第12军的行动遭到延误，第一支抵达那片可以俯瞰（位于博蒙南面的）德·费利营地的树林的普军部队，实际上是阿尔文斯莱本的第4军。当第8师师长冯·舒勒（von Schöler）抵达前线时，他所看到的景象似乎不怎么可信。此时已是当天中午时分。位于800码之外的营地相当安静，周围有骑兵在放哨，炮组人员没有为火炮浇水清洗炮膛，且士兵们显然正忙于烧火做饭，或是在做其他一些日常杂务。舒勒当时正处于左右为难中。由于他是与麾下第8师的前卫部队一道行动，因此，其行军进度已经远远

---

① Letanne，法国香槟－阿登大区阿登省的一个市镇，属于色当区穆宗县。

超过本师所属第 4 军的余部，甚至就连第 4 军在当时也远远地领先于作为友军的其他几个军。自己是否应该等待后续部队的到来？就在舒勒思考这一问题的时候，他的军长古斯塔夫·冯·阿尔文斯莱本已经加入到了他的行列当中——他就如自己的弟弟（康斯坦丁·冯·阿尔文斯莱本）在马斯拉图尔一战中所表现的那样，立即决定发起一场至关重要的战役。他很快就因为下面营地突然出现的活动迹象而下定决心。由于自己部队的身影似乎已被敌军发现，阿尔文斯莱本不能再继续犹豫下去了："于是，他在当天中午 12:30 下令，让前卫部队数个炮兵连向着营地开火射击，而这座营地里的法军此刻正在匆忙地拿取自己的武器。多达数批、阵型密集的狙击兵（tirailleurs）部队就如同一大群受惊的蜜蜂，匆忙地赶到现场，迎击这些大胆的袭击者，并用一阵枪林弹雨将他们压倒。"[20]

尽管普军的奇袭完全出乎法军的意料，但还是像马斯拉图尔一战的情况那样，他们很快便恢复了过来。到下午 1:00，法军的处境就已经好转到可以发动一场反击了；同时，他们还特别通过迅速将城镇西南两面及高地上的炮兵投入战斗，给普军的前卫部队造成相当惨重的伤亡。然而，就在这场战斗持续进行下去的时候，德意志人的数批生力军沿着公路穿越树林，赶到现场，其一并带来的还有一部分军属炮兵，这大大加强了舒勒在这片俯瞰着法军营地的高地边缘所建立巩固起来的据点。而在舒勒的右翼，冯·施瓦茨霍夫（von Schwarzhoff）的第 7 师此前一直都在向贝勒图勒（Belle Tour）农庄行进。施瓦茨霍夫一开始曾打算部署自己师的全部兵力，接着再等待其余的德意志部队进入位于他两侧的阵地；但就在自己进行这一过程的时候，他突然听见自身左翼处传来象征着战役开始，舒勒所辖炮兵部队开炮的声音，并因此立即向前发起挺进，参与到现已非常激烈的战斗当中。到下午 1:00，第 8 师的三个半营、第 7 师的三个营在八个炮兵连支援下，与敌军展开了激烈交火。阿尔文斯莱本已经动身前往设在贝勒图勒、施瓦茨霍夫所部的指挥部，同时还向位于自己右翼、乔治亲王的第 12 军及位于自己左翼、冯·德·坦恩的第 1 巴伐利亚军发出数份报告，希望实现对德·费利的协同攻击。尽管遭遇相当程度的困难，阿尔文斯莱本的炮兵部队还是迅速抵达了前线。第 4 军的数个纵队沿着两条非常狭窄且状况糟糕的公路缓缓行进，艰难地穿过当地的森林。只有七个半营的兵力抵达普军所想要占领这片森林的边缘，剩余部队仍在树林当中缓慢穿行，但

◎ 博蒙之战中负责防守吉沃多树林的法军第88线列步兵团，帕朗德尔绘，郝赛／《1870—1871年的战士们》藏。

现场有48门火炮（向着法军的位置）已经开始战斗。[21]

　　普军的此次袭击完全出乎德·费利的意料——尽管很难理解他到底为什么会感到意外（毕竟他在很早之前就已经知道，自己的南边不远处有大量敌军存在）。前哨部队及巡逻队本应提醒他德意志联军通过推进行动正在抵近，他们却未能发现敌军的任何踪迹——哪怕当时德意志人的活动范围实际上还被限制在公路周围。然而在普军发起突击时，法军营地突然发生的动静究竟是因为传闻中有一名法国农民作出报告，才使得法军迟迟注意到敌军的存在而造成，还是因为当时的法军已经下达了命令准备出发前往穆宗造成的——关于这一点尚有许多疑惑未解之处。但无论怎样，对于当下的德·费利来说，至关重要的是他向穆宗撤退的过程不应受到德意志人推进的阻碍。也正是自己对于这一点近乎绝望的清醒认知，才直接导致了他的步兵开始向德意志人发起数轮猛烈的攻击。他们在被击退之前甚至一度深入德意志联军的阵地，距离后者的炮兵更是不到50码。法军的炮兵线列沿着博蒙后方的北坡逐渐延伸，并开始朝着德意志人倾泻猛烈的炮兵火力。不过，施瓦茨霍夫在舒勒右翼发起的推进让后者的先锋营能够先是夺得法军的营地，接着又拿下了博蒙镇——普军在最后一批后撤的法军部队离开这座城镇之前，便完成了对它的攻占行动，同时抓获了相当多的法军战俘。而在法军营地内，德意志人所发现的混乱景象才是这场奇袭对法军造成的意外性的最明显证据。不幸迷了路的韦尔迪在此役爆发前，将一上午的大多数时间都用在近乎无望地寻找萨克森王储的过程当中，接着又在普军攻下法军营地后视察了这里（该营地），并在这里发现规模极其庞大的混乱场景：

> （法军）炮兵连的军马仍旧聚集于一处，悉数躺倒在地上或死或伤；三门炮已经彻底脱离战斗，但与此同时，还有许多货车没有套上驮马。所有军官的行李都摆放在那里，箱子就如用过一般被人为地打开了；装有军队制服及医用手推车的马车都被打翻了，不过步兵用的背包全都排列得相当整齐有序。[22]

就在舒勒抵达现场后，不幸的法第5军在突然遭到奇袭时，原先正准备的食物都成了普第4军行进过程中的午餐。后来，经过对营地更加仔细的搜查，普军发现多箱沙丁鱼、松露香肠（truffled sausages）以及鹅肥肝①，这些美食全都深受德意志联军参谋部人员的喜爱。谢里登同样骑马穿过了这片营地，并且"注意到各方都有充足的证据，表明法军甚至连最为基本且普通的避免敌袭的预防措施都未曾采取"。[23]

同过往一样，德意志人的炮兵迅速完成了部署并很快投入到战斗中，在同博蒙北面山坡上法军炮兵的对决中取得胜利。后者在数量上远逊于普军炮兵，只是在一处从拉蒂波蒂涅（La Thibaudine）农庄北面开始，一路延伸至莱塔讷北面的高地上抵抗了一段时间。到下午3:00，法军火炮已经陷入静默状态，并陆续撤退到博蒙北面的山地及树林里。截至3:30，阿尔文斯莱本已做好准备，让自己的军从博蒙出发向北推进，追击后撤中的德·费利军一部。现在的他（阿尔文斯莱本）还得到了后方已经抵近第4军作战地域的近卫军的支援。就

---

① paté de foie gras，一种使用鹅或鸭的肝制成的知名法国食物。

在德·费利消失于博蒙另一头的树林当中后，由于再没有其他地方可以让自己有效地采取守势，他只得朝穆宗方向撤退，并期望马斯河能为己方提供一些保护——他甚至曾在一段时间里将一支后卫部队部署在杨克溪北面的山丘上，以此为自己沿马斯河构筑防御据点的行动争取一些时间。位于马斯河另一头的莱布伦在刚得知战斗开始时，还曾考虑以派出加百列（Cambriels）及维勒纳夫（Villeneuve）两人的步兵旅，以及贝维尔（Béville）所辖胸甲骑兵团的方式来支援德·费利。这一完全可以理解的援助同僚的尝试立即遭到了麦克马洪的否决，这位元帅自法军开始行动时就已经在骑马赶来德·费利处的路上。尽管他可能是为德·费利军感到担忧，但也肯定不希望自己集团军的其余任何一支部队，被普军拦截在河的另一侧。

与此同时，德·费利现已通过仓促实施的撤退，成功摆脱与敌军的接触。而在此之前，他还曾不得不将自己的部队分为两个部分，命其分别穿过吉沃多树林（Bois de Givodeau）两侧。随着自己的炮兵部队沿着通往维尔蒙特里的公路行进，并撤退至这座村庄的北面高地之上，他的左翼部队很快便在当地占据了一个相当坚固的防御据点：在这里，他们还能得到莱布伦所辖部队及马斯河右岸炮兵部队的支援。当冯·蒙贝（von Montbé）的第23师于适当时候来到维尔蒙特里北面的一处据点时，该师便立即发起一轮攻势；但在最开始，他们所有驱赶法军的尝试都是以失败告终。

在德意志人所实施推进攻势的左翼，冯·德·坦恩的第1巴伐利亚军在舒勒向德·费利的营地发起攻势时，就已经几乎追上了阿尔文斯莱本，并在他们被博蒙—拉伯萨斯公路上，一支事先未曾预料到的法军部队所发射的火力分散了注意力时，正准备进攻拉蒂波蒂涅农庄。然而，这场遭遇战还是在更大程度上出乎了法军的意料。上述法军部队实际是杜威军麾下孔西尔－杜梅斯尼尔师的一个旅，于当天上午早些时候就从奥什出发，正掩护着该军那庞大的行李列车。就在造访过杜威后，麦克马洪开始向北进发，并在北进路上，途经该旅时突然下令改变这个旅的行进路线。而就在该旅纵队的排头抵达岔路口时，该部竟错误地转向通往博蒙的路线。一名参谋军官骑马飞奔在这个犯了大错的旅的身后，并在该旅渡过杨克溪的时候成功追上他们。然而，正是在这一刻，巴伐利亚军突然同这支法军部队发生交火，随后更是爆发了一场过程进行得极快的冲突。在一段时间里，法军似乎一直试图向东面突围，将自己的正面战线向南一路延伸至大都莱（Le Grand Dieulet）树林；这样一来，当时的他们便可以同沿博蒙北面高地部署的法军主力（所处位置）形成直角。关注于截断这个法军旅退路的冯·德·坦恩，命令麾下的第 3 旅移动至当时正作为其前卫力量的第 4 旅的左翼处。就在巴伐利亚军穿过缪雷树林（Bois des Murets），发起挺进的时候，被敌人逼退的法军很快便陷入了混乱状态。法军试图沿杨克溪两岸坚守防御据点的一次短暂尝试很快就被普军瓦解；之后，他们只得向北沿着这条溪流的西岸撤退，一路上还承受了不断挺进的巴伐利亚军炮兵的炮弹攻击。

当天整个下午里，德意志人始终在沿着通往穆宗的高地向前推进。然而，就在实施转向的过程中，他们受到了难以通行的吉沃多树林的严重阻遏——这片树林直接延误了施瓦茨霍夫的第 7 师向北艰难追击现已消失的敌人的进程。紧随其后的是舒勒所辖第 8 师；与此同时，在该师的右翼，第 12 军在推进过程中经历了相当艰巨的困难——该部先是来到博蒙西面难行的瓦姆（Wamme）沼泽地；该军从这片沼泽地脱身后，他们又在马斯河谷遭遇来自（马斯）河右岸法军炮兵火力的袭击。过了一会，第 12 军又将兵力转至自身左侧；他们爬上高地，并跟随阿尔文斯莱本军进入吉沃多树林及其周边地区。此刻，阿尔文斯莱本已经走出这片树林，但他也早已放弃将法军驱逐出维尔蒙特里北面高地的任务——随着萨克森军陆续抵达，现在的他决定将这一任务留给他们（萨克森军）完成。

阿尔文斯莱本突然发现法军已经在自己左前方，一处名为"棕山"（Mont de Brune）的山上占据一处位置，此地距离弗堡德穆宗约 1 英里。[24] 此外，在这处位置上的法军炮兵（的宽广正面）实际上是朝向东面，因为他们断定主要威胁将来自吉沃多树林的方向。但事实上，此刻的德意志人在极右翼处一个巴伐利亚军混成旅（该旅是冯·德·坦恩抽调拉蒂波蒂涅周围自己手头可用部队，临时集结而成）的支援之下，正从杨克溪的方向不断抵近这个位置。

截至 5:30，德意志人已经在棕山的山脚周围集结了规模相当庞大的兵力，足以让泽林斯基（Zychlinski）的第 14 旅从这座山的南侧，对法军所处位置发起一场攻势。尽管该旅遭遇了相当猛烈的火力并蒙受了惨重伤亡，但还是成功拿下山顶，缴获 10 门火炮，并迫使遭到驱逐的法军部队仓皇逃往穆宗。由于丢掉了这一防御据点，德·费利就此失去掩护自己的军顺利穿过穆宗渡口的最后一次机会；而先前曾强攻这一法军据点的德意志联军（共三个营），也向这座城镇迅速发起了推进。[25]

自当天破晓时分起，麦克马洪便已经意识到自己所能选择的唯一一条路线是，将整个集团军都送到马斯河右岸能够提供安全保障的区域中（让这条河流本身成为迟滞普军推进的一道阻碍）。当前，在预见了渡口一旦被敌军拿下，且这一事件将会造成大崩溃（débacle）的威胁之后，他只得采取一种绝望的权宜之计——骑兵冲锋（希望以牺牲骑兵为代价，为全军的渡河行动争取时间）——法军在这场战争中既不是第一次，同时也将不会是最后一次靠牺牲骑兵部队，尝试为步兵的撤退行动争取条件。仍旧留在马斯河左岸城镇弗堡德穆宗北面的法军骑兵部队是第5胸甲骑兵团，这个骑兵团是贝维尔旅麾下一部，而莱布伦在当天稍早些时候就已经命令该旅渡河。该旅随后完成渡河，并在麦克马洪禁止莱布伦发起挺进，以支援德·费利之后一直留在这里。

这个胸甲骑兵团的冲锋直接落在了由赫尔姆特（Helmuth）上尉负责指挥的第27团先锋连身上。这位上尉在敌军骑兵实施的冲锋面前表现出了非同寻常的冷静，当即命令自己的士兵不要排成密集横队或是方阵（拿破仑时代的标准反骑兵冲击阵型），而是直接留在原地，暂时不开枪射击（采用散兵队形，并准备在敌人距离足够近之后再开枪射击）。而在这场后来被老毛奇描述为“对于死亡的崇高蔑视”[26]的法军冲锋当中，这个骑兵团直接冲向了队形松散的普军步兵——直至赫尔姆特突然一声令下，这些步兵在极近距离上向着胸甲骑兵开火射击，直接给该团造成了可怕的伤亡。这个胸甲骑兵团的团长德·康滕森（de Contenson）上校，更是在距离德意志步兵仅仅15码的极近射程之内被步枪子弹击中。他的部下当中只有极少数人能冲到足够近的距离上，同敌人进行肉搏战，而足智多谋的赫尔姆特本人也在战斗中遭到了一名胸甲骑兵士官的攻击；但很快，法军的整支骑兵部队便被击退，并开始朝着马斯河畔方向退却。由于当地没有桥梁可供他们渡河，许多人因此在试图游到安全地带时不幸溺亡。[27]

此时，穆宗镇当地已是一片混乱景象。德·费利不得不放弃维尔蒙特里据点——这一据点也始终未被某支部队占据——直至棕山沦陷时，他（德·费利）的右翼实施的转向机动，将法军部队暴露在了途经穆宗的退路可能被截断的危险之下。来自维尔蒙特里北面的部队匆忙撤入城镇当中，并加入到由一大群部队成员、马匹，以及装备构成的混乱场景内，挣扎着尝试穿过唯一的一座桥梁渡河。到当天夜幕降临时分，所有能够渡河的人和物都已渡过河流，而整个弗堡德穆宗乃至这座桥梁的西端，也已经落入德意志人之手。

在战场的西侧，杜威的表现同样好不到哪里去。圣伊莱尔（St. Hilaire）旅的一部分残存部队先是迷了路，之后遭遇巴伐利亚军，接着又猛然向北，朝杨克河谷方向退却；杜威军的余部同样朝着这个地方，开始了实为撤退的"进军"。然而，第5军的大崩溃很快就证明了想要将维勒德万穆宗当作渡河用的渡口这一想法根本不可行——不管怎样，当地的这座桥梁很快就在巴伐利亚部队抵达珀隆（Pouvron）后，遭到了北进中的巴军推进攻势的火力打击。杜威将一支后卫部队部署到罗库尔的北面，以阻遏进击中的第1巴伐利亚师（师长为冯·斯特潘）；与此同时，他还带着自己军的余部沿河流南下，朝雷米伊方向撤退。当天夜幕降临时，巴伐利亚军以很快的速度，攻占了位于罗库尔的法军阵地。

杜威所进行撤退行动的混乱性及仓促性，让他的部队几近惊慌失措；同时，他们还发现马斯河的洪水（为了人工创造出湖泊以阻遏敌军，并加强色当南侧的防御，法国人已经在这条河的上游修筑大坝）早已让雷米伊的水深达到了不允许徒步渡河的地步。因此，整个军都被限制于使用唯一一座桥渡河，而这座桥梁的木板也已被水淹没。法军的骑兵和炮兵在渡过这一障碍时都遭遇了极大困难，从而导致整个军的渡河进度变得极其缓慢。当天夜间，杜威在知晓麦克马洪让整个集团军于色当进行总集结的命令后，当即带着自己军的一部分尚未渡过马斯河下游的兵力，最终抵达托尔西[①]的渡口。正是在这里，他于第二天的凌晨3:30左右，不得不要求色当的守军打开大门，以收纳自己麾下那早已疲弱不堪的部队。

老毛奇及国王两人，连同整个王家总指挥部则是从索莫特附近的沃恩都莱（Vaux en Dieulet）高地上一直观摩着此次战役，直至当天的夜幕降临时分。而在当天夜间返回比藏西的路上，由于附近的村庄里全是伤员，老毛奇也因此

---

① Torcy，法国法兰西岛大区塞纳－马恩省的一个市镇。

被以下情况激怒了：

> 数百名显赫客人及其套间的需要给（普军部队成员的）住宿带来了极大不便——因此，我们当时只好出于军事上的各种理由破一次例，将指挥部设在一座小村庄当中，而不是将其设在一座大城镇里。供（普军总参谋部及总指挥部）那些肩负着准备制订明天必要军事命令这一职责的军官们使用的住所，直到当天深夜才被找到；同时，这些住所也都存在相当严重的不便。[28]

同萨克森王储共度一天时光的韦尔迪，在返回比藏西的路上遇到了混乱不堪的场面，同时在村庄的入口不远处发现有整整四排马车，在短时间内堵住自己的去路。于是，他不得不徒手爬过这些马车，于凌晨1:30抵达参谋办公室。此外，他还在那里发现老毛奇及其余参谋人员正准备第二天的命令。[29]

这是一场麦克马洪一方无意进行的战役。一切正如老毛奇以他那典型的枯燥语气所轻描淡写的那般："这场战役的结果让法军陷入了极度不利的处境当中。"[30] 德意志人甚至都未曾付出太大的伤亡代价，便赢得了这场极其重大的战略胜利。他们的伤亡总数加起来约有3500人，绝大部分损失来自承担了主要战斗的第4军。法军估计自身的死伤总数是这个数字的一半（1700人上下），但此外还有约3000人被俘——其中绝大多数人都未曾负伤，便落入了德意志人之手；另外，还有51门火炮，相当数量的马车、弹药及其他各类装备被缴获。对法军来说，比这些或许更加重要的是，此前就已经在持续恶化的沙隆集团军的士气，在此战中直接遭受了更为可怕的打击。但从表面上看，并不是所有的法军部队都彻底陷入了萎靡不振的境地——据当天，即8月30日的报告称，尽管当时德意志人刚刚抵达马斯河的另一头，但法军的骑兵军官们竟在杜济① 为那些特地前来战场附近，希望看见法军取得辉煌胜利的女士们举办了一场舞会。如果这一报告的内容属实，那么它可以说是充分展示了一种远超当年威灵顿公爵的"法式沉着冷静"（a French sangfroid）——就连公爵也只是（在

---

① Douzy，今法国北部阿登省的一座社区。

滑铁卢之战爆发前）造访过里士满公爵夫人① 设在布鲁塞尔的舞会，更何况威灵顿参加的这场舞会的举办地距离前线还相当远。

法军被驱赶到的位置促使老毛奇向俾斯麦建议称，如果遭到驱逐的麦克马洪越过比利时边境，普鲁士王国及北德意志邦联便应当对可能发生的政治外交情况采取若干措施。当天下午，俾斯麦通过电报的形式，向身在布鲁塞尔的冯·巴兰② 下达若干指示，要求这位部长警告比利时政府——法军部队可能越过边境线；同时，如果法军部队确实越过边境线，比利时当局就应该立即解除他们的武装。

当天夜间，老毛奇在抵达比藏西后不久，又下达一条总命令：

尽管到目前为止，没有任何传来的报告表明我方诸军的战斗于何处结束，但很明显的是，各地的敌军都已撤退或是被击败。因此，我军的推进运动将会在明天尽可能早地继续进行下去；此外，无论敌人处在马斯河另一侧的哪个地方，他们都会遭到猛烈的攻击，并被挤入这条河流（马斯河）与比利时边境线之间、尽可能狭窄的空间当中。

老毛奇还补充称，萨克森王储必须阻止麦克马洪逃往东面；与此同时，第3集团军应该向前挺进，直接对抗敌军的正面及右翼。现在的他（老毛奇）可以说是完全不打算给麦克马洪一丝的逃跑机会："如果敌军在没有被（比利时当局）立即解除武装的情况下进入比利时领土，普军就必须毫不迟疑地对其进行追击。"[31]

---

① Duchess of Richmond，第四代戈登公爵的长女，同时是第四代里士满公爵的妻子，本名夏洛特·伦诺克斯。

② 全名赫尔曼·路德维希·冯·巴兰（Hermann Ludwig von Balan），时任驻布鲁塞尔的北德意志邦联外交部部长，生卒年为1812年3月7日至1874年3月16日。冯·巴兰原是一名律师，于1833年加入普鲁士王国外交部，1845年任王国驻华沙总领事，翌年成为驻法兰克福的常任代办；1848年成为驻黑森大公国的常任代办，1858年成为驻符腾堡王国使节，1859—1864年间成为驻丹麦特使并参与了《1864年维也纳条约》的协商；1864—1871年间兼任驻比利时大使。德意志帝国成立后，他在1872—1873年间担任帝国的外交部长。

注释：

1. K. 冯·布卢门塔尔伯爵＆元帅著，《1866 年及 1870—1871 年的战时日志》，第 106 页。

2. H. 冯·毛奇元帅著，《毛奇元帅的军事通讯文集 1870—1871》，第 120 页。

3. 德国官方文献，《法德战争 1870—1871》，第二卷，第 228—229 页。

4. 同上书，第 234 页。

5. H. 赫尔维格著，《冯·德·坦恩指挥的巴伐利亚第一军的行动》，第一卷，第 53 页。

6. K. 冯·布卢门塔尔伯爵＆元帅著，《1866 年及 1870—1871 年的战时日志》，第 107 页。

7. 腓特烈·威廉王储著，《腓特烈三世皇帝的战争日记 1870—1871 年》，第 76 页。

8. 尤利乌斯·冯·韦尔迪·韦尔努瓦将军著，《与王家总指挥部同行 1870—1871》，第 116 页。

9. H. 冯·毛奇元帅著，《毛奇元帅的军事通讯文集 1870—1871》，第 121—122 页。

10. P. 谢里登将军著，《个人回忆录》，第二卷，第 396 页。

11. M. 布施著，《法德战争中的俾斯麦 1870—1871》，第一卷，第 75 页。

12. 德国官方文献，《法德战争 1870—1871》，第二卷，第 238—239 页。

13. 尤利乌斯·冯·韦尔迪·韦尔努瓦将军著，《与王家总指挥部同行 1870—1871》，第 116 页。

14. W. H. 罗素著，《我在上一场大战期间的日记》，第 155—156 页。

15. G. 胡珀著，《色当战役》，第 266 页。

16. 尤利乌斯·冯·韦尔迪·韦尔努瓦将军著，《与王家总指挥部同行 1870—1871》，第 116 页。

17. K. 冯·布卢门塔尔伯爵＆元帅著，《1866 年及 1870—1871 年的战时日志》，第 108 页。

18. W. H. 罗素著，《我在上一场大战期间的日记》，第 157—158 页。

19. M. 布施著，《法德战争中的俾斯麦 1870—1871》，第一卷，第 76 页。

20. 德国官方文献，《法德战争 1870—1871》，第二卷，第 246 页。

21. 霍亨洛厄－英格尔根亲王克拉夫特著，《论炮兵的书信》，第 45 页。

22. 尤利乌斯·冯·韦尔迪·韦尔努瓦将军著，《与王家总指挥部同行 1870—1871》，第 121 页。

23. P. 谢里登将军著，《个人回忆录》，第二卷，第 397 页。

24. 德国官方文献，《法德战争 1870—1871》，第二卷，第 264 页。

25. 同上书，第 276 页。

26. H. 冯·毛奇元帅著，《法德战争 1870—1871》，第 81 页。

27. 德国官方文献，《法德战争 1870—1871》，第二卷，第 276 页。

28. H. 冯·毛奇元帅著，《法德战争 1870—1871》，第 83 页。

29. 尤利乌斯·冯·韦尔迪·韦尔努瓦将军著，《与王家总指挥部同行 1870—1871》，第 125 页。

30. H. 冯·毛奇元帅著，《法德战争 1870—1871》，第 82 页。

31. H. 冯·毛奇元帅著，《毛奇元帅的军事通讯文集 1870—1871》，第 122 页。

8月31日

埃曼努埃尔·菲力克斯·德·温普芬自战争爆发伊始，就已被任命为奥兰（Oran）总督。急于在这场战争中取得对一支大部队的主动指挥权的他，一直都在大力游说从非洲赶回本土的战争部。从很早开始，他便在（法兰西第二）帝国的高层圈子里享有相当崇高的声誉。此外，自德·费利被认为在沃尔特一战中未能充分支援麦克马洪的行动起，法国高层就出现了要求（让别人）替换德·费利第5军军长一职的呼声及压力，而这一呼声给了温普芬被任命到一个关键岗位上的机会。此外，在其他方面，德·费利还因为将自己的军同预备炮兵分开，而受到了相当不公正的指责——来自八里桥伯爵的记录显示，这些火炮都是在未收到任何命令的情况下被留在肖蒙。[1] 另外，到8月22日，法国高层已经做出决定，让温普芬取代他（德·费利）。根据电报的命令，温普芬于8月28日星期天抵达巴黎，汇报自己的职责及状态，并在首都同八里桥伯爵共进午餐。当时的巴黎城内正在组建第14军，至于是否要将这个军的指挥权交给他（温普芬），则成了一个相当有争议的话题。温普芬后来记述称，八里桥伯爵曾提出让他担任某个职务，但自己表示拒绝。而在另一方面，八里桥伯爵的相关回忆则声称，当时他们所讨论的是温普芬是否会接替莱布伦，成为第12军军长。[2] 莱布伦此前就曾评论，温普芬"对于自己的能力有着无限的信心"。[3] 同时，他（温普芬）也理所当然地对八里桥伯爵就沙隆集团军指挥部的处境问题所发表的抱怨言论，给出了非常肯定的回应——他这样说道："把我派到集团军那边去吧，我将赋予它（该集团军）所需要的大胆及决断。"这给八里桥留下了深刻印象。翌日，就在自己乘坐的列车开往勒泰勒之前，温普芬突然接到八里桥伯爵的一封特别命令书；其大意是如果麦克马洪发生了什么特殊情况，温普芬就会接替他，继续指挥整个集团军。随后，温普芬便带着这封特别命令书，以及一些从战争部那里获得的令人极不满意、情况糟糕的地图，前去接手自己的新指挥部。他在勒泰勒下了火车，并带着一小支专职保护自己，免遭德意志骑兵巡逻队袭击的护卫队骑马赶到梅济耶尔。但真正让他惊慌失措的是遭到一伙（误以为他是敌人的）法兰西自由射手（francstireurs）火力攻击。之后，他又于 8 月 30 日从梅济耶尔出发，搭乘火车前往巴泽耶（Bazeilles），接着再骑马赶往穆宗，并在当地遇到了自己新指挥部麾下的第一批部队——当时，这批法军正无序地从博蒙战场逃回后方。此外，在昂布利蒙[①]：

　　他（温普芬）遭遇了由各军溃兵汇集而成的人群，这群法军正从前线蜂拥一般地逃回后方。他们大声叫喊着，向别人索要面包，向外界诉说自己那沮丧且精疲力竭的糟糕状态；与此同时，他们的领导者却显得无能为力且漠不关心。由于各部队彻底失去纪律，将军们难以制止一部分士兵的违法乱纪之举——哪怕将军指名道姓地说出那些败坏军纪者，他们（后者）也照样不会被追究。[4]

　　在这片混乱之中，温普芬不慎丢失了自己的行李。为帮助早已陷入混乱的部队恢复秩序，他集中了一部分（尚保留有完整建制的）部队以及四个军的残余兵力，将其组合成为一个无序团体，并带领他们返回色当。这可不是一个令人欢欣鼓舞的开头。

　　在发生于 8 月 30 日的一系列事件中，迪克罗的第 1 军受博蒙之战影响最小。这一天里，该军的两个师始终待在卡里尼昂，同在当地的还有皇帝及其随从。此外，第 1 军其余部队待在杜济。同时，在这一天里，麦克马洪曾命令迪

---

① Amblimont，法国香槟 - 阿登大区阿登省的一个市镇，属于色当区穆宗县。

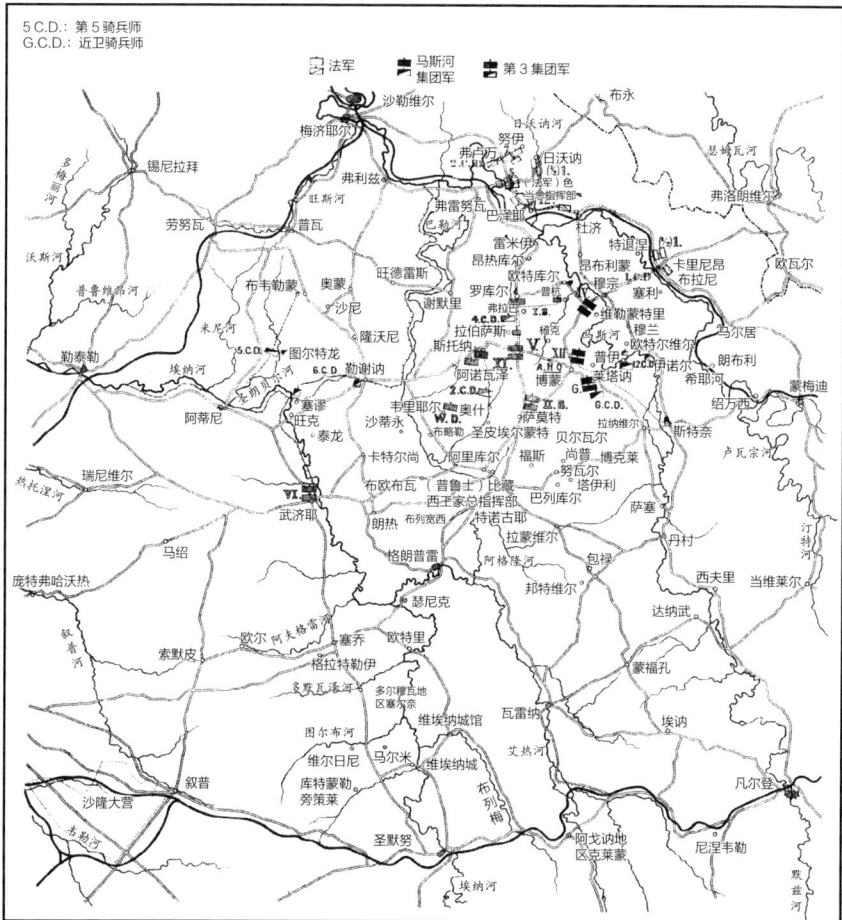

◎ 8月30日夜间德意志各集团军的位置，以及8月31日上午法国各集团军所处位置。

克罗掩护集团军其他部队的撤退行动；不过根据迪克罗副官博桑（Bossan）的说法，当时的他（迪克罗）仍不知道自己将要做什么，但无论如何都坚持皇帝应该立即离开色当。[5] 考虑到两条可供选择的集团军行进路线——要么向西朝梅济耶尔行进，要么向东朝蒙梅迪进发——迪克罗毫无难度地决定了怎样才是安排自己所辖军的最好办法：在他看来，向东移动替梅斯解围在此刻可以说是一件完全不可能的事情；另一个方向上（蒙梅迪）却有着补给品，当地还有维诺伊①及其第 13 军；此外在西面亦有足够的空间，可供集团军在马斯河畔及比利时边境之间实施转向机动。因此，迪克罗毫不迟疑地命令沃尔夫（Wolf）及勒希耶（L'Hériller）两人的师继续留在杜济；与此同时，他的另外两个师将被派遣到布拉尼（Blagny）北面的高地上。完成这一部署后，迪克罗启程拜访自己的皇帝，并告诉后者穆宗周围究竟发生了什么。对此，拿破仑三世简直不敢相信自己的耳朵："这不可能！我们所处的位置应该是非常棒的！（Mais c'est impossible! Nos positions etaient magnifiques! ）"⁶正在执行麦克马洪所发出指示的迪克罗催促皇帝应该搭乘列车前往色当，但拿破仑三世表示拒绝，并坚持待在这个正掩护友军撤退行动的军当中。对于迪克罗提出的"皇室随从将妨碍部队撤退"的观点，这位皇帝更是丝毫不在意。然而在当天夜里稍晚些时候，拿破仑三世突然改变自己的主意，并在未通知迪克罗自己将要离开的情况下先行搭乘列车，启程前往色当。

当天夜间，迪克罗未曾收到麦克马洪的任何命令或消息。考虑到现在的自己必须采取某些措施来挽救整个集团军，他同马加雷特进行了一次讨论——后者的骑兵师当时正在卡里尼昂正对面的希耶河另一侧。马加雷特立即同意了迪克罗的意见，认为当下唯一一个可行的办法，就是让集团军于 8 月 31 日途经伊村（Illy）撤退，并接着从该地向西退往梅济耶尔。⁷将这一点牢记在心的马加雷特立即开始将自己的师移动至希耶河右岸。第二天早晨，仍未收到麦克马洪消息的迪克罗向后者报告称，自己的计划是途经弗朗舍瓦勒②及日沃讷③两地向伊村行进，同时还向沃尔夫及勒希耶下达了必要的命令。然而除此之外，最后两者竟还收到了麦克马洪直接下达的命令：当时的他（麦克马洪）经过了杜济，正径直前往分配给他们两人（沃尔夫及勒希耶），沿日沃讷南部河谷一线的色当阵地。与此同时，迪克罗正从弗朗舍瓦勒北面的高地上眺望希耶河谷另一侧，他甚至可以看到德意志人逐渐逼近杜济。这一景象进一步加深了他

---

① 全名约瑟夫·维诺伊（Joseph Vinoy），1803 年 8 月 10 日—1880 年 4 月 27 日，法国将领。
② Francheval，法国香槟－阿登大区阿登省的一个市镇，属于色当区东色当县。
③ Givonne，法国香槟－阿登大区阿登省的一个市镇，属于色当区北色当县。

法军　　马斯河
集团军　　第3集团军

◎ 8月31日夜间，各集团军所处位置。

对于"法军已没有时间可供浪费"这一观点的认识。因此，当迪克罗最终于下午4:00收到麦克马洪发来的命令时，他竟被这道命令给惊吓到了——其大意是第1军应该占据集团军分配给他们，位于色当东面的防御据点（而不是立即撤退）。麦克马洪这样抱怨道："我在此命令你从卡里尼昂撤退至色当，你绝对不能动身前往我并不打算去的梅济耶尔。"这道命令使迪克罗极为恼火，事实上他此前从没有收到过像这样（固执且不合理）的命令。[8] 然而除此之外，迪克罗还认为集团军应该将防御据点布置在色当周围，而不是将其集中在伊村，以备集团军将来为支援梅斯而向西移动——因为后面这一种部署将会是极具灾难性的；另外，此刻的他（迪克罗）正是带着"真正意义上的绝望"（un véritable désespoir），而命令自己麾下的第 1 军前往色当。

但不管怎么说，至少从表面上看，麦克马洪因为迪克罗遵守了自己的命令而变得更加高兴了。8 月 30 日夜间，就在命令莱布伦将第 12 军从杜济撤退至色当时，他（麦克马洪）也在思考当前法军的处境："此前我们度过了一段相当糟糕的时光，然而当前的处境并不是完全没有希望。在我们面前的德意志军队总兵力最多不会超过 6 万人或 7 万人。如果他们是主动前来进攻我们就更好了，因为届时我们会毫无疑问地把他们推入马斯河当中。"[9]

麦克马洪所做出的动身前往色当的决定似乎只是出于对补给问题的考量，而且这个决定也不是任何关于自己下一步可能会做什么的既定决策或是计划中的一部分——换句话说，他甚至都未曾考虑撤退至色当后的下一步行动。战后，他向议会的质询作证说，此举完全是出于对食物及弹药的需要，而且当时的自己绝对无意在色当迎击敌人并进行战斗。当然，尽管这一位置确实能为法军组织防御提供一定的可能，但如果说德意志人（当时与法军色当据点之间的距离）已经近在咫尺，那就完全没有这种可能了。麦克马洪与莱布伦之间的谈话，似乎证实了当时的他（前者）认为自己所要对抗的德意志联军仅有三个军规模——其中一个军位于马斯河右岸；同时，他还觉得自己在下一步行动之前，仍有足够时间让自己的集团军进行休整且重振其士气。法军并没有做太多的工作，以估算推进中的德意志部队的大致兵力规模。由于麦克马洪后来告诉杜威，自己的意图是在敌军正面进行（大幅度的转向）机动，因此当时的他几乎没有采取任何措施，来探明自己的这两个想法到底有多少实现可能。

拿破仑三世于 8 月 30—31 日的夜间在色当现身，麦克马洪则是抓紧时间，迅速告诉这位皇帝，他（后者）应该立即动身前往梅济耶尔——维诺伊当时已经带着第 13 军的先锋部队抵达这座城镇。然而，拿破仑三世再一次回绝了别人的建议，并坚持留在色当。

就在 8 月 31 日上午的（法兰西第二）帝国指挥部，温普芬向麦克马洪汇报了工作情况，后者则是毫无热情地接待了他。此刻的拿破仑三世精神沮丧且情绪激动，竟两眼含泪地握住温普芬的手并询问他，在他（后者）眼里究竟是什么原因造成了博蒙之战的灾难性结果。[10] 然而，皇帝及麦克马洪两人都未曾告诉温普芬当前法军的处境，或者自己的计划究竟是什么。温普芬本人则是要求他们（皇帝及麦克马洪两人）发布命令，让自己接过第 5 军的指挥权；但前者没有得到答复，最终只得动身找到这个军的指挥部，并在这座指挥部当中告诉德·费利，自己前来是为了接替他成为（第 5 军的新一任）军长。麦克马洪对于温普芬的冷淡接待态度毫无疑问地促成了后者如有必要，他将不会向外界透露八里桥伯爵在特别命令书中已经批准，自己可以接替麦克马洪（成为整个集团军的总指挥）相关正式任命的决定。

与此同时，维诺伊早已派出自己的一名参谋军官——德·塞迈松（de Sesmaisons）上尉向麦克马洪汇报，说他的先锋部队已经抵达梅济耶尔。这位德·塞迈松上尉在搭乘列车从梅济耶尔赶往色当的路上，经历了一段冒险旅程：（他所乘坐的列车）曾遭到位于弗雷努瓦北面高地上的德意志骑炮部队炮击。抵达指挥部后，上尉向沙隆集团军的高层汇报，称自己曾观察到有多个德意志联军纵队正在向北朝东舍里①方向推进。

拿破仑三世当即向德·塞迈松下达命令，要求这名上尉让维诺伊在梅济耶尔集中整个军的兵力；维诺伊也通过电报确认了这一指示。鉴于德意志人的大军正不断逼近，他（皇帝）为信使德·塞迈松安排了一匹马，并亲自向他展示了一条他应该采取的返回梅济耶尔的路线，同时还补充说整个集团军将于翌日朝着这个方向撤退。皇帝告诉德·塞迈松，这会是一条相当安全的路线，因为这条从圣芒日②出发，途经圣阿尔伯特（St. Albert）及弗里涅欧布瓦（Vrigne aux Bois）两地的道路是全新建成的，且未被任何地图标注出来。因此，敌军肯定不知道这条道路的存在。这是一个相当独特有趣的评论，直接让普法两军总参谋部的效率形成了极其鲜明的对比——拿破仑三世根本就不知道，德意志人的地图上确实早已标注出这条道路。而在此次访问中，德·塞迈松还见了麦克马洪一面；后者同拿破仑三世一样，都高度强调了自己坚信德意志人并没有足够兵力在东舍里完成渡河，以扰乱法军向梅济耶尔发起的撤退行动。

---

① Donchéry，法国香槟－阿登大区阿登省的一个市镇，属于色当区西色当县。

② St. Menges，法国北部阿登省的一个社区。

就在德·塞迈松仍待在指挥部时，杜威也来到现场——他急于获得援军，以便让自己充分防御分配给第7军的整个从弗卢万①一直延伸到伊村圣山（Calvaire D'Illy）的沿山脊防御据点体系。麦克马洪表示同意增派援军，以进一步证实自己先前对德·塞迈松所说的话："但我并不想把自己锁死在几条防线之间，我希望能自由地实施机动。""元帅先生（Monsieur le Maréchal），明天敌军不会留给你任何时间"，杜威如此说道。之后，这位军长便返回自己的指挥部，且内心深感不安。而在当天稍晚些时候，当杜威从一名住在附近的老兵口中听说德意志人此刻正在东舍里实施渡河行动时，他当即命令自己的部队巩固弗卢万及伊村之间的据点防御。但在杜威向总指挥部汇报了这一敌军动向之后，整个集团军竟没有采取任何措施来侦察敌军的这些行动，这一重大失误严重威胁到了沙隆集团军向西逃跑的任何可能。11

下午5:30，麦克马洪召开了一场军事会议。截至目前，尽管战场各处都累积了大量有关普军此次推进的程度及兵力规模的明显证据，但麦克马洪似乎已经接受自己将不得不打一场防御战的可能。然而，他为第二天行动下达的命令，居然仅仅是让整个集团军休息一天。

为了让朝着梅济耶尔发起的移动变得切实可行，一旦德意志人在东舍里完成渡河行动，法军就绝对有必要沿着数条位于马斯河右岸且通往梅济耶尔的公路立即南下撤退。位于东舍里的任何普军桥头堡都必须被彻底清除，或者至少做到将其控制；同时，法国人也必须阻止德意志人在这条河流的其他各处实施渡河行动。设在弗利兹（Flize）的一座桥梁，已经被维诺伊从梅济耶尔派往现场的一个营摧毁。然而，东舍里的桥梁在完好无损的情况下，落入德意志人之手：这是因为来自弗雷努瓦②的德意志骑兵实施了先发制人的行动而将其拿下。德意志人的骑炮部队对色当火车站发起的炮击惊动了车站站长，知晓站场里还有一列补给火车的他，当即命令该列车动身前往梅济耶尔。这列火车上装有为早已启程前往色当的麦克马洪元帅所准备的粮草总量的近五分之四，而如此多的粮草也因为此次炮击而无法顺利交付到他手上了。这列火车上还装载着一个

---

① Floing，法国香槟－阿登大区阿登省的一个市镇，属于色当区北色当县。

② Frénois，法国洛林大区孚日省的一个市镇，属于埃皮纳区达尔内县。

连的工程兵，当时他们正奉命炸掉东舍里的桥梁（以迟滞普军的行动）；但这一计划以彻底失败而告终——由于列车驾驶①害怕敌军从河对岸发起炮击，仅在半路上停了足以让工程兵仓促下车的时间，未等卸下（炸毁桥梁用的）炸药供工程兵使用，便再度仓促开往梅济耶尔。德意志人对这座完好无损桥梁的顺利占领，毫无悬念地进一步限制了麦克马洪手头可用的时间及空间。为了让自己所辖军的一部分部队顺利逃脱，维诺伊将不得不准备好覆盖遮断查尔维尔（Charleville）—梅济耶尔的渡口，并在其他几支部队拼死阻挡推进中的萨克森王储部队的同时，让自己的部队分阶段从色当东面的几个据点依次撤离。在8月31日的整个昼间，这一计划始终是一个虽然危险但依旧可行的选项。可尽管维诺伊此前就已经向德·塞迈松上尉进行了解释，他的整个军却一直不曾为这一计划做过任何准备。

老毛奇于8月30日夜间下达的几道命令，反映出了他对于自己部队（在当天）所抵达的最终位置多少有些不确定。然而与法军麦克马洪元帅不同的是，他对于自己的敌军究竟身处何地有着相当清楚的认识，而且对于自己将要采取的行动（发动主力决战）没有任何疑问。同时，他手下的指挥官们不管怎样也都已经做好了准备，时刻等待着他将要下达的指示。8月31日破晓时分，第12骑兵师麾下第24骑兵旅旅长森夫特·冯·皮尔萨赫少将带着一个枪骑兵中队从普伊（Pouilly）出发，向着穆宗发起挺进，以侦察马斯河右岸法军据点的情况。很快，他就知道了法军正朝着杜济及卡里尼昂两地撤退。在浓雾的掩护中，这位少将在未曾遭遇任何敌人的情况下骑着马，一路小步快进赶到了穆宗。身边仅有一名军官及四名士兵的他大胆骑马进入该城镇，接受了大批掉队法军士兵的投降，之后便渡过桥梁，回到马斯河左岸，向上级报告称法国人已经撤走。¹²随后，普军立即派出一个步兵营渡过马斯河，驻扎在了这座城镇当中。

与此同时，德意志骑兵的主力正在探索马斯河及希耶河之间的乡村地带，

---

① engine driver，英语国家又称"locomotive driver"或"locomotive operator"，于铁路列车上担任行车人员，与列车长共同合作运转列车，或于部分无配置列车长之列车上，独力运转列车之铁路机构工作人员。

之后又报告称当地没有任何敌军部队。但非常明显的是，法军在希耶河的右岸仍部署着相当规模的兵力——尽管到了当天中午时分，普军近卫骑兵师的先锋部队就已经骑马经过卡里尼昂，向后撤中的迪克罗军发起追击。这些骑兵部队在法军撤退的过程中持续骚扰着后者。除此之外，在他们的后方，近卫军及第12军的数个步兵师也早已分别通过普伊及莱塔讷，顺利渡过马斯河，并接着向北推进追击敌军。近卫军穿过沃斯（Vaux）及萨伊（Sailly）两地，向着战线右翼移动；与此同时，位于左翼的第12军同样已经穿过穆兰及穆宗。此外，身处河左岸的第4军仍旧留在穆宗西面的几处据点当中。就在普军骑兵冲向撤退中的莱布伦麾下第12军尾部的时候，他们甚至还能看见远处的迪克罗第1军正从卡里尼昂途经弗朗舍瓦勒撤退——作为沙隆集团军的最后一支后卫力量，该军当时正留守在这里（弗朗舍瓦勒）；同时，集团军的余部正在色当进行集结。

当天昼间，萨克森王储未曾遭遇多少抵抗，便牢牢堵上了法军通向东面的大门。当近卫军抵达弗朗舍瓦勒及普吕欧布瓦①的时候，最后一条通往梅斯的道路亦被截断——在这一整个白天里，近卫军行进了超过30英里的路程，从而尽可能快地抵达这两处位置。同时，近卫军一抵达目的地，阿尔伯特王储便准许他们在当地露宿过夜。除此之外，第12军仍在推进当中，其前卫部队于当天下午3:00左右抵达杜济。[13] 而在下午的剩余时间里，该军抵近希耶河；位于其战线右翼的第23步兵师抵达特塔涅（Tetaigne）及朗布特（Lombut）两地之间，位于左翼的第24步兵师则抵达布雷维利②及杜济两地。与此同时，前一天刚经历过一场艰苦战斗的第4军仍旧留在穆宗的据点当中，作为普军的轴枢，彻底关上了老毛奇所设合围圈的右侧。

8月30日时，第3集团军中唯一一支曾积极参与博蒙战役的部队是冯·德·坦恩的第1巴伐利亚军。而在8月31日的白天，除第1巴伐利亚军之外的第3集团军其余部队仍在持续挺进，逼近麦克马洪的部队。其中，位于集团军极左侧的第5及第6骑兵师分别从阿蒂尼及伏西（Vrisy）出发；前者

---

① Pourru aux Bois，法国香槟－阿登大区阿登省的一个市镇，属于色当区东色当县。

② Brevilly，法国香槟－阿登大区阿登省的一个市镇，属于色当区穆宗县。

向着图尔特龙挺进，后者则向着勒谢讷及塞谬（Semuy）两地移动。而在集团军所实施推进行动的战线中央，第5及第11军连同符腾堡师向北朝着斯通的大致方向移动，跟随在其后方的是隔着一段距离的第6军：该军于此前的8月30日，从维埃纳勒沙托行进到了武济耶。

在王储及布卢门塔尔两人看来，法军设于斯通的据点很有可能相当坚固，而比较恰当的做法应该是稍作等待，直到两个军都（陆续就位）可以攻击它之后再发起攻势；但就在阿尔文斯莱本向着身处博蒙的德·费利军部队发起攻势后不久，老毛奇便已经十分清楚地意识到，法军并没有在斯通据点再作逗留——他们的实际情况比这还要糟糕。相应地，他命令王储不要让此刻正在奥什整队就位的基希巴赫麾下第5军给敌军施加过多压力。接着，就在8月30日的下午3:00，普军目击到法军部队正在撤退（这些法军是杜威的后卫部队，为了给大部队殿后，他们直到此刻才最终进行撤退）。于是，基希巴赫让第5军向前推进至拉伯萨斯。位于他后方的是先前从蒙图瓦出发的格斯多夫（Gersdorff）麾下第11军，该军此刻正逼近斯通正面，同时还穿过了符腾堡师的行动路线，而后者现在正向北朝韦里耶尔（Verrières）方向移动。到当天夜幕降临时分，王储的集团军已经抵近马斯河集团军一侧，除负责提供掩护的骑兵部队，以及远在战场左翼的冯·图普灵麾下第6军之外，其整个集团军此刻都坐落在马斯河及巴尔河之间，听从老毛奇的差遣，随时准备为后者计划好的8月31日作战方案而行动。

而在那一天（8月30日），第3集团军的主要目标当然是截断法军任何向西面撤退的可能，并抵近马斯河畔的色当市。阿尔布雷希特亲王的第4骑兵师是此前第一支抵达马斯河畔的部队，该部在当天相当早的时候就已经占据了弗雷努瓦北面的高地，这足以让他向着自梅济耶尔驶来的德·塞迈松所乘列车发起炮击。与此同时，第11军及第5军被命令向东舍里进军，于当天下午占领当地的一座重要桥梁，并让若干骑兵及步兵部队渡过了这座桥梁，此举导致杜威不得不开始加固弗卢万北面的据点防御。而在这两个军的左翼，符腾堡师继续朝着西北方向上的弗利兹进军，以担任集团军的侧卫。[14] 就在当天昼间，该师同来自梅济耶尔的维诺伊第13军若干巡逻部队发生交火。在这些符腾堡人的西南面，第6骑兵师（由梅克伦堡－什未林的威廉大公负责指挥）已经抵

264

达旺斯河（Vence）畔的普瓦；该师在摧毁当地的铁路之后继续向前推进，遭遇了法军的一支步骑混编部队；经过一番战斗，普军将法军驱逐回了梅济耶尔。与此同时，莱茵巴本的第 5 骑兵师也从设在图尔特龙的过夜营地，开始这一天的行动——其中之一便是让（该师麾下）一个骠骑兵团试探性地朝兰斯方向挺进。而在战场极左侧，沿埃纳河一线分为多个梯队进行部署的第 6 军控制了阿马涅①的一座桥梁以及阿蒂尼的另一座桥梁，同时还在塞谬分出一个师的兵力，专门负责防卫法军对于德意志人所实施攻势行动左翼的威胁——虽说这一威胁实际上并不存在。

对于冯·德·坦恩以及第 1 巴伐利亚军来说，他们在 8 月 31 日的任务将会是追击法军并占据雷米伊附近的一处位置。经历过因集团军指挥部所发出的消息迟到而造成的一段时间延迟后，该军前卫部队于当天上午 8:00 自罗库尔出发。意识到自己会被命令渡过马斯河的冯·德·坦恩带上了浮桥车队；与此同时，他的资深工程兵军官也亲自挺进至前线，侦察了四处渡口的情况。冯·德·坦恩本人则带着自己的前卫部队骑马赶到战场前沿，很快就收到了有关马斯河右岸的法军部队正在朝色当方向进行大规模集结移动的消息。法军这一行动得到数个炮兵连的掩护，随着冯·德·坦恩在雷米伊北面部署部队，他们（法方炮兵连）很快便向这股敌军开炮射击。遭到炮击的冯·德·坦恩也迅速将自己的军属炮兵部署到了雷米伊北面高地上。到当天上午 11:00 左右，他已有 10 个炮兵连的力量被投入到战斗当中，其中一部分朝着巴泽耶开炮射击，另一部分则朝着自杜济向巴泽耶移动的法军纵队开火；该纵队很快便被迫改变行进路线，朝着更加偏北的方向移动。当天正午时分，巴伐利亚军的炮手们目击到法军正准备炸毁巴泽耶附近的铁路桥。[15] 很明显，如果普军想要将这座桥梁保留到第二天使用，那么现在的他们就必须马上采取行动。负责指挥冯·德·坦恩军第 1 师的冯·斯特潘当即命令第 4 猎兵营出动。指挥该营先锋连的斯莱福特（Slevogt）上尉更是亲眼看见这座桥梁的几处桥拱上已经布满火药桶。就在法军工程兵准备好往桥梁的另一端下方放置更多火药桶

---

① Amagne，法国香槟－阿登大区阿登省的一个市镇，属于勒泰勒区勒泰勒县。

时，普方猎兵部队当即冲上前来，驱逐了这批法国人。他们顺利夺取这些火药桶，并将里面的火药悉数倒入马斯河中，接着便在这条河流的右岸占据了几处位置。随着几支预备部队陆续赶来提供支援，这批正陶醉于自己所取得胜利的猎兵①在铁路路堤一侧站稳了脚跟，击退了向前挺进至该处的法军一个营，接着又向前挺进至巴泽耶。机敏的斯莱福特上尉不幸成为此役的众多战死军官之一，可尽管蒙受了相当惨重的伤亡，这批猎兵仍在继续前进，并成功进入村庄。位于马斯河另一侧的第2营在看见此次成功的推进行动后，同样渡过河，前来提供支援。

位于雷米伊北面高地上的冯·德·坦恩本人则是极为愤怒，因为直到萨克森王储行进至足以配合自己发起协同攻势的距离之前，他都无意让部队渡河。当天下午2:00，冯·德·坦恩命令部队在艾伊库尔（Aillicourt）附近搭起准备渡河的浮桥，但他仍没有采取任何措施，以支援那些正在巴泽耶外围战斗的猎兵；因为他相信如果自己这么做，整个军就会被一步步地牵扯进一场毫无意义的战斗当中。最终令他颇为欣慰的是，人们目击到了这批猎兵正在从巴泽耶朝着（先前占领的）铁路桥及艾伊库尔撤退。随后，这批猎兵就在这两个地方收到了仅仅是据守先前所拿下桥头堡的命令。到下午5:30，这一区域在当天的战事彻底宣告结束。巴伐利亚人甚至能从雷米伊北面的据点，用肉眼看见法国第12军的前卫部队——后者已经在杜济停留了一整天时间。而普法两军横跨马斯河两岸的炮兵对决，已经迫使莱布伦将自己麾下最靠后的一个师移动至巴伐利亚军火炮的射程范围之外，令其向北穿过日沃讷，移动至代尼②。在这几轮炮兵交火的过程中，位于巴泽耶的一批民房不幸着火。

因此，到夜幕降临时分，德意志人已经顺利拿下并守住雷米伊及艾伊库尔的两处重要渡河点，位于这两地的巴伐利亚军部队则早已在巴泽耶同敌军发生交火。至于第11军的前卫部队——他们于当天夜幕降临时，已经在东舍里站稳脚跟，并将自己的前哨部队向前推进至城镇外的弗里涅－默兹③及雷加磨

---

① 原文中，作者在这里写作"线膛枪兵"（riflemen）。
② Daigny，法国香槟－阿登大区阿登省的一个市镇，属于色当区东色当县。
③ Vrigne Meuse，法国城镇，位于该国东北部，由阿登省负责管辖。

坊（Rigas Mill）。而在东舍里镇内，普军获得了一条极其重要的情报：

　　根据当地居民的说法，有多节未装载任何东西的列车在不久之前被派往梅济耶尔，其目的是将部队从当地运往色当。这条情报同我军先前所认为"敌军正试图向西移动"的观点完全相反，因此被立即汇报给了集团军指挥部。[16]

　　这条情报后来还通过对东舍里铁道站的行车记录本进行检查的方式得到证实。军长格斯多夫此前就已经骑马先行进入城镇内部，同自己的前卫部队合流，并下令在东舍里西面架设一座浮桥，同时让人炸毁了这座城镇东面的铁路桥。他所辖军的其余部队则正在舍沃日① 扎营过夜。至此，法军在梅济耶尔与色当之间的铁路及电报通信联系都已被普军切断。而在战场更西面，符腾堡军已经将法军驱逐出弗利兹，并占领了厄莱耶（Elaire）及沙朗德里② 之间的前哨线，以防身处梅济耶尔的维诺伊对普军的行动造成任何干涉。

---

① Cheveuges，法国香槟－阿登大区阿登省的一个市镇，属于色当区西色当县。
② Chalandry，法国皮卡第大区埃纳省的一个市镇，属于拉昂区塞尔河畔克雷西县。

注释：

1. A. 博布施塔特与 F. 杜耶尔著，《法德战争——通往色当的大灾难》(伦敦 1873 年出版)，第 231 页。

2. 迈克尔·霍沃德著，《普法战争》，第 203 页。

3. G. 胡珀著，《色当战役》，第 288 页。

4. 德国官方文献，《法德战争 1870—1871》，第二卷，第 288 页。

5. A. 迪克罗著，《色当日志》(巴黎 1872 年出版)，第 7 页。

6. 同上书，第 10 页。

7. 同上书，第 11 页。

8. 同上书，第 14 页。

9. G. 胡珀著，《色当战役》，第 286 页。

10. E. F. 德·温普芬将军著，《色当》(巴黎 1871 年出版)，第 142 页。

11. G. 胡珀著，《色当战役》，第 290 页。

12. 德国官方文献，《法德战争 1870—1871》，第二卷，第 294 页。

13. 同上书，第 296 页。

14. 同上书，第 298 页。

15. H. 赫尔维格著，《冯·德·坦恩指挥的巴伐利亚第一军的行动》，第一卷，第 71 页。

16. 德国官方文献，《法德战争 1870—1871》，第二卷，第 304 页。

决战战场：色当

距比利时边境数十英里远的色当坐落于马斯河畔，当地蜿蜒曲折的河道围绕着色当市镇的南面及西面，并一路延伸至伊赫斯（Iges）再急速折回，就此形成了伊赫斯半岛。在法国历史上，这座城市还一度扮演了极其重要的角色。布永公国（the Duchy of Bouillon）及色当亲王国（the Principality of Sedan）在被并入法兰西王国之前，都曾长期保持着作为"主权国家"的独立性，并因此而理所应当地遭到法兰西王国历代统治者的怀疑。这两个国家曾经充当那些图谋反对法国王室者的便利避风港，同时也曾作为（雨格诺派）新教学者的避难所，而正是后一点让这座城市拥有了"北方日内瓦"①的美称。在妻子去世时被法国国王亨利四世②授予独立国家爵位的布永公爵③是一名顽固的阴谋家，一直以来都在密谋反对法国王室。他的第二任妻子及长子也都是与其相似的人物，频繁参与反对红衣主教黎塞留及路易十三世的阴谋④；正是因为这一点，阴谋败露后因自感心虚而出逃日内瓦的布永公爵最终不得不交出自己统治下的色当，以保其本人一命。但真正让这个布永公爵一族的出生地声名鹊起的

---

① 日内瓦是宗教改革时期归正宗教会的创始地，在当时的欧洲被誉为"新教的罗马"。

② 本名"亨利·德·波旁"，1589—1610 年在位，同时也是法国波旁王朝的创建者，有"好人亨利"之称。

③ 即亨利·德拉图尔·多韦涅，1592 年受封为法国元帅。

④ 此指 1602 年比隆公爵谋反事件。

还是公爵次子——蒂雷纳子爵亨利①，他是路易十四手下最为优秀的军事统帅之一，同时也是整个法国军事史上少有的杰出人物。

色当的中心被本城城堡支配着，但时至1870年，其军事价值早已消失殆尽。这座城市本身则是一个相当闭塞的地方，居住有大约2万户居民。不过，它早在差不多半个世纪之前就遭遇过外国入侵，并在拿破仑一世兵败滑铁卢之后的三年时间里被普鲁士军队占领。作为一个防御据点，这座城市显然能为守军提供一些短期优势，但从总体层面来看，它确实还有许多需要改进的地方。然而，截至（1870年）8月31日这一天，它或许是唯一一个能让沙隆集团军有可能完成集结和重整的地点。战场的主要地理特征便是马斯河本身，以及发源自比利时边境附近山区，并从北面汇入马斯河的小日沃讷河。这两条河流的河道走向也直接决定了接下来所爆发战役的态势。马斯河自穆宗起朝西北方向蜿蜒，直接坐落于色当市的南面及西面。同时，官史指出宽阔的马斯河谷"绝大部分处在要塞炮射程范围之内的区域都被高堤堵住。除此之外，通过筑堤，位于色当及巴泽耶之间的整片河道区域都已被没入水下"。[1]河道先是向北，接着往南流经伊赫斯半岛周围，然后再向西流经东舍里小镇。而在色当市正对面，也就是左岸的小河曲上——这里有托尔西②的教区，其外围便是色当市的铁道站。位于河流左岸的铁道线一路向南延伸至巴泽耶，接着又经过该地，通往卡里尼昂。自色当起向北延伸的铁道线则经过了伊赫斯半岛底部，之后又横穿马斯河右岸，经过东舍里。法军阵地的东侧是由日沃讷河河谷构成，而这条河流也正是在巴泽耶东面不远处汇入马斯河。河谷两侧的地势陡然上升，这为色当市的西侧沿线提供了一个相当优秀的防御据点，因为从这里"发出的一轮有效火力可以打击到对面邻近城市中，敌军所在区域的几乎每一处位置"。[2]沿着河谷的一线还零星分布着若干建筑群及小村庄。就在日沃讷村北面不远处，日沃讷河同一条较小的溪流合流于一处，河谷（或者说河流）的行进方向朝着西面稍稍弯曲。但从实际上看，法军所处的这一部分位置并没有被麦克马洪立即占

---

① 全名亨利·德·拉图尔·奥弗涅（Henri de La Tour d'Auvergne），太阳王时期的法国六大元帅之一。

② 该市镇的老城区位于马恩河左岸大约1.5公里处。

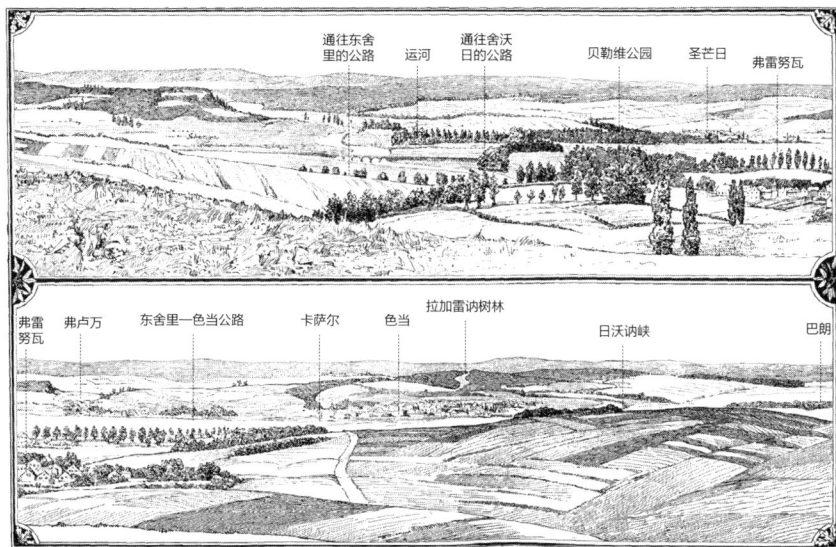

◎ 弗雷努瓦附近高地俯瞰视角下的色当战场，出自冯·韦尔纳所绘的素描本，普夫卢克－哈通藏。

据，因为他推测当地的树林及凹凸不平的区域实在是过于密集，以至于敌军无法穿过这片地带，抵近法军据点。

与此相同的是，色当西北面也没有防御性的高地据点。这种据点从弗卢万村开始，一路延伸至伊村南面的河谷处，正好坐落于法军所处位置最北面。这里是一片崎岖起伏的高地，其最高点位于伊村圣山南面不远处。自这一最高点向色当一路延伸下去的斜坡上还坐落着拉加雷讷树林①。己方据点的西北面则为法军提供了极好的防守可能性："广阔的洼地隔开了连绵不断的山丘，在当地构成多道面朝西北的平行防御壁垒。然而，法军从一开始就将自己的活动局限在了占据所处位置的最南端，也就是自拉加雷讷树林起，延伸至弗卢万及卡萨尔（Cazal）两地之间的突出部。"³ 拉加雷讷树林的基部还有一条名叫"日沃讷峡"（Fond de Givonne）的山间狭径，同时这条狭径直接穿过色当至布永

---

① Bois de la Garenne，其中"la Garenne"在法语中还有"野兔圈"的意思。

的主干道。这一处分布紧密的防御据点自中心起，仅向外分布了极为有限的几条逃脱路线：朝着西北方向梅济耶尔撤退的道路；介于伊赫斯河曲的入河口及比利时边境之间的道路；通往布永的主干道；沿着希耶河一线向东的几条道路；还有向南通过托尔西，最终离开这座城市的路线。

麦克马洪将自己的集团军分别部署到了这些非常显眼的路径上。其中，杜威的第7军负责防守自伊村起，一路延伸至弗卢万的高地。身为军长的杜威从一开始就对自己所负责防卫的据点感到极度担忧，同时还急切地请求友军增援部队，前来保卫他这条战线中的关键节点伊村圣山。于前一天下午传达至自己手上"德意志人正在东舍里准备渡河"的情报，更是加剧了他的恐惧。为此，杜威决定进一步巩固弗卢万及伊村之间的据点防御——这是一项他在此前因士兵们早已精疲力竭的状态而竭力避免的措施。他将一支规模颇为庞大的部队部署在圣芒日，以遮断覆盖通向弗里涅欧布瓦及梅济耶尔的道路。第7军后方则部署有三个骑兵师，分别由马加雷特、博纳曼斯，以及阿米尔（Amiel）三人指挥。

迪克罗的第1军则被部署在日沃讷沿线。与此同时，在其左翼，莱布伦的第12军占领了巴泽耶及村庄北面不远处的高地。米海尔的骑兵师被部署在迪克罗军左翼后方，也就是日沃讷村西面。最后，先前遭受重创，现已由温普芬接任军长的第5军将作为预备兵力；该部部分留守在获得色当城堡城墙庇护，设于城墙之下的营地当中，部分留守在杜威军所据守位置的后方。

至9月1日，色当南面的沼泽带均已被大水淹没；因此，麦克马洪据点西南面的防御绝大部分都是由暴涨的马斯河所提供。而在城市对面，也就是弗雷努瓦村及瓦德兰库尔村[1]的北面，有多座植被茂密的山丘朝着拉玛尔菲树林（Bois de la Marfée）的方向一路延伸。此外，日沃讷河谷的东侧还耸立着一些陡峭且植被茂密的山丘，诸如这样的地貌直接覆盖了这片法国人料定德意志人将难以逾越的山区，或许正是因为这样的战场地形直接导致麦克马洪致命性地低估了敌军力量，并过分高估了自己所占据点的安全性（或者说防

---

① Wadelincourt，今法国北部阿登省的一个市镇。

◎ 色当郊区，出自布拉赫特（Bracht）所绘的油画素描，普夫卢克 - 哈通藏。

御能力）。

　　就在沙隆集团军于防御据点安顿下来的同时，远在战场东南面的莱茵河集团军也于8月31日这一天，再次尝试脱离围困着自己的普军"监牢"。早在此前的8月29日，巴赞就已经收到那份先前提到过麦克马洪正在向他所处位置移动的消息。但事实上，他是根据蒂永维尔守备司令官图尼耶（Turnier）传至自己手中的一封信件，才知晓这条消息的。这封信件的原文如此写道："迪克罗将军现在正负责指挥麦克马洪的一个军。他在今天，也就是（8月）27日这一天肯定会处在集团军左翼的斯特奈。杜威将军则会位于集团军右翼的马斯河畔。请您（指巴赞）准备好在沙隆集团军打响第一枪之前发起进军（即发起突围，并与沙隆集团军合流）。"[4] 这条消息的内容看上去颇为积极乐观，即便是一向悲观的巴赞也有所触动。他因此于第二天下令分发应急口粮（iron rations），并准备发起推进。然而在当天稍晚些时候，他又收到一封在更早之前由麦克马洪本人发出的信件，后者宣称自己（当时）正朝埃纳河方向移动："到了那里后，我将根据实际情况前来帮助你。"[5] 由于巴赞断定麦克马洪自8月27日起就一直在朝梅斯方向移动，因此，他认为自己会在这座城市（指梅斯）附近同后者实现合流。巴赞的计划是挺进至介于埃纳河及萨尔路易公路之间的摩泽尔河右岸。他的集团军一部当时正处在摩泽尔河左岸，并将于8月31日早上6:00渡过要塞城下的桥梁。同时，法军还希望整个集团军会于当天上午

10:00 之前，在摩泽尔河的右岸完成集结。位于法军正面的德意志军队右翼被选定为此次进攻的目标。而位于始自马尔鲁瓦①，最终到达沙利（Charly）的摩泽尔河畔（也就是法军主要攻击方向）的部队则是普军第 3 预备师（师长为冯·库默尔）。当时，该师还辖有若干在将来向巴黎进军时，被用来援助常规部队的地方民兵部队。而在战线中央，第 1 步兵师（师长为冯·本特海姆）占领并覆盖了始于费利（Failly），终于努瓦斯维尔的据点。与此同时，位于普军左翼的则是第 2 步兵师（师长为冯·普列维茨），该师的宽广正面朝向战场西北方。而法国的莱茵河集团军将会把自己几乎所有兵力，都用于进攻这三个处于曼陀菲尔指挥链之下的普军师，且法军的这场攻势会得到已方要塞炮的有力支援。

　　显然，法军的此次行动从一开始就没打算特别依赖意外性（即所谓"出奇制胜"）。正如普鲁士官方战史所叙述的那样[6]："早在 8 月 30 日夜间，遭到围困的（法国莱茵河）集团军所在据点传出来的庞杂喧闹声，以及军乐队不断发出的叮当响声便已经引起了普军前哨站的注意。"类似情况在第二天凌晨的几个小时里又重复发生一遍，德意志人在各处据点甚至都能用肉眼观测到法军的这些大规模活动。巴赞的目标是在摩泽尔河右岸达成一场重大胜利，将德意志人的守军逼退至东北面；与此同时，他本人还会率军向北，朝着蒂永维尔的方向发起推进。腓特烈·卡尔亲王可以说是毫不费力地猜出了巴赞此刻正打算干什么，同时为了挫败法军此次大规模行动，他在 8 月 31 日早些时候便已命令第 2 军朝着圣普里瓦方向移动。但就在当天下午及傍晚，曼陀菲尔的部队还是在未能得到增援的情况下，遭到法军猛烈攻击。位于最前沿几处阵地之一的曼陀菲尔亲自指挥部队同敌人展开激战，并依托据点勉强抵挡住了拉德米洛军在费利及努瓦斯维尔两地之间发起的攻势。然而，勒伯夫所指挥第 3 军发起的突击要成功得多——该军在扫荡努瓦斯维尔之后，又朝着北面的塞维尼发起进军。与此同时，在拉德米洛左翼，第 6 军通过他们发起的挺进直接攻入了费利外围。到目前为止，法军已经取得相当多进展，以至于整个白天都在前线亲

自指挥部队的巴赞在当天晚上回到自己床上睡觉的时候，他或许还会久违一般地感到满足，甚至对未来产生些许希望。但令人相当费解的是，他在第二天早上 5:00 起草命令时，竟表现出了一种即便是对于自己来说也非同寻常的胆怯态度。巴赞事先为当天稍晚些时候需要传送给麦克马洪的消息准备了两份内容截然不同的草稿，其中一份宣布自己取得一场不大不小的胜利，另一份则宣布他已将部队撤回梅斯城内。最后作为电报发送出去的是后一份更显悲观的草稿。曼陀菲尔已经意识到勒伯夫自努瓦斯维尔向塞维尼发起的推进所能导致的巨大威胁；因此，就在自己于 9 月 1 日一大早得到了大批援军之后，他当即命令所辖部队在强大的炮兵线列火力支援下迅速发起挺进。负责防守刚攻下来的努瓦斯维尔村的是法军巴斯托尔师，该师被普军的反扑迅速压垮，且未能得到其余法军部队支援，这导致这座村庄的绝大部分土地都落入了普军手中。9 月 1 日上午 11:00，不堪重负的巴斯托尔只得选择撤退。至此，颇具威胁的包围网缺口被普军顺利堵住，巴赞手下早已精疲力竭的法军部队则是发现，自己竟然又一次被围困于敌军的围城线之内。德意志一方在此役中的损失约为 3000 人，法军（在此战中的损失）则为 3500 多人。就在这场战役如火如荼进行的过程中，色当发生了几件意义更为重大的事件；但不管怎么说，正是这场努瓦斯维尔之战，巴赞集团军任何试图逃脱包围圈的尝试才最终宣告失败，其退路亦被完全堵死。

无论是巴赞这场突围尝试本身还是其令人沮丧的最终结果，远在色当的麦克马洪元帅及其参谋们当然都是不可能知道的。因此，他们仍在为沙隆集团军的下一步行动进行准备。同样地，他们在 8 月 31 日夜间仍不是特别清楚位于自己正对面的敌军部队部署情况；与此同时，巴赞也是理所当然地对于麦克马洪的真实处境一无所知。而在另一方面，腓特烈·卡尔亲王始终都密切知悉战场事态的发展。8 月 31 日夜间 10:00，老毛奇写信告知了这位亲王自博蒙战役结束以来所发生的一系列事件，同时还向后者预测了接下来将会发生的事态：

敌人的集团军正试图沿着马斯河右岸从色当开始，向梅济耶尔发起进军。一场试图突破已被我军所占据的东舍里的攻势行动将会从凌晨时分开始……在这种情形下，麦克马洪所辖集团军的一部分部队似乎不太可能对梅斯城下的我方集团军产生严重干扰。[7]

就在法军部队于色当周围占领并巩固各处防御据点的同时，德意志人始终在稳步发起推进，其目的是堵死法军一切可能的逃脱路线——虽说后来从事实上看，还是有一些法军部队成功逃出包围网，如布哈霍的骑兵师。但在战役爆发前，绝大多数法军其实还是非常乐于看到，自己发现了一个在当时看来颇具防御力的位置。战役进行期间，麦克马洪的犹豫不决同老毛奇的坚定决心早已形成极为鲜明的对比，只是这一对比从来都没有像8月31日那么突出鲜明。

在这一天（8月31日），拿破仑三世同样为军队下达了最后一道总命令，只不过这张纸并不是一份特别鼓舞人心的文件：

士兵们！这场战争的开端（对我方而言）并不是特别幸运。因此，我不顾一切的个人偏见，渴望将集团军的指挥权移交给那些元帅，毕竟公共舆论始终认为应该让后者来履行这一职责。虽然到目前为止，你们在付出努力之后还没有获得任何一场胜利，但我知道，巴赞元帅的集团军正在梅斯城的城墙庇护下进行重整；与此同时，麦克马洪的部队在昨天仅仅是遭受了轻微攻击。因此，你们并没有任何理由或借口让自己士气低落。我们已经成功阻止敌人向首都进军，而且整个法兰西现在都正在奋起反抗，驱逐这些入侵者。在令人信服的情形之下，我已经让身处巴黎的帝国皇后成为我的代理人。至于我本人——我更倾向于扮演一名军人的角色，而非扮演一名君主。为了拯救我们的祖国，任何东西都无法让我们退缩。感谢上帝，即便是在目前这种情形下，仍有许多勇敢的人挺身而出——哪怕我们当中确实出现了懦夫，但军法及公众的蔑视都会成为针对他们的惩罚。

士兵们！证明你们自己完全配得上过往的声誉吧！

如果我们每个人都尽到了自己的职责，那么上帝就绝对不会抛弃我们的国家！

拿破仑三世[8]

而在这一整天里，随着德意志人的纵队不断推进，并加紧实施他们拟定

276

的行动计划，传达至老毛奇指挥部的多份侦察报告都清楚表明了麦克马洪已经放弃马斯河左岸，并在色当周围进行集结。由于老毛奇始终认为在这一位置（即色当）附近主动进行战斗是一个极其轻率的举动，且他一直假定自己的对手将采取对普方来说最为危险的举动；因此，他仍旧是以"麦克马洪正准备向西面的梅济耶尔迅速撤退，或是有可能通过向卡里尼昂发起攻击的方式迅速脱身撤退"这一猜想为基准，确定己方的行动计划。而在这两种可能出现的情形里，老毛奇认为法军更有可能选择梅济耶尔方向的那条路线撤退，正如他向腓特烈·卡尔亲王指出的那样——虽说还是有一些证据表明法军正在采取其他路线。据此，老毛奇采取了多项措施，以应对这两种可能出现的情形，并在当天下午稍晚些时候非常满意地发现，整个局势都已处在自己的掌控之下。至于王储，他将在这一天（率领自己的部队）占据一处被当时正身处一家啤酒厂的布卢门塔尔形容为"默默无闻的角落"[9]的地方，以防法军途经梅济耶尔逃脱；与此同时，第3集团军早在先前就已开始的推进行动，也充分保证了现场情况将会得到这样的控制——法军肯定无法通过梅济耶尔逃脱。

王储将指挥部设在谢默里①，而（国王及老毛奇使用的）王家总指挥部正是通过这个地方，才抵达自己的过夜住处旺德雷斯。老毛奇及波德别尔斯基两人则是抓住此次机会，同布卢门塔尔进行了一场简短但极其重要的会议。随着数张地图在自己面前被陆续展开，此刻的老毛奇能十分清楚地看到自己的行动究竟是多么成功，以至于他竟然准许自己自我满足起来，并说道："现在的我们已经让他们陷入一个捕鼠夹里了。"[10]官方战史则仅仅是非常简短地这样提到过："冯·毛奇将军及波德别尔斯基两人同冯·布卢门塔尔就当前战役的形势，以及未来进程问题在谢默里进行了一场时间短暂的会议。"[11]然而，布卢门塔尔在自己的日记中是这般观察及描述老毛奇举动的："他兴奋地搓着自己的双手，脸上带着嘲弄般的微笑。"考虑到这些生性谨慎、头脑冷静的专业人士所取得的显赫成就，他们会为此欣喜若狂也丝毫不足为奇——他们此刻正在思考的未来事态发展，竟同他们在几天前达成的想法几乎全部一致。同时，普

① Chémery，法国卢瓦尔－谢尔省的一个市镇，属于罗莫朗坦朗特奈区圣艾尼昂县。

军也没有必要为9月1日立即下达特殊命令，因为总参谋部于此前的8月30日，自比藏西发出的命令就已经奠定了整个基础计划的基调（甚至都不需要对其进行多少修改）。而这份计划的细节——至少就普鲁士王储而言——早在谢默里就早已为他指定了。[12]8月31日夜间9:00，布卢门塔尔根据同老毛奇进行讨论的结果，相当及时地（为自己的部队）下达了第二天的命令。在左翼，格斯多夫及其第11军与基希巴赫及其第5军都将通过东舍里，向弗里涅欧布瓦发起推进。符腾堡军则会在东勒梅尼勒①渡过马斯河并留守在后方，作为预备兵力或是阻止维诺伊可能从梅济耶尔发起的任何推进行动。而在战线中央，哈特曼及其第2巴伐利亚军将会占据位于马斯河左岸，东舍里正对面的高地；并从这个位置起，一路向东延伸至位于弗雷努瓦及瓦德兰库尔之间的拉玛尔菲树林南面。最后，坐落于王储右翼的冯·德·坦恩麾下第1巴伐利亚军的主要任务，则是与马斯河集团军建立联系，并与该集团军协同发起推进。而在集团军这几个军的后方，骑兵师被部署在不远处，以便处理战场上可能发生的任何事件——虽说当下的情形已经很清楚地表明，他们在第二天不太可能扮演起一个特别重要的角色。

陪同王家总指挥部一起来到谢默里的谢里登饶有兴致地观看了王储麾下一些部队在国王面前接受检阅的情形："他们以一种多少可以称为宽阔且非常规的四人一排纵队列队行进，各排之间都为普军那独特的正步姿势腾出一些间隔，士兵们则是通过这种正步轻松且迅速地走过阅兵场地。整个队列里几乎没有，或者说根本不曾出现任何散漫现象，他们紧密地聚合在了一起。身体强健、精力充沛的年轻人身上仅携带有少量装备——他们只带着击针枪、子弹、一个非常小的背包、一个水壶，以及一个褡裢——他们就是这样迈着富有弹性的步伐，每小时走过至少三英里的行军路程。"[13]

但与此同时发生的事件是，老毛奇所辖参谋部的一名关键成员已经看见一支实际上很有可能是正从弗朗舍瓦勒穿行至日沃讷河河谷西侧，在迪克罗那个军中位于末尾的法军部队。他因此断定法军正朝梅济耶尔方向进行总撤退。

---

① Dom le Mesnil，法国香槟－阿登大区阿登省的一个市镇，属于沙勒维尔－梅济耶尔区弗利兹县。

这条情报随后经由布兰登斯坦传达至老毛奇处，而这也多多少少印证了法军已不再有可能朝着卡里尼昂方向发起突围，真正的问题更有可能出现在战线另一端。前线通过侦察传来的情报称，有来自梅济耶尔方向的法军部队正在开往梅斯城，但这仍然不足以让老毛奇断定麦克马洪干出了致力于巩固并坚守色当据点这种最为愚蠢的举动。也正是出于这个理由，他（老毛奇）在收到布兰登斯坦发出的消息之后，于夜间 7:45 给布卢门塔尔写了一封信，充分强调了让一些部队在当天晚上渡过马斯河，以便让他们于第二天破晓时分发起攻击的重要性。[14]

多年后，回顾过往的老毛奇在提及麦克马洪当时处境时是这样描述他的：

他（麦克马洪）几乎没有意识到能保证自己集团军，甚至是集团军一部安全的唯一一次机会便是在 9 月 1 日这一天立即进行撤退。而普鲁士王储也确实占据了途经马斯河畔的每一条通路，很快就可以在（法国—比利时）边境北面这片宽度仅为 4 英里的狭窄空间当中，对着法军的侧翼发起行动。尽管如此，法军依旧没有冒险尝试突围或撤退，这似乎只能以法军部队早已精疲力竭的实际状态作为解释——因为就在当天，法国的集团军在战斗时仍不能组织起有纪律的行进队列，而是仅能待在原地（消极静态地）组织防御战斗。[15]

除了命令位于战线左翼的第 3 集团军沿着这条路线向前发起推进，老毛奇同样更改了交由冯·德·坦恩执行的任务。从现在起，最后者将奉命牢牢抓住正对面的敌军部队；此外，他还被赋予撇开马斯河集团军，自行发起独立攻势的权力。冯·德·坦恩军早在先前就已经取得一场对于 9 月 1 日的战斗极为重要的胜利——他们控制了巴泽耶附近一条极其重要，横跨马斯河的铁路桥，之后又在这座铁路桥的东面临时搭建了两座浮桥。

第 3 集团军随后将老毛奇所给出指示的细节，以及布兰登斯坦所收到的最新情报转发给了萨克森王储的指挥部。马斯河集团军于当天下午 1:00 收到这一信息，并为己方这一天的动向立即下达数道命令。[16] 他们（该集团军高层）先是提到法军可能途经梅济耶尔撤退的消息，接着又命令近卫军向维莱塞尔奈（Villers Cernay）及弗朗舍瓦勒两地移动；与此同时，再让第 12 军向拉蒙塞勒^①移动。这一战场运动将于翌日早晨 5:00 开始，为此，冯·德·坦恩又从上级那里获得了几道新命令。至于阿尔文斯莱本的第 4 军——该部此刻被指示让一个师先行发起挺进，以支援巴伐利亚人的行动；除此之外，该军余部则会在穆宗渡过马斯河，并作为预备兵力留守在迈里^②。

尽管德意志人正基于"法军正尝试逃脱"这一猜测进行备战，但他们的对手此刻早已完全放弃了于 9 月 1 日这一天，向梅济耶尔撤退的一切想法。到 8 月 31 日夜间，法国集团军的四个军都已安心地驻守于各自的防御阵地中——虽然迪克罗军的最后一批部队要一直等到当天夜间 11:30，才疲惫不堪地步入战线。麦克马洪的集团军总指挥部又下达数道命令，（这些命令）规定全军将在 9 月 1 日休息一整天时间，这与德意志人从不间断的活动形成了极为鲜明的对比，似乎也证实了麦克马洪仍抱有这样两种幻觉："抵近己方所在地域的德意志军队兵力规模并不是特别庞大，甚至连现在的自己都仍有可能自由地选择战斗、撤退至梅济耶尔，或是向卡里尼昂进军这三种选项中的任何一种。"事实上，双方的军队此刻已非常靠近，一些部队甚至处于交战状态。当时的法军已经安顿下来准备过夜，其士气早已因熊熊的篝火、烹饪的香气，以及军鼓铙钹的响声而多少有所恢复。守备司令官（他所指挥的营当时正处于日沃讷战线的营地当中）维达尔（Vidal）非常清楚敌人（距离己方军队）究竟有多近，并对战场上的惊人反差进行了这样的叙述："一边是完全漫不经心，还有欢乐的喧闹及骚动；另一边则是远见、精准、冷静和沉默！在这里，我们对一切一无所知，只知道吃和睡；而在对面，他们纯粹只为取得胜利而思考！这便是两支军队（对于这场战争）的态度，可以说完美体现了两个民族的性格特征。"¹⁷

沙隆集团军此时正集结于色当周围的密集菱形防御带当中；与此同时，位于其对面的则是比法军庞大得多且迄今为止始终战无不胜的德意志大军。可不管麦克马洪对于自己的防御据点给出多么混乱的评估，当时的真实处境对于他的一部分下属来说确实是再清楚不过了。杜威就曾沮丧地对自己手下一名军官这样说："现在的我们已经什么都不剩了，我亲爱的多特里来纳

---

① La Moncelle，法国香槟－阿登大区阿登省的一个市镇，属于色当区东色当县。
② Mairy，法国香槟－阿登大区阿登省的一个市镇，属于色当区穆宗县。

（Doutrelaine），我们唯一能做的事情就只是在被彻底压垮之前拼尽全力（抵抗及逃脱）。"当德意志人活动的证据出现在色当周围所有山丘时，迪克罗相当简要地对萨拉辛博士（Dr Sarazin）说了几句话，这与老毛奇在当天夜间稍早些时候所说的话形成了鲜明对比："我们正被围困于一个夜壶之中，而我们的士气将会在这里面消磨殆尽（Nous sommes dans un pot de chambre, et nous y serons emmerdés）。" [18]

注释:

1. 德国官方文献,《法德战争 1870—1871》,第二卷,第 309 页。

2. 同上书,第 309 页。

3. 同上书,第 309—310 页。

4. 同上书,第 490 页。

5. 同上书,第 490 页。

6. 同上书,第 494 页。

7. H. 冯·毛奇元帅著,《毛奇元帅的军事通讯文集 1870—1871》,第 125 页。

8. 德国官方文献,《法德战争 1870—1871》,第二卷,附录 43。

9. K. 冯·布卢门塔尔伯爵 & 元帅著,《1866 年及 1870—1871 年的战时日志》,第 110 页。

10. 同上书,第 110 页。

11. 德国官方文献,《法德战争 1870—1871》,第二卷,第 306 页。

12. 同上书,第 307 页。

13. P. 谢里登将军著,《个人回忆录》,第二卷,第 398 页。

14. H. 冯·毛奇元帅著,《毛奇元帅的军事通讯文集 1870—1871》,第 125 页。

15. H. 冯·毛奇元帅著,《法德战争 1870—1871》,第 86 页。

16. 德国官方文献,《法德战争 1870—1871》,第二卷,第 308 页。

17. P. 维达尔著,《色当战役》(巴黎 1910 年出版),第 141 页。

18. 萨拉金博士著,《上一场法德战争中的故事》(1887 年出版),第 115 页:援引自 J. F. C. 富勒少将著,《西方世界的几场决定性战役》(伦敦 1956 年出版),第二卷,第 122 页。

色当决战：
最初的几个阶段

9月1日（周四）破晓之前，德意志人就已经在积极展开行动。令人丝毫不感到意外的是，不仅是在（普鲁士军队的）士兵当中，就连随行的亲王、政客，以及公务员之间也都蔓延着一种自信且期待的气氛。一直工作到当天凌晨1:30的韦尔迪于凌晨4:00再次起床；到该日凌晨5:00，他已经同老毛奇及王家总指挥部人员一道，走在了从旺德雷斯出发，前往色当的路上：

> 那是一个天气晴朗、空气清新的早晨，晨间的雾仍然笼罩着山谷，厚厚的花冠紧紧缠在了植被繁茂的山坡上。晨雾与野营篝火产生的浓烟混合到一处，在许多地方形成了巨大，而且显然无法穿透的浓厚云层。这让人联想到歌剧舞台上某部场面宏大的作品，其中一些特别宏大的舞台效果都是用各种焰火来衬托的。在它们（云层）上方，我们还能看见几座山的山顶一直耸立到纯净可视的天空之中。我们在路上没有遇到任何敌我部队，有两个军早在昨天夜间就已经开始渡过马斯河。因此，在经过的露营地中，我们仅仅看见了他们的交通工具。[1]

王储甚至在更早之前就已经来到这条路上，并于当天凌晨4:00，在浓厚的晨雾中匆匆离开谢默里。而在骑马经过自己部队的时候，他又不得不大声呼叫，告诫手下那些热情过头的部队成员不要擅自离开当前所处位置。[2]同他一道出行的布卢门塔尔也坐在他的马车之中。就在当天早晨6:00左右，他们两人抵达东舍里北面高地，该地点早在前一天便被选为集团军的指挥部新址。而在后方的旺德雷斯，莫里茨·布希（Moritz Busch）同样早早起了床，开始动笔撰写自己的日记；但他一开始并不期望同普鲁士王室众人一道前去见证这场决定性的胜利，直至俾斯麦注意到他并让他上了自己的马车，布希这才满怀信心地期待起这场胜利。³ 就在这些人等待国王到来的同时，俾斯麦还向阿贝肯下达了几道指示；当时，最后者正因为一名路过的王室要员而分神，为此普鲁士首相不得不用尖锐的语气提醒他："仔细听好我说的话，枢密院议员先生。看在上帝的分上，你就别去管那些亲王们的事情了，随他们去吧，我们正要在这里讨论正经事。"后来，他（俾斯麦）又在同布希谈话的过程中这样提及阿贝肯："这位年老的绅士（实际上阿贝肯只比俾斯麦年长六岁）一看到任何同王室及宫廷有关的东西就会忘乎所以，但不管怎样我还是离不开他。"⁴ 国王很快便现身，全体随行人员接着一起向北进发。行进至舍沃日的时候，马车车队停了下来，随后国王及其参谋随从便骑上马，开始朝弗雷努瓦北面的山丘进发——这一地点是由老毛奇本人亲自选定，而在当天上午 7:30，抵达该地的众人也将从山顶处观摩整场战役。此刻的太阳已经升起，晨雾先是从山顶处缓缓散去；紧接着，弥漫于山谷及河流上方的晨雾也逐渐散去。很快，在万里无云的晴朗天空之下，整个战场的全景都呈现在了王室一行人面前。布希是这样描述当时情形的：

在我们所处的这座山上，此时汇聚有一大批杰出人士：国王陛下、俾斯麦、老毛奇、罗恩、卡尔亲王及多位亲王、魏玛及科堡大公国的大公殿下、梅克伦堡的世袭大公、众多将领、副官、王室典礼官①，还有过了一段时间便突然消失的哈兹费尔特②伯爵，以及俄罗斯帝国的库图索夫（Kutusoff）、英国全权军事代表沃克尔上校、美国的谢里登将军及其副官。所有人都身穿军服，并用战地望远镜观察整片战场。国王始终站着，包括首相在内的其他人则坐在（小麦田的）残梗边缘处一道长满杂草的山脊上。接着，我又听到国王传令称不要让普军的大部队（过于密集地）聚于一处，因为要塞里的法军可能向他们开炮射击。⁵

---

① marshals of the household，需要注意的是这里的"marshal"并不是"元帅"之意。
② Hatzfeldt，1881—1885 年间任德意志帝国外交部部长。

◎ 萨克森王储阿尔伯特像，施伯特藏。

而在后方的旺德雷斯，战地记者阿奇博尔德·福布斯在这一天获得了一个非常糟糕的开始。未曾意识到决战即将到来的他于当天上午 7:00 仍然在寄出信件；直到此刻，他才听说马斯河谷有战斗发生，不过他收到的消息错误地声称，国王已经动身前去视察博蒙战场。于是，他便朝着那个错误的方向（即博蒙）进发，却发现当地没有任何人；同时迷了路，骑着马差点就跑到了梅济耶尔。不过正是在这里，福布斯发现那些正在追击法军部队的符腾堡人险些闯入这座城镇内部。他在现场遇到一名军官，后者告诉他战斗在色当周围爆发（及进行）。福布斯只得再次骑马驶向公路，并一路赶到弗雷努瓦。[6]

与此同时，罗素也不幸误入歧途，同自己本应随行的王储参谋一行人走散。他骑马赶往色当，在德意志一方部队赶往战场的过程中陆续经过多个（步兵）纵队。等到清晨的薄雾逐渐散去时，他来到一个山脊处。从这个地方，他能鸟瞰流向色当市的整条马斯河（及河谷）的景象。而这一景象在他眼里是这样的："整个色当市似乎都被置于一片湖泊中。古老的棱堡及城垛、教堂尖顶、尖塔全都映于平静的水面之上。"[7] 从这个位置上，他能看见战斗刚在巴泽耶周围爆发。接着他又调头，骑着马一路向西面赶去，直到看见一批下了马的军官正在使用望远镜观摩战况。他判断这些人是王储的护卫，便急忙朝着他们策马狂奔而来；直到有一名军官愤怒地冲其大喊，要求他在国王面前立即下马，罗素这才停了下来：

接着，就在那一刻，从色当要塞射出的一发子弹或是一枚炮弹在空中呼啸而过，落到了国王本人、老毛奇、俾斯麦，以及 3 ~ 4 名参谋军官所在位置不远处的一片河岸之上。这立即造成了一场骚动。且不论我本人（的到来）究竟是不是造成法国人注意到我们一行人的不祥原因，但可以肯定的是，几个随行人员脸上的表情似乎都在暗示我是一个非同寻常的大罪人。

由于找不到王储及其随行参谋，罗素只得陪同国王的随行人员一块待到当天中午；之后，他才被王储的一名助手发现。[8]

同样是在这一天早晨，一种不可避免的可怕感觉在色当市内大肆蔓延。拿破仑三世决定勇敢地接受自己的命运：他往自己脸上涂了胭脂，留着刚打过蜡的小胡子，穿着贴满金线贴花装饰的将官制服，骑上自己的爱马菲巴斯（Phoebus），在随行参谋的陪伴之下，从区政府大楼①出发。到现在，皇帝内心对于取得这场战役的胜利已经不再抱任何期望；此刻的他在冥冥之中正被一种个人信念所驱使，断定自己（的人生）将会在这一天以死亡的方式宣告结束。事实上，这（死亡）毫无疑问也正是他在这一天积极追求的——当天一整天里，他亲自骑着马，忍受着病痛折磨在战场周围视察，以近乎鲁莽的勇敢将自己完全暴露在战场上。

与此同时，仍旧非常明显地盲目相信自己在当下有多个选择的麦克马洪也从这一天开始，为己方在战场西面的处境感到焦虑；并派遣两名参谋军官前去探明德意志人是否正在东舍里，并且尝试渡过马斯河。直到这一天的破晓时分，他仍在等待这两名军官的报告。

当天上午早些时候，整片战场仍然处在浓雾的笼罩之下。冯·德·坦恩在当时决定利用能见度有限的优势，以及上级（也就是老毛奇）赋予他如有必要可自行发动攻势以阻止法军撤退的特权，早早地让麾下部队展开行动。早在前一天晚上，他与自己的参谋就已经愈发确定法军即将溜走。为此，他决定先发制人地主动阻止这一切。正如后来的巴伐利亚军官史作者所描述的那样，这个决定"对决定性的色当会战的整个战役进程产生了毋庸置疑的重大影响"。[9]冯·德·坦恩于当天凌晨2:30左右带着一小批参谋军官，亲自来到位于前沿的

---

① Sous-Préfecture，这个词在法语里还有"省辖区的行政中心"或"副省会"之意，区长也因此在法语中被称为"sous-préfet"。

艾伊库尔，以监督此次推进行动。直至本日凌晨 4:00，巴伐利亚军开始利用前一天夺取的两座铁路桥，以及此前在河流上游附近架设的两座浮桥中的第一座渡过马斯河时，天色仍然非常昏暗。随后，他们沿着公路迅速前进，试图突然袭击巴泽耶的守军。然而，巴泽耶实际上是块相当难啃的硬骨头——辖有两个海军陆战团，在战斗一开始构成了村庄守军主体的马丁·德·帕利埃① 旅就像第 12 军瓦索涅麾下第 3 师的其余几支部队一样，他们都勇敢且颇具才干，是巴伐利亚部队的对手。该旅早在前一天晚上便已进入这片村庄，并耗费大量时间准备坚固的防御工事，而位于杜济道路交叉口较高处的村庄北部石制建筑群，更是适合用于巩固防御；此外，这批法军还在主要街道和支路上设置了一系列街垒与路障。村庄部分所实施防御的关键性节点则是一座名为 "贝尔曼别墅"（Villa Beurmann）的大型建筑。

就在德意志人于当天上午开火射击后不久，瓦索涅师的另外一个旅 [旅长为勒保尔（Reboul）] 便立即驶离巴朗（Balan），赶来提供支援；与此同时，勒保尔还接过了巴泽耶防线的指挥权。显然，法军并没有布置足够数量的哨兵，因为从战斗一开始，德意志人的部队就已经成功突袭他们的敌手，并在没有遭遇任何抵抗的情况下顺利进入村庄。然而，他们很快便闯入法国海军陆战队事先准备好的防御据点，双方的战斗随即发展成了逐屋的野蛮巷战。发生在贝尔曼别墅周围的战斗尤为激烈，负责进攻这一据点的步兵连直接损失了所有军官。[10] 而在这座村庄的北端，绍尔（Sauer）少校所指挥的第 2 团第 1 营已经率先攻入巴泽耶，遥遥领先于其余几支奉命攻击村庄的巴伐利亚军部队；同时，该营还用少数兵力占据了当地的一座街角小屋。随后，少校便被法军截断退路，而他派去的增援部队也无法突破封锁，救助这一彻底遭到孤立且控制进入村庄的公路的重要据点。而在后方的艾伊库尔，冯·德·坦恩受到了马斯河集团军先锋部队已抵近目标这一消息的鼓舞，迅速将更多部队投入到争夺巴泽耶的战斗当中。然而，由于糟糕的能见度，这场战斗的性质很快就演变成为混乱的肉搏战，以至于双方指挥官都无法对其施加什么实际影响。

---

① Martin des Palliéres，作为该旅的指挥官，他已经在前一天的战斗中负伤。

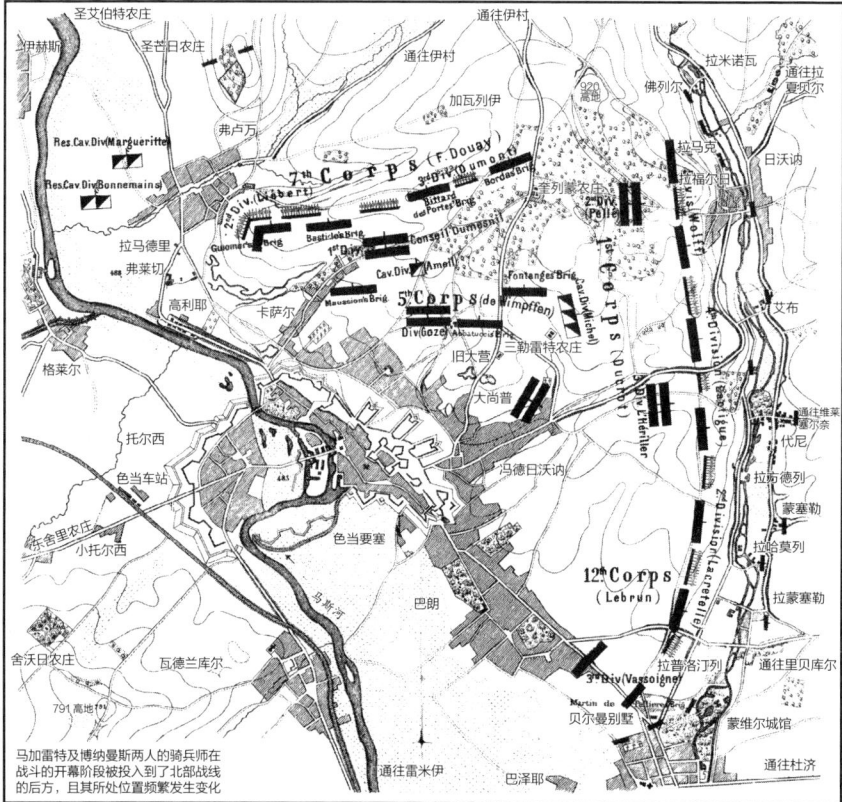

◎ 9 月 1 日上午，法军在色当的相应位置。

斯特潘从设在巴泽耶车站的据点处观摩了战斗，他断定这个村庄（至少是一部分）已被普军占领，于是让自己的预备部队经过拉蒙塞勒，向自身所处位置的右侧发起进攻，以清除巴泽耶本身的任何抵抗力量。与此同时，法军也向村庄的西侧发起一轮凶猛反攻，将这条战线上的普军部队逐出巴泽耶村，并一路将其驱赶至铁路路堤处；此外，法国人还在这一过程中俘获了绍尔及其部下——他们都是在经过长达 45 分钟的绝望战斗之后，才被迫投降。绍尔本人及其他几名德意志战俘均于当天上午 7:00 被带回色当，在此期间，他们还在巴朗遇到了当时正赶往战场的拿破仑三世及其随行参谋。这些战俘都得到了俘获他们的法军的妥善对待，但色当城内的法国平民对这些俘虏的态度可谓极其恶劣，以至于护送他们的法军部队成员亦深感难堪。[11]

斯特潘对于巴泽耶的脆弱控制，此刻只能靠剩下的两座位于杜济交叉路口的石制民房勉强维持。法军向这两座房屋发起的数轮攻势在付出了沉重损失后惨遭击退，不过此刻的他们已经占据道路另一侧的一座大房子；直到普军将两门 4 磅炮拉到极近距离，并且猛烈开炮射击，法国人才被（德意志人）勉强逐出这间房子。普军最终于上午 7:45 迫使法军撤退。然而，就在这两门火炮沿一条小巷南下并被拉到主干道上，准备朝着贝尔曼别墅开炮射击的时候，有近半数炮组成员在极短时间内被敌人的子弹打中，依然存活的那些人也只得仓皇撤退。[12]

随着上午的时间不断流逝，战争双方仍在向这场战斗不断投入增援部队。由冯·奥尔夫（von Orff）所辖支队构成的斯特潘预备部队从雷米伊出发，一路进军至巴泽耶南侧及西侧，并很快卷入到这场激烈的战斗当中。奥尔夫胯下的战马在战斗中被子弹击中，德意志一方的军官亦仍在持续蒙受惨重损失。与此同时，法军得到了从巴朗赶来的第 1 军麾下加特利·特雷科特（Carteret Trécourt）旅，以及沿马斯河赶来第 5 军麾下戈泽师一部的增援。此刻，整个巴泽耶村已有多处着火，村民们也都自发加入到这场战斗当中。德意志人的官史声称，这些村民曾朝着伤员以及抬担架的救护人员开火射击，因此"巴伐利亚军最终不得不使用武力，撂倒所有手上拿着武器的法国村民"。[13]

而在巴泽耶北面及东面，萨克森第 12 军的前卫部队一直在朝拉蒙塞勒的方向推进；除此之外，担任第 4 军前锋的舒勒第 8 师也已经抵达雷米伊。随着能见度有所改善，德意志人的炮兵再一次支配了整个战场。尽管巴伐利亚人设在河另一侧的炮兵线列在相当长一段时间里没能起到多少作用，但早已来到河右岸的几个炮兵连在此刻选择从更近的射程上开炮射击，很快给法军造成相当惨重的伤亡。斯特潘此刻已得到冯·舒马赫（von Schumacher）第 2 巴伐利亚师正不断取得进展的攻势的支援。该师先锋部队是舒赫（Schuch）上校麾下第 3 旅，他们在当下已顺利打通前向蒙维尔城馆（Chateau Monvillers）一部的道路，之后又成功抵挡住了外围地域法军狙击兵的反扑。巴伐利亚军试图在巴泽耶村内进一步向前挺进的几次努力，都因为村庄北端的贝尔曼别墅所实施有力抵抗而遭受挫折。巴军又尝试着从守军的左翼对其发动夹击，施密特（Schmidt）中校为此派出第 1 猎兵营向前挺进至蒙维尔公园内部，但在占据公园边缘处的一座避暑别墅后，便遭到法军的火力压制。随着这场惨烈战斗的不断持续："位于战线最前端的三个巴伐利亚旅（的队列）在临近当天上午 9:00 时变得越来越混乱，来自不同旅和团的不同部队几乎被完全混杂分化成了一排排的散兵，甚至连最后投入战斗的第 3 旅（在那时）也只拥有少数几个完好无损的步兵连。"[14]此刻，第 4 步兵旅已向前发起挺进，很快也被卷入到这场争夺巴泽耶的战斗中。而在巴伐利亚军的后方，舒勒让当天上午 9:00 左右，开始让自己的第 8 师渡过马斯河，以便为冯·德·坦恩提供支援。最后者就像其他所有德意志高阶指挥官一样，亲自骑马赶到距离前线仅数百码的某地视察战况。他发现自己军的所处位置极不稳定。现在，他的手头已再没有更多的预备兵力，而法军的抵抗一如既往是顽强的。此外，在冯·德·坦恩右翼，介于拉蒙塞勒及蒙维尔公园之间的间隙处，大批法军增援部队正源源不断赶来，同时还向前挺进，对德意志人各处的部队发起猛攻。在少数作战地域，德军部队甚至连子弹都打光了。值得一提的是，法军这一轮突击还得到了远处高地上炮兵部队的有力支援。但普军最终还是在最为艰难的条件下，勉强击退法军的攻势。

冯·德·坦恩是第一个赶到战场的德意志（高阶）指挥官，而之所以这样做，是因为他对老毛奇下达给自己的命令作出了"自由"（也就是他本人认为如此）的解释。然而，正如其事先看到的那样，位于冯·德·坦

◎ 迪克罗将军，郝赛/《法德战争通史（1870—1871 年)》藏。

恩右翼处的马斯河集团军同样早早地开始了行动。就在当天凌晨 5:00，第 12 军就已经命令自己的前卫部队（共七个营），在冯·舒尔茨（von Schulz）少将的指挥之下，从杜济向拉蒙塞勒发起挺进。就这样，该部在晨雾及黑暗之中穿过拉梅库尔①，向着自己的目标进发。除此之外，还有一支规模庞大的炮兵部队被部署在日沃讷远处。

等到手头聚集起足够规模的步兵部队，舒尔茨便立即向拉蒙塞勒发动了一场结果颇为成功的攻势；接着，在莱格勒（Legler）中尉及冯·布维茨（von Beulwitz）上尉的带领下，这批部队又实施一轮大胆的突击行动，成功渡过一座位于拉普拉廷耶（La Platinerie），横跨日沃讷河的桥梁。而在另一侧的远处，他们还占据了两座充当桥头堡的民房——尽管法军曾拼命试图夺回它们，但萨克森军部队还是不曾被驱逐出这两片地区。[15]

就在舒尔茨部队的后方不远处，第 24 师剩余部队正在迅速进军；值得注意的是，紧随舒尔茨一部身后，不断赶路的军属炮兵早已先行到达第 23 师及骑兵师的前头。此刻的德意志人急需增援。第 12 军的线列则已经抵达代尼，并且会在适当时候从这里出发，同不断推进的近卫军部队取得联系。然而，双方目前仍隔着相当一段距离。而在代尼镇，迪克罗也在此刻发动了一轮攻势，一支来自第 1 军，规模庞大的部队渡过日沃讷河并向着谢瓦利埃树林（Bois Chevalier）发起推进。舒尔茨不得不动用全部预备兵力，来阻遏法军的这轮攻势，随后赶来的第 24 师余部同样被投入到这场战斗当中。不过，同往常一样，普军的炮兵还是击溃了迪克罗的攻势。一条由 12 个炮兵连构成的强大炮兵线列，在谢瓦利埃树林的南端迅速构成炮兵阵地，这些炮兵不仅朝着从代尼不断赶来的法军步兵开炮射击，同时还对处在俯瞰着拉蒙塞勒的高地，莱布伦第 12 军的炮兵阵地发起了炮击。

早在当天凌晨 5:00 左右，麦克马洪就已经从莱布伦处收到一份有关普军进攻巴泽耶的报告；为此，前者当即决定骑马赶到现场，亲自视察战况。麦克马洪发现负责保卫巴泽耶村的海军陆战队防守得相当好，接着便动身前去补救拉蒙塞

---

① Lamécourt，法国瓦兹省的一个市镇，位于该省中部，属于克莱蒙区。

◎ 在色当战役初期负伤的麦克马洪元帅，齐默尔绘，施伯特藏。

勒，并从俯瞰着这片村庄的高地处，向外眺望了位于日沃讷河远处的谢瓦利埃树林。正当麦克马洪这么做的时候，一枚炮弹突然落在这位元帅身边，并导致其腿部严重受伤。关于此次负伤的具体时间并不是绝对确定的，麦克马洪本人认为大致是在凌晨 5:45，但几乎可以肯定的是，真实时间比这一时间更晚。然而不管怎样，他还是立即向迪克罗发出消息，正式命令后者接替自己，担任总指挥一职（这个决定相当出人意料，因为迪克罗的资历比温普芬及杜威两人都要浅），并在这之后被人带回色当市。此外，在路上，麦克马洪

◎ 发生在巴泽耶的激烈战斗，罗切林绘，林德奈藏。

◎ 法国海军陆战队步兵在争夺巴泽耶及其周边地区战斗中所发起的一轮冲锋，瑟金（Sergent）绘，郝赛/《法德战争通史（1870—1871年）》藏。

元帅还遇见了正骑着马一路慢跑，赶往巴泽耶战场的皇帝及其随行参谋。

迪克罗本人则于当天早上 7:00 左右知悉自己被任命为总指挥。可他这样说道："这实在是太晚了，而且我现在承担的责任也是极为沉重。"但他立刻就明白了法军究竟该选择哪条路线。[16] 未曾意识到法军向色当西面发起挺进程度之深的他，当即命令部队向梅济耶尔撤退："哪怕一刻时间也绝对不能拖沓，我们必须重回昨天的计划。"而这份计划便是赶在敌人彻底包围己方之前，迅速撤退逃脱。同时，他还愤怒地回绝了自己参谋长所提出的"因为当下防御战进展顺利，所以我方可以暂时推迟撤退"这一荒唐建议，并厉声说道："给我立即执行我的命令，不准再进行任何讨论。"接着，他便骑马，前去见了莱布伦一面。正是在后者这里，迪克罗遭遇了更多异议——因在此前的战斗中负了轻伤，无法骑马，从而只得徒步赶来同他（迪克罗）会面的莱布伦确信自己能击退巴伐利亚军的攻势；同时，他（莱布伦）从最开始就不愿意接受迪克罗提出的"与此同时，德意志人正在包抄法军右翼"这一观点。

然而，尽管百般地不情不愿，莱布伦最后还是遵从了迪克罗的指示，并命令自己的部队立即撤退，但这些命令在被执行过程中反过来给迪克罗带来了更多的指挥问题。尽管皇帝拿破仑三世此前就已经决定不干预战斗进程，可他还是惊讶于法军实施全面撤退的决定。考虑到莱布伦在战场右翼取得了极为明显的成功，皇帝当即派出自己的参谋军官古兹曼（Guzman）上尉，前去了解事态发展情况。迪克罗的态度则是极为坚定："请告诉皇帝陛下，当前发生在右翼的事情并不重要。敌人在消耗我们（指右翼兵力）的同时，也正在进行战场机动，准备包抄我们的两翼；位于我们身后，靠近伊村的地方才会最终决定这场战斗的胜败。"[17]

迪克罗这一意图在战后得到了麦克马洪的赞同。显然，仍相信当时的自己有机会自行选择向东还是向西移动的麦克马洪，会在战后的议会质询时作证说马斯河集团军及巴伐利亚军并不能阻止法军向东移动，同时他还补充道：

迪克罗将军于上午 8:00 下达的向梅济耶尔移动的命令在当时尚有一定成功可能性。即便失败了，一部分部队也能通过覆盖于马斯河畔及边境之间的大片树林逃脱。而在结果最坏的场合下，集团军可能会逃入比利时境内。

接着麦克马洪声称，如果到上午 9:00 才开始行动，这场撤退就会变得非常困难；直到上午 11:00 才动身的话，这场撤退将没有任何成功的可能。[18]

就在迪克罗满足于莱布伦正遵照自己的指示，行动顺利进行的时候，他突然被温普芬发来的一条消息给震惊了：当天上午 8:30—9:00 之间，温普芬一度现身于莱布伦的指挥部当中，并向后者宣布自己的秘密使命正是接过前线法军的指挥权①。接着，他又向迪克罗发出一条批示，陈述自己所肩负使命的大致内容。其实，温普芬在先前听说麦克马洪负伤时并没有立刻这么做，这是因为他起初断定身为麦克马洪指名继任者的迪克罗肯定知晓前者（麦克马洪）的意图。[19] 战后，迪克罗还曾就这一问题，同温普芬进行一场激烈的辩战，同

---

① 详见上文第十四章，即八里桥伯爵给他的命令书中"如果麦克马洪发生了什么特殊状况，温普芬就会接替他，继续指挥整个集团军"这一项。

时他（前者）还断定，温普芬突然宣布自己有权接过指挥权完全是因为眼红于巴泽耶村战斗的显著战果。而在另一方面，德意志帝国的官史则是更加慷慨地接受了温普芬所提出观点——他认为自己之所以会把承担起前线指挥视为一种（理所应当的）职责，是因为他断定迪克罗下达的命令根本就是错误的。[20] 但无论如何，温普芬开出的"处方"确实推翻了迪克罗先前下达的命令，莱布伦所部的撤退行动也被勒令取消①。[21] 迪克罗立即骑马，前去会见当时还在莱布伦指挥部当中的温普芬，声称自己此行不是来争论指挥权归属问题，而是要告诉温普芬当下法军的真实处境。双方随即展开了激烈的言语交锋：迪克罗在温普芬面前摊开一张地图，并向他充分说明了德意志人向伊村所发起推进将会造成的巨大危害。温普芬则是敷衍地瞥了一眼地图，不耐烦地说道："是的，是的，你说的东西都很对，但当前情况是莱布伦占据了战场优势，而且我们必须充分利用这一优势。我们需要的不是一场撤退，而是一次胜利。"对此，迪克罗的回答虽很简短，却说到了点子上："你需要的是一场胜利？行吧，到今天晚上，我们如果还有机会撤退那就算是非常幸运了！"说完，迪克罗便愤怒地骑马离去，临行前还留下这样一句话："我心如死灰一般地（la mort dans l'âme'）命令佩勒及勒希耶两人的师继续待在原地。"[22]

就在这一系列事件发生的同时，法军的作战表现依旧堪称出色。奉命攻击拉蒙塞勒及蒙维尔公园的第 12 军下属拉克列特勒（Lacretelle）师成功迫使萨克森人的军属炮兵后撤，此外还给德意志人的步兵造成相当惨重的伤亡。因此，蒙贝麾下第 23 步兵师不得不为支援后两者而在此刻抵近战场。蒙贝奉乔治亲王的命令，派出手下第 46 旅先行挺进至巴泽耶，并为蒙维尔东面的萨克森军炮兵连提供支援，同时还为自己的左翼提供掩护。发生在拉蒙塞勒周围的激烈战斗，以及法军正在取得的进展导致第 46 旅不得不转向自己的右面以应对威胁。很快，蒙贝本人便又带着另外一个团向前发起挺进，从而加强据点防

---

① 温普芬本人宣称，当时的法军已经因为这道撤退命令而失去巴泽耶的几处关键防御据点，但事实表明撤退命令并没有被传达至位于前线的相关部队手中。德意志一方的文献记录则明确记述了在温普芬接过指挥权之前的相当长一段时间里，没有任何一处沿日沃讷河一线的法军据点遭到遗弃。

◎ 在色当签署投降协议的法军署名人温普芬将军，郝赛/《法德战争通史（1870—1871年）》藏。

御。乔治亲王本人甚至在当天早些时候，就已经先于自己麾下第12军的整个前卫部队来到前线——这是因为他同冯·德·坦恩一样，相信德意志人当下所要面对的首要任务便是阻止法军逃脱。到早上7:00，他已经非常清楚战场局势变得（与自己事先料想的）完全不同，且位于自己的军正面的敌军部队规模极其庞大。

与此同时，在法军战线末端，瓦索涅正再次向巴泽耶的西侧发起推进。而在这座村庄另一侧，第4巴伐利亚旅也在闯入村庄该侧（东侧）的法军据点时，被卷入了一场激烈巷战中。在巴泽耶南侧，更多的德意志援军正源源不断地赶来：阿尔文斯莱本第4军下辖的舒勒第8师于当天上午10:00左右抵达巴泽耶车站，第7师（师长为施瓦茨霍夫）也在此刻抵达拉梅库尔。这些增援部队，以及他们对巴泽耶周围事态发展所产生的影响都在实质上让战场优势向德意志一方倾斜。而在更北面，法军从代尼发起的推进现已遇到困难。迪克罗此前就已指出，代尼当地的那座桥梁极其重要，因为它是唯一一处能让炮兵渡过日沃讷河的渡口。这一轮攻势由拉蒂格师负责执行，并由一个阿尔及利亚狙击兵营[①]担任先锋，紧随其后的则是弗拉布列（Fraboulet）旅及师属炮兵。之后一段时间里，法军的这一轮突击进展颇为顺利，他们先是击退了人数居于劣势的萨克森军步兵——但从事实上看，这些萨军部队的弹药在当时已经逐渐耗尽，根本无力再战——以及一部分德意志炮兵线列。可渐渐地，在这一部分战线上，

---

① 原文中"Turco"的本意为"土耳其人"，此处是包括法军自身在内的欧洲各国军队对法属非洲军阿尔及利亚部队的俗称。

德意志联军大批增援部队的实地部署再一次改变了战场态势的平衡。正是在这里，被部署到第 12 军极右翼北面的大批增援部队使"天平"（即战场态势）有所倾斜：拉蒂格的部队被击退了，他们先是穿过巴泽耶村，最终在萨克森军占领大桥时侥幸逃到河对岸。身处前线的拉蒂格胯下的战马不幸被子弹击中身亡，他的参谋长昂迪涅（D'Andigné）上校也在战斗中负伤——就在这名上校因为伤势而倒在一片甜菜地里时，一只猪突然跑过来，并且嗅了嗅他的伤口；昂迪涅被吓一跳，直到附近有几枚炮弹突然爆炸，把这只猪吓跑，他才松了一口气。[23] 到当天上午 10:00，位于西岸的代尼及拉哈帕耶（La Rapaille）都已被德意志人牢牢掌握在了手上。

拿破仑三世已经收到温普芬接替迪克罗的消息，并且其（最前者）内心感到极度不安。而令他更感焦虑不安的则是迪克罗先前所提到"德意志人可能会包抄法军的左翼，向伊村发起进攻"这一可能。当其本人在日沃讷峡会见一位熟知地形的猎兵军官后，皇帝的这一担忧就变得更加强烈了。这名军官同时还警告皇帝称，一旦德意志人在伊村周围完成包抄行动，法军便会满盘皆输。之后，在会见温普芬的过程中，皇帝向后者表达了自己的担忧。洋洋自得的温普芬表现出了极度的自信："不劳陛下您费心，只要再过两个小时，我就可以将敌人全部赶进马斯河。"这一吹嘘让拿破仑三世的一位幕僚不由得咕哝了这么一句："看在上帝的分上，应该被赶进河里的难道不是我们？"[24]

拿破仑三世之后又向北，朝日沃讷河畔进发，当地的法军正因为敌方近卫军军属炮兵部队的长射程火炮猛烈炮击而蒙受惨重伤亡。也正是在这里，皇帝参与了法军部署三个炮兵连，以回击德意志人炮兵所施加影响的任务。将普军近卫炮兵部署在河谷另一侧的霍亨洛厄亲王亲眼看见了当时发生的一切：

一个清一色使用灰色马匹的法军骑炮连从日沃讷低地一路小跑，赶到了日沃讷河河畔，并尝试在日沃讷村与拉加雷讷树林之间构筑炮兵阵地。可他们一出现在山丘上，（前文所提到）那三个炮兵连（隶属近卫军第 1 师）便立即向其开火。同以往情况一样，这个法军骑炮连很快便被打成碎片，大片废墟就这样出现在了他们倒下的地方。该连甚至没能打出第一发炮弹便被迫撤退。随后赶来的第二个及第三个法军炮兵连也遭遇了相同命运。

而法国方面给出的有关此次事件的文献记录，亦表明霍亨洛厄当时确实挡在了本国皇帝的面前。[25]

　　在拉蒙塞勒，当天上午稍早些时候，普军靠着机会主义偶然拿下的两间位于河西侧巴朗路上的民房，也正因为法军全方位发起的攻势而持续不断地沦为战斗现场。法军向日沃讷河谷发起的推进导致占据这片暴露在外的据点的德意志部队，在很长一段时间内无法得到任何支援。截至目前，普方处在这一状态下已有三小时之久，弹药也逐渐耗尽；直到上午 9:00，他们的窘境才得到一定程度缓解——先是拿下较近处的一间民房，接着又拿下另一间房子。战斗中的敌对两军相隔非常近，双方的伤亡也因此极其惨重。很快，战场形势就清楚地表明，普军只能发起一轮总推进，如此才能守住己方的前沿据点。在经历一次失败的击退法军的尝试后，此前曾手握步兵团军旗，一马当先地冲到救援部队最前头的莱豪瑟（Leythäuser）少校现在也被迫返回，以集结更多兵力。直到第 10 团渡过河发起挺进，同时自己得到另外几个从拉蒙塞勒赶来的步兵营作为支援，他才击退法军，并向着居于交叉路口较高处的高地发起推进。[26] 而在这一推进行动（所实施地域）的左侧，第 46 师现在正朝着巴朗方向移动，位于其身后的第 8 师前卫部队当时正在渡河。法军为了守住巴泽耶而进行的长期奋战此刻将迎来尾声，因为不断推进的德意志人现在已经包抄了瓦索涅的左

◎ 横贯巴泽耶的主干道，照片摄于相关战役结束后不久，郝赛／《法德战争通史（1870—1871 年）》藏。

翼。到当天上午 11:00，拉蒙塞勒西侧的高地宣告沦陷。而在巴泽耶村内，贝尔曼别墅也在此前曾于避暑别墅周围固守阵地的施密特亲自带领若干猎兵支队攻入村庄主干道之后落入敌手。其他几支部队用他们手里的剑形刺刀（sword bayonets）砍倒了蒙维尔公园的树篱，并以此处作为突破口包围别墅。[27] 随着这一关键防御据点的沦陷，法军试图守住巴泽耶的一切希望就此落空，现在只能被迫撤出这座熊熊燃烧的村庄，并朝着巴朗及该地北面的高地后退。德意志人于当天上午 11:00 基本控制村庄，但还是有一些地方的守军负隅顽抗。村庄的火势亦在逐渐扩散，截至当天正午，整个地区都已经着火，任何更进一步的推进行动，都必须经过德意志联军战斗工兵所开辟出来的一条通向巴泽耶东北面的道路。在这一连串行动当中，德意志人的炮兵成功压制住法军炮手，迫使后者于当天正午 12:00 之前，悉数撤退至普军视线之外的巴朗及日沃讷后方高地。而在巴泽耶周围，在此前的战斗过程中密不可分地混杂于一处的各路德意志部队开始重整队伍，为战役的下一阶段做起了准备。

在萨克森第 12 军北面，构成了马斯河集团军右翼的奥古斯特亲王所辖近卫军正在尽可能快地经过弗朗舍瓦勒及维莱塞尔奈两地，朝战场进发。充当近卫军先锋的是帕佩所辖第 1 近卫师，其前卫部队于当天早上 7:45 抵达维莱塞尔奈。到达当地的帕佩并没有等待该军余部赶来，而是让前卫部队继续发起推进，占领维莱塞尔奈西面的村庄及高地；接着，他又与拉蒂格师的一些祖阿夫部队发生交火。实际上，帕佩所部在自身这一整条战线上都遭遇了法军布置在日沃讷东面的哨兵部队，但他们并没有遇到任何太过激烈的抵抗。至上午 10:00，近卫军已经聚集起规模足够庞大的兵力，向日沃讷村发起一轮冲锋，直接占领了这座村庄的北部，并迫使先前占据该地的法军狙击兵朝拉加雷讷树林方向撤退。霍亨洛厄亲王的炮兵紧随其后：

当炮手们发现我军所有领导人都只有一个愿望，那便是投入炮兵部队，攻击正在后撤的敌人时，他们当中的每一个人都高兴激动得心脏怦怦直跳。冯·帕佩将军将此前曾陪同近卫军的轻步兵及燧发枪兵部队，驱逐若干发现于维莱塞尔奈及其周围森林的敌军散兵。而在树林另一侧，他看见了法军规模庞大的炮兵线列——他们正朝着日沃讷低地正对面的第 12 军开火射击。将军一见到我便立刻向我大喊："给我带 2 门炮过来！这样，我就能夹击这条法军线列的侧翼了！"我只能这般骄傲地回答："你所需要的应该不仅仅是 2 门炮，而是整整90 门！"……就在当天上午 8:45，近卫军第 1 师的炮兵部队开火了。[28]

与此同时，近卫军的极右翼也在战场最北面的拉沙佩勒（La Chapelle）遇到一些抵抗；但整个军的主力，以及最为重要的炮兵部队的攻势进展并未被其延误。尤其是炮兵部队——他们很快便同日沃讷及艾布[①] 两地西侧山丘上的法军炮兵连发生了战斗。

萨克森王储从迈里东南面的一座山丘上观摩了这场战斗，尽管该地同前线隔着相当远一段距离，但它还是可以提供相当良好的视野，能够（从这里）观察到北面代尼的战斗。在这个位置上，萨克森王储还收到几份有关发生在日沃讷河谷一线的战斗，以及近卫军在战场北面所取得进展的报告。根据先前迹象所给出"只有后卫部队仍在阻遏马斯河集团军；与此同时，法军主力正在向西撤退"的猜测很快便让位给了"大部分法军部队仍然部署于沿日沃讷河一线"这一经过实际行动确定的事实。王储的目标无论如何始终是推进至弗莱涅[②]，以及经过伊村向圣芒日挺进。就算察觉出法军正试图坚守作战的这一事实，他也不会改变自身目的——可以通过与色当北面第 3 集团军相连，来完成对法军的合围。当天上午 8:00，王储发布数道命令，开始实施自己的这一意图；并在普军占据日沃讷据点之后通知冯·德·坦恩，要求后者在他（王储）发起推进时掩护自己的左翼。[29]到上午 9:00，身处日沃讷东面一座山丘之上（一部分近卫炮兵也被部署在这里）的奥古斯特亲王，连同近卫军指挥部众人从西边望去，他们甚至能看见圣芒日周围正在发生激烈战斗的迹象，这相当清楚地表明了第3 集团军已经推进到法军所处位置另一侧究竟多么深远的地方。

[①] Haybes，法国香槟－阿登大区阿登省的一个市镇，属于沙勒维尔－梅济耶尔区菲迈县。

[②] Fleigneux，法国香槟－阿登大区阿登省的一个市镇，属于色当区北色当县。

注释：

1. 尤利乌斯·冯·韦尔迪·韦尔努瓦将军著，《与王家总指挥部同行 1870—1871》，第 126 页。

2. 腓特烈·威廉王储著，《腓特烈三世皇帝的战争日记 1870—1871 年》，第 82 页。

3. M. 布施著，《法德战争中的俾斯麦 1870—1871》，第一卷，第 94 页。

4. 同上书，第 95 页。

5. 同上书，第 97 页。

6. A. 福布斯著，《我在法德战争中的经历》，第一卷，第 224 页。

7. W. H. 罗素著，《我在上一场大战期间的日记》，第 187 页。

8. 同上书，第 190 页。

9. H. 赫尔维格著，《冯·德·坦恩指挥的巴伐利亚第一军的行动》，第一卷，第 77 页。

10. 德国官方文献，《法德战争 1870—1871》，第二卷，第 313 页。

11. H. 赫尔维格著，《冯·德·坦恩指挥的巴伐利亚第一军的行动》，第一卷，第 82 页。

12. 德国官方文献，《法德战争 1870—1871》，第二卷，第 315 页。

13. 同上书，第 316 页。

14. 同上书，第 318 页。

15. 同上书，第 320 页。

16. A. 迪克罗著，《色当日志》，第 20 页。

17. 同上书，第 27 页。

18. 德国官方文献，《法德战争 1870—1871》，第二卷，第 311 页。

19. E. F. 德·温普芬将军著，《色当》，第 158—159 页。

20. 德国官方文献，《法德战争 1870—1871》，第二卷，第 324 页。

21. 迈克尔·霍沃德著，《普法战争》，第 210 页。

22. A. 迪克罗著，《色当日志》，第 31 页。

23. 同上书，第 145 页。

24. 同上书，第 32 页。

25. 霍亨洛厄－英格尔芬根亲王克拉夫特著，《论炮兵的书信》，第 90 页。

26. 德国官方文献，《法德战争 1870—1871》，第二卷，第 333 页。

27. 同上书，第 335 页。

28. 霍亨洛厄－英格尔芬根亲王克拉夫特著，《论炮兵的书信》，第 47—48 页。

29. 同上书，第 339 页。

色当决战：王储的推进

第十七章

　　位于东舍里附近一座山丘之上的普鲁士王储在战斗开始时，并不能观察到多少战况进展。但他和布卢门塔尔两人能够听见从巴泽耶方向传来的火炮轰鸣声。至当天早上 7:00 晨雾消散时，战场形势已十分清楚地表明，冯·德·坦恩所部正在进行一场激战；尽管已经意识到萨克森王储正朝日沃讷河谷抵近，但前线（相关指挥人员）最终还是决定通过让第 2 巴伐利亚军一部转向其右侧的方式，来加强冯·德·坦恩的攻势。一个师被留在了介于弗雷努瓦及瓦德兰库尔之间的高地上；除此之外，其余部队悉数渡过河，向巴泽耶发起进军。布卢门塔尔难以阻止王储靠近前线，他在自己的日记中记录称，这（想要亲自上前线视察战况）也是他自己的本能："但我现在的年龄已经够老了，这足以让我抑制住这样的年轻冲动，同时也让我满足于从安全的距离上，以一种冷静的从容态度观察这一类事情（即战况）。"[1]

　　与此同时，在普军左翼，第 11 军及第 5 军也都正在取得颇为良好的进展。根据两军军长在夜间达成的协议，第 11 军从东舍里渡过了马斯河；第 5 军则主要通过东舍里西面的一座浮桥完成渡河，准备前往弗里涅欧布瓦，阻挡法军的一切西向行动，然后绕着马斯河畔的伊赫斯河曲行进，经过圣阿尔伯特及圣芒日两地，同法军发生交火。这两个军都出发得相当早——分别是在凌晨 3:00 及 2:30。而在普军战线更左侧，符腾堡师于 6:00 在东勒梅尼勒渡过马斯河，目标直指维耶尔库（Vivier au Court）。[2] 同时，王储的集团军也因此在向色当西侧移动，战场形势越来越清楚地表明，事实与普军原先的设想完全相反，法

◎ 色当战役中的老毛奇，冯·韦尔纳绘，施伯特藏。

军实际上没有尝试在这个方向上进行突围；因此，第 3 军并不需要（迫不得已地）在通往梅济耶尔的道路上进行一场遭遇战，而是可以自由地转向东面，进而完成对麦克马洪的包围。在没有遭遇任何抵抗的情况下，第 11 军及第 5 军迅速不断地向北进军——虽说普军在漆黑的凌晨夜色之中还是产生了些许混乱，比如第 11 军的一个团在不经意间跨过了第 5 军的行进路线。

第 2 巴伐利亚军的军长哈特曼一听到从巴泽耶传来的火炮轰鸣声，便立即带着自己的预备炮兵，骑着马向前小跑发起挺进，及时遵照了上级让他向右侧行进的命令。他的炮兵在弗雷努瓦东面高地上构筑了一条炮兵线列，并向着巴泽耶村内及周围的法军部队开炮射击，以支援冯·德·坦恩在当地发起的攻势。第 4 巴伐利亚师及其炮兵部队当即向着托尔西对面的色当南面不远处移动；与此同时，第 3 巴伐利亚师也开始渡过河流，向巴泽耶进军，即将对这座村庄的西侧发起一轮攻势。而在这之后，随着法军陆续撤退，该师（第 3 巴伐利亚师）又遵照冯·德·坦恩的命令，向巴朗发起挺进。

到当天上午 7:30，王储派出冯·汉克少校命令两军军长向右翼的圣芒日移动时[3]，基希巴赫连同第 5 军已经抵达维耶尔库，位于其右翼的格斯多夫第 11

军则已抵达弗里涅欧布瓦。由于这两个军选择的都是介于河岸及拉法利泽特树林（Bois de la Falizette）之间的道路——完全可以预料的是，两部会出现一些因为越过彼此的行进路线而造成的混乱情景。在这种情形下，第11军暂时性地错误布置了一个营，使后者一路向北行进到博瑟瓦勒①。第22师的先头部队再度从弗里涅欧布瓦出发，但在中途不幸迷路，止步于芒蒂蒙（Montimont）；接着，他们才发现自己正位于使用着拉法利泽特树林里山中狭径的第5军部队的后方。正如老毛奇后来指出的那样，法军事先竟没有采取任何措施，来防卫植被茂密的高地及河岸之间长达2000码的巨大缺口 [4]，这一点相当令人惊讶——假如法国人真这么做了，德意志人在尝试绕过他们敌人据点西侧时，所遭遇的后勤困难就会大幅增加。

然而从实际情况上看，就在这一切发生的同时，法军对于敌方第3集团军正在自己侧翼周围进行扫荡的这一事实显然还一无所知。直到法军的一支巡逻队遭遇作为第11军推进行动先锋而闯入圣阿尔伯特的两个骠骑兵中队，双方才发生冲突。尾随在撤退法军部队身后的这批骠骑兵接着来到了圣芒日。就在格斯多夫投入第87团后，这座村庄便被该团的燧发枪兵营迅速拿下。紧随其后的是该团其余部队，他们占据了村庄东面可俯瞰远处伊村的据点。虽然格斯多夫所实施推进行动将对己方造成的威胁的严重性已经相当明显，但就算到了现在，法军依然反应得极其迟缓。当前情况下，法军不光是任何向西或是向西北撤离色当的逃脱路线都已被牢牢堵上，如果他们不能尽快阻遏住格斯多夫的行动，那么整个侧翼的部队都无法继续坚守。同样地，德意志人朝伊村方向发起的任何行动，皆会理所当然地导致沙隆集团军暴露于敌军近在眼前的完全包围之下。至于法军色当据点的基本困难及问题——这是自始至终都显而易见的。而现在越来越清楚的是，麦克马洪的部署从一开始就没有充分利用起这一据点的防御优势，甚至在防御战的实际执行层面上平添了大量困难。无论是在圣芒日还是在马斯河沿岸任何一处地方，杜威的第7军此刻都无力阻挡先是由格斯多夫军发起，之后又由基希巴赫军实施的普军攻势，像这样的战术想象力

---

① Bosseval，法国香槟－阿登大区阿登省的一个市镇，属于色当区西色当县。

匮乏的问题在法军据点各处都非常明显：战线南端、马斯河对岸、弗雷努瓦及瓦德兰库尔北面高地、拉玛尔菲树林悉数遭到遗弃，法军甚至连最为象征性的敷衍抵抗都没有做，便将这些重要据点拱手让给了敌人。

也正是在此刻的圣芒日，格斯多夫的先锋部队采取了一个后来被证明具有决定性作用的步骤——第 87 团所辖三个连向南发起推进，在占领圣芒日之后，接着向弗卢万发起挺进。该团其余部队则留在位于村庄东面的据点中，其作战正面朝向伊村。先前三个连中的一个占据了弗卢万公路东面，812 号山丘上一片带有围墙的小树林；与此同时，另两个连在冯·费歇尔（von Fischer）上尉的指挥下，先是攻克弗卢万附近的两座偏远农庄，接着移动至村庄西北面，之后才因为法军的一轮反攻而被迫退入农庄建筑中。[5]

如果说杜威到目前为止并没有采取多少措施来阻遏德意志人的攻势，那么现在的他至少还是做到了将自己的炮兵部署到自弗卢万延伸至伊村圣山的山脊上，充分利用己方的地形优势。他的火炮能从这个位置对发起挺进，试图夹击自己的弗卢万据点左翼格斯多夫军造成相当明显的伤害。而在之后一段时间里，德意志人的炮兵数量也确实远逊于法军，他们的人员和火炮都蒙受了相当惨重的损失。格斯多夫当时正好在自己军的前头，已经先行抵达居于弗卢万高处的 812 号山丘的矮树林。他当即向战场投入自己的全部火炮，并命令参谋军官们让各炮兵连穿过前进中的步兵，先行发起挺进。当天上午 10:00，据点内几乎被法军炮兵消磨殆尽的三个炮兵连，得到了己方军属炮兵全部力量的支援。此刻，格斯多夫的炮兵线列也从圣阿尔伯特—弗卢万公路，延伸到位于弗莱涅公路上，圣芒日的东面。到当天上午 11:00，第 11 军剩余的几个炮兵连同样陆续就位："这样一来，第 11 军的全部 84 门火炮便悉数被人推到前线，共同构成了一整个无比庞大的"炮兵连"，但由于当时只有少数步兵经过狭径，因此保护这一整条炮兵线列将会是件非常困难的事情。"[6] 而在东舍里的山丘上，布卢门塔尔对王储说道："现在我们已经赢得了这场战役，敌人要么会被我们俘虏，要么会被我们歼灭。"尽管有许多参谋军官同意他的看法，不过随着这一天时间的逐渐流逝，现场还是出现了许多张担忧的面孔。[7]

随后发生的激烈炮兵对决对于第 7 军的据点防御来说至关重要。就在这场对决进行的同时，杜威也从弗卢万沿着公路发起一系列反击，其矛头先是指向村庄北面的农场建筑，迫使行事积极主动的费歇尔·特伦菲尔德（Fischer Treuenfeld）在当地匆忙组织防御。接下来两小时当中，他的两个连又击退了法军接连不断的数轮攻势。

渐渐地，越来越多的步兵部队赶到现场，并进行了战斗部署。他们先是掩护第 11 军炮兵线列的行动，接着又向弗卢万发起挺进。法军不曾尝试防守的另一座据点的极端重要性在此刻变得愈发明显：812 号山丘是一片孤立的小山丘，三面都有陡峭的斜坡。其中，北坡一直延伸至后方的圣芒日，地势比另外两侧的坡平缓一些。位于山顶处的带围墙矮树林面积相当大，足够为大批部队提供掩护。自上午 9:00 起，这里就已经被率先将其拿下的第 87 团所辖一个连一直占据。而在矮树林后方的较缓斜坡处，普军还部署有三个轻炮连，他们此前曾率先朝弗卢万开火，并在与杜威火炮部队交火的过程中一度远逊于后者。当福布斯赶到战场时，812 号山丘在战术层面上的重要性立即凸显了出来。这位记者从河对岸观察着这座山丘的地势：

其高度接近高地……这为普军提供了一个非同寻常的有利位置，能以地理上的优势，对法军所据守台地发起攻击。因为这片山丘顶部所覆盖的树林足以作为一道天然屏障，能为任何从战场西侧沿低地发起挺进的部队提供绝佳的掩护，让他们有足够的机会在不暴露自己头盔（在敌人眼皮底下）的前提下，完成所有的部队部署。[8]

注意到 812 号山丘与普军当下正在进攻的法军据点几乎处在同一水平面的格斯多夫立即领会到了这片山地的重要性，同时马上命令所有正赶来的增援部队向这座山丘移动，并提议让自己从那里发起推进行动的下一阶段。事实上，他的军属炮兵部队此前在东舍里渡过马斯河的时候经历了一段时间延误，自上午 10:00 起才真正就位；直至上午 11:00，听从格斯多夫本人调遣的剩余几支炮兵部队才刚与他完成合流。而在炮兵线列极右翼，812 号山丘顶部矮树林西侧，一个重炮连"因为一些掩蔽良好的'球球炮'的机枪火力而蒙受相当程度的损失，以至于弹药输送车的人马都被临时拉上战场，顶替伤亡人员"。[9]

此刻，法军已经为时过晚地意识到威胁，并开始发起一系列反攻，以夺回高地。发生在距离弗卢万最近的一片矮树林角落处的战斗尤为激烈——正是在这里，格斯多夫的参谋长施坦因·冯·卡敏斯基（Stein von Kaminski）少将于战斗伊始从各部队收拢兵员，聚集起了一支小部队，以保护被部署在自己身后的火炮，接着又从该处出发，击退了法军的多轮突击。

部署于 812 号山丘后方斜坡上的普军炮兵显然并未受到友军保护的情况理所当然地引起了法军骑兵注意。此前曾带着自己的骑兵师移动至杜威右翼后方伊村圣山某处位置的马加雷特此刻决定，对这些他在远望圣芒日东南面时所看到的德意志火炮部队采取行动。他当即命令加利费（Gallifet）带着三个非洲猎骑兵团（Chasseurs d'Afrique），向部署于火炮正前方的小股德意志步兵部队发起冲锋：

他的人马顺着斜坡，朝着位于自己下方的步兵部队迅速发起冲锋，经过他们，突破了普军的散兵线。但他们（法方猎骑兵）还是被支援火力、山丘上的炮兵火力，以及两侧步兵小队的火力击垮了。猎骑兵们试图包抄进攻敌人的侧翼，但他们的勇敢都是徒劳的，因为没有任何东西可以在打向他们的猛烈火力之下幸存（当然也包括这些猎骑兵自身）。[10]

短短几分钟之内，德意志人控制良好的近距离步枪火力，以及炮兵连发出的猛烈炮兵火力便彻彻底底地击溃了这场骑兵冲锋，遭受惨重损失的加利费只得掉头，撤退至拉加雷讷树林后方。

而在这些德军火炮的后方，基希巴赫第 5 军的多支部队同样正陆续赶来。和第 11 军一样，他们（第 5 军相应部队）也是带着炮兵，一路挺进到了前线。位于其后方的则是大批不可避免地混杂于一处的步兵部队，但他们一抵达现场，便完成了部署。对于法军来说，德意志人的战线正向北，沿着杜威所在位置（弗卢万—伊村山脊）对面的山脊朝弗莱涅延伸，这堪称最为不祥的一种事态发展。当时已经有一些全副武装的小股法军部队向北，朝比利时边境缓缓移动。随着更多的部队朝圣芒日以及弗莱涅发起进军，冯·格罗特（von Grote）少校带着第 87 团麾下的五个步兵连出发，朝日沃讷河谷前进，并在当地遭遇了一列正在前往欧利（Olly），长长的法军炮兵及骑兵纵队。法军此前曾通过在村庄后方空地上部署炮兵的方式，来掩护这支纵队的撤退行动。然而，就在开炮射击仅仅两轮后，这些火炮便在德意志步兵的迅猛冲锋之下落入其手。这些步兵随后又推进至欧利，一路追击着只得徒步四散，逃入树林的法军骑兵。后者在战斗过程中直接遗弃了数百匹军马。现在的格罗特已经顺利进军至日沃讷河谷。逃离色当的最后一条出路正在被德意志人迅速堵上。而在战场西侧，布哈霍将军连同其手下一部分参谋军官，在靠近比利时边境的苏尼（Sugny）南面树林处时被德意志骑兵俘虏了。[11]

甚至比"普军正在逐渐完成合围，（法军）逃脱路线正被迅速堵死"这一事实更加重要的是基希巴赫军向东延伸战线将会对伊村圣山造成的威胁。杜威一直以来都相当担忧自己所占据点的安全；而在加利费的骑兵冲锋失败之后，情况就变得更加糟糕了。双方的重炮对决仍在持续，但此刻德意志一方已有144门火炮不断轰击着他（杜威）沿弗卢万—伊村山脊部署的防御据点；同时，这一情况惊动了迪克罗，他于当天上午11:00左右派出使者，前去了解第7军的实际状态。由于没能得到任何答复且敌军的炮击力度不断增加，迪克罗只得亲自骑马赶往现场一探究竟，并在途中遇到了一大批正在后撤的法军士兵、火炮及军马。他成功地在乱军中集结起一个胸甲骑兵团，并告诉该团团长，自己将在他们坚守阵地的时候提供帮助，随后便骑着马迅速找到温普芬。此人当时正在拉加雷讷树林的南面，迪克罗告诉他，普军的行动将会对卡尔瓦耶造成威胁，同时明确表示其（迪克罗）先前给出的预测正在以自己当时预计更快的速度成为现实。温普芬对此竟完全无动于衷，只是要求迪克罗集结一切能找到的部队，继续组织防御；与此同时，他本人将会前去处理第12军正面的战局。正如迪克罗观察到的那样，温普芬下达的这道指示早已抛弃了一切可能取胜的机会——当下的法军已再没有任何"将巴伐利亚人驱赶进入马斯河"的可能，同样再无任何向卡里尼昂发动攻势的机会。[12]

而在基希巴赫的指挥部，韦尔迪审视了一遍沿山脊部署的法军阵地：

（法军阵地）第一眼给人留下的印象，是正面这座敌方据点只能通过绝对优势的兵力并付出相当大的牺牲方可攻克。但是，在我们同当下正从战场东侧进行包抄的萨克森王储军建立起联系之前便集结起所有兵力（先行发起攻势），似乎并不是一个明智之举。而我们一旦完成了（与萨克森王储军之间的）这一联系，那么包围法军的铁栅栏就算是被牢牢钉住了，届时这个问题（攻克法军据点）也将不再悬而未定。[13]

    法军的处境每时每刻都在不断恶化。圣芒日上空升起的浓烟此前曾引起符腾堡王国奥古斯特亲王注意，并告诉了他第 11 军及第 5 军当时在法军据点另一侧所取得的进展。而在当下，这些浓烟又驱使着他，命令自己右翼最前沿的部队发起挺进——结果便是自拉维赫（La Virée）出发的近卫骠骑兵团第 5 中队于当天中午之前，率先同早已抵达欧利的第 3 集团军部队建立起了联系。围绕在沙隆集团军周围的钢铁之环就此完成。[14]

    但这场战役远没有结束——沿色当阵地西北面自弗卢万起至卡尔瓦耶一线，乃至沿色当阵地东面日沃讷河谷一线的法军仍在进行着顽强抵抗。

注释：

1. K. 冯·布卢门塔尔伯爵 & 元帅著，《1866 年及 1870—1871 年的战时日志》，第 111 页。

2. 德国官方文献，《法德战争 1870—1871》，第二卷，第 353 页。

3. 同上书，第 354 页。

4. H. 冯·毛奇元帅著，《法德战争 1870—1871》，第 91 页。

5. 德国官方文献，《法德战争 1870—1871》，第二卷，第 355 页。

6. 霍亨洛厄－英格尔芬根亲王克拉夫特著，《论炮兵的书信》，第 49 页。

7. K. 冯·布卢门塔尔伯爵 & 元帅著，《1866 年及 1870—1871 年的战时日志》，第 111 页。

8. A. 福布斯著，《我在法德战争中的经历》，第一卷，第 231 页。

9. 德国官方文献，《法德战争 1870—1871》，第 356—357 页。

10. G. 胡珀著，《色当战役》，第 308—309 页。

11. 德国官方文献，《法德战争 1870—1871》，第二卷，第 360 页。

12. A. 迪克罗著，《色当日志》，第 33 页。

13. 尤利乌斯·冯·韦尔迪·韦尔努瓦将军著，《与王家总指挥部同行 1870—1871》，第 130 页。

14. 德国官方文献，《法德战争 1870—1871》，第二卷，第 345 页。

色当决战：
弗卢万及 812 号山丘

在位于弗雷努瓦高处的山丘上，人们可以清楚地看见战场态势的发展情况。由于这个有利地形位置是如此之好，以至于身处其上的观察者能轻易且明显地发现普军最后的合围工作即将完成。威廉·罗素就曾观察过这座山丘上的众多观众：

国王身穿自己的常服[1]，上身的纽扣及纽带都系得紧紧的。俾斯麦穿戴饰有黄色帽带的白色胸甲骑兵帽及制服[2]。国王没有说太多话，只是频繁拉扯着自己上唇的胡子，并时不时跟冯·毛奇、冯·罗恩，或是他的参谋长波德别尔斯基聊上一两句。现场的三脚架上装着一个硕大的望远镜，毛奇将军及罗恩两人会时不时地通过望远镜，热切地观察战场东面形势。老毛奇在没有观察望远镜或是地图的时候，一直摆着一个相当古怪的沉思姿势——右手贴在脸颊旁，手肘架在左手上且弯向自己的臀部。[1]

莫里茨·布施在前往俾斯麦的马车协助破译电报的间隙，还曾兴致勃勃地观看事态发展。老毛奇在不经意间听到了他同别人的谈话，并过于自信地无视了他的存在，转而向年老的宫廷典礼官皮克勒（Pückler）伯爵解释自己看

---

[1] 即普鲁士王国陆军步兵上将常服。

[2] 俾斯麦的正式军衔是普鲁士王国陆军骑兵少将。

到的情况："如果是正在酝酿自己的战略思想，博士（此处指莫里茨·布施），那您最好少发出一些声音，否则国王就会问道：'那是谁？'届时，我就必须把你介绍给他了。"[2]于是在这之后，自讨没趣的布施便又回到自己的破译工作中。在这一天绝大部分时间里，俾斯麦连同一部分直属部下坐在一片残梗地边缘处的河岸边上，他不断抽着烟，在军方及王室人士观看这出大戏上演的同时继续自己手头的工作。在此过程中，俾斯麦还时不时地同身穿美国陆军制服的谢里登谈话。而在这批随行工作人员当中，阿贝肯被一件分散了俾斯麦注意力，作为消遣的事情逗乐了一会儿："土豆田里的一只野兔被副官们叫醒了。首相紧随其后逮住它，并将它献给了国王。而这只野兔随后藏身于卡尔亲王的斗篷及椅子下面，直到亲王把它挪到马匹无法踩到的距离之外后，人们才再次发现了它。"[3]

在附近的拉克洛瓦皮奥（La Croix Piot）山上，王储及布卢门塔尔两人在一段时间里还曾担忧过来自梅济耶尔方向，敌军明显的活动迹象。但在后来，他们发现被留下来监视这座法国城镇的符腾堡旅，竟毫不费力地击退了由维诺伊所辖部队发起的突围行动。[4]

到当天正午，本次战役（对于法军）的危机正从三处不断逼近：在弗卢万的北面，集结于812号山丘及其后方的德意志步兵此刻已挺进相当远的距离，足以让格斯多夫觉得自己能发起一场推进，迅速拿下那座村庄；在山脊另一头的伊村，近卫军及第5军向交叉路口发起的推进已经让德意志人处在一个随时都能发起行动，以攻击卡尔瓦耶的位置上；而在南面的巴朗，得胜的巴伐利亚军及萨克森军部队在拿下巴泽耶村后早已完成整顿工作，与此同时，温普芬正在这个方向上集结兵力，准备发起反击。

身处弗卢万的费歇尔·特伦菲尔德麾下两个连已经占据当地拐角处的一间民房，后来的事实证明，这间房屋是他们控制村庄北部边缘的关键；法军则在经历几轮并不成功的强攻之后，被迫放弃驱逐他们的尝试。然而，法国人仍控制着数条可以让己方任何形式增援进入村庄的重要道路。当天上午11:00，第一批增援——由冯·舍勒默（von Schorlemmer）少校指挥的第83团辖下两个半步兵连及其身后的大批部队——从812号山丘上的矮树林处陆续赶来。在村庄东面，此前由法军据守的公墓此刻已被第83团另一个连占领。与此同时，

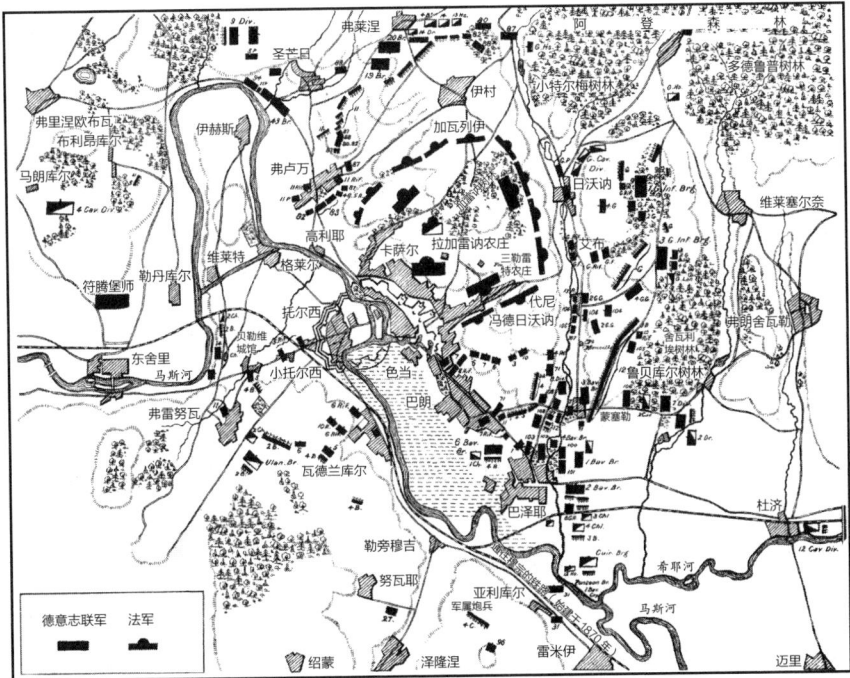

◎ 9月1日临近中午时分的色当战场。

在村庄西侧，第11猎兵营的一个连向前发起挺进，并占据一座遭到孤立的农庄——这些推进行动全都得到了第82团的有力支援。弗卢万逐渐落入德意志人的控制之下，这对于杜威军据点所构成的威胁在此刻也变得极为明显，以至于法军不得不积极主动地再次发动一系列反攻。激烈的巷战接踵而至，法军成功夺回了这座村庄的大部分土地，但其试图夺回公墓的几轮猛烈攻击并未取得成功。[5]

作为对法军攻击的回应，身处812号山丘之上的格斯多夫匆忙命令自己从第5军"借来的"增援部队向前发起挺进。第46团 [团长为上校冯·埃伯哈特（von Eberhardt）] 穿过那座饱经炮弹打击的小山丘的西面空旷斜坡，发起

313

猛烈反击，将法军逐出了弗卢万。向山脊边上的法军主要据点发起攻击的道路此刻已被扫清，同时为了准备这场攻势，格斯多夫于当天 12:30 绕行到了 812 号山丘的东侧。此刻，尽管某些地方的法军火力已经有所减弱，但德意志军官将自己部署在队伍前头（以亲自带队冲锋）的习惯，还是导致了一名受害者出现。就在停下攻击，观察法军战线的过程中，格斯多夫的胸部不幸被法军夏塞波步枪的一枚子弹击中，并留下一处致命伤口，导致他不治身亡。就这样，第 11 军在战役中第二次失去了自己的军长。第 21 师师长冯·沙赫梅耶在当时接过该军指挥权，并准备攻击杜威的左翼。至此，先前曾在行进过程中遭到延误的第 11 军及第 5 军部队都已陆续就位。[6]

杜威军的处境显然正在变得越来越尴尬。温普芬则依旧对那场起初被他认为是针对圣芒日的"纯粹的佯攻"不为所动，他将注意力坚定地集中在莱布伦第 12 军所遭遇的各种问题上——当温普芬于当天上午稍早些时候造访杜威时，他还发现后者对于得胜尚且抱有希望；接着，他便命令迪克罗的预备兵力前去占领覆盖卡尔瓦耶及拉加雷讷树林两地，这样就算是保障了这几处关键据点的安全。当天中午，温普芬甚至还觉得，自己能命令杜威分出一部分被分配给他（后者）的第 5 军部队，并将这部分兵力用以增援莱布伦。这一举动极其危险地削弱了杜威的力量。而普鲁士第 11 军及第 5 军的整整 144 门火炮，对他（杜威）沿山脊一线据点的持续轰击所产生的效果同样极其重大。他记录称，自己共有 40 辆弹药车在德意志人的一轮轮炮击中被炸毁。[7]普军的炮击极其猛烈，以至于第 11 军的一些炮兵连到当天正午时分已将弹药基本耗尽，但他们的炮击对杜威军据点所在的整条战线产生的效果确实是压倒性的。

下午 1:00，沙赫梅耶命令第 82 团及第 87 团的八个连朝伊村发起挺进。而在他们北面的卡尔瓦耶，此前占据着这一位置的法军步兵正在持续不断的普军炮火之下被迫撤退，该位置显然被法军遗弃了。两个负责殿后的炮兵连坚守了极长时间，足以遏制德意志人从伊村发起的任何行动（并为己方大部队的撤退争取时间）。至于此刻的杜威——他需要为自己解决的问题则是先夺回卡尔瓦耶，接着向前发起推进。在卡尔瓦耶后方的拉加雷讷树林中，由于迪克罗军的部队为了增援防御据点而在行军过程中不慎撞上正奉命驰援莱布伦军的杜威军部队[8]，现场一度出现混乱的局面。就在此刻，普鲁士近卫骑兵突然插了一手——下午 1:30，两个枪骑兵中队突然冲锋而来，暂时性地占据据点；在此之后，他们又因为法军从拉加雷讷树林发出的凶猛火力，而被迫沿着日沃讷河谷南下撤退。杜威成功集结并投入了足够多的兵力，以夺取并据守卡尔瓦耶，但他不能越过这个据点，向外发起行动。另外，他所取得这场胜利也仅仅是暂时的——德意志人的炮兵再一次发挥出决定性的威力，而卡尔瓦耶的法军又一次仓皇而逃，导致沙赫梅耶的士兵有足够条件安然占据此地，并接着准备向拉加雷讷树林发起攻击——与此同时，大批越来越混乱的法军步兵部队也陆续撤到这片树林里。

在战场西面，位于弗卢万较高处的一处山嘴上，法军挖掘构筑了颇为坚固的防御工事，并基于两条堑壕，据守着这座守备兵力的规模颇为庞大的据点。在一段时间里，列伯特（Liebert）师曾成功阻止弗卢万村内德意志人向村外移动的一切意图；但很快，先前在沿伊赫斯河曲行进时受到延误的普军部队陆续抵达现场，并开始发挥自身作用。施寇普带着第 22 师的八个营一路南下，穿过马斯河畔的绿草地，其行动目的是包抄杜威军左翼。他迅速经过弗卢万，绕过高利尔（Gaulier）的采石场并向高地移动；与此同时，其右翼正朝卡萨尔进军。当天下午 1:00 后不久，这场推进使弗卢万村内的德意志部队奋力向前，爬过陡峭的斜坡，向法军的防御工事缓缓挺进。就这样，发起进攻的部队不可避免地混杂于一处；因此，想要完全掌控这场攻势是不可能的。但是，在圣芒日南面的炮兵线列那势不可挡的猛烈炮击支援下，进攻者们自信满满地一路冲击到了山坡上。[9]

此刻，当地守军显然已经在无情的炮火压力之下逐渐解体，这和法军在卡尔瓦耶所遭遇的情况颇为相似。从自己的第 1 军指挥部亲自赶来视察

◎ 法军骑兵旅旅长加利费将军，郝赛 /《法德战争通史（1870—1871 年）》藏。

315

杜威军处境的迪克罗当即叫上了马加雷特——后者的第1轻骑兵师当下正待机于拉加雷讷树林的边缘处。随后，迪克罗亲自带领该师，来到他们必须部署的位置，接着向马加雷特指出了他应该选择的行进方向。他（马加雷特）得到的命令则是攻击当下正在突袭山脊的德意志部队，并接着转向右侧，包夹住当时正沿弗卢万—伊村一线挺近的德军。除了德意志人那无坚不摧的炮兵呈现出的可怕威力外，这两人（迪克罗和马加雷特）也都很清楚在当前这种情况下，让法军骑兵朝着坚不可摧的普军发起冲锋将会是一种自杀性质的举动。然而，毫不气馁的马加雷特还是带着自己的参谋，亲自骑马赶往山脊顶部侦察战况，通过望远镜密切关注和研究自己将要出动骑兵师，向其发起进攻的德意志部队所处位置，并在这么做（抵近前线进行观察）之后遭受了极其猛烈的敌军火力。随后，他便带着护卫调了个头，骑马朝自己师的所在地全速疾驰而去。然而，还没跑多远，马加雷特便自行停了下来——他并不希望自己的行为会给别人留下其本人畏敌潜逃的印象，于是带着一名参谋军官再次调头，勇敢地朝向敌人。而这位将军也在这么做的过程中不幸中弹倒地，子弹给他留下一道糟糕且致命的伤口，同时当场摔碎了下巴。负有重伤的他艰难地骑上一匹马，并在那名参谋军官的扶持下坐到马鞍上，之后才缓缓地向自己的师部走去：

　　一道悲伤的队列从第1非洲猎骑兵团的前面缓缓经过，凝望着他们深爱的身负致命重伤的领袖，这个壮丽的骑兵团的队伍中瞬间迸发出一股怒火。这些猎骑兵齐刷刷地踏上自己的马镫，高高举起手里的军刀，让它们在阳光折射下闪闪发光，并一齐高声吼叫道："将军万岁！冲锋！让我们拿下他们！（Vive le général! En avant! Vengeons-le!)" [10]

　　光着头的马加雷特身处马鞍之上，仍旧无法挺立自己的身子。他所能做的事情就只是用一只手摆出姿势，命令自己的部下向前挺进，朝敌人发起冲锋。未等下达其他命令，整个团就这样迅速出发了。同时，就在他们这么做的过程中，先前被派遣至加利费那里，马加雷特的参谋长接过了这个师的指挥权；除此之外，第12军萨利纳–菲涅隆（Salignac–Fénelon）师的一部分部队也被编入其指挥链之中。整支法军部队现在正以一种（拿破仑时代里）经典的、正统的、注定会彻底失败的冲锋方式，向不断挺进的德意志步兵发起冲击，而后者的散兵部队早已在弗卢万北面高地的边缘处布置好了防御。罗素在发送给《泰晤士报》的报道中，这样描述了自己所看到的情形（虽然他看到的被卷入后续大戏当中的两军部队的景象并不是特别完整）：

　　我无法看见从弗卢万赶来的普军部队，但我绝不会忘记自己亲眼目睹的那种痛苦——率先离开高原的那批人举起自己的双手，环顾四周搜寻着敌人；与此同时，隐藏于他们视线之外的一大批法军步兵正在等待他们，而且一整个旅的法军骑兵正准备攻击他们的侧翼（但我不能把这一情况告诉普军）。我不知道弗卢万已经塞满了正在前进的步兵纵队。高原上只有一条宽阔、不断伸展、队形松散的（普军）散兵线，就好像一大群乌鸦……突然之间，第一批战马摇摇晃晃地立起身子，排成一道道线列，以一种极其整齐的阵型，齐刷刷地冲上斜坡。这场战斗开端的进展情况是难以避免的——普军被这些法军骑兵当场逮住（en flagrant délit）。离山脊最近的人直接摔倒，滑下斜坡，那些仍在前进的人则是完全徒劳无功，遭到法军骑兵的横扫。但法军没能保持住这场冲锋的势头。他们的人和马沿着下坡，跌跌撞撞地跑到公路上，并在这里遭到花园当中普军部队的攻击；与此同时，位于战线左翼的法军骑兵在扬起的一片尘土之中冲进小巷，之后也被村子里的普军步兵几乎全部消灭。[11]

　　支离破碎的地形、德意志炮兵连的凶猛火力，以及德意志步兵们坚定不移的防御态势，这三大因素的结合最终确保了法军骑兵的彻底覆灭。但在事实上，还是有一支骑兵部队成功冲到由冯·乌斯勒（von Uslar）少校设法拉到山上，共计八门火炮的面前，一场简短激烈的肉搏战就此展开。两个胸甲骑兵中队成功突防，来到高利尔，并在当地遭遇两个骠骑兵中队。接着，又有数支部队经过弗卢万，其中一支法方部队更是一路来到圣阿尔伯特，给正在赶往现场的普军支援部队造成不小恐慌，但也在之后惨遭毁灭。而在德意志部队所实施推进行动的极右侧，几支小规模枪骑兵、胸甲骑兵，以及非洲猎骑兵部队冲击了德意志人的步兵，但这仅仅是一系列毫无希望且完全可以预见其失败结果的徒劳之举。在法军骑兵向前挺进，发起冲锋这半个小时的绝大部分时间里，德意志人的步兵基本都未曾被击溃。而这场战斗拖得越久，这些骑兵的处境也会变得越来越绝望。他们的伤亡已经惨重到令人震惊的地步，除师长马加雷特之外，还有另外两名将军在战斗中不幸阵亡——吉哈德（Girard）死于冲锋过程中，蒂利亚（Tilliard）则战死得更早；除此之外，萨利纳－菲涅隆也在战斗中负伤。法军方面后来估计，有关部队在此次冲锋中损失了将近一半兵力。尽管如此，加利费的意志仍没有产生动摇。他接过骑兵师的指挥权，并竭尽全力重整这个饱经重创的师。与此同时，迪克罗还要求他再发起一轮冲锋，对此后者答复道："如您所愿，我的将军，只要我们的师还剩下哪怕一个人，我们就会继续遵照您的命令，发起冲锋。"他甚至骑马疾驰到了整个骑兵师的前头。但他们的敌人也没有丧失这般坚定的决心。随着法军骑兵再度尝试发起冲锋，普鲁士国王威廉亦从弗雷努瓦的高处，观看了这一堪称悲剧的景象。对此，国王竟感动地惊呼道："啊！多么英勇的士兵们啊！（Ah! Les braves gens！）"；谢里登则是愤怒地说道："我从未见过如此鲁莽如此愚蠢的事情，这就跟上一次冲锋一样——纯粹是在蓄意谋杀。"[12] 然而，法军骑兵的英雄主义表现并不能延迟己方左翼那注定不可避免的大崩溃；同样地，法军炮兵连的英勇尝试也无法战胜德意志炮兵的压倒性火力。为了进一步奋不顾身地支撑起法军战线的这一部分，迪克罗集结了自己能找到的所有部队，并试图亲自带领他们发起挺进。尽管他富有领导魅力，但依旧无法唤起这些部队的英勇精神（法语里的"élan"）。迪克罗三次发起有效进攻的尝试都以失败告终，且不断挺进的德意志步兵很快就冲垮法军战线，将士气涣散的大批法军部队悉数往色当方向驱赶。[13] 此前自弗卢万出发，沿斜坡缓慢前进的几支德意志部队，此刻也正在向东面及东北面移动。作为被施寇普投入到战场的普军部队（即上文所提"第22师的八个营"）的一部分，冯·孔茨基（Von Kontzki）麾下第43旅正向卡萨尔进军。而在战线左翼，德意志人自弗莱涅发起的推进行动终于穿过弗卢万—伊村公路——虽说相关部队在向前挺进过程中蒙受了相当惨重的伤亡。法军据点的这一部分在部队驻守下仍旧是有效的，同时还得到两排新近构筑的堑壕加强，从而允许法军步兵依托这些防御工事，向前进中的德意志人倾泻猛烈火力。在常胜不败的第5军步兵横扫并占据这里之前，当地的法国守军甚至发动过数轮短暂的反攻。被迫后退的法军部队接着开始朝拉加雷讷树林方向撤退，但一路上遭到了德意

◎ 弗卢万之战中的第 3 非洲猎骑兵团，沃克尔绘，郝赛 /《法德战争通史（1870—1871 年）》藏。

◎ 弗卢万之战中的马加雷特将军，佩波瓦列（Perboyre）绘，郝赛 /《法德战争通史（1870—1871 年）》藏。

志人的紧密追击。

　　然而，位于卡萨尔的法军部队并未就此崩溃，他们同样在尝试发起反击，并再度朝弗卢万公墓奋力推进。然而负责防守该地的普军第 46 团及第 83 团部队又一次击退了他们。这批法军随后撤退至山坡上的一座农庄建筑处，意图在这座建筑周围构筑一个防御据点。但就在他们开始这么做之前,德意志步兵便用上了刺刀的步枪强攻该地,顺利拿下农庄,并俘虏 200 名法军士兵。取得这场胜利后,构成了杜威军防御据点的整座山脊此刻都已落入德意志人手中。[14]

仍在使用 812 号高地作为推进过程中德军增援部队集结点的基希巴赫,决定暂时不投入自己的生力军,因为他断定至少目前还不需要他们(参战):整条战线上,敌方的各处防御据点都在被已方逐渐压垮。到当天下午 3:00,在经历了列伯特师的长期抵抗防御后,卡萨尔终于被普军第 43 旅麾下部队攻克。至此,第 11 军及第 5 军的整条战线正面上已再无任何可进行有效防御的法军据点,而且不管怎么说,现在也没有法军部队可以组织抵抗了。此刻,几乎整个杜威军都在朝色当市方向大举败退,其部队秩序简直可以说是溃不成军。紧追其后的德意志部队很快便来到色当市的城墙脚下——平心而论,这些城墙(在火炮技术及军事工程学大发展的 19 世纪下半叶)并不具有多高的防御价值。仍然暂时被配置于基希巴赫参谋团队当中的韦尔迪,亲眼目睹了大批法军战俘纵队缓缓走来的场景:

> 我们看见的是,一条从高处往下延伸的道路上密密麻麻地挤满了法军士兵,他们的数量至少上千,他们所有人都是在此前(所爆发的战斗中)向我军投降的,现在正在护卫押送下往下坡走去……令我们感到高兴的是,我们在一路上注意到我军在战场这一部分所蒙受的损失(比起敌军)要相对轻微一些;但在敌军的阵地内部,我方炮兵造成的恐怖效果①总是会一遍又一遍,以一种极其可怕的方式直接体现出来。[15]

---

① 比如被榴弹炸得血肉模糊的残肢断臂,被炮弹"犁地"、满目疮痍的地面。

注释：

1. W. H. 罗素著，《我在上一场大战期间的日记》，第191页。

2. M. 布施著，《法德战争中的俾斯麦1870—1871》，第一卷，第98页。

3. H. 阿贝肯著，《俾斯麦的钢笔》（伦敦1911年出版），第275页。

4. 德国官方文献，《法德战争1870—1871》，第二卷，第366页。

5. 同上书，第362—363页。

6. 同上书，第363页。

7. 同上书，第367页。

8. 同上书，第368页。

9. 同上书，第371页。

10. 迪克·德·隆莱著，《法兰西人与德意志人》，第一卷，第714页。

11. 费茨乔尔格著，《色当战役》（伦敦1871年出版），第50页。

12. 同上书，第48页。

13. A. 迪克罗著，《色当日志》，第37页。

14. 德国官方文献，《法德战争1870—1871》，第二卷，第378页。

15. 尤利乌斯·冯·韦尔迪·韦尔努瓦将军著，《与王家总指挥部同行1870—1871》，第133页。

色当决战：战役的终结

即便是自信且顽固如温普芬的人，到当天中午时分，他们也都已经意识到法军再无坚守住色当据点的机会。仍被向东行进这种可能性（实际上东面早已被普军锁死）迷惑的温普芬决定重归原先的作战计划，朝卡里尼昂方向发起突围行动。在这一意图的驱使下，他于当天下午 1:00 左右下令对巴伐利亚军发起攻击——他断定这些巴军部队都已在当天上午发生于色当东南面的战斗中耗尽了精力。至于巴军方面，他们在拿下巴泽耶村后进行了一轮重整，之后又在己方过于猛烈，导致法军炮兵不得不退入日沃讷峡的炮兵火力掩护之下，向巴朗发起挺进。到当天下午 1:00，巴朗北端已被第 5 巴伐利亚旅拿下；该旅可以说是毫不费力地完成了对这座村庄的攻占，仅在邻近的一个公园遭遇较为激烈的守军抵抗。温普芬的计划是从两个方向对巴朗发起攻击，试图在莱布伦军攻击这座村庄的同时，让迪克罗第 1 军右翼自莱布伦军左翼的北面发起南向推进，从而对这座村庄发起协同攻势。下午 1:15，温普芬向拿破仑三世发出一条紧急信息，告诉了皇帝法军接下来发起的攻势将会打通前往卡里尼昂的道路："我已决定强行打通莱布伦将军及迪克罗将军正面的路线，而不是待在色当市内，被敌军俘虏。如果陛下您能亲自来到自己的部队当中，受到陛下鼓舞的他们亦将有幸为陛下您开辟出一条道路。"[1] 得知这一计划后，迪克罗对于这种试图让自己麾下部队沿着两侧高地都会被敌军占据的山谷行进的愚蠢行为感到怒不可遏。同时，他还将这个被自己形容为"疯狂行为"（entreprise insensée）的计划同其本人所制定，假如在五个小时前执行尚有成功前景的计划（向西北方向发起突围行动）进行了一番比较 [2]（但这么做也显然无济于事）。

温普芬的计划确实是无可救药般地不切实际。莱布伦麾下第 12 军此刻已经处在朝色当撤退的路上，只剩下一小部分部队仍在巴朗，同巴伐利亚军交火。而莱布伦本人同样断定，让现有部队强行打通前往卡里尼昂的道路这一想法根本不可行。尽管温普芬所设定目标注定不可能达成，但他还是能够集结起一定数量的部队，向着一路高歌猛进的德意志部队发起进军。然而，拿破仑三世并没有同他合流——随着这一天时间的不断流逝，这场战役的最终结果（法军主力决定性的惨败）正越来越清晰地呈现在这位饱受病痛折磨的皇帝面前。当天上午，巴泽耶落入巴伐利亚军之手时，他还曾立即启程，试图拜访杜威并评估一下后者的处境，但一路上所遇到的己方大批溃逃步兵堵塞了交通，让他无法这么做。作为替代选项，皇帝只得进入色当市内，同负伤的麦克马洪元帅讨论法军当下的处境。值得一提的是，这位皇帝还曾在前往色当的半路上有惊无险地逃过一劫——当时的他穿行于那座横跨马斯河的桥梁之上，谁料这座桥在突然之间遭到德意志人炮击，一名副官被当场打中，所幸皇帝本人几乎毫发无伤。访问过麦克马洪后，拿破仑三世决定再次尝试同杜威会面，但他的这一想法再次遭到阻挠——这次阻挠他的是色当市内越来越混乱的交通堵塞情况。他不得不返回区政府大楼；随后，身负致命重伤的马加雷特也被一辆救护（马）车[①] 送到了这里。皇帝亲自探望这位勇敢的将军，握住他的手，说自己希望他的伤势不会太过严重。对此，马加雷特用铅笔写了一封答复信："感谢您，我的陛下。对于我个人来说，这点小伤算不了什么，但整个集团军会变成什么样？法兰西又会变成什么样？"[3] 同时，也正是在这座区政府大楼里，德·圣霍恩（de Saint Houen）上尉向拿破仑三世提出了"皇帝本人应该在接下来的突围攻势中处在法军队伍的前头"这一建议。但拿破仑三世不假思索地回绝了这个计划："告诉德·温普芬将军，我绝对不会来到部队当中，因为我绝不会以牺牲数千条生命为代价，让我一个人逃脱。"[4]

就在温普芬等待拿破仑三世答复的同时，法军的突围行动实际上也在巴朗取得一些进展。当天下午 1:00 左右，法军向巴伐利亚军据点发起的初步推

---

① 世界上第一场应用救护车的战争是 1847 年 11 月的瑞士内战。

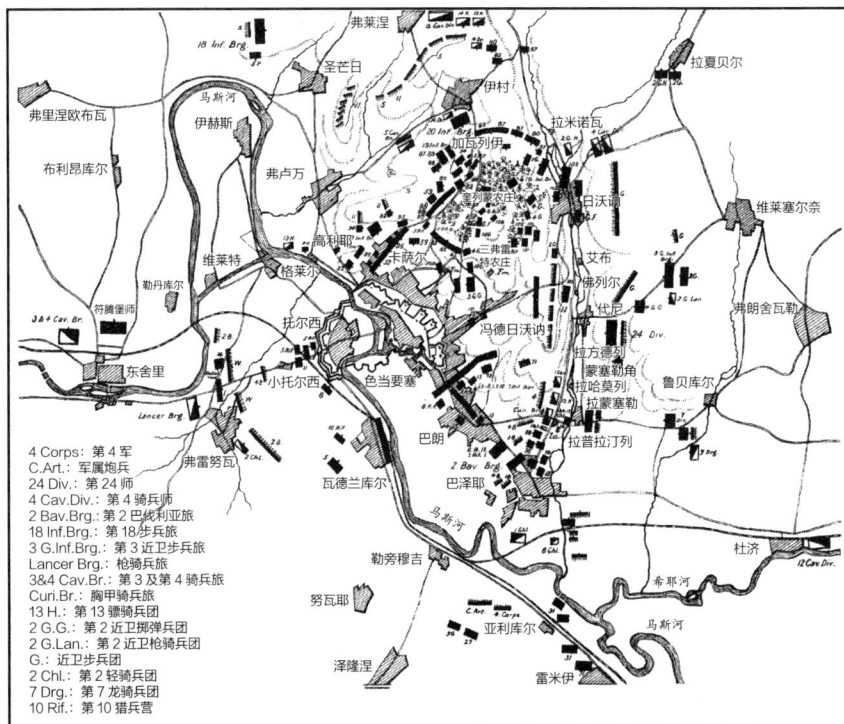

4 Corps: 第 4 军
C.Art.: 军属炮兵
24 Div.: 第 24 师
4 Cav.Div.: 第 4 骑兵师
2 Bav.Brg.: 第 2 巴伐利亚旅
18 Inf.Brg.: 第 18 步兵旅
3 G.Inf.Brg.: 第 3 近卫步兵旅
Lancer Brg.: 枪骑兵旅
3&4 Cav.Br.: 第 3 及第 4 骑兵旅
Curi.Br.: 胸甲骑兵旅
13 H.: 第 13 骠骑兵团
2 G.G.: 第 2 近卫掷弹兵团
2 G.Lan.: 第 2 近卫枪骑兵团
G.: 近卫步兵团
2 Chl.: 第 2 轻骑兵团
7 Drg.: 第 7 龙骑兵团
10 Rif.: 第 10 猎兵营

◎ 9月1日的色当战场: 当天下午战斗结束前不久, 德军所处的位置。

进已经迫使巴军第5旅的一些部队向后撤退; 这使得当下的巴军有必要让巴泽耶附近的第6旅向前挺进提供支援, 以恢复原先的防御态势。然而, 就在当天下午 2:00 左右, 巴军便轻易达成了这一目的。同样地, 也正是在这个时间点上, 由于未收到皇帝的任何答复, 温普芬自行做出决定, 发起了强攻。他出动瓦索涅海军陆战队的几个营、第 47 线列步兵团及若干祖阿夫部队, 命令他们自日沃讷峡出发, 向着远处高地发起进军。而在温普芬的左翼, 格兹师开始向前挺进, 位于更远处的格朗夏普 (Grandchamps) 师同样发起推进。与此同时, 在巴朗镇内, 阿巴图奇① 旅再度攻击了当地的巴伐利亚军据点。温

---

① Abbatucci, 单看姓氏似乎是姓名被篆刻于凯旋门上, 法国大革命时期那位法军名将让·夏尔·阿巴图奇的孙子。

◎ 色当战役中的俾斯麦，出自皮耶奇（Pietsch）的同时代素描，普夫卢克－哈通藏。

普芬向集团军其余部队发出的"支援推进行动"这一命令在当前极度混乱的状况下，等到那些下属指挥官收到时实在是太晚了——原本打算从战场北面向拉蒙塞勒及巴泽耶进军的迪克罗及其第 1 军，在下午 3:00 之后才收到这道命令；本应保护温普芬后方的杜威及其遭受重创的第 7 军，直到下午 2:00 才收到命令。对此，温普芬后来解释称，自己在向下属指挥官下达命令时所遭遇的这一连串问题，都是由于麦克马洪的参谋团队在他们的指挥官（即麦克马洪）负伤后同其一道返回色当，无人可以前去传达命令所造成的。[5]

然而，早在温普芬正式实施推进前，法军这一举动就已经受到东部战线一连串事态发展的进一步威胁。取得巴泽耶及拉蒙塞勒两地漫长战斗的胜利后，萨克森王储决定让萨克森军移动至其右侧的代尼。位于该目的地北面的几条公路是为近卫军采取推进行动而特别保留。而在日沃讷河谷北面，作为行动先锋的第 23 师师长蒙贝此前曾断定，法军已经撤离西面那一片可以俯瞰日沃讷河的高地。因此，当自己的部队与仍旧占据着朝向西面，代尼那片矮林里的法军不期而遇时，其心情还是颇为惊讶的——事实上，身为军长的乔治亲王早已意识到这片高地仍被敌军占据，并在此之前就警告过蒙贝这一点。但信使在传达消息的半路上不幸负伤，导致这一消息未能被及时传达。面对突然遇到的敌方部队，萨克森军当即部署部队，清扫了这片矮林；之后又顶着艾布西面高地上，由一座法军阵地所发出（包括两挺"球球炮"机枪）的各种凶猛火力奋力向前挺进。在此期间，基希霍夫（Kirchhoff）中尉率领 11 名士兵，沿着陡峭的山坡缓缓爬到机枪连所在地——山顶，顺利拿下当地法军的堑壕，并俘虏了 35 名敌军。这一英勇举动为沿着

◎ 战斗期间被安置在穆宗教堂里的伤员，帕朗德尔绘，郝赛 /《1870—1871 年的战士们》藏。

通往日沃讷峡的道路行进的德意志部队扫清了障碍。在河谷另一侧所发出的炮兵火力支援下，萨克森军再度遭到大批法军部队的反击，但后者很快便被击退。陶醉于这场胜利的萨克森人随后进入日沃讷峡村，当场抓获 300 名俘虏。然而，这座村庄对于人数较少的萨军先锋部队来说实在是太大了，他们根本无法长期据守。因此，就在法军的大批步兵增援赶到现场后，他们不得不再度撤退至代尼北面的高地上。[6] 而在该（先锋）部队右翼，乔治亲王带着更多的部队渡过河流，来到了高原处。亲王一看见自己的步兵正安全地占据河对岸，便立即让麾下炮兵部队经拉蒙塞勒，移动至河谷西侧；并在当地同第 23 师的炮兵连合流，共同构筑了一条总兵力多达 21 个炮兵连，自巴泽耶一路延伸至日沃讷峡东北面的漫长炮兵线列。到当天下午 3:00，尽管拉加雷讷树林当中仍有非常明显的法军活动迹象，但乔治亲王还是命令蒙贝暂时停止进军，因为他判断，普军现在基本取得了这场战役的胜利（所以几乎没有继续向北移动的必要）。

在向萨克森王储汇报的过程中，他（乔治亲王）还发现自己的集团军总指挥（萨克森王储）同样十分满意地认为——鉴于集团军已经取得成功，部队无需再向北继续移动，德意志人的注意力现在应该集中在拉加雷讷树林这里。

此前撤离弗卢万—伊村山脊的杜蒙师连同（迪克罗军）沃尔夫师，以及佩勒师一部早已溃逃进入这片树林当中。对此，霍亨洛厄亲王有条不紊地将拉加雷讷树林分为若干独立区域，每个区域分派手下一个炮兵连；这样一来，他的炮兵便可以让森林每一处的法军步兵，都无从躲过现在正向他们袭来的毁灭性炮击：

> 每一支部队的第一门火炮都会朝树林的最边缘处开火射击，而后续每一门火炮都会朝着同样的方向开炮，但弹着点比它右面的那门（也就是刚完成开火射击的前一门炮）远上 100 码（以确保整个树林的每片区域每隔 100 码便遭到一轮炮击）……我们对于敌人的优势完全可以说是压倒性的，以至于我们在整个炮击过程中没有蒙受任何损失。炮兵连的射击过程就像是进行演习（那么轻松）。[7]

◎《最后的子弹》(Les dernières cartouches)，德·努维尔（de Neuville）绘，郝赛/《法德战争通史（1870—1871 年）》藏。

◎ 色当战役结束后绘制的一幅当代画作，描绘了巴泽耶附近战场的景象，施伯特藏。

普军此举的效果很快便明显显现出来："由于炮兵的火力是如此具有毁灭性，以至于德意志步兵于当天下午 3:00 左右，从四面八方向树林发起攻击时，法军几乎没有能力进行任何有组织的抵抗。"[8] 德意志步兵所实施这一轮推进行动的目标是位于拉加雷讷树林中央的奎列蒙（Querimont）农场。随着这批势不可挡的普军步兵攻入树林内部，他们又一口气抓获了数千名法军战俘——菲尔德曼（Feldmann）少校带着区区四个连的兵力，竟在农庄南面不远处俘虏整整 3000 名法军士兵（差不多一个团）。在树林里出现部队指挥体系大混乱的情况下，法国人又发动了几轮反击；与此同时，德意志人也在尝试处理如此巨量的战俘所带来的问题——由于普军兵力相较他们抓获的法军战俘数量实在是过于稀少，这一问题导致一部分俘虏再度拿起步枪进行抵抗，另一部分则是当场开起小差。然而，德意志人大批作为增援的预备部队还是抓回了这批俘虏中的大约 2000 人，并让他们加入到集结于日沃讷河附近，规模愈发庞大的法军战俘队伍中。[9]

尽管温普芬向巴朗发起的推进行动并没有得到多少来其左翼的支援，但他还是在一段时间里多少取得了成功。巴朗镇内的巴伐利亚军（现在主要由第

◎ 色当战役结束后，对马斯河里的尸体进行清理，帕朗德尔绘，郝赛/《1870—1871 年的战士们》藏。

6 旅构成）确实已经精疲力竭，他们当中有许多人从一大早就开始战斗（直到现在），而且在接连的战斗过程中蒙受极其惨重的伤亡；当地一部分德意志部队的弹药也逐渐耗尽：正是这一系列原因，他们才成了温普芬主力的攻击对象。大批法军步兵纵队以散兵为先导大举挺进，攻入巴朗镇西北侧，并在逐屋进行的激烈巷战中一步步逼退巴军。冯·德·坦恩迅速来到现场，他在亲眼目睹法军攻势的庞大兵力规模后非常及时地投入增援部队，但混乱的巷战让他难以部署这些生力军——正在逐步撤离巴朗的巴军部队（由于不断后撤，可部署兵力的战场空间也愈发狭小）亦使得这一问题变得更加严重。[10]

就在温普芬所辖部队于巴朗当地取得一些进展的同时，他还打算夺回代尼及埃布方向上的一部分失地，这导致为了准备这一行动而部署的法军部队在代尼同普军一路溯流而上，穿过河谷的乔治亲王麾下部队不期而遇。为集结起更多增援部队，仍旧满怀希望的温普芬骑马返回了色当；同时正是在这里，他遇到了身上正携带一封拿破仑三世所写重要信件的莱布伦。

皇帝本人已亲眼目睹自己军队的真实状况达数小时之久。士气低迷、队伍散乱的败军正源源不断地涌入色当市中心，区政府大楼周围的混乱状况每时每刻都在恶化。几名高阶指挥官同样在这批逃兵当中。围坐在拿破仑三世周围的将军们，没有一个人出面否定他的结论（法军大势已去），皇帝已经决定在此刻宣布投降，以结束这场屠杀。

迪克罗是最后一批抵达区政府大楼的人员之一。他于当天下午 3:30 左右，在半路上遇到温普芬参谋团队里的一名炮兵军官，后者告诉了他法军突围行动的情况，同时还要求整个第 1 军都加入到这场攻势当中。迪克罗则指出，自己的身边没有任何部队（根本不可能为温普芬的攻势提供支援），接着便骑马进入色当市。市内的景象"难以用言语形容——街道上、广场上、大门处全都挤满了马车、车厢、火炮，以及一个正在逐渐解体的集团军的所有残存辎重。一群群丢掉了步枪及背包的败兵四处乱窜，一头猛扎进入城市的民房及教堂当中"。[11] 迪克罗接着找到皇帝，加入到早已围绕在后者身边，垂头丧气的法军指挥官行列。此刻，拿破仑三世已经下令悬挂白旗，同时还发出命令，要求温普芬即刻停火。[12]

当这个消息的传达者来到温普芬处，并告诉后者关于举白旗的消息时，温普芬当场便表现得怒不可遏，断然拒绝承认（己方已经投降）。他甚至拒绝打开这封指示信，并说道："我绝对不会看这封信哪怕一眼，我拒绝打开它。"[13] 同时，他还坚持要求自己的参谋长朱尔·法夫尔前往色当市，摘下那面极具冒犯性的白色旗帜，随后他本人便返回巴朗。正是在这里，他的部队向第 6 巴伐利亚旅发起的攻势仍在取得进展；此外，他还在路上集结了约 2000 人，甚至是 3000 人的队伍。借助这些临时拼凑起来的增援力量，他的部队进行的攻势尚能继续取得进展，直到推进至巴朗教堂附近才戛然而止。但这一切最终都只是无用且徒劳的——虽说巴伐利亚部队确实曾在当天下午 4:30，在温普芬的攻势面前撤退过一次，可他们很快便在后方不远处，同萨克森第 12 军一道站稳脚跟，位于其右翼的则是阿尔文斯莱本第 4 军的生力军。因此，无论温普芬取得何种程度的暂时性成功，他都绝对不可能再有机会取得更多攻势进展。同样地，战场上永远都会出现（将彻底阻遏住他所实施攻势的）德意志炮兵——与过往情形一样，德意志炮兵连凭借自身的极高效率及压倒性反应速度，很快就开始进行这场注定到来的反攻的准备工作。没过多久，冯·德·坦恩的部队便再度发起挺进，夺回了因温普芬先前所发起进攻而暂时失去的战场优势。随着法军步枪火力的逐渐减弱，德意志人再一次看见白旗悬挂于色当要塞的大门上。这一次，皇帝已经下定决心，用自己的方式来终结这场无用的杀戮。就在温普芬试图发动最后几轮突击的同时，战场其他各处也发生一些变化。其中最为重要的变化发生于拉加雷讷树林当中。这处容纳了数千名法军溃兵的临时庇护所遭到马斯河集团军炮兵部队的不断炮击；与此同时，普军步兵也在准备向树林发起攻击。随着这批步兵攻入拉加雷讷树林，匿身其中的法军所发起的几轮未经任何协调的仓皇反击注定没有任何成功可能性。而在这片树林的南面出口之外，数千名法军逃兵正源源不断地涌向色当及日沃讷峡，这一现象进一步阻挠破坏了其友军自洼地向日沃讷河谷北面高地上的萨克森军发起进攻的尝试。紧随在不断溃退的法军身后的普鲁士近卫军先是攻入拉加雷讷树林，接着又沿公路南下，自伊村一路来到色当市。发生在奎列蒙农庄周围的激烈战斗，致使德意志一方获得了 5000 余名战俘及 9 门火炮。[14] 从树林西面而来的第 11 军生力军同样朝着奎列蒙方向发起进军。到当天下午 5:00，位于树林西南角的最后几处抵抗据点被彻底消灭，拉加雷讷树林当中的法军抵抗就此迎来尾声。当地仅存的法军部队就只剩一列列漫长的战俘纵队——由于他们的人数实在太多，这（押送看管的过程）甚至给兵力分散的德意志步兵造成了不小的问题。

视线重回区政府大楼内，拿破仑三世对迪克罗道，他本人并不明白为什么战斗仍在继续。因为他早在此前就已经亮出停战旗，并希望同威廉一世（普鲁士国王）进行一次个人会面。迪克罗则告诉皇帝："绝对不要奢望敌人的慷慨。"同时，他还建议在夜间尝试发起一场突围行动——但拿破仑三世以没有成功希望为由，回绝了这一提案。[15]

然而，不论法军指挥官们的想法或意见如何，到此刻，这场战役注定会马上迎来尾声。在此之前，普军还曾从弗雷努瓦的高处观察到拿破仑三世放出的第一面白旗——且不论它的出现及之后被人摘下实际意味着什么，至少很明显的是，这场战役很快就要结束了。谢里登推测说，拿破仑三世很有可能在色当市内被普军俘虏，但俾斯麦否认了这一观点："哦，不！这只老狐狸实在是太狡猾了，他不可能被这样的陷阱逮住，他肯定是毫无疑问地逃到巴黎城去了。"[16] 所有的报告都证实，战场各地的普军能直接观察到这一情况——色当要塞举起了白旗——显然，当下的问题就只剩下以一种迅速且仁慈的方式解决这场流血冲突了："在这种情形下，命令炮兵向敌军的最后一处庇护所倾泻猛烈的火力似乎是迫使他（法国皇帝）意识到法军处境之无助，并诱使他宣布投降的最合适手段。"[17] 因此，就在当天下午 4:00，位于马斯河南面的普军炮兵再度奉命展开行动，而且这一次直接将火力集中倾泻到色当市这一个地方。随着巴伐利亚军在这一轮炮击后向托尔西发起进军，此刻就连托尔西的大门上方都能看见飞扬的白旗。一名法军上校骑着马，前来要求停火（并进行谈判），巴伐利亚人随后便包围这座大门，并等待己方高层更进一步的指示。

与此同时，布隆萨特及冯·温特费尔特[①] 上尉两人被普军高层派去传唤法军主帅前来投降。此刻，他们两人正骑着马，携带着一面休战（白）旗沿公路一路南下至托尔西大门处，穿过一批批秩序崩溃、群龙无首的法军溃兵，进入这座城市。布隆萨特随后被人带到区政府大楼处。令他惊讶的是，一开始还曾期待同麦克马洪见面的自己竟被带到了帝国皇帝拿破仑三世面前。早在布隆萨特到来前，这位皇帝就已经坐下来，并写了一封准备交给威廉国王的信——现在的他早已下定决心结束这场冲突，且仍然期望着能通过他"个人的投降（不代表法国及法国军队）"，为自己的部队争取"在某种程度上显得稍好一些"的谈判条件。

皇帝向布隆萨特简要解释了法军当前的处境，并告诉后者称，现在接过麦克马洪的位置，指挥前线法军的人是温普芬，同时也只有他掌握谈判的权力。至于拿破仑三世他本人——皇帝表示自己会派莱尔（Reille）将军带着（法兰西第二帝国皇帝的）个人信件，前往普鲁士国王那里。之后，布隆萨特便离开这栋大楼，随着响彻整个前线的战斗噪音逐渐消失，他骑马穿过托尔西大门，随后又沿着斜坡一路小步快进，到达弗雷努瓦北面的一座山丘上。当他走向（普鲁士）王室一行人的时候，他的情绪才变得稍好一些——他踢了踢马刺，向着王室一行人策马疾驰而来，同时一边用手指着身后的色当要塞，一边大喊道："（法兰西第二帝国的）皇帝就在这里面（Der Kaiser ist da）！"这一

---

① von Winterfeldt，看姓氏似乎是腓特烈大帝的心腹爱将汉斯·卡尔·冯·温特费尔特的后裔、纳粹德国时期的德国空军王牌飞行员亚历山大·冯·温特费尔特的祖父。

声大吼直接引来了国王周围随从们的一片欢呼声。然而，老毛奇对此并不是特别高兴，他很快就向布隆萨特直白地表明，自己对于他这种在王室面前如此失礼举动（没有下马步行过来，而是策马疾驰而过）的严重不满。[18] 此时已是傍晚 6:15，布隆萨特所传达的消息立即让人们想起几个非常重要但迄今为止未曾被考虑的问题（比如战斗结束后该如何谈判）。此刻，王储及布卢门塔尔也加入到王室一行人的行列中，两人同其他人一道于当天夜间 6:45，亲眼目睹法国的莱尔将军在温特费尔特及一队普鲁士胸甲骑兵荣誉近卫的陪同下，沿着斜坡向普鲁士王室成员所在地缓缓走去。莱尔将军在距离国王约 10 码的地方下马，并走到后者面前，摘下自己的帽子，接着递给国王一封贴有大大的火漆的信件。周围所有人都自发退后几步，以便国王本人拆开火漆阅读这封信。信件的内容非常简短，但被形象地形容为"不仅仅是象征着德意志第二帝国诞生的地契"[19]；同时，这封信也在其自身简短、悲伤却庄重正式的文笔及内容中，标志着欧洲历史上的一道重要分水岭：

致我的兄弟：

未能死在自己部队当中的我现在只能将自己的佩剑交到陛下您的手中了，毕竟我可是您的好兄弟。

拿破仑三世[20]

对于威廉来说，这封信的重大意义可以说是显而易见的。就在他转过身，将这封信展示给王储看，并和俾斯麦及老毛奇讨论其意义时，莱尔那悲伤的身躯孤零零地站在了一旁。熟识莱尔将军的王储充满同情地走到他身边，同他交谈以缓解他的明显不适。与此同时，俾斯麦向哈兹费尔特伯爵招了招手，让他走上前来，并指示他起草一封答复信："现场摆放了两张椅子，其中一张放在另一张的顶上，而别人给了我（伯爵）一支钢笔及一张纸。国王及俾斯麦两人口授，由我负责起草这封答复信。之后，国王便取下其中一张椅子坐了上去；阿尔滕（Alten）则拿另一张椅子当作桌子使用。我本人手持墨水瓶，向国王口述了一遍他要求莱尔将军带回去的答复信（的内容）。"[21] 这封信的语气十分客套，但其内容全都说到了点子上：

尽管我对于我们两人此次会面的环境深表遗憾，但我还是同意接过陛下您的佩剑，并请求您大发善心派出一名可以作为全权代表的军官，前来处理这支曾在您的命令之下英勇奋战的军队的投降事宜。至于我这边——冯·毛奇将军会得到任命，承担起这一职责（担任谈判代表）。[22]

随后，国王便将这封答复信交到莱尔手中。在普军护卫的陪伴下，莱尔将军骑着马下了坡，回到色当城内。国王与他的儿子（王储）则在拥抱时短暂地分享了一下内心的激动。其他几名王室随行人员同样自发地表示热烈祝贺——到这一天结束时，他们都已经决定性地将欧洲的历史进程推向一个全新方向。然而，普鲁士王家总指挥部的实际工作并未因得胜而有所松懈，而是依然持续进行着。就在当天夜间7:15，老毛奇发布了一条记叙有当前处境的命令：

谈判现已开始，因此我方很有可能不会于今天夜间发起攻势。但敌军（在今天晚上发起的）任何突破我军战线的尝试都必须以武力将其击退。一旦谈判没有得出结果，双方将会再度开始敌对行为，但这（主动同法军交火）只有在这里（普鲁士王家总指挥部）发出通讯之后方可实施。此外，一旦出现这样的情形，我军就会从弗雷努瓦东面的高处发起炮击。[23]

这是老毛奇在这一整天里发出的第一道手写命令。第3集团军及马斯河集团军的指挥部此刻都已自行下达露营过夜的指示——部队正集结于最前沿据点的后方不远处（并未身处最前沿），但早已做好了防范敌人，或是在第二天发起进攻的准备；如有必要，他们随时都可对敌展开行动。

然而，在经历长达一整天的暴力后，和平又一次在色当战场上占据上风。此前曾在弗卢万的高处亲眼目睹普军炮兵终于静默下来时候情形的福布斯，此刻又在夜幕降临时分环顾了一下周遭景象：

一种奇怪、不可思议的寂静随着长达一整天的雷鸣般的喧嚣和骚动的结束而悄然到来。长时间开炮射击（不断引燃黑火药）所造成的浓烟仍旧笼罩在弗卢万与伊村的高地之上，以及昏暗的色当防御工事的周围。整个地平线在火光的折射下令人毛骨悚然。沿着整条马斯河河谷一线，到处都可以看到德意志人的宿营地。整整 15 万名条顿①士兵形成了一个广阔的包围圈，围绕在他们那早已被击败，并且已经支离破碎的敌人的周围……庄严和谐的颂歌响彻广袤的河谷——这是路德宗的颂歌、光荣的《致谢吾主上帝》②……聆听这个庞大军事"合唱团"在这片取得了来之不易的胜利的战场上咏唱的崇高颂歌，或许就能在某种程度上理解普鲁士军队究竟是在什么样的激励之下取得这场胜利的③。24

---

① Teuton，此处指普鲁士。
② Nun danket alle Gott，写成于 1636 年的新教颂歌。
③ 他的这番话非常片面且唯心主义，因为以巴伐利亚为首的大部分南德邦的主要宗教并不是新教路德宗，而是天主教。

注释：

1. E. F. 德·温普芬将军著,《色当》, 第 170 页。

2. A. 迪克罗著,《色当日志》, 第 41 页。

3. 迪克·德·隆莱著,《法兰西人与德意志人》, 第一卷, 第 716 页。

4. T. 阿隆松著,《拿破仑三世的陨落》, 第 170 页。

5. E. F. 德·温普芬将军著,《色当》, 第 171 页。

6. 德国官方文献,《法德战争 1870—1871》, 第二卷, 第 384 页。

7. 霍亨洛厄－英格尔芬根亲王克拉夫特著,《论炮兵的书信》, 第 94 页。

8. 德国官方文献,《法德战争 1870—1871》, 第二卷, 第 387 页。

9. 同上书, 第 388 页。

10. 同上书, 第 395 页。

11. A. 迪克罗著,《色当日志》, 第 47 页。

12. 德国官方文献,《法德战争 1870—1871》, 第二卷, 第 396 页。

13. E. F. 德·温普芬将军著,《色当》, 第 173 页。

14. 德国官方文献,《法德战争 1870—1871》, 第二卷, 第 388 页。

15. A. 迪克罗著,《色当日志》, 第 49 页。

16. P. 谢里登将军著,《个人回忆录》, 第二卷, 第 402 页。

17. 德国官方文献,《法德战争 1870—1871》, 第二卷, 第 401 页。

18. A. 福布斯著,《对战争与和平的回忆及研究》(伦敦 1895 年出版), 第 77 页。

19. 迈克尔·霍沃德著,《普法战争》, 第 218 页。

20. 德国官方文献,《法德战争 1870—1871》, 第二卷, 第 402 页。

21. P. 哈兹费尔特伯爵著,《给妻子的信 1870—1871》(伦敦 1905 年出版), 第 63 页。

22. 德国官方文献,《法德战争 1870—1871》, 第二卷, 附录 48。

23. H. 冯·毛奇元帅著,《毛奇元帅的军事通讯文集 1870—1871》, 第 126 页。

24. A. 福布斯著,《对战争与和平的回忆及研究》, 第 80 页。

色当决战：投降

随着德意志人的（普鲁士王家总指挥部所辖）参谋们开始分散到各处过夜，普军对于这场胜利重要性的潜在认识已经让位给了盛大的庆祝活动。在东舍里，饥肠辘辘的造访者们很快就把广场旅馆里能找到的一切食物全部吃光，到当天晚上俾斯麦出现在旅馆的餐厅时，很多人都已经喝了大量的酒。对于一个一直以来胃口都颇大的人来说毫不意外的是，此刻的这位首相同样非常饥饿——他在为与会众人宣读拿破仑三世的书信，祝福过国王陛下身体健康及祖国之后，便开始四处寻找自己的晚餐。但现场没有出现什么特别好的食物。为此，普军还特地派了一名军官，前去旅馆主人处询问晚餐食物的问题。同样在场的还有福布斯，他在此前帮忙制作酱沙丁鱼时颇受众人欢迎。

"哎呀"，不高兴的旅馆女主人抗议道，接连说了好几遍"我的上帝呀（mon Dieus）！"因为如果这些德意志人愿意且欢迎，他们就很有可能直接把她吃掉——这里仅剩的食物就只有半打（而且很有可能早就过期变质）可疑的鸡蛋。我们（普方众人）从附近几家商店里拿出一大块火腿，并将其切成零碎的薄片，配上这些可疑的鸡蛋，准备拿给首相当晚餐吃。但即便是他这般伟大的人，也不能摆脱那句谚语带给人的实际认知——茶杯及嘴唇之间难免会有些纰漏①。

---

① there is many a slip between the cup and the lip. 这句英国谚语的含义类似于"不要在鸡蛋孵化前先数鸡"，其大意是"结果看似确凿无疑的事情也难免出现差池"。

就在厨房及餐厅之间的过道上，这盘菜被一名正在四处"私掠巡航"①的枪骑兵军官拦了下来，并被他端走；直到这座贫瘠的小镇被彻底搜查一遍，普军才找到一块牛排。随后，俾斯麦便往这块牛排上浇了一瓶东舍里香槟，享用起了这顿晚餐。[1]

　　享用完这顿晚餐后，俾斯麦启程来到那间被指定为自己同温普芬及其幕僚们的会面场所的民房。这名不高兴的法国将军在过来谈判之前，经历了一段最为痛苦的时光。当拿破仑三世再度要求挂起白旗时，温普芬当然并不在区政府大楼现场；同时正是由于他本人的缺席，其参谋长朱尔·法夫尔才代替他，签署了停火令。温普芬在听闻这一消息时，做出的回应便是当场辞职。拿破仑三世将这一情况告诉迪克罗，并要求后者接过指挥权；但迪克罗拒绝了这一邀请。当温普芬最终于夜间 8:00 闯入区政府大楼时，迪克罗正静静地坐在房间一角。温普芬摇了摇自己的手臂，向皇帝喊道："如果说是我输了这场仗，如果说是我被击败了，那一定是因为我的命令没有得到执行，因为您的将军们拒绝服从于我。"这句推卸责任的话对迪克罗来说实在是太过分了，他当场跳起来直面温普芬，厉声询问，想知道后者这一番话究竟针对谁。他还大声叫喊着，声称温普芬的命令都得到了很好的执行，这场灾难完全是因为后者盲目、乐观且顽固的猜测导致的，因此只有他一个人应当为战败负责。温普芬对此大吃一惊，接着反驳称，在当时那种情形下，自己"确实不应该再接手（前线部队的）指挥权了"。这句话进一步激怒了迪克罗："今天上午你接过了指挥权，当时的你还认为行使这一权力是荣耀且有利可图的。我当时也并没有对此提出（特别激烈的）异议，因为这道命令在（战况不甚明朗的）当时还是存在一些争议。但现在，你绝对不能拒绝这个指挥权，投降的耻辱必须由你一个人全部承受。"迪克罗事后承认自己当时的情绪，用他本人的话讲，就是"激动过度"（très exalté），以至于皇帝及其幕僚们不得不出手干预，这才让他冷静下来。最后，温普芬非常勉强地接过进行谈判的责任，并表示遵从拿破仑三世的指示，准备

---

① 原文这里用的是"privateering"，专门指代 16 世纪欧洲私掠海盗船的巡航活动。

◎ 举行于色当的投降谈判，冯·韦尔纳绘，施伯特藏。

与老毛奇会面。[2]

　　这一会议将在东舍里举行。陪同温普芬一道前来的还有其他几名军官，其中就包括他的参谋长朱尔·法夫尔、皇帝的个人代表卡斯特尔诺（Castelnau），以及负责笔录事宜的胸甲骑兵军官奥尔塞（d'Orcet）上尉——最后者对谈判的生动记录还在后来被收录到了迪克罗所撰写的这场战役的文献记录当中。值得一提的是，奥尔塞对于此次会议的描述同韦尔迪所写记录大体一致——后者在完成了对第5军及第11军漫长前线的视察访问后，当天夜间同诺斯蒂茨[①]一起回到王家总指挥部。他（韦尔迪）一抵达目的地，便得知了拿破仑三世传达给本国国王的信息。最终同其余参谋军官完成合流时，韦尔迪发现所有人仍旧震惊于这场胜利的规模[3]——当时，他们都处在东舍里郊外的一座房屋当中。就在当天夜间11:00左右，温普芬也来到了这里。

　　温普芬和他的同行军官们被带到（前文所述房屋）一楼的一个房间里，

----

　　① Nostitz，这是一个历史悠久的西里西亚贵族姓氏，于1692年获封神圣罗马帝国伯爵，文中的这位伯爵似乎是腓特烈·威廉三世的副官奥古斯特·路德维希·斐迪南·冯·诺斯蒂茨的侄子。

这个房间正被一对大吊灯及一盏油灯照亮。桌子上方的墙壁上还挂着一张（从观看者的视线来看）俯瞰着的拿破仑一世肖像画。十分钟后，老毛奇连同俾斯麦、波德别尔斯基、韦尔迪，以及包括诺斯蒂茨伯爵（由这位伯爵进行会议笔录）在内的其余几名总参谋部军官进入这个房间。在简短的相互介绍后，众人便坐了下来。老毛奇的右侧是波德别尔斯基，左侧是俾斯麦，位于普军总参谋长正对面的是独坐一处的温普芬——这名法国将军的同僚们则坐在其身后的阴影处。

现场出现一段时间的沉默。老毛奇在温普芬面前无动于衷地等待着，但在考虑过应该如何开始讨论后，他主动问起法军将会开出什么样的投降条件。老毛奇如此说道："非常简单！整个法军集团军连同其武器装备都将被我军俘获。军官将被允许保留自己的武器，算是作为他们在战场上表现英勇的证明，但他们连同麾下部队都必须成为战俘。"尽管温普芬曾努力尝试，然而他始终无法改变老毛奇对于这几项条款的坚持——这位法军主帅提出抗议，称这些条款实在太过严苛。经过几轮漫长的讨论，温普芬令人难以信服地声称自己会返回色当，整个集团军也会通过战斗的方式实现突围。但老毛奇当场打断了他，并明确向他指出，以他当前的处境这么做（以战斗达成突围）是完全不现实的：

你的麾下确实有一些非常优秀的部队——你的精锐步兵引人注目，你的骑兵敢于冒险且极其英勇，你的炮兵令人钦佩并非常不幸地给我们造成了不少伤亡。但是，你的绝大多数步兵皆已士气涣散，而且光是在今天一天时间里，我们就抓获了 2 万名毫发无伤的贵军战俘……你现在只剩下 8 万人。他们没有条件（或者说能力）突破我们的战线。因为我已经用整整 24 万人及 500 门火炮包围你们，其中有 300 门火炮已经就位，其余（200 门）火炮则会在第二天破晓前完成部署，随时可以朝色当开火射击。如果你想让自己信服，我可以让你的一名军官观摩我方部队的各处据点；届时，他肯定会非常准确地指出，我所说的这些内容全都是毋庸置疑的事实。

老毛奇接着补充说，温普芬既没有补给也没有弹药。随后，温普芬尝试了一种截然不同的谈判策略，声称普鲁士给予自己（和法军）一些更慷慨的谈判条件是符合德意志自身利益的——按照他的说法，慷慨的条件将会削弱由战败带来的屈辱感对于法国人的影响，同时有助于两个民族友好关系的发展；而一旦德意志人坚持先前提出的条件："你们将会承担起点燃法国及普鲁士两国之间无休无止的战火的风险（在了解后来法德两国的恩怨史后，我们不得不说他的这一番话简直一语成谶）。"

俾斯麦对此迅速给出答复。他说温普芬的论点乍一看似乎相当令人信服，但在事实上，政治及外交绝对不能单纯依赖于一个国家的国民对于另一个国家的感激之情：

如果法国人同其他国家的人一样，如果他们能像我们一样有着一个坚固的统治机构（即稳定的政权），如果他们有一个稳坐于皇位之上的君主，我们似乎还能相信皇帝与他儿子的感激之情，并且重视这份感激。但是，法国在（自法国大革命算起的）最近80年里政权总是如此不稳定，更迭了如此之多届政府，而且政权更迭及国内外形势变化得如此之快，令人出乎意料，以至于我们根本就不能指望从你们的国家得到任何东西。把友谊的希望寄托在一个法国君主身上，这对于一个邻国君主来说简直是一种疯狂之举——无异于在空气之上修建城堡。

接着，俾斯麦又给自己的辩词主体找来许多论据，比如想象法国人能（大发善心一般地）原谅德意志人的此次胜利是非常愚蠢的。因为在此之前整整两个世纪中，法国曾入侵德意志不下30次。而这一次战争中的法国人就像以前那样，被嫉妒的情绪驱使着，因为他们绝不会原谅普军在萨多瓦之战① 中的表现——仿佛就只有他们自己（法国人），才配得上这种程度的胜利和军事荣誉。俾斯麦观点如下："今天我们已经受够了，法国必须放弃她自己的那份骄傲，以及她那极具侵略性且野心勃勃的品格。我们希望在当下保证我们的孩子们在未来不受（可能再次爆发的）法德战争的困扰，为此，我们需要一个合适的

---

① Sadowa，相关战役又称柯尼希格雷茨会战，系1866年普奥战争中的决定性大会战。

缓斜坡（让双方都有台阶可下）——这意味着那些将会永远保护我们免受攻击的领土、要塞，以及边境。"温普芬回答称，俾斯麦对于法国人的认知是完全错误的——这位普鲁士首相仍在以 1815 年（拿破仑战争刚结束时）的观念看待事物，而不是像他们（法方）一样着眼于当下："今天的法国人早已完全不同，多亏（法兰西第二）帝国的繁荣，国民们已经将自己的本能转向了投资、商业、艺术……而不是追求军事荣耀的梦想。"温普芬还声称，英法两国之间的长期不和早已被友谊取代："如果你们能表现得慷慨大方一些，德意志也会和英国一样，同法国建立起良好关系。"俾斯麦则对温普芬所提到的英法友谊表示深切怀疑：

> 我必须就此打断你，将军。问题并不是法国未曾发生改变，而是她总想要发动战争，而拿破仑三世正是为了满足公众对于符合法兰西第二帝国利益的军事荣誉的渴望，才发动了这场战争；我们也知道，确实有一部分理智且清醒的法国人并不主张发起战争——尽管如此，她（法国）还是自发地欢迎这种想法（开战而非保持和平）……谁知道将来会发生些什么？或许你们还会组建一个什么都不尊重的政府，以立法的方式拒绝承认你接下来会为你方集团军签署的投降协议，并迫使军官们违背他们将向我们给出的承诺。

德意志人想要的是和平——俾斯麦如此表示——而且是长久的和平。但要是按照法方代表温普芬已经提出的谈判条件，一切都不会发生任何改变。

温普芬如此答复道："好吧！我同样不可能签署这样一份投降协议——我们将再次展开战斗。"就在俾斯麦或老毛奇准备对此给出回应前，卡斯特尔诺突然非常不自信地介入到讨论当中："我想现在应该是时候，让我来传达一遍皇帝的信息了（奉劝温普芬不要再提重新开战）。""我们正听着呢，将军"，俾斯麦如此说道。"皇帝此前曾指示我，要求我对普鲁士国王说，他（法国皇帝拿破仑三世）已经无条件地（向普鲁士国王）交出自己的佩剑，并完全寄希望于此举将会感动（普鲁士）国王，让他给法国军队一个体面的投降。""这就是全部了？""是的。""但交出的就只有拿破仑三世的佩剑？这究竟指的是整个法兰西的佩剑，还是他自己的（佩剑）？如果这里指代的是法兰西的佩剑，那么条款将会出现重大改变，而你所传达的信息也将会产生最为重大的影响。""就只有皇帝陛下他自己的佩剑。""那样的话"，老毛奇在松了一口气后（就连俾斯麦及奥尔塞都能清楚地看到这一举动），如此简短地说道："条款将不会发生任何改变。单就皇帝一个人交出佩剑，宣布投降的话，他将来还会得到他所需要的一切（反悔并卷土重来的意思）。"此刻，在奥尔塞上尉看来，俾斯麦和老毛奇对此存在着不同看法——他们中的一个人想要结束这场战争，另一个人却想将战争继续进行下去。

温普芬再次重申，法军将不得不重开战端。对此，老毛奇表示停火协议会于翌日凌晨 4:00 到期："我将会在凌晨 4:00 准时开火。"就这样，他们（与会的普鲁士代表）全体站了起来，而法国人只得默默离开，现场没有人说话。

这份冰冷的寂静随后被俾斯麦打破。他向温普芬明确指出，继续战斗将会是一件多么愚蠢的事情；老毛奇则重复了一遍自己先前对法军处于无可救药处境的分析，温普芬勇敢但难以令人信服地反驳了这一点。对此，老毛奇答复道："你甚至都不了解色当的地形。"与此同时，老毛奇还尖锐地指出，法军在战争伊始仅准备了德意志地图，却没有准备自己国家的地图："好吧，我已

◎ 色当战役结束后的翌日上午，法国皇帝拿破仑三世在俾斯麦的护送下，前去会见普鲁士国王威廉，坎普豪森（Camphausen）绘，普夫卢克－哈通藏。

经告诉你了——我们的据点不仅强大，而且坚不可摧。"

对这一分析没有给出任何答复的温普芬再次不由自主地尝试拖延时间。他声称自己必须与同僚们商讨一番，但老毛奇丝毫没有动摇。直到俾斯麦同他小声讨论一番，他（老毛奇）才被说服，同意将停火协议的时效延后至上午9:00。就这样，法国人离开谈判场所，启程返回色当——从这一刻起，温普芬实际上就已经接受了"（法国集团军）全军宣布投降已是不可避免"这一原则性观点。[4]

俾斯麦回到东舍里的旅馆睡了一会儿。老毛奇则是同韦尔迪一块坐下来，并向后者口授投降书的内容。而在两人周围，精疲力竭的参谋军官们直接睡在他们坐下的地方。直到凌晨3:00，韦尔迪才上床睡觉。

对于俾斯麦来说，这一天夜里的休息时间可谓非常短暂——就在早上6:00，他便被自己的仆人恩格尔（Engel）叫醒，后者告诉他外面有一位法国将领正在等他。"我（俾斯麦）不明白他到底想要什么。"普鲁士首相从床上跳起来，从自己房间的窗户往外看去，他发现了身处下方广场的莱尔将军，并从他（莱尔）这里得知拿破仑三世已在离开色当，前来谈判的路上。俾斯麦迅速行动起来，当即换好衣服，径直走了出来，骑着马尽可能快地朝色当方向奔去，以便迎接法兰西皇帝。[5]福布斯从附近的一扇窗户往外望去，他看见莱尔将军走了过来，接着又骑马离开，紧随其后的则是俾斯麦：

他（俾斯麦）头戴平顶帽，身穿单排扣制服上衣（undress），还穿了一双布满尘土及污渍的胸甲骑兵长筒马靴。他换衣服的速度能快到就好像穿着这些衣服睡觉。首相迅速走出来，骑上他那匹高大的湾马①，紧跟着莱尔的脚步。当时我就在他（俾斯麦）身边，亲眼看见他使出浑身解数，才摆脱这场几乎堵住了整个东舍里街道的混乱局面。他那双深邃的眼睛没有发红，那张布满深深皱纹的脸也没有表现出疲倦——要知道，当他在商务旅馆（Hôtel de Commerce）喝完最后一杯香槟时，已经是当天午夜时分了；之后，他与老毛奇就投降条款

---

① bay horse，这个词专门指那种带有黑色鬃毛的棕马。

344

问题，同温普芬争论了三小时之久。然而，他还是在 6:00 的钟声响起之前来到这里，他发出清新、爽朗且稳重的拍手声，以及清了清嗓子的咳嗽声——他发出的这几道响亮声音，是在暗示那些拥塞于街道之上的大批士兵尽快给自己让路。[6]

就在俾斯麦骑着他的马穿过拥挤的东舍里街道，并接着通过马斯河大桥时，福布斯一直步行，紧随其后。之后，这位首相便骑马朝着通往色当的道路一路小跑而去。紧随在俾斯麦身后的还有同样被恩格尔叫醒的布希——他在看见俾斯麦离去之后也迅速换好衣服，跟随在这位首相的身后①。

话题重回色当方面。拿破仑三世整夜都在思考当前形势，并已经下定决心，亲自前去会见威廉国王。可能是因为他在前一天（会战期间）自己无能而导致的无所事事，没有起任何作用，这也导致了他把同普鲁士国王会面视为自己当下的唯一可选措施——通过与自己同一类型的君主进行直接讨论，或许就能绕过对方的谈判代表——而这正是俾斯麦无论如何也都会不计一切代价，拼命阻止的事情。无论拿破仑三世的到来预示着什么，对于俾斯麦来说，他（后者）显然是有必要在场的（以监督谈判过程）。拿破仑三世穿着自己的将官礼服，外披一件镶有红色贴边的蓝色斗篷，在一批高级幕僚陪同下，于当天凌晨 5:00 离开色当市。在托尔西大门处，护卫在两旁的祖阿夫步兵们大喊道："皇帝万岁！（Vive l'Empereur！）"而在德意志联军的警戒线处，正寻找自己马车的谢里登及福塞斯两人站在那里，同一名德军军官谈上了话。就在四轮大马车自色当现身于此时，他们惊奇地发现，坐在车里抽烟的高级军官正是帝国皇帝拿破仑三世本人；于是，他们立即尾随在这辆车之后，向着东舍里走去："可以推断的是，比起恢复我们（普军）针对法军的合围圈，有更加重要的事情即将发生。"[7]

当俾斯麦骑着马，朝拿破仑三世的马车一路慢跑而来时，谢里登亲眼目

---

① 与此同时，他还在准备外出的时候抽空记下了俾斯麦当晚一直在读的书：《1870 年摩拉维亚兄弟会的每日口号和经文》（Daily Watchwords and Texts of the Moravian Brethren for 1870），以及《信仰基督的每日修养》（Daily Refreshment for Believing Christians）。

睹了法兰西第二帝国皇帝与这位普鲁士首相的会面。俾斯麦主动下马，并向拿破仑三世敬礼；在这样做的同时，普鲁士首相无意间瞥到法国皇帝打开了自己左轮手枪的保险。皇帝则摘下自己的帽子，他身后的幕僚们也一并照做。俾斯麦同样打算这么做，但拿破仑三世说："给自己戴上吧（couvrez-vous donc）。"俾斯麦询问拿破仑三世有何指示，后者答复称，自己想知道能否同普鲁士国王谈话。俾斯麦迅速回答说，这（拿破仑三世绕开自己，单独同威廉谈判）是不可能的，因为国王的居所在数英里之外。拿破仑三世接着询问，自己能否等待普鲁士国王到来。于是，俾斯麦建议他陪同自己，一道返回东舍里。而在回去的路上，时间已是早上 7:00 刚过去不久。拿破仑三世注意到路边有一座小屋，并提出建议，说自己会在这里等待国王威廉到来。俾斯麦的侄子冯·俾斯麦 - 波赫仑伯爵（von Bismarck-Bohlen）跑到那间小屋处，并报告称它是一个非常简陋的居所。拿破仑三世表示没关系，接着便从自己的马车上走了下来。他走到小屋后面，与此同时，俾斯麦及莱尔两人迅速走进房子。等到皇帝进入小屋，他同俾斯麦一道上楼。至于他们两人在一起谈论了多久——这已经成为一个颇具争议的问题，因为俾斯麦自己回忆称谈了大约 45 分钟，而赶上这一连串事件，与正在返回东舍里的众人同行的福布斯则估计谈话只持续了 10 分钟。但不管怎样，当其余人出现时，俾斯麦及拿破仑三世都早已坐在小屋外面的一对藤椅上。法国皇帝的幕僚们、一批德意志军官、谢里登、福塞斯，以及福布斯则在一个谨慎的距离上，从远处观察两人的举动。在此刻赶上这一连串事件的布希已经来到小屋外围，他发现有六名法国高级军官正等在外面；与此同时，还有一辆马车停在路上：

不久之后，一个矮胖的男人来到房子后面，他头戴一顶镶着金边的红色帽子，身穿一件镶有红色贴边、带有兜帽的黑色大衣以及红色的裤子。他先是同法国人交谈一会——后者中的一部分人正坐在土豆田附近的田埂上。那个矮胖男人手上戴着白色小手套，同时抽着烟——此人正是法兰西第二帝国的皇帝。从自己站的那一小段距离上望去，我还能清楚看到他的脸。他那双浅灰色的眼睛看上去有些柔和，又有些朦胧恍惚，就如在这里艰苦生活的人们那样。他的帽子歪向了右边一点，与此同时，他的脑袋也歪向右边……这让他的整个外观有点不像军人。[8]

　　至于法国皇帝与普鲁士首相两人间的具体谈话内容，我们（指作者及读者）只能通过俾斯麦本人留下的文献记录加以了解。他这样记录道：拿破仑三世抱怨称，自己是受（法国社会的）舆论所施加压迫而发起战争的。俾斯麦则有点不诚实地回答说，在德意志境内，西班牙的王位继承权问题被普遍认为仅仅是西班牙本国的问题[①]。拿破仑三世接着便讨论起投降条款问题。俾斯麦对此答复称，这是一个军事问题，应该交由老毛奇（而不是他这个首相）解决。而在另一方面，普鲁士首相又继续称，双方仍可以谈论最终的和平条款问题。但拿破仑三世并不会被他这一席话所吸引，反而说自己仅仅是一名战俘，同时向俾斯麦提及巴黎政府（暗示他去跟巴黎政府谈判）。自此，俾斯麦开始合乎情理地失去（同拿破仑三世继续谈下去的）兴趣。屋外，在双方就前一天发生的战斗互相说了一番简短的客套话之后，拿破仑三世再次尝试重新讨论投降条款问题，并建议整个集团军应当被获准进入（中立国）比利时境内，对该集团军成员实施拘留。对此，俾斯麦再度声称这是一个军事问题，而后讨论的话题亦转向了该如何为法兰西皇帝提供合适的住所[9]；与此同时，参谋军官们也选定位于公路南面不远处，朝色当方向望去可俯瞰伊赫斯半岛的贝勒维城馆（Chateau de Bellevue）作为理想的居所。拿破仑三世同意了这一建议，并表示自己应该前往该地，同普鲁士国王会面；因此，俾斯麦同样换上大礼服，准备启程同他前去。而在此次会面的某一段时间里，老毛奇也曾出现于现场：他是在此前与自己手下的参谋军官们匆忙喝着咖啡的时候，被告知拿破仑三世已经出现的这一消息。福布斯在俾斯麦及法国皇帝会谈期间，甚至都没有注意到他（老毛奇）的到来，但俾斯麦还是记录下了他在短暂加入讨论后，便启程前往旺德雷斯面见国王的整个过程，而这些内容也都得到了韦尔迪的证实——当老毛奇抵达现场时，他（俾斯麦本人）正在进入屋子内部，准备面见皇帝：

---

　　① 这句话差不多是"这个问题只是次要矛盾，而借由这个问题爆发的普法战争才是主要矛盾"的意思。

当我（老毛奇）进屋的时候，他（法国皇帝）站起身并让我找个位子坐下——他所说的这个位子便是他的正对面。对于他的所有提议，我只能回答称（谈判条款）除了整个法国集团军投降之外，我再无其他要求；同时，一旦法国人的集团军没有在今天上午 10:00 之前投降，我就会发出重新开炮射击的信号。"这还挺困难的（C'est bien dur）"，他如此叹气道，但他非常平静，并且已经准备接受自己的命运。[10]

拿破仑三世离开了小屋，闷闷不乐地一边抽着烟一边在土豆田附近走动。他时而将自己的手放在背后，时而沉思般地坐在小屋前面。上午 9:45，此前已换上大礼服的俾斯麦得到老毛奇的陪同，后者已经见过国王一面，并获得了他（威廉）对于投降条款的批准，同时还让国王确认了预定的与拿破仑三世的会面"在签署协议之前都不会发生"。在此期间，福布斯还曾亲眼目睹俾斯麦到来时的场景：

他那擦得锃亮的头盔在阳光下闪闪发光……掠过他那张火辣的脸，俾斯麦大步走向皇帝，并和后者谈了一会儿。然后，他便叫上拿破仑三世先前所乘坐的马车及随行侍从（cortège），在荣誉近卫胸甲骑兵的护送之下，动身前往贝勒维城馆。[11]

与此同时，温普芬也一直在同自己的军长及师长们讨论投降条款问题。一些人表示抗议：贝勒马尔（Bellemare）认为这些条件都是不可接受的，法军应当坚守目前所在城镇；参谋长朱尔·法夫尔指出，军队的食物供应时间已经不超过 24 小时（也就是说剩下的食物仅能满足军队的需求不到一天）；佩勒则建议称，无论如何都应该发起一轮突围行动。[12] 然而，经过进一步讨论，那些持有不同意见的人最终都选择屈服，得到所有人首肯的温普芬在朱尔·法夫尔的陪同下再度启程——这一次是要前往新的谈判场所，即贝勒维城馆。走在他前头的是温特费尔特上尉——这位被老毛奇派去法军指挥部的普军上尉极其明确地表示，如果法军不接受停战条款，那么德意志人的炮击将会再次实施。

而在贝勒维城馆内，德意志人正在等待法方人士的到来，并很快谈起正事。韦尔迪及朱尔·法夫尔坐了下来，分别抄写出两份投降协议的抄本。上午11:00，老毛奇及温普芬分别在上面签名。在此过程中，他们使用的是波德别尔斯基的两支钢笔，其中一支后来还被送给韦尔迪，作为纪念品。[13] 办妥这件事后，老毛奇启程前往弗雷努瓦，面见国王及王储；与此同时，温普芬也在同俾斯麦短暂交谈后（普鲁士首相对于他的深切悲伤表示相当同情），上楼与拿破仑三世谈了几句。他（温普芬）后来这么写道："皇帝陛下眼里含着泪水走近我，紧握着我的手并拥抱了我。"[14] 这项痛苦的职责就这样完成了，温普芬骑着马，悲伤地返回色当——"整个人已是心如死灰（la mort dans l'ame）"。福布斯在这一天绝大多数时间里，都成功设法让自己处在正确的地方（目睹了所有大事件的发生），他亲眼看见了拿破仑三世走下城馆台阶，迎接到来的威廉时，两个君主之间的会面：

> 那个德意志人（威廉一世）身材高大、身板挺直、身形伟岸、双肩宽阔，头盔之下那双锐利的蓝眼睛闪过胜利的光芒，年迈却精神矍铄的脸上闪烁着好运所带来的光芒。至于那个法国人（拿破仑三世），他疲惫不堪的两肩佝偻着、神色呆滞、眼睛低垂、嘴唇颤抖。他没有戴帽子，外表看上去衣衫褴褛。就在两人默默地握手时，拿破仑三世用手帕遮住自己的眼睛（悄悄擦拭眼泪），而普鲁士国王的脸上正流露出激动的神情。[15]

之后，两名君主便转过身，进入城馆，一起走进一个私人房间中。王储关上了门，在之后15分钟时间里，国王及皇帝进行了一番痛苦而又感人的对话。威廉一世后来写信给奥古斯妲王后[①]：

> 我们两个人都深受触动。他问我究竟打算对他如何处置，为此，我提议（两人一道）前往威海姆苏赫[②]，而他也表示同意。接着，他便询问我要前往该

---

① Augusta，威廉一世的妻子，萨克森－魏玛－艾森纳赫大公卡尔·弗里德里希之女。
② Wilhelmshöhe，又称威廉高地公园，是德国一处独特的景观公园，位于今黑森州的卡塞尔市，始建于1696年。

地的话，究竟是途经比利时还是巴黎——最初选定的是后者，但这一计划还是有可能发生更改的（事实上我们也这么做了）。他还询问是否允许带上自己的随行人员——莱尔将军、莫斯寇瓦（Moskowa）、缪拉二世亲王等；他同时还请求获准保留自己居所里，负责照顾他饮食起居的人员。同样地，我自然而然地全部答应了。之后，他便赞扬我的军队，尤其是那支强大到未逢敌手的炮兵，并且检讨了自己军队纪律缺失的问题……整个谈话似乎对他还是有所获益（让他意识到了自己的错误），而且我冒昧地相信着，我所做的这一切都让他的处境变得更好了。最后，深受触动的我们两人就这样告别了。[16]

当两位君主走出房间时，依旧非常感动的拿破仑三世同王储简短地说了几句，表示普鲁士国王（相较俾斯麦而言）对他非常好。他（王储）随后同威廉一世一起来到台阶处，为拿破仑三世送行。而在城馆之外，韦尔迪同其余参谋及幕僚人员站在一块：

我们君主那高大的身影带着年轻人一般的机敏，迅速跨上马鞍，策动马匹全速疾驰起来，陪同在他身边的是一批身穿五颜六色制服的追随者：他们先前未能找到这间小屋里，两人（拿破仑三世与威廉一世）进行谈话的房间，因此只能站在通往公园的狭窄小径边上的灌木丛中。他们构成了一道令人印象深刻，外表狂野的骑马队列（cavalcade）；就在皇帝消失于房间之前，他还曾深思熟虑般地用眼睛注视过这个队列。而在屋外，巴伐利亚人的鼓声响起，他们的军乐队奏起了《万岁！胜利者的桂冠》，正位于野外营地的部队成员在看见骑马出行的国王后也发出欢呼声——他（威廉）急切地向这支在战场上取得胜利的军队表示感谢。冯·毛奇将军邀请我（韦尔迪）坐上他的马车，我们就这样默默驱车前往东舍里；在那里，还有更多的工作正等着我们处理。[17]

同样地，拿破仑三世也坐下来，为自己的妻子写了封信。他在同威廉会面后，先是给法国皇后发送一封内容简短的电报，之后再亲自动笔写了这封信：

我不能用言语告诉你，我曾遭受的以及现在正在遭受的痛苦是多么深刻。

350

我们进行了一场违反所有规则及常识的进军，此举注定会导致一场灾难——而且是彻底的灾难的发生。我宁可死掉，也不愿亲眼目睹这样一场灾难性的投降；然而事态还是发展成了这样，因为这（宣布投降）是唯——一个可以让我方集团军 6 万余人免遭屠戮的办法。

再说一遍，要是所有的痛苦都集中在我一个人身上就好了！我想念着你、我们的儿子，以及我们那不幸的国家。愿上帝保佑你！不知道巴黎又将会发生什么？

我刚刚面见了（普鲁士）国王。当同他谈及我所感受到的悲伤时，他的眼里也含着泪水。他把黑森 - 卡塞尔选侯国[1] 附近的一座城馆给了我，但身为亡国之君的我，去哪里又有什么关系呢？我正处于绝望之中。再见（Adieu）[2]！请容我温柔地拥抱你。[18]

投降条款本身非常简短：除那些选择获得假释的军官外，整个法国集团军成员都将成为战俘。处置规模如此庞大的战俘带来不少问题。然而，地理上的一大巧合为德意志人提供了一个相当理想的战俘营：伊赫斯半岛。其三侧都被马斯河包围，最后一侧被运河环绕；因此被指定为（宣布投降后的）法军部队的转移地点，这些战俘将会一个支队接着一个支队地前往该地。光是在此前的战斗过程中就有 21000 名法军被俘，而且他们已经处在前往战俘营的路上；到此刻，前往伊赫斯半岛的队伍又增加了 83000 人。此外，法军在此役中还有 3000 人阵亡，14000 人负伤；与此同时，另有 3000 人在越过（比利时）边境后，遭到比利时当局的拘留。德意志人还缴获超过 1000 辆载重马车、6000 匹马，以及 419 门火炮。普军在此役中的全部损失为 8932 人，其中阵亡或失踪 3022 人，剩下的 5910 人在战斗过程里不幸负伤。德意志一方的伤亡主要落在第 3 集团军身上——该集团军的总损失为 6707 人。其中，最为惨重的损失是由巴伐利亚王国陆军的部队承受：冯·德·坦恩的第 1 巴伐利亚军总伤亡数量为 2109 人；与此同时，哈特曼的第 2 巴伐利亚军蒙受了 1981 人的伤亡。至于

---

[1] Hesse-Cassel，一个南德邦，主要疆域在今天已演变为黑森州地域的卡塞尔市。

[2] 法语"告别""再见""永别"之意。

马斯河集团军，其绝大部分损失都是由萨克森第 12 军承受，该军的总伤亡数量为 1427 人。

德意志人各路集团军所蒙受的这些损失非常清楚地表明了法军在 9 月 1 日这一天表现出来的专业技能及勇气的（高超及深刻）程度。尽管他们在战斗过程中身处一个绝对不利的位置，而且德意志人的炮兵（在绝大部分时间里）完全支配整个战场，但法军在接受老毛奇早在几天前就已认为是不可避免的投降之前，还是展开了一场激烈抵抗。虽然蒙受彻底惨败，可那些曾在这一天为法兰西第二帝国奋战，并在这场战争中幸存下来，得以活着回忆这场战役的士兵们都将会为自己在近乎绝望的环境下所进行的这一场拼死奋战而永远感到自豪。

拿破仑三世在贝勒维城馆度过了自己在法兰西的最后一夜。当天夜里，他阅读了鲍沃尔·利顿①所写的《最后的男爵》②，这本书是他从卧室书架上找到的。第二天一大早，他冒着大雨，外出来到集结于庭院之中的法兰西第二帝国总指挥部的马车车队处：整个车队的马车夫（coachmen）及护卫骑手（outriders）都身穿金红两色的华丽服饰，现场的马匹数量超过 100 匹。在一个骷髅骠骑兵③支队的护送下，他们就这样一边发出各种声响，一边沿着公路朝东舍里方向及皇帝拿破仑三世的拘禁地威海姆苏赫行进。半路上，这支车队途经富尔奈斯先生（Monsieur Fournaise）的小屋，拿破仑三世在前一天早上给了这间小屋的女主人四枚价值 20 法郎的金币，并感叹道："这或许是我最后一次在法国受到别人的款待了。"车队继续行进，来到东舍里，皇帝还曾途经当地街道两旁的两座房子：其窗口处分别站着俾斯麦及老毛奇，他们每个人都（向拿破仑三世）敬了礼；对此，皇帝神情严肃地给出了回礼。

"他现在是在向自己的掘墓人敬礼"，老毛奇对手下的参谋军官们如此说

---

① Bulwer Lytton，1802 年 5 月 25 日—1873 年 1 月 18 日，第一代利顿男爵，英国作家兼政客，辉格党党人。

② The Last of the Barons，1843 年首度出版的历史小说，讲述的是英国国王爱德华四世及权臣沃里克伯爵之间的权力斗争故事。

③ Death's Head Hussars，即普鲁士王国陆军第 1 及第 2 王室警备骠骑兵团，因其骠骑兵毡帽上的显眼骷髅徽标而闻名欧洲。

道。就在俾斯麦穿过街道，目送法兰西皇室的车队逐渐消失在远处时，这位普鲁士首相这般感叹道："在那里的，便是一个即将出局（退出历史舞台）的王朝。"

注释：

1. A. 福布斯著，《对战争与和平的回忆及研究》，第 81 页。

2. A. 迪克罗著，《色当日志》，第 52—53 页。

3. 尤利乌斯·冯·韦尔迪·韦尔努瓦将军著，《与王家总指挥部同行 1870—1871》，第 135 页。

4. A. 迪克罗著，《色当日志》，第 54—68 页；尤利乌斯·冯·韦尔迪·韦尔努瓦将军著，《与王家总指挥部同行 1870—1871》，第 135—137 页；A. 福布斯著，《对战争与和平的回忆及研究》，第 81—83 页；迈克尔·霍沃德著，《普法战争》，第 220—222 页；E. F. 德·温普芬将军著，《色当》，第 239—248 页。

5. M. 布施著，《法德战争中的俾斯麦 1870—1871》，第一卷，第 103 页。

6. A. 福布斯著，《对战争与和平的回忆及研究》，第 84 页。

7. P. 谢里登将军著，《个人回忆录》，第二卷，第 406 页。

8. M. 布施著，《法德战争中的俾斯麦 1870—1871》，第一卷，第 104 页；P. 谢里登将军著，《个人回忆录》，第二卷，第 406—407 页；A. 福布斯著，《对战争与和平的回忆及研究》，第 84—85 页。

9. M. 布施著，《法德战争中的俾斯麦 1870—1871》，第一卷，第 108—110 页。

10. H. 冯·毛奇元帅著，《作为一名通讯记录者的毛奇》（编辑为 M. 赫尔姆斯；伦敦 1893 年出版），第 133 页。

11. A. 福布斯著，《对战争与和平的回忆及研究》，第 89 页。

12. A. 迪克罗著，《色当日志》，第 68—69 页。

13. 尤利乌斯·冯·韦尔迪·韦尔努瓦将军著，《与王家总指挥部同行 1870—1871》，第 140 页。

14. E. F. 德·温普芬将军著，《色当》，第 248 页。

15. A. 福布斯著，《对战争与和平的回忆及研究》，第 91 页；P. 维格勒著，《威廉一世：他的妻子及时代》（伦敦 1929 年出版），第 308 页。

16. 尤利乌斯·冯·韦尔迪·韦尔努瓦将军著，《与王家总指挥部同行 1870—1871》，第 141 页。

17. T. 阿隆松著，《拿破仑三世的陨落》，第 180—181 页。

18. 德国官方文献，《法德战争 1870—1871》，第二卷，第 408 页及附录 50。

法兰西第二帝国的终结

俾斯麦的预言很快得到证实。色当一战在巴黎城内造成的政治后果是非常直接迅速且可预见的。战役结束后头两天里，城内还曾持续流传法军取得重大胜利这一相对寻常的谣言。9月3日上午，（比利时）布鲁塞尔方面以电报的形式，首度披露了沙隆集团军投降的消息；但直到当天下午4:30，巴黎收到拿破仑三世本人发送给欧珍妮皇后的那封宣布集团军投降，其本人一并被俘的电报，政府才算是真正掌握这条带来了一个他们将不得不接受的不利情况的残酷消息。现在的他们将被迫面对由这场主力会战的失败所带来的可怕后果。

欧珍妮皇后刚从内务部部长那里打听到这一消息，便立即做出短暂的爆炸性反应：她愤怒地对自己的秘书奥古斯丁·菲隆（Augustine Filon），以及皇帝手下的一位秘书欧仁·康蒂（Eugene Conti）大声说话，称自己绝不相信拿破仑三世竟然投降；接着，她又说了一通愤怒的长篇大论——她对人怒目而视，嘴里迸出对于皇帝背叛自己国家及本国皇室这一行径的一连串谴责。一时之间，疯狂彻底支配了她，但在两个秘书走到自己跟前时，她就彻底昏厥过去了。[1] 不过，欧珍妮皇后的内在远比她这一连串外在表现更加坚强；因此，就在自己苏醒过来后，她便马上开始解决这个对她个人来说几乎不可能解决的问题。她的第一个行动是派人传唤特罗胥，但后者对于近期自己所受到的侮辱仍感愤愤不平，因此使用"自己尚未用餐"这一极不合乎情理的借口，回绝了皇后的邀请。于是，皇后看清了自己从他身上将得不到多少支持（这一问题）。听说这个可怕的消息（皇后的邀请被拒绝）之后，八里桥伯爵同样立即意识到，

（并不是特别忠于法兰西第二帝国皇室的）特罗胥在当前这个叛乱风起云涌的情况下是绝对不可靠的；同时，他还试图让特罗胥的下属直接参与到皇后发起的讨论中。当特罗胥知晓这一点时，他对于这一侮辱行为的直接反应，便是完全可以预见的愤怒。除此之外，在当天夜里由法国立法团召开的一次开庭会议上，朱尔·法夫尔提出了一项罢免法兰西第二帝国君主的提议。

◎ 两位君主——威廉一世及拿破仑三世的会面，斯佩尔绘。

第二天上午，内阁会议举行了几轮漫长且紧张的讨论，并与一批代表进行了会面。在这之后，他们向欧珍妮皇后建议称，应对革命的唯一选择便是主动退位。尽管欧珍妮皇后一开始曾坚决反对这一建议，但面对巴黎城内日益混乱的局面，她还是不情不愿地接受了（关于退位的建议）。而在波旁宫①内，形势正迅速恶化。当立法团开始下一轮开庭会议时，甘必大徒劳地呼吁众人等待拿破仑三世的命令；但很快，大批暴民就涌进了大楼。朱尔·法夫尔抓住这一机会，公开提出休会并提议与会众人前往巴黎市政厅②，宣布重建法兰西共和国。就这样，在一声声宣布批准的喊叫声中，共和派的代表们、欢呼的人群，以及一大批国民卫队成员跟着他从大楼里走了出来。而在路上，他们还遇到特罗胥，后者欣然接受了朱尔·法夫尔所提出的"他（特罗胥）应该前往自己的指挥部，等待新政府成立"这一建议。

而在巴黎市政厅内，随着极左翼夺权的威胁愈发明显，议会一致同意了新的政府应该由巴黎共和党众议员构成；同时，甘必大当即在会上宣布了法

---

① Palais Bourbon，位于法国巴黎塞纳河左岸，对岸为协和广场，最初是为路易十四的女儿波旁公爵夫人而建，今为法国国民议会（下议院）所在地。

② Hôtel de Ville，法国巴黎自1357年以来的市政所所在地，位于第四区的市政厅广场。

兰西第三共和国的成立。新内阁的组建既匆忙又混乱：议会的最初意图是让特罗胥成为共和国总统；除此之外，让朱尔·法夫尔就任外交部部长。甘必大与皮卡尔几乎同时抵达内务部大楼，但前者还是通过"作为（内政部）部长的自己"这一名义当即发出电报，成功控制内务部大楼。就这样，他很快便得到共和国当局承认，顺利就任了这个职位，并在接下来六个月时间里成为法兰西的实质统治者，以及老毛奇在这场战争剩余几个阶段中的真正对手。

就在以上事态逐步发展的同时，欧珍妮皇后也于下午3:30命令秘书菲隆，以电报的形式指示当时正在莫伯日①的帝国皇储身边的副官们，要求他们立即动身前往比利时边境。到当天午夜时分，路易②已经抵达那慕尔③。²翌日，他在大批人群的瞩目下，动身前往奥斯坦德④。与此同时，他的父亲也在乘坐火车穿越比利时，径直前往自己的拘禁地威海姆苏赫，并从韦尔维耶⑤车站的报童那里得知法兰西第二帝国覆灭的消息——皇帝是在9月5日夜间抵达这座车站的。

而在巴黎城内，欧珍妮皇后不得不在自己的美国籍牙医伊凡（Evans）博士家中寻求庇护。9月5日破晓时分，她展现出自己那一贯的勇气、足智多谋以及非凡幽默感，顺利离开了巴黎。经历各种各样的冒险后，她来到多维尔（Deauville），并在该地设法说服了一位来访的英国男爵——约翰·伯戈因爵士⑥，让后者带着她搭乘游艇，前往英国。

与此同时，德意志人正在色当郊外享受他们的胜利。在东舍里，布希亲眼目睹国王连同俾斯麦，以及一批"伟大的随行人员"列队游行，穿过了这

---

① Maubeuge，法国上法兰西大区诺尔省的一个市镇，位于瓦朗谢讷以东36公里的桑布尔河畔，距法国与比利时的边境约9公里。

② 即帝国皇储拿破仑四世。

③ Namur，比利时中南部一城市，位于默兹河畔、布鲁塞尔东南，同时也是瓦隆大区的首府。

④ Ostend，位于比利时西佛兰德省的一座城市。

⑤ Verviers，位于比利时列日省东部阿登地区的一座城市。

⑥ Sir John Burgoyne，与美国独立战争时期萨拉托加战役的英军总指挥（1722年2月4日—1792年8月4日）同名，此人的私生子约翰·福克斯·伯戈因（John Fox Burgoyne，1782年7月24日—1871年10月7日）则是英国陆军元帅兼第一代男爵。文中的这位伯戈因爵士疑似约翰·福克斯·伯戈因本人。

357

座小镇，并专注于骑马视察整片战场。王储也在随行队伍当中，他在仔细观察后，发现这片战场的性质并不是完全如自己事先想象的那样：

在骑马视察的过程中，我对昨天的战斗究竟意味着什么有了一个非常清楚的概念，特别是我现在意识到，地面和峡谷的沟壑的惊人深度严重阻碍了我军步兵推进。但在另一方面，本次视察也证实了我军对敌军的非凡优势。而在弗卢万，我还检查了花园的围墙，这几堵墙在战斗伊始便已经被我军持续不断的炮兵火力所摧毁；而在此之前，这几堵围墙呈环形，围绕在公园周围，构成了一个固定的常规防御工事。与此同时，躺在其四周的一堆隶属于法军炮兵的马匹尸体，则证明了法军在这场防御战中的顽抗程度。

途中，王储还遇到大批法军战俘，并震惊于他们当中的许多人竟喊出"和平万岁（Vive la paix）"这样的口号，而且在被押往德意志境内拘禁地的路上似乎表现得非常高兴。[3]

布希则一直待在东舍里镇内，并于当天下午 1:30 左右，亲眼看见双方移交大批战俘的过程：

大约几千名战俘在前往德意志的途中，列队经过这座小镇。他们中的一部分是徒步的，另一部分则乘坐于马车上；还有一位骑在马上的将军，以及 60～70 名不同衔级的军官。这里有头戴白色头盔的胸甲骑兵、身穿带白色贴边的蓝色上衣的骠骑兵，还有第 22 团、第 52 团、第 58 团的步兵。（负责押送他们的）护卫由符腾堡步兵构成。下午 2:00 左右，这里新来了 2000 余名战俘，其中一部分是身穿阿拉伯长袍的黑人——他们肩膀宽大、面相凶恶。[4]

老毛奇和他的参谋们在当下最关心的便是战俘安置问题。正当他们（法军战俘）在伊赫斯半岛进行集结时，老毛奇于 9 月 2 日中午向第 3 集团军及马斯河集团军发布命令，将处置这些战俘的责任分配给了冯·德·坦恩指挥之下的第 11 军和第 1 巴伐利亚军。[5] 首要问题便是如何养活他们，温普芬此前曾承诺利用铁路，将补给品从要塞运送至东舍里不远处。但想要为规模如此庞大的战俘提供足够数量的食物确实相当困难。[6] 老毛奇的意图是通过两条铁路线——有一条经过雷米伊，另一条经过蓬塔穆松——尽可能快地疏散他们。他还指示第 3 集团军任命一位色当的守备司令官；为此，布卢门塔尔选择冯·贝哈迪（von Bernhardi）少将来执行这项任务。老毛奇于 9 月 4 日向这位少将下达指示，要求将法军战俘分阶段地押往德意志境内。法军战俘此时的总数仍不准确，但老毛奇的意图是以每天 1 万人的速度迅速转移这些战俘，每批次转移2000 人。[7]

尽管俘虏他们的普军可以说是尽了最大努力来提供足够食物，但对于这些集中于伊赫斯半岛的法军战俘来说，其处境仍是极度险恶的。当地仅有三座小村庄——维莱特（Villette）、格莱尔（Glaire）以及伊赫斯。因此，战俘们几乎没有任何可以用来庇护自己的地方，只能露宿野外。气候条件亦是极为恶劣。当（前任）守备司令官维达尔同自己部下在营地里合流时，他被眼前的景象彻底震惊了：

> 这么一点地方竟胡乱聚集起 7 万余人以及 2 万多匹马，所有这些人、马全都混杂于一处，不论是步兵、骑兵、炮兵、工程兵，还是士兵、军官、将官，他们全都被解除武装了①。所有这些人既没有居所也没有食物，眼前的一切怎么看都像是一群野兽在没有任何纪律的情况下，被最为残酷的激情所征服。[8]

事实正如维达尔观察到的那样。相较法军战俘而言，那些不幸的当地居民的处境更加糟糕：他们不得不徒劳地阻止法国士兵劫掠自己的村庄，整个半岛很快便成了恶名昭著的"苦难营地"（Camp de la Misère）。

尽管老毛奇的指示极其清楚，但过去几天的紧张气氛还是使布卢门塔尔的脾气变得极其暴躁，并倾向于对自己收到的命令不断"挑刺"。其本人在日记中非常私密地提出了对于老毛奇及其参谋团队的尖锐批评：

---

① 实际上军官并未被完全解除武装，因为他们被普军允许保留佩剑。

在一切都以时间是如此精准的方式执行完成后，命令的通讯及传达竟突然变得极为混乱，这使我恼火得几乎要发疯。老毛奇与波德别尔斯基的书面命令同他们口头传达的命令并不相符——简而言之，这两人似乎有意给我们的决策造成混乱及困惑，然后再把书面命令突然撤回，让事情自行得到解决……也没有人奉命掌管所有这一切安排，我也不知道究竟是谁将战俘们从要塞里带出来，甚至完全不清楚他们是否被人带了出来。[9]

布卢门塔尔还在当天夜里，就此事给老毛奇匆忙写了一封语气暴躁的批示。

9月3日上午，收到500根雪茄的俾斯麦将这些礼物交给布希，让后者将它们悉数分发给德意志（军队中的）伤员。当布希抵达临时医院时，当地的德意志士兵们甚至说服了他，将这些雪茄一并分发给法军士兵。与此同时，俾斯麦乘坐一辆敞篷马车，动身前往旺德雷斯同国王共进晚餐，结果在路上被猛烈的雷雨彻底淋湿。[10]晚饭过后，他坐下来，给妻子写了一份关于最近发生事情的简短说明。在对相关战役进行一番简要描述后，他在信中期望梅斯守军会迅速投降："接着，巴黎报纸说出的'法军会永远胜利'的谎言便能彻底走向终结。"俾斯麦此前一直饱受天气的折磨，但他的食欲并没有受到影响，正如他向自己妻子约翰娜[①]所解释的那样：

我昨天凌晨6:00就骑上自己的马，直到当天午夜才下马，先后骑行了10~11英里路程，身上的衣服被两次打湿又被两次晒干。过去三天里，我甚至没能吃上任何热乎的东西。就在我之前向你提到的午夜里，我偶然发现了一盘炖肉。于是，我就像一只饿狼一般将它迅速吃掉，然后快速入眠，一连睡了6个小时。之后，我觉得自己像水中遨游的一条鱼那么畅快。而更加美妙的是，此前18个小时里未曾食用任何食物或水，并在我手下顶着漆黑的夜色及滂沱大雨，在糟糕的公路上行进了11英里的罗舍（Röschen）也跟我一样，以非常

---

① Johanna，1824年4月11日—1894年11月27日，其正式贵族头衔为劳恩堡公爵夫人。

好的胃口立刻吃掉了这些食物。[11]

第二天，老毛奇继续朝勒泰勒移动。此刻的他已经在脑海里构思出一个可能的和平解决方案的基础。当天夜里用过晚饭后，他大声阐述了普军在接下来行动中可能取得的成就："梅斯及斯特拉斯堡这两座要塞化城市是我们想要的，同时也是我们将要拿下的。阿尔萨斯[①]则是教授老学究们想出来的进攻目标。"[12]然而，无论俾斯麦对于规模更大的土地兼并有任何想法，老毛奇始终会秉持与之不同的观点。9月5日，他（俾斯麦）在写给施蒂勒的信中记述了色当会战的收尾阶段，以及沙隆集团军的投降；此外，他还添加一条消息，极其明确地表明了自身立场："我提议，所有说德语的部队全部返回他们的故土——阿尔萨斯和洛林。同时，这将表明我们绝不会放弃对这两个省份的既定（吞并）意图。"当时的普鲁士首相暂未收到巴黎方面的消息，但早已认识到"自皇帝离开法兰西的土地起，一场革命就是不可避免的。巴赞元帅是他（皇帝）一手提拔起来的人物之一，因此，此人对于皇帝拿破仑三世个人的尊重，可能会高于他对法兰西整体利益的考量（也就是说他因为忠于帝国而有可能不承认新成立的共和国）"。俾斯麦在这封信结尾处简要描写了一番皇帝离去时的景象："当天下午3:00，拿破仑三世在倾盆大雨中，带着众多随从和大量行李，驱车前往比利时边境；在外观华丽的普鲁士陆军第1骠骑兵团侍卫中队的护送之下，他们来到布永[②]。他算不算是牺牲了整整8万人，来确保其个人的此次顺利撤退呢？"[13]

老毛奇对于阿尔萨斯及洛林所秉持的观点，得到了军方各级的赞同。除此之外，随着时间的推移，德意志国内公众对于更大规模的土地兼并的热情也

---

① Elsass，今法国东部一个地区，历史上也曾是法国一个旧大区，以莱茵河南北分开成两个部分：北部的下莱茵省和南部的上莱茵省。在古代，它是法兰克王国的一部分，作为哈布斯堡家族的发源地，17世纪以前归属于神圣罗马帝国，三十年战争后根据《威斯特伐利亚和约》被割让给法国（首府斯特拉斯堡到路易十四时代完全被法国吞并）。它和洛林都在普法战争后被割让给普鲁士，一战结束后重新被法国吞并，二战初期又被纳粹德国占领，到二战结束再次被法国吞并。自2016年1月1日起，阿尔萨斯、香槟-阿登和洛林三个大区已被合并成大东部大区。这个地区的归属问题是近代法德两国恩怨的重要症结之一。

② Bouillon，或译"布庸"，位于比利时卢森堡省东部阿登地区的一座城市。

愈发高涨，这使得俾斯麦的观点及态度开始变得强硬。他一开始可能倾向于把"保留这两个省份"视为一种"（不太切合实际的）学究式想法"，但此刻的他坚定认为，这（吞并两省）是这场战争完全有可能出现的结局，正如他早在9月3日就对王储所说的那样。同样是在这次谈话中，王储还特别想听听首相大人对于成立一个实现了联邦制，采用统一的帝国宪法，疆域及成员国囊括了北德意志邦联及南德各邦的德意志帝国的看法。但令他失望的是，俾斯麦在此次谈话中几乎就没有提到这个问题：

事实上，我（王储本人）注意到俾斯麦伯爵仅在某些情况下，对这份计划表示赞同。因此，现在正处于敌国的我比以往任何时候都要更加谨慎，哪怕我确信德意志帝国成立的一天肯定会到来，我也不愿意着急促成这样一个"圆满"的结局。[14]

俾斯麦从一开始就对德意志人究竟能自由放手到何种程度感到焦虑。然而，就在9月6日，当他阅读过巴黎方面发出的一封宣布成立共和国新内阁的急件后，他便受到足够的鼓舞，并对布卢门塔尔说道："我们无需再害怕任何来自外交方面的干涉，因为现在已再无谈判协商的可能。"[15] 可就算布卢门塔尔以这般简单的措辞来看待这些（外交相关）事务，俾斯麦对于其他欧陆列强可能采取的介入政策的焦虑却始终未被消除，并且直到赢得最后的战争胜利（这一疑虑才被彻底消除）。同时，它（这种焦虑）也塑造了普鲁士首相在这之后，对于所有有待做出决断的关键性决定的态度。

至于老毛奇的参谋团队方面，他们一开始曾有这样一种强烈的感觉，那就是这场战争已经因为主力会战的胜利而基本结束。当然，法兰西第二帝国毁灭的消息也没有让任何人感到意外，但不管怎么说，还是没有人能预料到接下来究竟会发生什么——老毛奇曾向自己的兄长弗利茨（Fritz）预言说，这（法国的新政权）将是一个军事共和国——而法国人的抵抗将会变得非常持久。

他（老毛奇）于9月11日这一天这般写道："按道理说，这场战争现在应该早已结束，因为（目前的）法国已经没有可用的集团军了：一个已经投降，而另一个肯定也会这么做。在梅斯城内，自巴赞退入这座城市至今已有24天，而法军还要养活整整 20 万人。我们从战俘那里得知,他们(梅斯城内守军)的粮食现已短缺到开始吃马肉。巴赞或许会再次做出突破我军多道战线的绝望尝试,但我们早已采取一切必要的预防措施。而在巴黎城内,除建制不全的维诺伊军以及大批国民卫队外,法国人已再无其他任何(常备军)士兵——这些人都只敢躲在城墙与壕沟之后进行防守,绝对不会主动出城,同我们在开阔地带进行野战。真正的困难其实是,目前的法国没有任何一个政权拥有与我们缔结和平条约的权威。现在的法国政府就是这样成立起来的:在最后一次荒唐的会议上,一个没什么阅历和见识的工人突然跳上总统的椅子,按响铃铛,自说自话地宣布所谓的共和国正式成立。" 16

然而,国王并不是这般肯定。他在对随行亲王们进行的一次简短演讲中,给出了这样的总结:"绅士们,请相信我,这场战争还远没有结束,尽管我们已经取得几场伟大的不期而遇的胜利,但法国人绝不会就此屈服。在我们的前头,可能还会有很多场血腥的战斗(需要我们进行)。" 17

威廉的观点颇有道理。普军事先完全没有预料到,法兰西第二帝国的几个集团军竟会在短短几周之内几乎被完全摧毁,但这一点也不应掩盖这样一个事实——法兰西民族仍是一个非常强大的对手。尽管资料充足的官方历史已经将混乱及无序定性为法国军事动员及部署的特点,不过法军在战斗中的表现依旧非常英勇;而且在他们后方,正如老毛奇很快就发现的那样,这里正蕴藏着一系列体量庞大、力量强盛的工业大国的充足(战争)资源。德意志人的各路集团军更为优越的部队组织、训练以及管理,使得老毛奇有机会赢得一系列惊人的胜利,并在此后几个月时间里始终保持(对于普方而言)有利的态势;然而法国军事力量的恢复速度及恢复程度是如此之快、如此之巨,以至于若想成功地结束这场战争,老毛奇和他的军队势必会付出最大程度的代价。

王储秉持与他父亲相同的观点:"我确信这场战争将会像之前一样进行下去。同时,多亏法军数次对于情报等信息的歪曲误传,战斗应该会在巴黎城下一直持续,直到他们迎来痛苦的结束。接着,我们会在巴黎这个城市的面前发起推进,封锁这个城市;即便这个城市最终被我军拿下,届时也还有两个问题不甚明了:我们能否(在攻克巴黎后)找到一个早已准备好满足我们对阿尔萨斯所提出主权要求的法国政府? 与此同时,我们的实力是否已经强大到了能够完成这一点（即攻克巴黎并逼迫法国政府和谈）？所以说，未来还有这么多的问题有待解决呢！"[18]

不过，威廉国王还是有资格享受片刻的欢乐时光。在 9 月 3 日的晚宴上，他提议为军队的杰出表现干杯：

你，冯·罗恩将军，磨利了这把佩剑（即普鲁士军队）；你，冯·毛奇将军，挥舞起这把佩剑；你，俾斯麦伯爵，把我的政策执行得如此有力——在这个感谢我的军队的时刻，我特别想到了你们三个人。普鲁士军队万岁！[19]

老毛奇与他的参谋团队并没有长时间地被这些谦逊的祝贺分散注意力；不管战争是否会很快结束，现在都必须把它（这场战争）继续进行下去。而德意志人的各路集团军也确实是以彻底且独特的效率立即开始了（下一个战争阶段的）准备。就在 9 月 3 日中午，普鲁士王家总指挥部下达了向巴黎进军的总命令。痛苦而又漫长的战争第二阶段就此开始。

注释：

1. A. 菲隆著，《回忆欧珍妮皇后》(伦敦 1920 年出版)，第 134 页。

2. 同上书，第 151 页。

3. 腓特烈·威廉王储著，《腓特烈三世皇帝的战争日记 1870—1871 年》，第 100—101 页。

4. M. 布施著，《法德战争中的俾斯麦 1870—1871》，第一卷，第 111 页。

5. H. 冯·毛奇元帅著，《毛奇元帅的军事通讯文集 1870—1871》，第一卷，第 343—344 页。

6. K. 冯·布卢门塔尔伯爵 & 元帅著，《1866 年及 1870—1871 年的战时日志》，第 115 页。

7. H. 冯·毛奇元帅著，《毛奇元帅的军事通讯文集 1870—1871》，第一卷，第 346 页。

8. P. 维达尔著，《色当战役》，第 216—217 页。

9. K. 冯·布卢门塔尔伯爵 & 元帅著，《1866 年及 1870—1871 年的战时日志》，第 115 页。

10. M. 布施著，《法德战争中的俾斯麦 1870—1871》，第一卷，第 118 页。

11. O. 冯·俾斯麦亲王著，《身处战区写给家妻的信 1870—1871》(伦敦 1915 年出版)，第 46—47 页。

12. M. 布施著，《法德战争中的俾斯麦 1870—1871》，第一卷，第 122 页。

13. H. 冯·毛奇元帅著，《毛奇元帅的军事通讯文集 1870—1871》，第一卷，第 346 页。

14. 腓特烈·威廉王储著，《腓特烈三世皇帝的战争日记 1870—1871 年》，第 102 页。

15. K. 冯·布卢门塔尔伯爵 & 元帅著，《1866 年及 1870—1871 年的战时日志》，第 118 页。

16. H. 冯·毛奇元帅著，《作为一名通讯记录者的毛奇》，第 135 页。

17. A. 冯·瓦德西伯爵 & 元帅著，《一名元帅的回忆录》，第 68 页。

18. 腓特烈·威廉王储著，《腓特烈三世皇帝的战争日记 1870—1871 年》，第 104 页。

19. 尤利乌斯·冯·韦尔迪·韦尔努瓦将军著，《与王家总指挥部同行 1870—1871》，第 147 页。

德意志联军序列
（1870 年 8 月 1 日）

总指挥：普鲁士国王威廉一世（William I）

总参谋长：步兵上将冯·毛奇男爵（Baron von Moltke）

兵站军需总监：冯·波德别尔斯基中将（von Podbielski）

炮兵总监：冯·欣德辛上将（von Hindersin）

工程兵总监：冯·克莱斯特中将（von Kleist）

行政总监：冯·施托施中将（von Stosch）

第 1 集团军序列：

集团军总指挥：步兵上将冯·施坦因梅茨（von Steinmetz）

集团军参谋长：冯·施佩林少将（von Sperling）

第 1 军序列：

军长：骑兵上将冯·曼陀菲尔男爵（Baron von Manteuffel）

军参谋长：冯·德·博格中将（von der Burg）

第 1 步兵师序列：

师长：冯·本特海姆少将 (von Bentheim)

第 1 步兵旅，旅长冯·盖尔少将（von Gayl）：

东普鲁士第 1 掷弹兵团（等于第 1 步兵团），团长冯·马索上校（von Massow），下辖 3 个营

东普鲁士第 5 步兵团（等于第 41 步兵团），团长梅希特－胡勒瑟姆上校（Meerscheidt–Hüllessem），下辖 3 个营

第 2 步兵旅，旅长冯·法尔肯施泰因少将（von Falkenstein）：

东普鲁士第 2 掷弹兵团（等于第 3 步兵团），团长冯·勒加特上校（von Legat），下辖 3 个营

东普鲁士第 6 步兵团（等于第 43 步兵团），团长冯·布瑟上校（von Busse），下辖 3 个营

师属部队：

东普鲁士第 1 猎兵营，营长冯·普洛伊茨少校（von Plœtz）

第 1 "立陶宛" 龙骑兵团，团长冯·马索中校（von Massow），下辖 4 个中队

2 个 4 磅炮炮兵连，隶属于第 1 炮兵团

2 个 6 磅炮炮兵连，隶属于第 1 炮兵团

2 个战斗工兵连，隶属于第 1 战斗工兵营

第 2 步兵师序列：

师长冯·普利泽维茨少将（von Pritzelwitz）

第 3 步兵旅，旅长冯·梅莫蒂少将（von Memerty）：

东普鲁士第 3 掷弹兵团（等于第 4 步兵团），团长冯·迪岑上校（von Tiezen），继任者赫尼格上校（Hennig），下辖 3 个营

东普鲁士第 7 步兵团（等于第 44 步兵团），团长冯·博克因上校（von Böcking），下辖 3 个营

第 4 步兵旅，旅长冯·兹格利茨基少将（von Zglitzky）：

东普鲁士第 4 掷弹兵团（等于第 5 步兵团），团长冯·埃内姆上校（von Einem），下辖 3 个营

东普鲁士第 8 步兵团（等于第 45 步兵团），团长冯·穆茨舍伐尔上校（von Mützschefal），下辖 3 个营

师属部队：

第 10 东普鲁士龙骑兵团，团长冯·德·戈尔茨男爵 & 上校（Baron von der Goltz）

2 个 4 磅炮炮兵连，隶属于第 1 炮兵团

2 个 6 磅炮炮兵连，隶属于第 1 炮兵团

1 个战斗工兵连，隶属于第 1 战斗工兵营

军属炮兵部队，指挥官荣格上校（Junge）：

2 个 4 磅炮炮兵连，隶属于第 1 炮兵团

2 个 6 磅炮炮兵连，隶属于第 1 炮兵团

2 个 4 磅骑炮连，隶属于第 1 炮兵团

第 1 运输营

第 1 军总计：

25 个营、8 个中队、3 个连、14 个炮兵连及弹药运输车队，总兵力为 28800 人，拥有 84 门火炮

第 7 军序列：

军长：步兵上将冯·扎斯特罗（von Zastrow）

第 13 步兵师序列：

师长：冯·格鲁莫中将（von Glümer）

第 25 步兵旅，旅长冯·德·乌斯滕 – 萨肯男爵 & 少将（Baron von der Osten–Sacken）：

威斯特伐利亚第 1 步兵团（等于第 13 团），团长冯·弗兰肯贝格 – 路德维希斯多夫上校（von Frankenberg–Ludwigsdorff），下辖 3 个营

汉诺威燧发枪兵团（等于第 73 团，可能是前汉诺威王国陆军部队），团长冯·洛贝尔上校（von Loebell），下辖 3 个营

第 26 步兵旅，旅长冯·德·戈尔茨少将（von der Goltz）：

威斯特伐利亚第 2 步兵团（等于第 15 团），团长上校冯·德利茨（von Delitz），下辖 3 个营

威斯特伐利亚第 6 步兵团（等于第 55 团），团长冯·巴尔贝上校（von Barby），下辖 3 个营

师属部队：

威斯特伐利亚第 7 猎兵营，营长雷尼克中校（Reinike）

威斯特伐利亚第 1 骠骑兵团（等于第 8 骠骑兵团），团长冯·阿伦特中校（von Arendt），下辖 4 个中队

2 个战斗工兵连，隶属于第 7 战斗工兵营

2 个 4 磅炮炮兵连，隶属于第 7 炮兵团

2 个 6 磅炮炮兵连，隶属于第 7 炮兵团

第 14 步兵师序列：

师长：冯·卡梅克中将（von Kameke）

第 27 步兵旅，旅长冯·弗朗索瓦少将（von François）：

莱茵兰燧发枪兵团（等于第 39 团），团长冯·埃斯肯上校（von Eskens），下辖 3 个营

汉诺威第 1 步兵团（等于第 74 团），团长冯·潘维茨上校（von Pannwitz），下辖 3 个营

第 28 步兵旅，旅长冯·沃伊纳二世少将（von Woyna II）：

威斯特伐利亚第 5 步兵团（等于第 53 团），团长冯·戈尔斯坦因 – 霍亨斯坦因上校（von Gerstein–Hohenstein），下辖 3 个营

汉诺威第 2 步兵团（等于第 77 团），团长冯·孔拉第上校（von Conrady），下辖 3 个营

师属部队：

汉诺威骠骑兵团（等于第 15 骠骑兵团），团长冯·寇塞尔上校（von Cosel），下辖 4 个中队

1 个战斗工兵连，隶属于第 7 战斗工兵营

师属炮兵：

2 个 4 磅炮炮兵连，隶属于第 7 炮兵团

2 个 6 磅炮炮兵连，隶属于第 7 炮兵团

军属炮兵部队，指挥官赫尔登 – 萨尔诺斯基上校（Helden–Sarnowski）：

2 个 4 磅炮炮兵连，隶属于第 7 炮兵团

2 个 6 磅炮炮兵连，隶属于第 7 炮兵团

2 个 4 磅骑炮连，隶属于第 7 炮兵团

第 7 运输营

第 7 军总计：

25 个营、8 个中队、3 个连、14 个炮兵连及弹药运输车队，总兵力为 28800 人，拥有 84 门火炮

第 8 军序列：

军长：步兵上将冯·戈本（von Goeben）

军参谋长：冯·维岑多夫上校（von Witzendorff）

第 15 步兵师序列：

师长：冯·维尔金中将（von Weltzien）

第 29 步兵旅，旅长冯·韦德尔少将（von Wedell）：

东普鲁士燧发枪兵团（等于第 33 团），团长冯·亨宁中校（von Henning），下辖 3 个营

勃兰登堡第 7 步兵团（等于第 60 团），团长冯·丹嫩堡上校（von Dannenberg），下辖 3 个营

第 30 步兵旅，旅长冯·斯特鲁堡少将（von Strübberg）：

莱茵兰第 2 步兵团（等于第 28 团），团长冯·罗森茨维格上校（von Rosenzweig），下辖 3 个营

莱茵兰第 6 步兵团（等于第 68 团），团长冯·索莫菲尔德上校（von Sommerfeld），下辖 3 个营

师属部队：

莱茵兰第 8 猎兵营

莱茵兰第 1 骠骑兵团（等于第 7 骠骑兵团），团长洛耶男爵（Baron Loë），下辖 4 个中队

1 个战斗工兵连，隶属于第 8 战斗工兵营

师属炮兵：

2 个 4 磅炮炮兵连，隶属于第 8 炮兵团

2 个 6 磅炮炮兵连，隶属于第 8 炮兵团

第 16 步兵师序列：

师长：冯·巴内考中将（von Barnekow）

第 31 步兵旅，旅长奈哈特·冯·格奈森瑙伯爵 & 少将（Count Neidhardt von Gneisenau）：

莱茵兰第 3 步兵团（等于第 29 团），团长冯·布鲁姆罗德上校（von Blumröder），下辖 3 个营

莱茵兰第 7 步兵团（等于第 69 团），团长贝耶尔·冯·卡尔格上校（Beyer von Karger），下辖 3 个营

第 32 步兵旅，旅长冯·雷克斯上校（von Rex）：

第 40 燧发枪兵团，团长冯·埃贝尔斯坦因上校（von Eberstein），下辖 3 个营

图林根第 4 步兵团（等于第 72 团），团长梅特勒上校（Mettler），下辖 3 个营

师属部队：

莱茵兰第 2 骠骑兵团（等于第 9 骠骑兵团），团长威蒂奇上校（Wittich），下辖 4 个中队

2 个战斗工兵连，隶属于第 8 战斗工兵营

师属炮兵：

2 个 4 磅炮炮兵连，隶属于第 8 炮兵团

2 个 6 磅炮炮兵连，隶属于第 8 炮兵团

军属炮兵部队：

2 个 4 磅炮炮兵连，隶属于第 8 炮兵团

2 个 6 磅炮炮兵连，隶属于第 8 炮兵团

2 个 4 磅骑炮连，隶属于第 8 炮兵团

第 8 军总计：

25 个营、8 个中队、3 个连、14 个炮兵连及弹药运输车队，总兵力为

28800 人，拥有 84 门火炮

第 1 骑兵师序列：

师长：冯·哈特曼中将（von Hartmann）

第 1 骑兵旅，旅长冯·路德利茨少将（von Lüderitz）：

波美拉尼亚胸甲骑兵团（等于第 2 胸甲骑兵团），团长冯·普霍尔上校（von Pfuhl），下辖 4 个中队

波美拉尼亚第 1 枪骑兵团（等于第 4 枪骑兵团），团长冯·拉德克中校（von Radecke），下辖 4 个中队

波美拉尼亚第 2 枪骑兵团（等于第 9 枪骑兵团），团长冯·克莱斯特中校（von Kleist），下辖 4 个中队

第 2 骑兵旅，旅长鲍加斯少将（Baumgarth）：

东普鲁士胸甲骑兵团（等于第 3 胸甲骑兵团），团长冯·温特菲尔德上校（von Winterfeld），下辖 4 个中队

东普鲁士枪骑兵团（等于第 8 枪骑兵团），团长温特菲尔德上校（Winterfeld），下辖 4 个中队

"立陶宛"枪骑兵团（等于第 12 枪骑兵团），团长冯·罗森贝格上校（von Rosenberg），下辖 4 个中队

师属炮兵：

1 个 4 磅骑炮连，隶属于第 1 炮兵团

第 1 骑兵师总计：

20 个中队、1 个炮兵连，总兵力为 3600 人，拥有 6 门火炮

第 3 骑兵师序列：

师长：冯·德·戈罗本中将（von der Groeben）

第6骑兵旅，旅长冯·米卢斯少将（von Mirus）：

莱茵兰胸甲骑兵团（等于第8胸甲骑兵团），团长冯·罗登伯爵 & 上校（Count von Rödern），下辖4个中队

莱茵兰枪骑兵团（等于第7枪骑兵团），团长冯·佩斯特尔中校（von Pestel），下辖4个中队

第7骑兵旅，旅长多赫纳伯爵 & 少将（Count Dohna）：

威斯特伐利亚枪骑兵团（等于第5枪骑兵团），团长冯·雷岑斯坦男爵 & 上校（Baron von Reitzenstein），下辖4个中队

汉诺威枪骑兵团（等于第14枪骑兵团），团长冯·路德利茨上校（von Lüderitz），下辖4个中队

师属炮兵：

1个4磅骑炮连，隶属于第7炮兵团

第3骑兵师总计：

16个中队、1个炮兵连，总兵力为2400人，拥有6门火炮

第2集团军序列：

集团军总指挥：骑兵上将普鲁士的腓特烈·卡尔亲王殿下（His Royal Highness, Prince Frederick Charles of Prussia）

集团军参谋长：冯·施蒂勒少将（von Stiehle）

近卫军序列：

军长：符腾堡的奥古斯特亲王（Prince Augustus of Württemberg）

军参谋长：冯·丹嫩堡少将（von Dannenberg）

第1近卫步兵师序列：

师长：冯·帕佩少将（von Pape）

第 1 步兵旅，旅长冯·克塞尔少将（von Kessel）：

第 1 近卫步兵团，团长冯·罗德尔上校（von Röder），下辖 3 个营

第 3 近卫步兵团，团长冯·林辛根上校（von Linsingen），下辖 3 个营

第 2 步兵旅，旅长冯·梅德姆少将（von Medem）：

第 2 近卫步兵团，团长冯·卡尼茨上校（von Kanitz），下辖 3 个营

第 4 近卫步兵团，团长冯·努曼上校（von Neumann），下辖 3 个营

近卫燧发枪兵团，团长冯·厄克特中校（von Erkert），下辖 3 个营

师属部队：

近卫猎兵营，营长冯·阿尔尼姆少校（von Arnim）

近卫骠骑兵团，团长冯·希门中校（von Hymmen），下辖 4 个中队

1 个战斗工兵连，隶属于近卫战斗工兵营

师属炮兵：

2 个 4 磅炮炮兵连，隶属于近卫炮兵团

2 个 6 磅炮炮兵连，隶属于近卫炮兵团

第 2 近卫步兵师序列：

师长：冯·布德利茨基中将（von Budritzki）

第 3 步兵旅，旅长纳佩·冯·纳佩施塔特少将（Knappe von Knappstaedt）：

第 1 近卫掷弹兵团，团长冯·朱内尔上校（von Zeuner），下辖 3 个营

第 3 近卫掷弹兵团，团长扎路寇斯基上校（Zaluskowski），下辖 3 个营

第 4 步兵旅，旅长冯·贝格尔少将（von Berger）：

第 2 近卫掷弹兵团，团长冯·波恩上校（von Böhn），下辖 3 个营

第 4 近卫掷弹兵团，团长冯·瓦德西男爵 & 上校（von Waldersee），下辖
3 个营

师属部队：

近卫射击兵营，营长冯·法贝克少校（von Fabeck）

第 2 近卫枪骑兵团，团长亨利·冯·黑森亲王 & 上校（Prince Henry von Hesse），下辖 4 个中队

2 个战斗工兵连，隶属于近卫战斗工兵营

师属炮兵：

2 个 4 磅炮炮兵连，隶属于近卫炮兵团

2 个 6 磅炮炮兵连，隶属于近卫炮兵团

近卫骑兵师序列：

师长：冯·德·戈尔茨中将（von der Goltz）

第 1 骑兵旅，旅长冯·勃兰登堡一世伯爵 & 少将(Count von Brandenburg I)：

骑马侍卫团，团长冯·克罗斯科上校（von Krosigk），下辖 4 个中队

近卫胸甲骑兵团，团长冯·布兰登斯坦男爵 & 上校（Baron von Brandenstein），下辖 4 个中队

第 2 骑兵旅，旅长普鲁士的阿尔布雷希特亲王 & 少将（Prince Albrecht of Prussia）：

第 1 近卫枪骑兵团，团长冯·罗乔中校（von Rochow），下辖 4 个中队

第 3 近卫枪骑兵团，团长腓特烈·威廉·冯·霍亨洛厄亲王 & 上校（Prince Frederick William von Hohenlohe），下辖 4 个中队

第 3 骑兵旅，旅长冯·勃兰登堡二世伯爵 & 少将（Count von Brand-enburg II）：

第 1 近卫龙骑兵团，团长冯·奥尔斯瓦尔德上校（von Auerswald），下辖 4 个中队

第 2 近卫龙骑兵团，团长芬克·祖·芬肯斯坦因上校（Fink zu Finkenstein），下辖 4 个中队

师属炮兵：

3 个 4 磅炮炮兵连，隶属于近卫炮兵团

军属炮兵部队：

2 个 4 磅炮炮兵连，隶属于近卫炮兵团

2 个 6 磅炮炮兵连，隶属于近卫炮兵团

2 个 4 磅骑炮连，隶属于近卫炮兵团

近卫运输营

近卫军总计：

29 个营、32 个中队、3 个连、17 个炮兵连及弹药运输车队，总兵力为 37000 人，拥有 102 门火炮

第 2 军序列：

军长：步兵上将冯·弗兰泽基（von Fransecky）

军参谋长：冯·维希曼上校（von Wichmann）

第 3 步兵师序列：

师长：冯·哈特曼少将（von Hartmann）

第 5 步兵旅，旅长冯·寇布林斯基少将（von Koblinski）：

波美拉尼亚第 1 掷弹兵团（等于第 2 团），团长冯·捷梅茨基上校（von Ziemietzky），下辖 3 个营

波美拉尼亚第 5 步兵团（等于第 42 团），团长冯·涅瑟贝克上校（von Knesebeck），下辖 3 个营

第 6 步兵旅，旅长冯·德·德肯上校（von der Decken）：

波美拉尼亚第 3 步兵团（等于第 14 团），团长冯·沃茨上校（von Vosz），下辖 3 个营

波美拉尼亚第 7 步兵团（等于第 54 团），团长冯·布瑟上校（von Busse），下辖 3 个营

师属部队：

波美拉尼亚第 2 猎兵营，营长冯·内泽尔少校 (von Netzer)

诺伊马克龙骑兵团（等于第 3 龙骑兵团），团长冯·威利森男爵 & 上校（Baron von Willisen），下辖 4 个中队

1 个战斗工兵连，隶属于第 2 战斗工兵营

师属炮兵：

2 个 4 磅炮炮兵连，隶属于第 2 炮兵团

2 个 6 磅炮炮兵连，隶属于第 2 炮兵团

第 4 步兵师序列：

师长：汉恩·冯·韦亨中将（Hann von Weyhern）

第 7 步兵旅，旅长德·特罗瑟尔少将（du Trossel）：

波美拉尼亚第 2 掷弹兵团（等于第 9 团），团长费伦特希尔·冯·格鲁彭堡上校（Ferentheil von Gruppenberg），下辖 3 个营

波美拉尼亚第 6 步兵团（等于第 49 团），团长劳林中校（Laurin），下辖 3 个营

第 8 步兵旅，旅长冯·克特勒少将（von Kettler）：

波美拉尼亚第 4 步兵团（等于第 21 团），团长冯·洛本泰尔中校（von Lobenthal），下辖 3 个营

波美拉尼亚第 8 步兵团（等于第 61 团），团长冯·韦德尔上校（von

Wedell），下辖 3 个营

师属部队：

波美拉尼亚龙骑兵团（等于第 11 龙骑兵团），团长冯·古雷茨基 – 科尼茨中校（von Guretzky–Cornitz），下辖 4 个中队

2 个战斗工兵连，隶属于第 2 战斗工兵营

师属炮兵：

2 个 4 磅炮炮兵连，隶属于第 2 炮兵团

2 个 6 磅炮炮兵连，隶属于第 2 炮兵团

军属炮兵部队：

2 个 4 磅炮炮兵连，隶属于第 2 炮兵团

2 个 6 磅炮炮兵连，隶属于第 2 炮兵团

2 个 4 磅骑炮连，隶属于第 2 炮兵团

第 2 运输营

第 2 军总计：

25 个营、8 个中队、3 个连、14 个炮兵连及弹药运输车队，总兵力为 28800 人，拥有 84 门火炮

第 3 军序列：

军长：冯·阿尔文斯莱本二世中将（von Alvensleben II）

军参谋长：冯·福格茨 – 雷茨上校（von Voigts–Rhetz）

第 5 步兵师序列：

师长：冯·施蒂尔普纳格尔中将（von Stülpnagel）

第 9 旅，旅长冯·多林少将（von Döring））：

王室警备掷弹兵团（等于第 8 团），团长勒斯托克中校（L'Estocq），下辖 3 个营

勃兰登堡第 5 步兵团（等于第 48 团），团长冯·加雷茨上校（von Garrelts），下辖 3 个营

第 10 旅，旅长冯·什未林少将（von Schwerin）：

勃兰登堡第 2 掷弹兵团（等于第 12 团），团长冯·罗伊特上校（von Reuter），下辖 3 个营

勃兰登堡第 6 步兵团（等于第 52 团），团长冯·武尔芬上校（von Wulffen），下辖 3 个营

师属部队：

勃兰登堡第 3 猎兵营，营长冯·耶拿少校 (von Jena)

勃兰登堡第 2 龙骑兵团（等于第 12 龙骑兵团），团长菲佛·冯·萨罗蒙少校（Pfieffer von Salomon），下辖 4 个中队

1 个战斗工兵连，隶属于第 3 战斗工兵营

师属炮兵：

2 个 4 磅炮炮兵连，隶属于第 3 炮兵团

2 个 6 磅炮炮兵连，隶属于第 3 炮兵团

第 6 步兵师序列：

师长：冯·濮登博中将（Buddenbrock）

第 11 旅，旅长冯·罗斯马勒少将（von Rothmaler）：

勃兰登堡第 3 步兵团（等于第 20 团），团长冯·弗洛托上校（von Flotow），下辖 3 个营

勃兰登堡燧发枪兵团（等于第 35 团），团长冯·普勒希斯（von Plessis）

上校，下辖3个营

第12旅，旅长冯·俾斯麦上校（von Bismarck）：

勃兰登堡第4步兵团（等于第24团），团长多赫纳伯爵&上校（Count Dohna），下辖3个营

勃兰登堡第8步兵团（等于第64团），团长布特拉尔–布兰登菲尔上校（Buttlar–Brandenfels），下辖3个营

师属部队：

勃兰登堡第1龙骑兵团（等于第2龙骑兵团），团长冯·德利加尔斯基上校（von Drigalski），下辖4个中队

1个战斗工兵连，隶属于第3战斗工兵营

师属炮兵：

2个4磅炮炮兵连，隶属于第3炮兵团

2个6磅炮炮兵连，隶属于第3炮兵团

军属炮兵部队：

2个4磅炮炮兵连，隶属于第3炮兵团

2个6磅炮炮兵连，隶属于第3炮兵团

2个4磅骑炮连，隶属于第3炮兵团

第3运输营

第3军总计：

25个营、8个中队、3个连、14个炮兵连及弹药运输车队，总兵力为28800人，拥有84门火炮

第 4 军序列：

军长：步兵上将冯·阿尔文斯莱本一世（von Alvensleben I）

军参谋长：冯·泰尔上校（von Thile）

第 7 步兵师序列：

师长：冯·施瓦茨霍夫中将（von Schwarzhoff）

第 13 步兵旅，旅长冯·波列斯少将（von Borries）：

马格德堡第 1 步兵团（等于第 26 团），团长冯·施梅灵上校（von Schmeling），下辖 3 个营

马格德堡第 3 步兵团（等于第 66 团），团长芬克·冯·芬肯斯坦因中校（Finck von Finckenstein），下辖 3 个营

第 14 步兵旅，旅长冯·泽林斯基少将（von Zychlinski）：

马格德堡第 2 步兵团（等于第 27 团），团长普列森汀上校（Pressentin），下辖 3 个营

安哈特步兵团（等于第 93 团），团长冯·克罗斯科上校（von Krosigk），下辖 3 个营

师属部队：

马格德堡第 4 猎兵营，营长冯·勒托 – 沃贝克少校（von Lettow–Vorbeck）

威斯特伐利亚龙骑兵团（等于第 7 团），团长冯·施莱尼茨中校（von Schleinitz），下辖 4 个中队

2 个战斗工兵连，隶属于第 4 战斗工兵营

师属炮兵：

2 个 4 磅炮炮兵连，隶属于第 4 炮兵团

2 个 6 磅炮炮兵连，隶属于第 4 炮兵团

第 8 步兵师序列：

师长：冯·舒勒中将（von Schöller）

第 15 步兵旅，旅长冯·凯斯勒少将（von Kessler）：

图林根第 1 步兵团（等于第 31 团），团长冯·博宁上校（von Bonin），下辖 3 个营

图林根第 3 步兵团（等于第 71 团），团长科罗登上校（Klöden），下辖 3 个营

第 16 步兵旅，旅长冯·舍夫勒上校（von Scheffler）：

石勒苏益格 – 荷尔施泰因燧发枪兵团（等于第 86 团），团长冯·霍恩上校（von Horn），下辖 3 个营

图林根第 7 步兵团（等于第 96 团），团长冯·雷德恩中校（von Redern），下辖 3 个营

师属部队：

图林根骠骑兵团（等于第 12 骠骑兵团），团长冯·苏寇沃中校（von Suckow），下辖 4 个中队

1 个战斗工兵连，隶属于第 4 战斗工兵营

师属炮兵：

2 个 4 磅炮炮兵连，隶属于第 4 炮兵团

2 个 6 磅炮炮兵连，隶属于第 4 炮兵团

军属炮兵部队：

2 个 4 磅炮炮兵连，隶属于第 4 炮兵团

2 个 6 磅炮炮兵连，隶属于第 4 炮兵团

2 个 4 磅骑炮连，隶属于第 4 炮兵团

第 4 军总计：

25 个营、8 个中队、3 个连、14 个炮兵连及弹药运输车队，总兵力为 28800 人，拥有 84 门火炮

第 9 军序列：

军长：步兵上将冯·曼施坦因（von Manstein）

军参谋长：布隆萨特·冯·舍伦多夫少校（Bronsart von Schellendorff）

第 18 步兵师序列：

师长：冯·乌兰戈尔男爵 & 中将（Baron von Wrangel）

第 35 步兵旅，旅长冯·布卢门塔尔少将（von Blumenthal）：

马格德堡燧发枪兵团（等于第 36 团），团长冯·布兰登斯坦上校（von Brandenstein），下辖 3 个营

石勒苏益格步兵团（等于第 84 团），团长温克勒上校（Winckler），下辖 3 个营

第 36 步兵旅，旅长冯·贝洛少将（von Below）：

西里西亚第 2 掷弹兵团（等于第 11 团），团长冯·舒沃宁上校（von Schöning），下辖 3 个营

荷尔施泰因步兵团（等于第 85 团），团长冯·法尔肯豪森上校（von Falkenhausen），下辖 3 个营

师属部队：

劳恩堡猎兵营（等于第 9 猎兵营），营长冯·闵克维支少校（von Minckwitz）

马格德堡龙骑兵团（等于第 6 龙骑兵团），团长冯·霍瓦尔德上校（von Houwald），下辖 4 个中队

2 个战斗工兵连，隶属于第 9 战斗工兵营

师属炮兵：

2 个 4 磅炮炮兵连，隶属于第 9 炮兵团

2 个 6 磅炮炮兵连，隶属于第 9 炮兵团

第 25（黑森大公国）步兵师序列：

师长：黑森的路德维希亲王 & 中将（Prince Ludwig of Hesse）

第 49 步兵旅，旅长冯·威蒂奇少将（von Wittich）：

黑森第 1 王室警备团，团长库尔曼中校（Coulmann），下辖 2 个营

黑森第 2 步兵团，团长克劳斯上校（Krauss），下辖 2 个营

黑森第 1 近卫猎兵营，营长安舒茨少校（Anschütz）

第 50 步兵旅，旅长冯·林克尔少将（von Lyncker）：

黑森第 3 步兵团，团长冯·斯塔姆中校（von Stamm），下辖 2 个营

黑森第 4 步兵团，团长茨温格上校（Zwenger），下辖 2 个营

黑森第 2 猎兵营，营长温特尔少校（Winter）

第 25 黑森骑兵旅，旅长冯·施洛特海姆少将（von Schlotheim）：

黑森第 1 轻骑兵团，团长列瑟尔·冯·埃森纳赫上校（Riedsel von Eisenach），下辖 4 个中队

黑森第 2 轻骑兵团，团长冯·博申罗德上校（von Bouchenröder），下辖 4 个中队

师属炮兵：

5 个黑森大公国陆军 4 磅炮炮兵连

1 个黑森大公国陆军 4 磅骑炮连

军属炮兵部队：

2 个 4 磅炮炮兵连，隶属于第 9 炮兵团

2 个 6 磅炮炮兵连，隶属于第 9 炮兵团

1 个 4 磅骑炮连，隶属于第 9 炮兵团

1 个战斗工兵连，隶属于第 9 战斗工兵营

1 个黑森大公国陆军战斗工兵连

第 9 运输营

黑森大公国陆军运输营

第 9 军总计：

23 个营、12 个中队、4 个连、15 个炮兵连及弹药运输车队，总兵力为 27400 人，拥有 90 门火炮

第 10 军序列：

军长：步兵上将冯·福格茨 – 雷茨（von Voigts–Rhetz）

军参谋长：冯·卡普里维上校（von Caprivi）

第 19 步兵师序列：

师长：冯·施瓦茨科彭中将（von Schwartzkoppen）

第 37 步兵旅，旅长勒曼上校（Lehmann）：

弗里西亚步兵团（等于第 78 团），团长冯·林克尔上校（von Lyncker），下辖 3 个营

奥尔登堡步兵团（等于第 91 团），团长冯·卡梅克上校（von Kamecke），下辖 3 个营

第 38 步兵旅，旅长冯·韦德尔少将（von Wedell）：

威斯特伐利亚第 3 步兵团（等于第 16 团），团长冯·布雷森上校（Brixen），下辖 3 个营

威斯特伐利亚第 8 步兵团（等于第 57 团），团长冯·克拉纳赫上校（von

Cranach），下辖 3 个营

师属部队：

汉诺威第 10 猎兵营，营长杜宁·冯·普茨霍斯基少校（Dunin von Przychowski）

汉诺威第 1 龙骑兵团（等于第 9 龙骑兵团），团长冯·哈登堡中校（von Hardenberg），下辖 4 个中队

2 个战斗工兵连，隶属于第 10 战斗工兵营

师属炮兵：

2 个 4 磅炮炮兵连，隶属于第 10 炮兵团

2 个 6 磅炮炮兵连，隶属于第 10 炮兵团

第 20 步兵师序列：

师长：冯·克拉茨 – 寇施劳少将（von Kraatz–Koschlau）

第 39 步兵旅，旅长冯·沃伊纳一世少将（von Woyna I）：

威斯特伐利亚第 7 步兵团（等于第 56 团），团长冯·布洛克上校（von Block），下辖 3 个营

汉诺威第 3 步兵团（等于第 79 团），团长冯·瓦伦蒂尼上校（von Valentini），下辖 3 个营

第 40 步兵旅，旅长冯·迪灵绍芬少将（von Diringshofen）：

威斯特伐利亚第 4 步兵团（等于第 17 团），团长冯·厄仑堡上校（von Ehrenberg），下辖 3 个营

布伦瑞克步兵团（等于第 92 团），团长冯·哈勃兰特上校（von Haberlandt），下辖 3 个营

师属部队：

汉诺威第 2 龙骑兵团（等于第 16 龙骑兵团），团长冯·瓦尔多中校（von Waldow），下辖 4 个中队

1 个战斗工兵连，隶属于第 10 战斗工兵营

师属炮兵：

2 个 4 磅炮炮兵连，隶属于第 10 炮兵团

2 个 6 磅炮炮兵连，隶属于第 10 炮兵团

军属炮兵部队：

2 个 4 磅炮炮兵连，隶属于第 10 炮兵团

2 个 6 磅炮炮兵连，隶属于第 10 炮兵团

2 个 4 磅骑炮连，隶属于第 10 炮兵团

第 10 运输营

第 10 军总计：

25 个营、8 个中队、3 个连、14 个炮兵连及弹药运输车队，总兵力为 28800 人，拥有 84 门火炮

第 12 王家萨克森军序列：

军长：步兵上将萨克森的阿尔伯特王储（Crown Prince Albert of Saxony）

军参谋长：冯·泽施维茨中校（von Zeschwitz）

第 23 步兵师 / 萨克森第 1 步兵师序列：

师长：萨克森的乔治亲王 & 中将（Prince George of Saxony）

第 45 步兵旅 / 萨克森第 1 步兵旅，旅长克劳沙尔少将（Craushaar）：

萨克森第 1 王室警备步兵团（等于第 100 团），团长加尔滕上校（Garten），

下辖 3 个营

萨克森第 2 掷弹兵团（等于第 101 团），团长冯·塞德利兹－格斯腾堡上校（von Seydlitz–Gerstenberg），下辖 3 个营

萨克森燧发枪兵团（等于第 108 团），团长冯·豪森男爵 & 上校（von Hausen），下辖 3 个营

第 46 步兵旅 / 萨克森第 2 步兵旅，旅长冯·蒙贝上校（von Montbé）：

萨克森第 3 步兵团（等于第 102 团），团长鲁多夫上校（Rudorff），下辖 3 个营

萨克森第 4 步兵团（等于第 103 团），团长迪特里希中校（Dietrich），下辖 3 个营

师属部队：

萨克森第 1 骑兵团，团长冯·萨赫尔中校（von Sahr），下辖 4 个中队

2 个战斗工兵连，隶属于第 12 战斗工兵营

师属炮兵：

2 个 4 磅炮炮兵连，隶属于第 12 炮兵团

2 个 6 磅炮炮兵连，隶属于第 12 炮兵团

第 24 步兵师 / 萨克森第 2 步兵师序列：

师长：内希霍夫·冯·霍德尔堡少将（Nehrhoff von Holderberg）

第 47 步兵旅 / 萨克森第 3 步兵旅，旅长陶舍尔少将（Tauscher）：

萨克森第 5 步兵团（等于第 104 团），团长冯·厄尔特勒因上校（von Elterlein），下辖 3 个营

萨克森第 6 步兵团（等于第 105 团），团长冯·特陶上校（von Tetau），下辖 3 个营

萨克森第 1 猎兵营（等于第 12 猎兵营），营长冯·霍尔岑多夫少校（von

Holtzendorff）

第 48 步兵旅 / 萨克森第 4 步兵旅，旅长冯·舒尔茨上校（von Schulz）：

萨克森第 7 步兵团（等于第 106 团），团长冯·艾本多洛斯上校（von Abendroth），下辖 3 个营

萨克森第 8 步兵团（等于第 107 团），团长冯·施维因尼茨中校（von Schweinitz），下辖 3 个营

萨克森第 2 猎兵营（等于第 13 猎兵营），营长冯·戈茨少校（von Götz）

师属部队：

萨克森第 2 骑兵团，团长冯·根特少校（Genthe），下辖 4 个中队

师属炮兵：

2 个 4 磅炮炮兵连，隶属于第 12 炮兵团

2 个 6 磅炮炮兵连，隶属于第 12 炮兵团

1 个战斗工兵连，隶属于第 12 战斗工兵营

萨克森骑兵师序列：

师长：利佩伯爵 & 少将（Count zu Lippe）

第 23 骑兵旅 / 萨克森第 1 骑兵旅，旅长克鲁格·冯·尼达少将（Krug von Nidda）：

萨克森近卫骑兵团，团长冯·卡洛维茨上校（von Carlowitz），下辖 4 个中队

萨克森第 1 枪骑兵团（等于第 17 枪骑兵团），团长冯·米尔提茨上校（von Miltitz），下辖 4 个中队

第 24 骑兵旅 / 萨克森第 2 骑兵旅，旅长森夫特·冯·皮尔萨赫上校（Senfft von Pilsach）：

萨克森第 3 骑兵团，团长冯·斯坦德菲斯特上校（von Standfest），下辖 4 个中队

萨克森第 2 枪骑兵团（等于第 18 枪骑兵团），团长特罗斯基中校（Trosky），下辖 4 个中队

第 12 运输营

军属炮兵部队：

2 个 4 磅炮炮兵连，隶属于第 12 炮兵团

2 个 6 磅炮炮兵连，隶属于第 12 炮兵团

1 个 4 磅骑炮连，隶属于第 12 炮兵团

第 12 王家萨克森军总计：

29 个营、24 个中队、3 个连、14 个炮兵连及弹药运输车队，总兵力为 32000 人，拥有 84 门火炮

第 5 骑兵师序列：

师长：冯·莱茵巴本男爵 & 中将（von Rheinbaben）

第 11 骑兵旅，旅长冯·巴尔贝少将（von Barby）：

威斯特伐利亚胸甲骑兵团（等于第 4 胸甲骑兵团），团长冯·阿尔尼姆上校（von Arnim），下辖 4 个中队

汉诺威第 1 枪骑兵团（等于第 13 枪骑兵团），团长冯·沙克上校（von Schack），下辖 4 个中队

奥尔登堡龙骑兵团（等于第 19 龙骑兵团），团长寇罗内尔·冯·特罗塔上校（von Trotha），下辖 4 个中队

第 12 骑兵旅，旅长冯·布雷多少将（von Bredow）：

马格德堡胸甲骑兵团（等于第 7 胸甲骑兵团），团长冯·亚利希中校（von Arisch），下辖 4 个中队

阿尔特马克枪骑兵团（等于第 16 枪骑兵团），团长冯·德·多伦少校（von der Dollen），下辖 4 个中队

石勒苏益格 – 荷尔施泰因龙骑兵团（等于第 13 龙骑兵团），团长冯·布劳希奇上校（von Brauchitsch），下辖 4 个中队

第 13 骑兵旅，旅长冯·雷德恩少将（von Redern）：

马格德堡骠骑兵团（等于第 10 骠骑兵团），团长冯·威瑟上校（von Weise），下辖 4 个中队

威斯特伐利亚第 2 骠骑兵团（等于第 11 骠骑兵团），团长冯·厄勒 – 厄贝尔斯坦因男爵 & 上校（Baron von Eller–Eberstein），下辖 4 个中队

布伦瑞克骠骑兵团（等于第 17 骠骑兵团），团长冯·劳赫中校（von Rauch），下辖 4 个中队

师属炮兵：

2 个骑炮连

第 5 骑兵师总计：

36 个中队、2 个炮兵连，总兵力为 5400 人，拥有 12 门火炮

第 6 骑兵师序列：

师长：梅克伦堡 – 什未林的威廉公爵 & 中将（Duke Wilhelm of Mecklenburg–Schwerin）

第 14 骑兵旅，旅长冯·迪彭布洛克 – 格鲁特尔男爵 & 上校（Baron von Diepenbroick–Grüter）：

勃兰登堡胸甲骑兵团（等于第 6 胸甲骑兵团），团长利纳尔伯爵 & 上校

（Count Lynar），下辖 4 个中队

勃兰登堡第 1 枪骑兵团（等于第 3 枪骑兵团），团长冯·德·戈罗本上校（von der Gröben），下辖 4 个中队

石勒苏益格－荷尔施泰因枪骑兵团（等于第 15 枪骑兵团），团长冯·阿尔文斯莱本上校（von Alvensleben），下辖 4 个中队

第 15 骑兵旅，旅长冯·劳赫少将（von Rauch）：

勃兰登堡骠骑兵团（等于第 3 骠骑兵团），团长冯·齐腾上校（von Zieten），下辖 4 个中队

石勒苏益格－荷尔施泰因骠骑兵团（等于第 16 骠骑兵团），团长冯·施密特上校（von Schmidt），下辖 4 个中队

师属炮兵：

1 个 4 磅骑炮连

第 6 骑兵师总计：

20 个中队、1 个炮兵连，总兵力为 3000 人，拥有 6 门火炮

第 3 集团军序列：

集团军总指挥：步兵上将普鲁士王储腓特烈·威廉（Crown Prince Friedrich Wilhelm of Prussia）

集团军参谋长：冯·布卢门塔尔中将（von Blumenthal）

第 5 军序列：

军长：冯·基希巴赫中将（von Kirchbach）

军参谋长：冯·德·艾栩上校（von der Esch）

第 9 步兵师序列：

师长：冯·桑德拉特少将（von Sandrart）

第 17 步兵旅，旅长冯·博特默上校（von Bothmer）：

波森第 3 步兵团（等于第 58 步兵团），团长冯·雷克斯上校（von Rex），下辖 3 个营

波森第 4 步兵团（等于第 59 步兵团），团长冯·厄伊尔上校（von Eyl），下辖 3 个营

第 18 步兵旅，旅长福格茨 – 雷茨少将（Voigts-Rhetz）：

西普鲁士第 3 掷弹兵团（等于第 7 步兵团），团长冯·寇滕上校（von Köthen），下辖 3 个营

下西里西亚第 2 步兵团（等于第 47 团），团长冯·贝格霍夫上校（von Burghoff），下辖 3 个营

师属部队：

西里西亚第 1 猎兵营（等于第 5 猎兵营），营长冯·波耶迪舍尔少校（von Boedicher）

西里西亚第 1 龙骑兵团（等于第 4 龙骑兵团），团长冯·舍恩克中校（von Schenck），下辖 4 个中队

1 个战斗工兵连，隶属于第 5 战斗工兵营

师属炮兵：

2 个 4 磅炮炮兵连，隶属于第 5 炮兵团

2 个 6 磅炮炮兵连，隶属于第 5 炮兵团

第 10 步兵师序列：

师长：冯·施密特少将（von Schmidt）

第 19 步兵旅，旅长亨宁·舒昂霍夫上校（Henning u. Schönhoff）：

西普鲁士第 1 掷弹兵团（等于第 6 步兵团），团长弗洛克赫尔上校（Flöckher），下辖 3 个营

下西里西亚第1步兵团（等于第46步兵团），团长冯·施托施上校（von Stosch），下辖3个营

第20步兵旅，旅长瓦尔特·冯·蒙巴利上校（Walther von Montbary）：

威斯特伐利亚燧发枪兵团（等于第37团），团长冯·海涅曼上校（von Heinemann），下辖3个营

下西里西亚第3步兵团（等于第50团），团长米海尔曼上校（Michelmann），下辖3个营

师属部队：

库尔马克龙骑兵团（等于第14龙骑兵团），团长冯·舒昂上校（von Schon），下辖4个中队

2个战斗工兵连，隶属于第5战斗工兵营

师属炮兵：

2个4磅炮炮兵连，隶属于第5炮兵团

2个6磅炮炮兵连，隶属于第5炮兵团

军属炮兵部队：

2个4磅炮炮兵连，隶属于第5炮兵团

2个6磅炮炮兵连，隶属于第5炮兵团

2个4磅骑炮连，隶属于第5炮兵团

第5运输营

第5军总计：

25个营、8个中队、3个连、14个炮兵连及弹药运输车队，总兵力为28800人，拥有84门火炮

第 6 军序列：

军长：骑兵上将冯·图普灵（von Tümpling）

军参谋长：冯·萨尔维亚蒂上校（von Salviati）

第 11 步兵师序列：

师长：冯·戈登中将（von Gordon）

第 21 步兵旅，旅长冯·马拉舒沃斯基少将（von Malachowski）：

西里西亚第 1 掷弹兵团（等于第 10 团），团长冯·维勒上校（von Weller），下辖 3 个营

波森第 1 步兵团（等于第 18 团），团长冯·波克上校（von Bock），下辖 3 个营

第 22 步兵旅，旅长冯·厄卡茨贝格少将（von Eckartsberg）：

西里西亚燧发枪兵团（等于第 38 团），团长冯·施梅灵上校（von Schmeling），下辖 3 个营

下西里西亚第 4 步兵团（等于第 51 团），团长涅佩因上校（Knipping），下辖 3 个营

师属部队：

西里西亚第 2 猎兵营（等于第 6 猎兵营），营长冯·瓦尔特少校（von Walther）

西里西亚第 2 龙骑兵团（等于第 8 龙骑兵团），团长冯·温特菲尔德中校（von Winterfeld），下辖 4 个中队

1 个战斗工兵连，隶属于第 6 战斗工兵营

师属炮兵：

2 个 4 磅炮炮兵连，隶属于第 6 炮兵团

2 个 6 磅炮炮兵连，隶属于第 6 炮兵团

第 12 步兵师序列:

师长:冯·霍夫曼少将(von Hoffmann)

第 23 步兵旅,旅长古恩德尔少将(Gündell):

上西里西亚第 1 步兵团(等于第 22 团),团长冯·基斯特罗普上校(Quistorp),下辖 3 个营

上西里西亚第 3 步兵团(等于第 62 团),团长冯·贝瑟尔上校(von Bessell),下辖 3 个营

第 24 步兵旅,旅长冯·法贝克少将(von Fabeck):

上西里西亚第 2 步兵团(等于第 23 团),团长冯·布列森上校(von Briesen),下辖 3 个营

上西里西亚第 4 步兵团(等于第 63 团),团长冯·提厄劳上校(von Thielau),下辖 3 个营

师属部队:

西里西亚第 3 龙骑兵团(等于第 15 龙骑兵团),团长冯·布瑟上校(von Busse),下辖 4 个中队

2 个战斗工兵连,隶属于第 6 战斗工兵营

师属炮兵:

2 个 4 磅炮炮兵连,隶属于第 6 炮兵团

2 个 6 磅炮炮兵连,隶属于第 6 炮兵团

第 6 运输营

军属炮兵部队:

2 个 4 磅炮炮兵连,隶属于第 6 炮兵团

2 个 6 磅炮炮兵连,隶属于第 6 炮兵团

2 个 4 磅骑炮连，隶属于第 6 炮兵团

第 6 军总计：

25 个营、8 个中队、3 个连、14 个炮兵连及弹药运输车队，总兵力为 28800 人，拥有 84 门火炮

第 11 军序列：

军长：冯·波泽中将（von Bose）

军参谋长：冯·卡敏斯基少将（von Kaminski）

第 21 步兵师序列：

师长：冯·沙赫梅耶中将（von Schachtmeyer）

第 41 步兵旅，旅长冯·寇布林斯基上校（von Koblinski）：

黑森燧发枪兵团（等于第 80 团），团长冯·寇伦布上校（von Colomb），下辖 3 个营

拿骚第 1 步兵团（等于第 87 团），团长冯·格罗尔曼上校（von Grolman），下辖 3 个营

第 42 步兵旅，旅长冯·蒂耶勒上校（von Thiele）：

黑森第 2 步兵团（等于第 82 团），团长冯·格拉维尔特上校（von Grawert），下辖 3 个营

拿骚第 2 步兵团（等于第 88 团），团长寇恩·冯·贾斯基上校（Köhn von Jaski），下辖 3 个营

师属部队：

黑森猎兵营（等于第 11 猎兵营），营长冯·约翰斯顿少校（von Johnston），下辖 4 个中队

黑森第 2 骠骑兵团（等于第 14 骠骑兵团），下辖 4 个中队

1 个战斗工兵连，隶属于第 11 战斗工兵营

师属炮兵：

2 个 4 磅炮炮兵连，隶属于第 11 炮兵团

2 个 6 磅炮炮兵连，隶属于第 11 炮兵团

第 22 步兵师序列：

师长：冯·格斯多夫中将（von Gersdorff）

第 43 步兵旅，旅长冯·孔茨基上校（von Kontzki）：

图林根第 2 步兵团（等于第 32 团），团长佛斯特尔上校（Förster），下辖 3 个营

图林根第 6 步兵团（等于第 95 团），团长贝克多夫上校（Beckedorff），下辖 3 个营

第 44 步兵旅，旅长冯·施寇普少将（von Schkopp）：

黑森第 3 步兵团（等于第 83 团），团长马斯夏尔·冯·贝勃尔斯坦因上校（Marschall von Bieberstein），下辖 3 个营

图林根第 5 步兵团（等于第 94 团），团长贝瑟尔上校（Bessel），下辖 3 个营

师属部队：

黑森第 1 骠骑兵团（等于第 13 骠骑兵团），团长冯·胡杜克中校（von Heuduck），下辖 4 个中队

2 个战斗工兵连，隶属于第 11 战斗工兵营

师属炮兵：

2 个 4 磅炮炮兵连，隶属于第 11 炮兵团

2 个 6 磅炮炮兵连，隶属于第 11 炮兵团

第 11 运输营

军属炮兵部队：

　　2 个 4 磅炮炮兵连，隶属于第 11 炮兵团

　　2 个 6 磅炮炮兵连，隶属于第 11 炮兵团

　　2 个 4 磅骑炮连，隶属于第 11 炮兵团

第 11 军总计：

　　25 个营、8 个中队、3 个连、14 个炮兵连及弹药运输车队，总兵力为 28800 人，拥有 84 门火炮

第 1 巴伐利亚军序列：

　　军长：步兵上将冯·德·坦恩 – 拉萨姆豪森男爵（von der Tann–Rathsamhausen）

　　军参谋长：海因斯中校（Heinleth）

巴伐利亚第 1 步兵师序列：

　　师长：冯·斯特潘中将（von Stephan）

巴伐利亚第 1 旅，旅长冯·迪特尔少将（Dietl）：

　　巴伐利亚王国王室警备团，团长冯·陶芬巴赫上校（von Täuffenbach），下辖 3 个营

　　巴伐利亚第 1 步兵团，团长赫克尔上校（Heckel），下辖 2 个营

　　巴伐利亚第 2 猎兵营，营长瓦拉德少校（Vallade）

巴伐利亚第 2 旅，旅长冯·奥尔夫少将（von Orff）：

　　巴伐利亚第 2 步兵团，团长冯·德·坦恩上校（von der Tann），下辖 3 个营

　　巴伐利亚第 11 步兵团，团长冯·施密特上校（von Schmidt），下辖 2 个营

巴伐利亚第 4 猎兵营，营长雷希列特少校 (Reschreiter)

师属部队：

巴伐利亚第 9 猎兵营，营长冯·马森巴赫中校（von Massenbach）

巴伐利亚第 3 轻骑兵团，团长 A. 冯·莱昂洛德上校（A. von Leonrod），
下辖 4 个中队

师属炮兵：

2 个 4 磅炮炮兵连，隶属于巴伐利亚第 1 炮兵团

2 个 6 磅炮炮兵连，隶属于巴伐利亚第 1 炮兵团

巴伐利亚第 2 步兵师序列：

师长：帕彭海姆伯爵 & 中将（zu Pappenheim）

巴伐利亚第 3 旅，旅长舒马赫少将（Schumacher）：

巴伐利亚第 3 步兵团，团长舒赫上校（Schuch），下辖 3 个营

巴伐利亚第 12 步兵团，团长纳西瑟斯上校（Narciss），下辖 2 个营

巴伐利亚第 1 猎兵营，营长冯·施密特中校（von Schmidt）

巴伐利亚第 4 旅，旅长冯·德·坦恩男爵 & 少将（Baron von der Tann）：

巴伐利亚第 10 步兵团，团长冯·古腾堡男爵 & 上校（von Guttenberg），
下辖 3 个营

巴伐利亚第 13 步兵团，团长冯·伊森堡上校（von Ysenburg），下辖 2
个营

巴伐利亚第 7 猎兵营，营长舒勒提斯中校（Schultheiss）

师属部队：

巴伐利亚第 4 轻骑兵团，团长 K. 冯·莱昂洛德上校（K. von Leonrod），
下辖 4 个中队

师属炮兵：

2 个 4 磅炮炮兵连，隶属于巴伐利亚第 1 炮兵团

2 个 6 磅炮炮兵连，隶属于巴伐利亚第 1 炮兵团

巴伐利亚胸甲骑兵旅，旅长冯·陶赫少将（von Tauch）：

巴伐利亚第 1 胸甲骑兵团，团长费希特马伊尔上校（Feichtmayr），下辖 4 个中队

巴伐利亚第 2 胸甲骑兵团，团长鲍姆勒上校（Baumüller），下辖 4 个中队

巴伐利亚第 6 轻骑兵团，团长克劳斯男爵 & 上校（Baron Krauss），下辖 4 个中队

附属部队：1 个骑炮连，隶属于巴伐利亚第 3 炮兵团；2 个工程兵连

军属炮兵部队：

6 个 6 磅炮炮兵连，隶属于巴伐利亚第 3 炮兵团

1 个 4 磅骑炮连，隶属于巴伐利亚第 3 炮兵团

巴伐利亚运输营

第 1 巴伐利亚军总计：

25 个营、20 个中队、3 个连、16 个炮兵连及弹药运输车队，总兵力为 33750 人，拥有 96 门火炮

第 2 巴伐利亚军序列：

军长：步兵上将冯·哈特曼（von Hartmann）

军参谋长：冯·霍恩男爵（Baron von Horn）

巴伐利亚第 3 步兵师序列：

师长：冯·瓦尔特中将（von Walther）

巴伐利亚第5步兵旅，旅长冯·施莱赫少将（von Schleich）：

巴伐利亚第6步兵团，团长博斯姆勒上校（Bosmüller），下辖3个营

巴伐利亚第7步兵团，团长霍夫勒上校（Höfler），下辖2个营

巴伐利亚第8猎兵营，营长科勒曼中校（Kohlermann）

巴伐利亚第6步兵旅，旅长冯·韦瑟尔上校（von Wissell）：

巴伐利亚第14步兵团，团长迪希尔上校（Diehl），下辖2个营

巴伐利亚第15步兵团，团长特鲁贝格伯爵 & 上校（Count Treuberg），下辖3个营

巴伐利亚第3猎兵营，营长冯·霍恩中校（von Horn）

师属部队：

巴伐利亚第1轻骑兵团，团长冯·格伦德赫尔上校（von Grundherr），下辖4个中队

师属炮兵：

2个4磅炮炮兵连，隶属于巴伐利亚第2炮兵团

2个6磅炮炮兵连，隶属于巴伐利亚第2炮兵团

巴伐利亚第4步兵师序列：

师长：冯·博特默中将（von Bothmer）

巴伐利亚第7步兵旅，旅长蒂雷克少将（Thiereck）：

巴伐利亚第5步兵团，团长穆鲍尔上校（Mühlbauer），下辖2个营

巴伐利亚第9步兵团，团长希格上校（Heeg），下辖3个营

巴伐利亚第6猎兵营，营长卡利斯少校（Caries）

巴伐利亚第8步兵旅，旅长迈灵格少将（Maillinger）：

下辖5个营（自巴伐利亚第1、第5、第7、第11、第14步兵团各抽调

了 1 个营）

巴伐利亚第 5 猎兵营，营长古彭堡中校（Gumppenberg）

师属部队：

巴伐利亚第 10 猎兵营，营长冯·赫克尔中校（von Heckel）

巴伐利亚第 2 轻骑兵团，团长霍拉达姆上校（Horadam），下辖 4 个中队

师属炮兵：

2 个 4 磅炮炮兵连，隶属于巴伐利亚第 2 炮兵团

2 个 6 磅炮炮兵连，隶属于巴伐利亚第 2 炮兵团

巴伐利亚枪骑兵旅，旅长冯·穆泽尔男爵 & 少将（von Mulzer）：

巴伐利亚第 1 枪骑兵团，团长 M. 伊森堡伯爵 & 上校（M. Ysenburg），下辖 4 个中队

巴伐利亚第 2 枪骑兵团，团长普鲁莫伯爵 & 上校（Count Pflummers），下辖 4 个中队

巴伐利亚第 5 轻骑兵团，团长维因里希上校（Weinrich），下辖 4 个中队

附属部队：1 个 4 磅骑炮连，隶属于巴伐利亚第 2 炮兵团；2 个工程兵连

军属炮兵部队：

6 个 6 磅炮炮兵连，隶属于巴伐利亚第 4 炮兵团

1 个 4 磅骑炮连，隶属于巴伐利亚第 4 炮兵团

巴伐利亚运输营

第 2 巴伐利亚军总计：

25 个营、20 个中队、3 个连、16 个炮兵连及弹药运输车队，总兵力为 33750 人，拥有 96 门火炮

法兰西第二帝国军序列
（1870 年 8 月 1 日）

附录二

莱茵河集团军序列：

总指挥：帝国皇帝拿破仑三世（Emperor Napoleon III）

总参谋长：埃蒙德·勒伯夫元帅（Edmond Le Boeuf）

副总参谋长：师将军莱布伦（Lebrun）、师将军亚拉斯（Jarras）

炮兵总指挥：师将军索雷利尔（Soleille）

工程兵总指挥：师将军古芬尼耶·德·诺迪克（Coffinières de Nordeck）

行政总监：行政总监沃尔夫（Wolff）

医务总监：拉利男爵（Larrey）

帝国近卫军序列：

军长：师将军布尔巴基（Bourbaki）

军参谋长：旅将军奥弗涅（d'Auvergne）

军属炮兵指挥：旅将军佩·德·霍斯（Pé de Arros）

第 1 近卫师序列：

师长：师将军德利尼（Deligny）

第 1 旅，旅长旅将军布林库（Brincourt）：

近卫猎兵营，营长杜佛烈·德·贝索勒（Dufaure du Bessol）

第1近卫腾跃兵团，团长杜蒙上校（Dumont），下辖3个营

第2近卫腾跃兵团，团长佩绍德上校（Peychaud），下辖3个营

第2旅，旅长旅将军贾尼耶（Garnier）：

第3近卫腾跃兵团，团长黎昂上校（Lian），下辖3个营

第4近卫腾跃兵团，团长庞萨赫上校（Ponsard），下辖3个营

师属炮兵：

2个4磅炮炮兵连

1个"球球炮"机枪连

1个工程兵连

第2近卫师序列：

师长：师将军皮卡尔（Picard）

第1旅，旅长旅将军让宁格罗斯（Jeanningros）：

近卫祖阿夫团，团长吉劳德上校（Giraud），下辖2个营

第1掷弹兵团，团长泰奥洛格上校（Théologue），下辖3个营

第2旅，旅长旅将军勒普瓦特凡·德·拉·克鲁瓦沃布瓦（le Poitevin de la Croix Vaubois）：

第3掷弹兵团，团长莱康尼特上校（Lecointe），下辖3个营

第4掷弹兵团，团长古辛上校（Cousin），下辖3个营

师属炮兵：

2个4磅炮炮兵连

1个"球球炮"机枪连

1 个工程兵连

近卫骑兵师序列：

师长：师将军德沃（Desvaux）

第 1 旅，旅长旅将军哈纳·德·弗烈塔（Halna du Fretay）：

近卫猎骑兵团，团长德·蒙塔贝上校（de Montarby），下辖 5 个中队

骑马侍卫团，团长德·佩岑－诺图勃朗上校（de Percin–Northumberland），下辖 5 个中队

第 2 旅，旅长旅将军德·法兰西（de France）：

近卫枪骑兵团，团长拉蒂拉德上校（Latheulade），下辖 5 个中队

近卫龙骑兵团，团长萨乌特鲁·杜帕上校（Sautereau Dupart），下辖 5 个中队

第 3 旅，旅长旅将军德·普利厄瓦（du Preuil）：

近卫胸甲骑兵团，团长杜普列索瓦上校（Dupressoir），下辖 5 个中队

近卫卡宾枪骑兵团，团长佩蒂上校（Petit），下辖 5 个中队

师属炮兵：

2 个 4 磅骑炮连

近卫军预备炮兵部队：

4 个 4 磅骑炮连

1 个工程兵连

近卫军总计：

24 个营、30 个中队、3 个连、1 个运输中队、10 个炮兵连、2 个"球球炮"

机枪连，总兵力为 1047 名军官、21028 名士兵，拥有 60 门火炮、12 门"球球炮"

第 2 军序列：

军长：师将军弗罗萨尔（Frossard）

军参谋长：旅将军萨吉（Saget）

军属炮兵指挥：旅将军贾纽尔（Gagneur）

第 1 师序列：

师长：师将军沃尔捷（Vergé）

第 1 旅，旅长旅将军勒特利耶 – 瓦拉泽（Letellier-Valazé）：

第 3 猎兵营，营长多瓦纳（Thoina）

第 32 线列步兵团，团长梅勒上校（Merle），下辖 3 个营

第 55 线列步兵团，团长德·瓦德纳·德·弗劳登斯坦因上校（Colonel de Waldner de Freudenstein），下辖 3 个营

第 2 旅，旅长旅将军朱利维（Jolivet）：

第 76 线列步兵团，团长布利策上校（Brice），下辖 3 个营

第 77 线列步兵团，团长菲弗利耶上校（Fèvrier），下辖 3 个营

师属炮兵：

2 个 4 磅炮炮兵连

1 个"球球炮"机枪连

1 个工程兵连

第 2 师序列：

师长：师将军巴代伊（Bataille）

第 1 旅，旅长旅将军普杰特（Pouget）：

第 12 猎兵营，营长强尼－帛琉（Jeanne-Beaulieu）

第 8 线列步兵团，团长哈察上校 (Haca)，下辖 3 个营

第 23 线列步兵团，团长洛朗德上校（Roland），下辖 3 个营

第 2 旅，旅长旅将军佛沃－巴斯托尔（Fauvart-Bastoul）：

第 66 线列步兵团，团长阿梅勒上校（Ameller），下辖 3 个营

第 67 线列步兵团，团长芒金上校（Mangin），下辖 3 个营

师属炮兵：

2 个 4 磅炮炮兵连

1 个"球球炮"机枪连

1 个工程兵连

第 3 师序列：

师长：师将军梅勒·德·拉布遮耶尔·德·拉武古佩（Merle de Labrugière de Laveaucoupet）

第 1 旅，旅长旅将军多昂斯（Doens）：

第 10 猎兵营，营长申科（Schenk）

第 2 线列步兵团，团长德·圣西利耶上校 (de Saint-Hillier)，下辖 3 个营

第 63 线列步兵团，团长岑慈上校（Zentz），下辖 3 个营

第 2 旅，旅长旅将军米海勒（Micheler）：

第 24 线列步兵团，团长德·奥吉瑟上校 (d'Arguesse)，下辖 3 个营

第 40 线列步兵团，团长维托特上校（Vittot），下辖 3 个营

师属炮兵：

  2 个 4 磅炮炮兵连

  1 个"球球炮"机枪连

  1 个工程兵连

骑兵师序列：

  师长：师将军马赫米耶（Marmier）

第 1 旅，旅长旅将军德·瓦拉布利格（Valabrègue）：

  第 4 猎骑兵团，团长德·菲隆上校（du Ferron），下辖 5 个中队

  第 5 猎骑兵团，团长德·瑟列维勒上校（de Séréville），下辖 5 个中队

第 2 旅，旅长旅将军巴切利耶（Bachelier）：

  第 7 龙骑兵团，团长德·格列索上校（de Gressot），下辖 4 个中队

  第 12 龙骑兵团，团长德·阿沃库特上校（D'Avocourt），下辖 4 个中队

第 2 军预备炮兵部队：

  2 个 12 磅炮炮兵连

  2 个 4 磅炮炮兵连

  2 个 4 磅骑炮连

  1 个工程兵连

  1 个桥梁架设运输连

第 2 军总计：

  39 个营、18 个中队、4 个连、12 个炮兵连、3 个"球球炮"机枪连，总
兵力为 1172 名军官、27956 名士兵，拥有 72 门火炮、18 门"球球炮"

第 3 军序列：

军长：巴赞元帅（Bazaine）

军参谋长：旅将军马内克（Manèque）

军属炮兵指挥：师将军格利莫代·德·罗歇布特（Grimaudet de Rochebouet）

第 1 师序列：

师长：师将军蒙陶顿（Montaudon）

第 1 旅，旅长旅将军艾马尔 (Aymard)：

第 18 猎兵营，营长利高特（Rigault）

第 51 线列步兵团，团长德勒贝克上校（Delebecque），下辖 3 个营

第 62 线列步兵团，团长道芬上校（Dauphin），下辖 3 个营

第 2 旅，旅长旅将军克林尚（Clinchant）：

第 81 线列步兵团，团长德·阿尔毕奇上校（d'Albici），下辖 3 个营

第 95 线列步兵团，团长达武·德·阿尔施塔特上校（Davout d'Auerstædt），
下辖 3 个营

师属炮兵：

2 个 4 磅炮炮兵连

1 个"球球炮"机枪连

1 个工程兵连

第 2 师序列：

师长：师将军德·卡斯塔尼（de Castagny）

第 1 旅，旅长旅将军奈哈尔（Nayral）：

第 15 猎兵营，营长拉富格（Lafouge）

第 19 线列步兵团，团长德·劳奈上校（de Launay），下辖 3 个营

第 41 线列步兵团，团长绍西尔上校（Saussier），下辖 3 个营

第 2 旅，旅长旅将军杜普利西斯（Duplessis）：

第 69 线列步兵团，团长勒图瑙尔上校（le Tourneur），下辖 3 个营

第 41 线列步兵团，团长德·库尔西上校（de Courcy），下辖 3 个营

师属炮兵：

2 个 4 磅炮炮兵连

1 个 "球球炮" 机枪连

1 个工程兵连

第 3 师序列：

师长：师将军梅特曼（Metman）

第 1 旅，旅长旅将军德·波蒂耶 (de Potier)：

第 7 猎兵营，营长利高德（Rigau）

第 7 线列步兵团，团长寇特列上校（Cotteret），下辖 3 个营

第 41 线列步兵团，团长拉兰内上校（Lalanne），下辖 3 个营

第 2 旅，旅长旅将军阿瑙多 (Arnaudeau)：

第 59 线列步兵团，团长杜兹上校（Duez），下辖 3 个营

第 71 线列步兵团，团长德·弗鲁萨克上校（de Ferussac），下辖 3 个营

师属炮兵：

2 个 4 磅炮炮兵连

1 个 "球球炮" 机枪连

1 个工程兵连

第 4 师序列：

师长：师将军迪卡恩（Decaen）

第 1 旅，旅长旅将军德·布劳尔（de Brauer）：

第 11 猎兵营，营长德·帕伊洛特（de Paillot）

第 44 线列步兵团，团长佛尼耶上校（Fournier），下辖 3 个营

第 60 线列步兵团，团长布瓦谢上校（Boissie），下辖 3 个营

第 2 旅，旅长旅将军桑格勒－菲利耶尔（Sanglé-Ferrière）：

第 80 线列步兵团，团长亚宁上校（Janin），下辖 3 个营

第 85 线列步兵团，团长普朗舒上校（Planchut），下辖 3 个营

师属炮兵：

2 个 4 磅炮炮兵连

1 个"球球炮"机枪连

1 个工程兵连

骑兵师序列：

师长：师将军克列鲍尔（Clérembault）

第 1 旅，旅长旅将军布鲁沙赫（Bruchard）：

第 2 猎骑兵团，团长佩勒蒂耶上校（Pelletier），下辖 5 个中队

第 3 猎骑兵团，团长桑松·德·桑萨尔上校（Sanson de Sansal），下辖 5 个中队

第 10 猎骑兵团，团长奈林上校（Nérin），下辖 5 个中队

第 2 旅，旅长旅将军加伊洛·德·莫布朗谢（Gayrault de Maubran-ches）：

第 2 龙骑兵团，团长德·帕蒂德克拉姆上校（du Paty de Clam），下辖 4 个中队

第 4 龙骑兵团，团长寇纳上校（Cornat），下辖 4 个中队

第 3 旅，旅长旅将军贝格涅·德·朱尼亚（Bégougne de Juiniac）：

第 5 龙骑兵团，团长拉谢涅上校（Lachène），下辖 4 个中队

第 8 龙骑兵团，团长波义尔·德·冯克洛贝上校（Boyer de Fonscolombe），下辖 4 个中队

第 3 军预备炮兵部队：

2 个 12 磅炮炮兵连

2 个 4 磅炮炮兵连

2 个 4 磅骑炮连

半个工程兵连

1 个浮桥连

第 3 军总计：

52 个营、31 个中队、5.5 个连、16 个炮兵连、4 个"球球炮"机枪连，总兵力为 1704 名军官、41574 名士兵，拥有 96 门火炮、24 门"球球炮"

第 4 军序列：

军长：师将军拉德米洛（Ladmirault）

军参谋长：旅将军欧斯蒙（Osmont）

军属炮兵指挥：旅将军拉法耶勒（Lafaille）

第 1 师序列：

师长：师将军库德洛特·德·蔡西（Courtot de Cissey）

第 1 旅，旅长旅将军布哈耶 (Brayer)：

第 20 猎兵营，营长德·拉巴耶尔（de Labarrière）

第 1 线列步兵团，团长弗烈蒙上校（Frémont），下辖 3 个营

第 6 线列步兵团，团长拉巴瑟上校（Labarthe），下辖 3 个营

第 2 旅，旅长旅将军德·格尔贝格（de Goldberg）：

第 57 线列步兵团，团长吉劳德上校（Giraud），下辖 3 个营

第 73 线列步兵团，团长苏佩维勒上校（Supervielle），下辖 3 个营

师属炮兵：

2 个 4 磅炮炮兵连

1 个"球球炮"机枪连

1 个工程兵连

第 2 师序列：

师长：师将军洛瑟（Rose）

第 1 旅，旅长旅将军维隆－贝勒库 (Véron-Bellecourt)：

第 5 猎兵营，营长加赫（Carré）

第 13 线列步兵团，团长里昂上校（Lion），下辖 3 个营

第 43 线列步兵团，团长德·维利耶上校（de Viville），下辖 3 个营

第 2 旅，旅长旅将军普拉迪耶（Pradier）：

第 64 线列步兵团，团长勒吉尔上校（Léger），下辖 3 个营

第 98 线列步兵团，团长勒谢涅上校（Lechesne），下辖 3 个营

师属炮兵：

2 个 4 磅炮炮兵连

1 个"球球炮"机枪连

1 个工程兵连

第 3 师序列：

师长：师将军 & 洛伦茨伯爵拉蒂耶（Latrille, Count de Lorencez）

第 1 旅，旅长旅将军帕约尔（Pajol）：

第 2 猎兵营，营长勒坦努（le Tanneur）

第 15 线列步兵团，团长弗拉布列·德·科勒德克上校（Fraboulet de Kerléadec），下辖 3 个营

第 33 线列步兵团，团长博内托上校（Bounetou），下辖 3 个营

第 2 旅，旅长旅将军贝格耶（Berger）：

第 54 线列步兵团，团长盖洛上校 (Caillot)，下辖 3 个营

第 65 线列步兵团，团长希伊上校（Sée），下辖 3 个营

师属炮兵：

2 个 4 磅炮炮兵连

1 个"球球炮"机枪连

1 个工程兵连

骑兵师序列：

师长：师将军勒格朗（Legrand）

第 1 旅，旅长旅将军蒙泰古（Montaigu）：

第 2 骠骑兵团，团长加雷特上校（Carrelet），下辖 5 个中队

第 7 骠骑兵团，团长绍锡上校（Chaussée），下辖 5 个中队

第 2 旅，旅长旅将军贡德雷库男爵（Baron Gondrecourt）：

第 3 龙骑兵团，团长毕霍上校（Bilhau），下辖 4 个中队

第 11 龙骑兵团，团长修恩·德·维涅维勒上校（Huyn de Vernéville），下辖 4 个中队

第 4 军预备炮兵部队：

2 个 12 磅炮炮兵连

2 个 4 磅炮炮兵连

2 个 4 磅骑炮连

1 个工程兵连

1 个桥梁架设运输连

第 4 军总计：

39 个营、18 个中队、4 个连、12 个炮兵连、3 个"球球炮"机枪连，总兵力为 1208 名军官、27702 名士兵，拥有 72 门火炮、18 门"球球炮"

第 6 军序列：

军长：康罗贝尔元帅（Canrobert）

军参谋长：旅将军亨利（Henry）

军属炮兵指挥：旅将军贝特朗（Bertrand）

第 1 师序列：

师长：师将军提希尔（Tixier）

第 1 旅，旅长旅将军佩霍（Péchot）：

第 9 猎兵营，营长玛特林（Mathelin）

第 4 线列步兵团，团长温岑顿上校（Vincendon），下辖 3 个营

第 10 线列步兵团，团长阿当·德·皮克上校（Ardant du Picq），下辖 3 个营

第 2 旅，旅长旅将军勒鲁瓦·德·戴瓦（Leroy de Dais）：

第 12 线列步兵团，团长莱布伦上校（Lebrun），下辖 3 个营

第 100 线列步兵团，团长格列米昂上校（Grémion），下辖 3 个营

师属炮兵：

2 个 4 磅炮炮兵连

1 个"球球炮"机枪连

1 个工程兵连

第 2 师序列：

师长：师将军毕松（Bisson）

第 1 旅，旅长旅将军诺埃尔（Noel）：

第 9 线列步兵团，团长鲁斯上校（Roux），下辖 3 个营

第 14 线列步兵团，团长鲁旺上校（Louvent），下辖 3 个营

第 2 旅，旅长旅将军莫里斯（Maurice）：

第 20 线列步兵团，团长德·拉圭涅哈耶上校（de la Guigneraye），下辖 3 个营

第 31 线列步兵团，团长萨乌特鲁上校（Sautereau），下辖 3 个营

师属炮兵：

　　2 个 4 磅炮炮兵连

　　1 个"球球炮"机枪连

　　1 个工程兵连

第 3 师序列：

　　师长：师将军拉冯·德·维利耶 (Lafont de Villiers)

第 1 旅，旅长旅将军贝克·德·松奈（Becquet de Sonnay）：

　　第 75 线列步兵团，团长阿玛迪乌上校（Amadieu），下辖 3 个营

　　第 91 线列步兵团，团长达古耶赫上校（Daguerre），下辖 3 个营

第 2 旅，旅长旅将军科林（Colin）：

　　第 93 线列步兵团，团长古亚金上校（Guazin），下辖 3 个营

　　第 94 线列步兵团，团长德·捷斯林上校（de Geslin），下辖 3 个营

师属炮兵：

　　3 个 4 磅炮炮兵连

　　1 个工程兵连

第 4 师序列：

　　师长：师将军勒瓦索 – 索赫瓦尔（Levassor–Sorval）

第 1 旅，旅长旅将军德·玛格纳（de Marguenat）：

　　第 25 线列步兵团，团长吉本上校（Gibon），下辖 3 个营

　　第 26 线列步兵团，团长汉利昂上校（Hanrion），下辖 3 个营

第 2 旅，旅长旅将军德·尚拿雷勒伯爵（Count De Chanaleilles）：

第 28 线列步兵团，团长拉莫瑟上校（Lamothe），下辖 3 个营

第 70 线列步兵团，团长勃蒂耶上校（Bertier），下辖 3 个营

师属炮兵：

3 个 4 磅炮炮兵连

1 个工程兵连

骑兵师序列：

师长：师将军德·萨利纳 – 菲涅隆（de Salignac–Fénelon）

第 1 旅，旅长旅将军蒂利亚（Tilliard）：

第 6 骠骑兵团，团长德·博弗列蒙上校（de Bauffremont），下辖 5 个中队

第 1 猎骑兵团，团长本武上校（Bonvoust），下辖 5 个中队

第 2 旅，旅长旅将军萨瓦赫希（Savaresse）：

第 1 枪骑兵团，团长乌迪诺·德·赫吉奥上校（Oudinot de Reggio），下辖 5 个中队

第 7 枪骑兵团，团长佩里耶上校（Périer），下辖 5 个中队

第 3 旅，旅长旅将军叶维林·德·贝维尔（Yvelin de Béville）：

第 5 胸甲骑兵团，团长杜贝希·德·孔滕森上校（Dubessey de Contensen），下辖 4 个中队

第 6 胸甲骑兵团，团长马丁上校（Martin），下辖 4 个中队

第 6 军预备炮兵部队：

2 个 12 磅炮炮兵连

2 个 4 磅炮炮兵连

2 个 4 磅骑炮连

第 6 军总计（推测）：

52 个营、28 个中队、4 个连、16 个炮兵连、2 个 "球球炮" 机枪连，总兵力为 1043 名军官、23142 名士兵，拥有 96 门火炮、12 门 "球球炮"

莱茵河集团军预备骑兵部队：

预备第 1 骑兵师序列（推测）：

师长：师将军德·巴哈尔（du Barail）

第 1 旅，旅长旅将军马加雷特（Margueritte）：

非洲猎骑兵第 1 团，团长克里库上校（Cliquot），下辖 5 个中队

非洲猎骑兵第 3 团，团长德·加利费上校（de Gallifet），下辖 5 个中队

第 2 旅，旅长旅将军德·拉贾耶勒（de Lajaille）：

非洲猎骑兵第 2 团，团长德·拉玛汀耶尔上校（de la Martinière），下辖 5 个中队

非洲猎骑兵第 4 团，团长德·奎伦上校（de Quèlen），下辖 5 个中队

师属炮兵：

2 个 4 磅骑炮连

预备第 3 骑兵师序列：

师长：师将军德·弗顿（de Forton）

第 1 旅，旅长旅将军缪拉亲王（Prince Murat）：

第 1 龙骑兵团，团长德·弗策维勒上校（de Forceville），下辖 4 个中队

第 9 龙骑兵团，团长勒保尔上校（Reboul），下辖 4 个中队

第 2 旅，旅长旅将军 & 厄斯帕赫公爵德·格拉蒙（de Gramont, Duke of Esparre）：

第 7 胸甲骑兵团，团长尼托特上校（Nitot），下辖 4 个中队

第 10 胸甲骑兵团，团长云克尔上校（Yuncker），下辖 4 个中队

师属炮兵：

2 个 4 磅骑炮连

莱茵河集团军预备骑兵部队总计：

52 个中队、6 个炮兵连，总兵力为 464 名军官、6369 名士兵，拥有 36 门火炮

莱茵河集团军预备炮兵部队：

预备炮兵指挥：师将军卡努（Canu）

预备炮兵第 1 师序列：

师长：萨尔瓦多上校（Salvador）

下辖：8 个 12 磅炮炮兵连

预备炮兵第 2 师序列：

师长：图桑上校（Toussaint）

下辖：8 个 4 磅骑炮连

莱茵河集团军预备炮兵部队总计：

16 个炮兵连，拥有 96 门火炮

阿尔萨斯集团军序列：

总指挥：马真塔公爵麦克马洪元帅（MacMahon, Duke of Magenta）

第 1 军序列：

军长：麦克马洪元帅（MacMahon）

军参谋长：旅将军寇尔松（Colson）

军属炮兵指挥：师将军富吉特（Forgeot）

第 1 师序列：

师长：师将军迪克罗（Ducrot）

第 1 旅，旅长旅将军莫赫诺（Morèno）：

第 13 猎兵营，营长德·博涅维勒（de Bonneville）

第 18 线列步兵团，团长布雷格上校（Bréger），下辖 3 个营

第 96 线列步兵团，团长德·弗兰彻森上校（de Franchessin），下辖 3 个营

第 2 旅，旅长旅将军珀斯蒂·德·胡尔贝（Postis de Houlbec）：

第 45 线列步兵团，团长贝特朗上校（Bertrand），下辖 3 个营

第 1 祖阿夫团，团长加特雷特－特雷库上校（Carteret–Trecourt），下辖 3 个营

师属炮兵：

2 个 4 磅炮炮兵连

1 个"球球炮"机枪连

1 个工程兵连

第 2 师序列：

师长：师将军阿贝尔·杜威（Abel Douay）

第 1 旅，旅长旅将军佩勒蒂耶·德·蒙玛力（Pelletier de Montmarie）：

第 16 猎兵营，营长德·雨果（d'Hugues）

第 50 线列步兵团，团长奥杜因上校（Ardouin），下辖 3 个营

第 96 线列步兵团，团长提武维上校（Theuvez），下辖 3 个营

第 2 旅，旅长旅将军佩勒（Pellé）：

第 78 线列步兵团，团长加雷·德·贝勒马尔上校（Carrey de Bellemare），下辖 3 个营

第 1 阿尔及利亚狙击兵团，团长德·莫朗迪上校（de Morandy）

师属炮兵：

2 个 4 磅炮炮兵连

1 个"球球炮"机枪连

1 个工程兵连

第 3 师序列：

师长：师将军劳洛（Raoult）

第 1 旅，旅长旅将军勒希利耶（L'Herillier）：

第 8 猎兵营，营长珀耶（Poyet）

第 36 线列步兵团，团长克里恩上校（Krien），下辖 3 个营

第 2 祖阿夫团，团长德特耶上校（Détrie），下辖 3 个营

第 2 旅，旅长旅将军勒菲布沃（Lefebvre）：

第 48 线列步兵团，团长霍吉尔上校（Rogier），下辖 3 个营

第 2 阿尔及利亚狙击兵团，团长苏佐尼上校（Suzzoni），下辖 3 个营

师属炮兵：

2 个 4 磅炮炮兵连

1 个"球球炮"机枪连

1 个工程兵连

第 4 师序列：

师长：师将军拉蒂格（Lartigue）

第 1 旅，旅长旅将军弗拉布列·德·科勒德克（Fraboulet de Kerléadec）：

第 1 猎兵营，营长布鲁（Bureau）

第 56 线列步兵团，团长梅纳上校（Ména），下辖 3 个营

第 3 祖阿夫团，团长布歇尔上校（Bocher），下辖 3 个营

第 2 旅，旅长旅将军拉克列特勒（Lacretelle）：

第 87 线列步兵团，团长布洛上校（Blot），下辖 3 个营

第 3 阿尔及利亚狙击兵团，团长冈迪尔上校（Gandil），下辖 3 个营

师属炮兵：

2 个 4 磅炮炮兵连

1 个"球球炮"机枪连

1 个工程兵连

骑兵师序列：

师长：师将军杜赫梅（Duhesme）

第 1 旅，旅长旅将军塞普特伊（Septeuil）：

第 3 骠骑兵团，团长德·厄普伊勒上校（D'Espeuilles），下辖 4 个中队

第 11 猎骑兵团，团长达斯图格上校（Dastugue），下辖 4 个中队

第 2 旅，旅长旅将军南斯图蒂（Nansouty）：

第 2 枪骑兵团，团长普瓦松尼耶上校（Poissonniers），下辖 4 个中队

第 6 枪骑兵团，团长崔帕上校（Tripart），下辖 4 个中队

第 3 旅，旅长旅将军米海尔（Michel）：

第 8 胸甲骑兵团，团长古伊奥·德·拉洛谢耶上校（Guiot de la Rochère），下辖 4 个中队

第 9 胸甲骑兵团，团长华特瑙上校（Waternau），下辖 4 个中队

第 1 军预备炮兵部队：

2 个 12 磅炮炮兵连

2 个 4 磅炮炮兵连

2 个 4 磅骑炮连

1.5 个工程兵连

1 个运输中队

第 1 军总计：

52 个营、26 个中队、4.5 个连、1 个运输中队、16 个炮兵连、4 个"球球炮"机枪连，总兵力为 1651 名军官、40165 名士兵，拥有 96 门火炮、24 门"球球炮"

第 5 军序列：

军长：师将军德·费利（de Failly）

军参谋长：旅将军贝桑（Besson）

军属炮兵指挥：旅将军列多（Liedot）

第 1 师序列：

师长：师将军戈泽（Goze）

第 1 旅，旅长旅将军格伦尼耶（Grenier）：

第 4 猎兵营，营长冯策格列（Foncegrives）

第 11 线列步兵团，团长德·贝哈格上校（de Behagle），下辖 3 个营

第 46 线列步兵团，团长佩尚上校（Pichon），下辖 3 个营

第 2 旅，旅长旅将军尼科莱 - 尼科莱男爵（Baron Nicolas-Nicolas）：

第 61 线列步兵团，团长德·莫林上校（du Moulin），下辖 3 个营

第 86 线列步兵团，团长贝瑟上校（Berthe），下辖 3 个营

师属炮兵：

2 个 4 磅炮炮兵连

1 个"球球炮"机枪连

1 个工程兵连

第 2 师序列：

师长：师将军德·勒阿巴第 - 德阿迪伦（de L'Abadie D'Aydren）

第 1 旅，旅长旅将军拉帕塞（Lapasset）：

第 14 猎兵营，营长普朗克（Planck）

第 84 线列步兵团，团长贝诺特上校（Benoit），下辖 3 个营

第 97 线列步兵团，团长寇普马汀上校（Copmartin），下辖 3 个营

第 2 旅，旅长旅将军德·莫西昂（de Maussion）：

第 49 线列步兵团，团长坎普上校（Kampf），下辖 3 个营

第 88 线列步兵团，团长库尔蒂上校（Courty），下辖 3 个营

师属炮兵：

2 个 4 磅炮炮兵连

1 个"球球炮"机枪连

1 个工程兵连

第 3 师序列：

师长：师将军古约·德·勒帕（Guyot de Lespart）

第 1 旅，旅长旅将军阿巴图奇（Abbatucci）：

第 19 猎兵营，营长德·马赫切（Marqué）

第 17 线列步兵团，团长韦瑟贝格耶上校（Weissemburger），下辖 3 个营

第 27 线列步兵团，团长德·巴霍勒上校（de Barolet），下辖 3 个营

第 2 旅，旅长旅将军德·冯塔涅·德库赞（de Fontagnes de Couzan）：

第 30 线列步兵团，团长韦贝尔上校（Wirbel），下辖 3 个营

第 68 线列步兵团，帕图雷尔上校（Paturel），下辖 3 个营

师属炮兵：

2 个 4 磅炮炮兵连

1 个"球球炮"机枪连

1 个工程兵连

骑兵师序列：

师长：师将军布哈霍（Brahaut）

第 1 旅，旅长旅将军蒂利亚 (Tilliard)：

第 5 骠骑兵团，团长弗洛尼上校（Flogny），下辖 5 个中队

第 2 猎骑兵团，团长德·图策上校（de Tucé），下辖 5 个中队

第 2 旅，旅长旅将军德·拉莫蒂耶 (de la Mortière)：

第 3 枪骑兵团，团长托赫耳上校（Thorel），下辖 4 个中队

第 5 枪骑兵团，团长德·波耶欧上校（de Boerio），下辖 4 个中队

第 5 军预备炮兵部队：

2 个 12 磅炮炮兵连

2 个 4 磅炮炮兵连

2 个 4 磅骑炮连

第 5 军总计：

39 个营、18 个中队、4 个连、12 个炮兵连、3 个"球球炮"机枪连，总兵力为 1174 名军官、20243 名士兵，拥有 72 门火炮、18 门"球球炮"

第 7 军序列：

军长：师将军菲力克斯·杜威（Félix Douay）

军参谋长：旅将军赫松（Renson）

军属炮兵指挥：旅将军列加赫（Liegard）

第 1 师序列：

师长：师将军孔西尔 – 杜梅斯尼尔（Conseil–Dumesnil）

第 1 旅，旅长旅将军尼科莱（Nicolai）：

第 17 猎兵营，营长梅谢耶尔（Merchier）

第 3 线列步兵团，团长沙佩昂上校（Champion），下辖 3 个营

第 21 线列步兵团，团长莫朗德上校（Morand），下辖 3 个营

第 2 旅，旅长旅将军麦赫（Maire）：

第 47 线列步兵团，团长德·格拉蒙上校（de Gramont），下辖 3 个营

第 99 线列步兵团，团长德·圣席拉尔上校（de Saint–Hilaire），下辖 3 个营

师属炮兵：

2 个 4 磅炮炮兵连

1 个"球球炮"机枪连

1 个工程兵连

第 2 师序列：

师长：师将军列波特（Liébert）

第 1 旅，旅长旅将军古瓦马赫（Guiomar）：

第 6 猎兵营，营长博福特（Beaufort）

第 5 线列步兵团，团长波义尔上校（Boyer），下辖 3 个营

第 37 线列步兵团，团长德拉佛梅·德拉布朗切蒂上校（de la Formy de la Blanchetée），下辖 3 个营

第 2 旅，旅长旅将军德·拉·巴斯蒂德（de la Bastide）：

第 53 线列步兵团，团长雅佩上校（Japy），下辖 3 个营

第 89 线列步兵团，团长穆尼耶上校（Munier），下辖 3 个营

师属炮兵：

2 个 4 磅炮炮兵连

1 个"球球炮"机枪连

1 个工程兵连

第 3 师序列：

师长：师将军杜蒙（Dumont）

第 1 旅，旅长旅将军博达斯（Bordas）:

第 52 线列步兵团，团长阿维利涅上校（Aveline），下辖 3 个营

第 79 线列步兵团，团长布列索勒上校（Bressolles），下辖 3 个营

第 2 旅，旅长旅将军毕塔赫·德·波蒂（Bittard des Portes）:

第 82 线列步兵团，团长古伊上校（Guys），下辖 3 个营

第 83 线列步兵团，团长锡特利上校（Séatelli），下辖 3 个营

师属炮兵:

2 个 4 磅炮炮兵连

1 个 "球球炮" 机枪连

1 个工程兵连

骑兵师序列:

师长：师将军阿梅尔男爵（Ameil）

第 1 旅，旅长旅将军加百列（Cambriels）:

第 4 骠骑兵团，团长德·拉维格列上校（de Lavigerie），下辖 5 个中队

第 4 枪骑兵团，团长菲利涅上校（Féline），下辖 5 个中队

第 8 枪骑兵团，团长德·当皮耶尔上校（de Dampierre），下辖 4 个中队

第 2 旅，旅长旅将军约利夫·德·寇伦贝耶（Jolif du Coulombier）:

第 6 骠骑兵团，团长古瓦隆上校（Guillon），下辖 5 个中队

第 6 龙骑兵团，团长提利昂上校（Tillion），下辖 4 个中队

第 7 军预备炮兵部队:

2 个 12 磅炮炮兵连

2 个 4 磅炮炮兵连

2 个 4 磅骑炮连

第 7 军总计：

39 个营、22 个中队、3 个连、12 个炮兵连、3 个"球球炮"机枪连，总兵力为 1043 名军官、23142 名士兵，拥有 72 门火炮、18 门"球球炮"

阿尔萨斯集团军预备骑兵部队：

预备第 2 骑兵师序列：

师长：师将军维斯孔·博纳曼斯（Viscount Bonnemains）

第 1 旅，旅长旅将军吉哈德（Girard）：

第 1 胸甲骑兵团，团长德·旺代武上校（de Vandœvre），下辖 4 个中队

第 4 胸甲骑兵团，团长毕列上校（Billet），下辖 4 个中队

第 2 旅，旅长旅将军德·布劳尔（de Brauer）：

第 2 胸甲骑兵团，团长罗瑟蒂上校（Rossetti），下辖 4 个中队

第 3 胸甲骑兵团，团长拉夫松·德·拉卡耶上校（Lafutsun de Lacarre），下辖 4 个中队

师属炮兵：

2 个 4 磅骑炮连

16 个中队，12 门火炮[①]

---

① 编者注：原文如此，作者未说明单一中队配备火炮数量，亦未说明火炮口径。

德意志联军战斗序列(1870 年 8 月 18 日格拉沃洛特——圣普里瓦之战)[1]

附录三

第 1 集团军战斗序列:

集团军总指挥: 步兵上将冯·施坦因梅茨（von Steinmetz）

第 7 军战斗序列:

军长: 步兵上将冯·扎斯特罗 (von Zastrow)

第 13 师战斗序列:

师长: 冯·格鲁莫中将（von Glümer）

第 25 步兵旅，旅长冯·德·乌斯滕－萨肯男爵 & 少将（Baron von der Osten-Sacken）:

威斯特伐利亚第 1 步兵团（等于第 13 团）

汉诺威燧发枪兵团（等于第 73 团）

威斯特伐利亚猎兵营（等于第 7 猎兵营）

第 26 步兵旅，旅长冯·德·戈尔茨少将（von der Goltz）:

威斯特伐利亚第 2 步兵团（等于第 15 团）

威斯特伐利亚第 6 步兵团（等于第 55 团）

第 14 步兵师序列：

师长：冯·卡梅克中将（von Kameke）

第 27 步兵旅，旅长冯·弗朗索瓦少将（von François）：

莱茵兰燧发枪兵团（等于第 39 团）

汉诺威第 1 步兵团（等于第 74 团）*

汉诺威骠骑兵团（等于第 15 骠骑兵团）

第 28 步兵旅，旅长冯·沃伊纳二世少将（von Woyna II）：

威斯特伐利亚第 5 步兵团（等于第 53 团）*

汉诺威第 2 步兵团（等于第 77 团）*

军属炮兵部队：

13 个炮兵连

第 8 军战斗序列：

军长：步兵上将冯·戈本（von Goeben）

第 15 步兵师战斗序列：

师长：冯·库默尔中将（von Kummer）

第 29 步兵旅，旅长冯·韦德尔少将（von Wedell）：

东普鲁士燧发枪兵团（等于第 33 团）

勃兰登堡第 7 步兵团（等于第 60 团）

第 30 步兵旅，旅长冯·斯特鲁堡少将（von Strübberg）：

莱茵兰第 2 步兵团（等于第 28 团）

莱茵兰第 6 步兵团（等于第 68 团）

师属部队：

莱茵兰猎兵营（等于第 8 猎兵营）

莱茵兰第 1 骠骑兵团（等于第 7 骠骑兵团）

2 个 4 磅炮炮兵连

2 个 6 磅炮炮兵连

第 16 步兵师战斗序列：

师长：冯·巴内考中将（von Barnekow）

第 31 步兵旅，旅长奈哈特·冯·格奈森瑙伯爵 & 少将（Count Neidhardt von Gneisenau）：

莱茵兰第 3 步兵团（等于第 29 团）

莱茵兰第 7 步兵团（等于第 69 团）

第 32 步兵旅，旅长冯·雷克斯上校（von Rex）：

第 40 燧发枪兵团 *

图林根第 4 步兵团（等于第 72 团）

师属部队：

莱茵兰第 2 骠骑兵团（等于第 9 骠骑兵团）

2 个 4 磅炮炮兵连

2 个 6 磅炮炮兵连

军属炮兵部队：

2 个 4 磅炮炮兵连

2 个 6 磅炮炮兵连

2 个 4 磅骑炮连

第 1 骑兵师战斗序列：

　　师长：冯·哈特曼中将（von Hartmann）

第 1 骑兵旅，旅长冯·路德利茨少将（von Lüderitz）：

　　波美拉尼亚胸甲骑兵团（等于第 2 胸甲骑兵团）

　　波美拉尼亚第 1 枪骑兵团（等于第 4 枪骑兵团）

　　波美拉尼亚第 2 枪骑兵团（等于第 9 枪骑兵团）

第 2 骑兵旅，旅长鲍加斯少将（Baumgarth）：

　　东普鲁士胸甲骑兵团（等于第 3 胸甲骑兵团）

　　东普鲁士枪骑兵团（等于第 8 枪骑兵团）

　　"立陶宛"枪骑兵团（等于第 12 枪骑兵团）

　　另编有 1 个 4 磅骑炮连

第 2 集团军战斗序列：

　　集团军总指挥：骑兵上将普鲁士的腓特烈·卡尔亲王殿下（His Royal Highness, Prince Frederick Charles of Prussia）

近卫军战斗序列：

　　军长：符腾堡的奥古斯特亲王（Prince Augustus of Württemberg）

第 1 近卫步兵师战斗序列：

　　师长：冯·帕佩少将（von Pape）

第 1 步兵旅，旅长冯·克塞尔少将（von Kessel）：

　　第 1 近卫步兵团

　　第 3 近卫步兵团

第 2 步兵旅，旅长冯·梅德姆少将（von Medem）：

第 2 近卫步兵团

第 4 近卫步兵团

近卫燧发枪兵团

师属部队：

近卫猎兵营

近卫骠骑兵团

2 个 4 磅炮炮兵连

2 个 6 磅炮炮兵连

第 2 近卫步兵师战斗序列：

师长：冯·布德利茨基中将（von Budritzki）

第 3 步兵旅，旅长纳佩·冯·纳佩施塔特少将（Knappe von Knappstaedt）：

第 1 近卫掷弹兵团

第 3 近卫掷弹兵团

第 4 步兵旅，旅长冯·贝格尔少将（von Berger）：

第 2 近卫掷弹兵团

第 4 近卫掷弹兵团

师属部队：

近卫射击兵营

第 2 近卫枪骑兵团

2 个 4 磅炮炮兵连

2 个 6 磅炮炮兵连

近卫骑兵师战斗序列：

师长：冯·德·戈尔茨中将（von der Goltz）

第 1 骑兵旅，旅长冯·勃兰登堡一世伯爵＆少将（Count von Brand-enburg I）：

骑马侍卫团

近卫胸甲骑兵团

第 3 骑 兵 旅，旅 长 冯·勃 兰 登 堡 二 世 伯 爵＆少 将（Count von Brandenburg II）：

第 1 近卫龙骑兵团

第 2 近卫龙骑兵团

2 个 4 磅骑炮连

军属炮兵部队：

2 个 4 磅炮炮兵连

2 个 6 磅炮炮兵连

2 个 4 磅骑炮连

第 2 军战斗序列：

军长：步兵上将冯·弗兰泽基（von Fransecky）

第 3 步兵师战斗序列：

师长：冯·哈特曼少将（von Hartmann）

第 5 步兵旅，旅长冯·寇布林斯基少将（von Koblinski）：

波美拉尼亚第 1 掷弹兵团（等于第 2 团）

波美拉尼亚第 5 步兵团（等于第 42 团）

第 6 步兵旅，旅长冯·德·德肯上校（von der Decken）：

波美拉尼亚第 3 步兵团（等于第 14 团）

波美拉尼亚第 7 步兵团（等于第 54 团）

师属部队：

波美拉尼亚第 2 猎兵营

诺伊马克龙骑兵团（等于第 3 龙骑兵团）

2 个 4 磅炮炮兵连

2 个 6 磅炮炮兵连

第 4 步兵师战斗序列：

师长：汉恩·冯·韦亨中将（Hann von Weyhern）

第 7 步兵旅，旅长德·特罗瑟尔少将（du Trossel）：

波美拉尼亚第 2 掷弹兵团（等于第 9 团）

波美拉尼亚第 6 步兵团（等于第 49 团）

第 8 步兵旅，旅长冯·克特勒少将（von Kettler）：

波美拉尼亚第 4 步兵团（等于第 21 团）

波美拉尼亚第 8 步兵团（等于第 61 团）

师属部队：

波美拉尼亚龙骑兵团（等于第 11 龙骑兵团）

2 个 4 磅炮炮兵连

2 个 6 磅炮炮兵连

军属炮兵部队：

2 个 4 磅炮炮兵连

2 个 6 磅炮炮兵连

2 个 4 磅骑炮连

第 3 军战斗序列：

军属炮兵部队：

2 个 4 磅炮炮兵连

2 个 6 磅炮炮兵连

2 个 4 磅骑炮连

第 9 军战斗序列：

军长：步兵上将冯·曼施坦因（von Manstein）

第 18 步兵师战斗序列：

师长：冯·乌兰戈尔男爵 & 中将（Baron von Wrangel）

第 35 步兵旅，旅长冯·布卢门塔尔少将（von Blumenthal）：

马格德堡燧发枪兵团（等于第 36 团）

石勒苏益格步兵团（等于第 84 团）*

第 36 步兵旅，旅长冯·贝洛少将（von Below）：

西里西亚第 2 掷弹兵团（等于第 11 团）

荷尔施泰因步兵团（等于第 85 团）

师属部队：

劳恩堡猎兵营（等于第 9 猎兵营）

马格德堡龙骑兵团（等于第 6 龙骑兵团）

2 个 4 磅炮炮兵连

2 个 6 磅炮炮兵连

第 25（黑森大公国）步兵师战斗序列：

师长：黑森的路德维希亲王 & 中将（Prince Ludwig of Hesse）

第 49 步兵旅，旅长冯·威蒂奇少将（von Wittich）：

黑森第 1 王室警备团

黑森第 2 步兵团

黑森第 1 近卫猎兵营

第 50 步兵旅，旅长冯·林克尔少将（von Lyncker）：

黑森第 3 步兵团

黑森第 4 步兵团

黑森第 2 猎兵营

第 25 黑森骑兵旅，旅长冯·施洛特海姆少将（von Schlotheim）：

黑森第 1 轻骑兵团

黑森第 2 轻骑兵团

5 个黑森大公国陆军 4 磅炮炮兵连

1 个黑森大公国陆军 4 磅骑炮连

军属炮兵部队：

2 个 4 磅炮炮兵连

2 个 6 磅炮炮兵连

1 个 4 磅骑炮连

第 10 军战斗序列：

第 20 步兵师战斗序列：

师长：冯·克拉茨 – 寇施劳少将（von Kraatz–Koschlau）

第 39 步兵旅，旅长冯·沃伊纳一世少将（von Woyna I）：

威斯特伐利亚第 7 步兵团（等于第 56 团）

汉诺威第 3 步兵团（等于第 79 团）

第 40 步兵旅，旅长冯·迪灵绍芬少将（von Diringshofen）：

威斯特伐利亚第 4 步兵团（等于第 17 团）

布伦瑞克步兵团（等于第 92 团）

师属部队：

汉诺威第 2 龙骑兵团（等于第 16 龙骑兵团）

汉诺威猎兵营（等于第 10 猎兵营，原属于第 19 师）

2 个 4 磅炮炮兵连

2 个 6 磅炮炮兵连

军属炮兵部队：

2 个 4 磅炮炮兵连

2 个 6 磅炮炮兵连

2 个 4 磅骑炮连

第 12 王家萨克森军战斗序列：

军长：步兵上将萨克森的阿尔伯特王储（Crown Prince Albert of Saxony）

第 23 步兵师 / 萨克森第 1 步兵师战斗序列：

师长：萨克森的乔治亲王 & 中将（Prince George of Saxony）

第 45 步兵旅 / 萨克森第 1 步兵旅，旅长克劳沙尔少将（Craushaar）：

萨克森第 1 王室警备步兵团（等于第 100 团）

萨克森第 2 掷弹兵团（等于第 101 团）

萨克森燧发枪兵团（等于第 108 团）

第 46 步兵旅 / 萨克森第 2 步兵旅，旅长冯·蒙贝上校（von Montbé）：

萨克森第 3 步兵团（等于第 102 团）

萨克森第 4 步兵团（等于第 103 团）

师属部队：

萨克森第 1 骑兵团

师属炮兵：

2 个 4 磅炮炮兵连

2 个 6 磅炮炮兵连

第 24 步兵师 / 萨克森第 2 步兵师战斗序列：

师长：内希霍夫·冯·霍德尔堡少将（Nehrhoff von Holderberg）

第 47 步兵旅 / 萨克森第 3 步兵旅，旅长陶舍尔少将（Tauscher）：

萨克森第 5 步兵团（等于第 104 团）

萨克森第 6 步兵团（等于第 105 团）

萨克森第 1 猎兵营（等于第 12 猎兵营）

第 48 步兵旅 / 萨克森第 4 步兵旅，旅长冯·舒尔茨上校（von Schulz）：

萨克森第 7 步兵团（等于第 106 团）

萨克森第 8 步兵团（等于第 107 团）

萨克森第 2 猎兵营（等于第 13 猎兵营）

师属部队：

萨克森第 2 骑兵团

2 个 4 磅炮炮兵连，隶属于第 12 炮兵团

2 个 6 磅炮炮兵连

萨克森骑兵师战斗序列：

近卫骑兵团

第 3 骑兵团

军属炮兵部队：

2 个 4 磅炮炮兵连

2 个 6 磅炮炮兵连

1 个 4 磅骑炮连

第 5 骑兵师战斗序列：

师长：冯·莱茵巴本男爵 & 中将（von Rheinbaben）

第 11 骑兵旅，旅长冯·巴尔贝少将（von Barby）：

威斯特伐利亚胸甲骑兵团（等于第 4 胸甲骑兵团）

汉诺威第 1 枪骑兵团（等于第 13 枪骑兵团）

奥尔登堡龙骑兵团（等于第 19 龙骑兵团）

第 12 骑兵旅，旅长冯·布雷多少将（von Bredow）：

马格德堡胸甲骑兵团（等于第 7 胸甲骑兵团，有 2 个中队参战）

阿尔特马克枪骑兵团（等于第 16 枪骑兵团，有 2 个中队参战）

石勒苏益格 – 荷尔施泰因龙骑兵团（等于第 13 龙骑兵团）

第 13 骑兵旅，旅长冯·雷德恩少将（von Redern）：

马格德堡骠骑兵团（等于第 10 骠骑兵团）

威斯特伐利亚第 2 骠骑兵团（等于第 11 骠骑兵团）

布伦瑞克骠骑兵团（等于第 17 骠骑兵团）

4 个骑炮连

第 6 骑兵师战斗序列：

师长：梅克伦堡 – 什未林的威廉公爵 & 中将（Duke Wilhelm of Mecklenburg–Schwerin）

第 14 骑兵旅，旅长冯·迪彭布洛克 – 格鲁特尔男爵 & 上校（Baron von Diepenbroick–Grüter）：

勃兰登堡胸甲骑兵团（等于第 6 胸甲骑兵团）

勃兰登堡第 1 枪骑兵团（等于第 3 枪骑兵团）

石勒苏益格 – 荷尔施泰因枪骑兵团（等于第 15 枪骑兵团）

第 15 骑兵旅，旅长冯·劳赫少将（von Rauch）：

勃兰登堡骠骑兵团（等于第 3 骠骑兵团）

石勒苏益格 – 荷尔施泰因骠骑兵团（等于第 16 骠骑兵团）

1 个 4 磅骑炮连

此战中德意志一方参战兵力共计 188332 人，拥有 732 门火炮

注释：

⑴ 作者注：在本附录（三）及下一部分附录（四）中，标记有"*"说明相关部队已经因先前的战斗损失而出现了减员。

法军战斗序列 (1870 年 8 月 18 日格拉沃 洛特——圣普里瓦之战）

莱茵河集团军战斗序列：

总指挥：巴赞元帅（Bazaine）

帝国近卫军战斗序列：

军长：师将军布尔巴基（Bourbaki）

第 1 近卫师战斗序列：

师长：师将军德利尼（Deligny）

第 1 旅，旅长旅将军布林库（Brincourt）：

近卫猎兵营

第 1 近卫腾跃兵团

第 2 近卫腾跃兵团

第 2 旅，旅长旅将军贾尼耶（Garnier）：

第 3 近卫腾跃兵团

第 4 近卫腾跃兵团

2 个 4 磅炮炮兵连

1 个"球球炮"机枪连

第 2 近卫师战斗序列：

师长：师将军皮卡尔（Picard）

第 1 旅，旅长旅将军让宁格罗斯（Jeanningros）：

近卫祖阿夫团
第 1 掷弹兵团

第 2 旅，旅长旅将军勒普瓦特凡·德·拉·克鲁瓦沃布瓦（le Poitevin de la Croix Vaubois）：

第 3 掷弹兵团（有 2 个营参战）
第 4 掷弹兵团

2 个 4 磅炮炮兵连
1 个"球球炮"机枪连

近卫骑兵师战斗序列：

师长：师将军德沃（Desvaux）

第 1 旅，旅长旅将军哈纳·德·弗烈塔（Halna du Fretay）：

近卫猎骑兵团
骑马侍卫团（有 4 个中队参战）

第 2 旅，旅长旅将军德·法兰西（de France）：

近卫枪骑兵团
近卫龙骑兵团

第 3 旅，旅长旅将军德·普利厄瓦（du Preuil）：

近卫胸甲骑兵团

近卫卡宾枪骑兵团

2 个 4 磅骑炮连

近卫军预备炮兵部队：

4 个 4 磅骑炮连

第 2 军战斗序列：

军长：师将军弗罗萨尔（Frossard）

第 1 师战斗序列：

师长：师将军沃尔捷（Vergé）

第 1 旅，旅长旅将军勒特利耶 – 瓦拉泽（Letellier-Valazé）：

第 3 猎兵营

第 32 线列步兵团

第 55 线列步兵团 *

第 2 旅，旅长旅将军朱利维（Jolivet）：

第 76 线列步兵团

第 77 线列步兵团 *

3 个 4 磅炮炮兵连

第 2 师战斗序列：

师长：师将军巴代伊（Bataille）

第 1 旅，旅长旅将军普杰特（Pouget）：

第 12 猎兵营

第 8 线列步兵团

第 23 线列步兵团

第 2 旅，旅长旅将军佛沃－巴斯托尔（Fauvart-Bastoul）：

第 66 线列步兵团 *

第 67 线列步兵团 *

2 个 4 磅炮炮兵连

1 个"球球炮"机枪连

骑兵师战斗序列：

师长：师将军马赫米耶（Marmier）

第 1 旅，旅长旅将军德·瓦拉布利格（Valabrègue）：

第 4 猎骑兵团

第 5 猎骑兵团

第 2 旅，旅长旅将军巴切利耶（Bachelier）：

第 7 龙骑兵团（有 2 个中队参战）

第 12 龙骑兵团

军属炮兵：

2 个 12 磅炮炮兵连

2 个 4 磅炮炮兵连

2 个 4 磅骑炮连

第 3 军战斗序列：

军长：巴赞元帅（Bazaine）

第 1 师战斗序列：

师长：师将军蒙陶顿（Montaudon）

第 1 旅，旅长旅将军普洛宾 (Plombin)：

第 18 猎兵营

第 51 线列步兵团

第 62 线列步兵团

第 2 旅，旅长旅将军克林尚（Clinchant）：

第 81 线列步兵团

第 95 线列步兵团

1 个 4 磅炮炮兵连

第 2 师战斗序列：

师长：师将军奈哈尔（Nayral）

第 1 旅，旅长旅将军奈哈尔（Nayral）：

第 19 线列步兵团 *

第 41 线列步兵团

第 2 旅，旅长旅将军杜普利西斯（Duplessis）：

第 69 线列步兵团

第 90 线列步兵团 *

2 个 4 磅炮炮兵连

第 3 师战斗序列：

师长：师将军梅特曼（Metman）

第 1 旅，旅长旅将军德·波蒂耶 (de Potier)：

第 7 猎兵营

第 7 线列步兵团

第 29 线列步兵团

第 2 旅，旅长旅将军阿瑙多 (Arnaudeau)：

第 59 线列步兵团

第 71 线列步兵团

2 个 4 磅炮炮兵连

1 个 "球球炮" 机枪连

第 4 师战斗序列：

师长：师将军迪卡恩（Decaen）

第 1 旅，旅长旅将军德·布劳尔（de Brauer）

第 11 猎兵营

第 44 线列步兵团 *

第 60 线列步兵团

第 2 旅，旅长旅将军桑格勒－菲利耶尔（Sanglé-Ferrière）：

第 80 线列步兵团

第 85 线列步兵团 *

2 个 4 磅炮炮兵连

骑兵师战斗序列：

师长：师将军克列鲍尔（Clérembault）

第 1 旅，旅长旅将军布鲁沙赫（Bruchard）：

第 2 猎骑兵团

第 3 猎骑兵团

第 10 猎骑兵团

第 2 旅，旅长旅将军加伊洛·德·莫布朗谢（Gayrault de Maubran-ches）：

第 2 龙骑兵团

第 4 龙骑兵团

第 3 旅，旅长旅将军贝格涅·德·朱尼亚（Bégougne de Juiniac）：

第 5 龙骑兵团

第 3 军预备炮兵部队：

2 个 12 磅炮炮兵连

2 个 4 磅炮炮兵连

2 个 4 磅骑炮连

第 4 军战斗序列：

军长：师将军拉德米洛（Ladmirault）

第 1 师战斗序列：

师长：师将军库德洛特·德·蔡西（Courtot de Cissey）

第 1 旅，旅长旅将军布哈耶 (Brayer)：

第 20 猎兵营

第 1 线列步兵团

第 6 线列步兵团

第 2 旅，旅长旅将军德·格尔贝格（de Goldberg）：

第 57 线列步兵团

第 73 线列步兵团

2 个 4 磅炮炮兵连

1 个 "球球炮" 机枪连

第 2 师战斗序列：

师长：师将军格伦尼耶（Grenier）

第 1 旅，旅长旅将军维隆－贝勒库（Véron-Bellecourt）：

第 5 猎兵营

第 13 线列步兵团

第 43 线列步兵团 *

第 2 旅，旅长旅将军普拉迪耶（Pradier）：

第 64 线列步兵团

第 98 线列步兵团

2 个 4 磅炮炮兵连

1 个 "球球炮" 机枪连

第 3 师战斗序列：

师长：师将军 & 洛伦茨伯爵拉蒂耶（Latrille, Count de Lorencez）

第 1 旅，旅长旅将军帕约尔（Pajol）：

第 2 猎兵营

第 15 线列步兵团

第 33 线列步兵团

第 2 旅，旅长旅将军贝格耶（Berger）：

第 54 线列步兵团

第 65 线列步兵团

2 个 4 磅炮炮兵连

1 个"球球炮"机枪连

骑兵师战斗序列：

师长：师将军勒格朗（Legrand）

第 1 旅，旅长旅将军蒙泰古（Montaigu）：

第 2 骠骑兵团

第 7 骠骑兵团

第 2 旅，旅长旅将军贡德雷库男爵（Baron Gondrecourt）：

第 3 龙骑兵团

第 11 龙骑兵团

第 4 军预备炮兵部队：

2 个 12 磅炮炮兵连

2 个 4 磅炮炮兵连

2 个 4 磅骑炮连

第 5 军序列：

第 2 师战斗序列：

第 1 旅，旅长旅将军拉帕塞（Lapasset）：
第 14 猎兵营
第 84 线列步兵团
第 97 线列步兵团 *

1 个 4 磅骑炮连

骑兵师战斗序列：
师长：师将军布哈霍（Brahaut）

第 3 枪骑兵团

第 6 军战斗序列：
军长：康罗贝尔元帅（Canrobert）

第 1 师战斗序列：
师长：师将军提希尔（Tixier）

第 1 旅，旅长旅将军佩霍（Péchot）：
第 9 猎兵营
第 4 线列步兵团
第 10 线列步兵团 *

第 2 旅，旅长旅将军勒鲁瓦·德·戴瓦（Leroy de Dais）：
第 12 线列步兵团 *

第 100 线列步兵团

2 个 4 磅炮炮兵连
1 个"球球炮"机枪连

第 2 师战斗序列:
师长:师将军毕松(Bisson)

第 1 旅,旅长旅将军诺埃尔(Noel):
第 9 线列步兵团

2 个 12 磅炮炮兵连

第 3 师战斗序列:
师长:师将军拉冯·德·维利耶(Lafont de Villiers)

第 1 旅,旅长旅将军贝克·德·松奈(Becquet de Sonnay):
第 75 线列步兵团 *
第 91 线列步兵团

第 2 旅,旅长旅将军科林(Colin):
第 93 线列步兵团 *
第 94 线列步兵团

3 个 4 磅炮炮兵连
1 个工程兵连

第 4 师战斗序列:
师长:师将军勒瓦索 – 索赫瓦尔(Levassor–Sorval)

第 1 旅，旅长旅将军德·玛格纳（de Marguenat）：

第 25 线列步兵团

第 26 线列步兵团 *

第 2 旅，旅长旅将军德·尚拿雷勒伯爵（Count De Chanaleilles）：

第 28 线列步兵团

第 70 线列步兵团

2 个 4 磅骑炮连

预备第 1 骑兵师战斗序列：

师长：师将军德·巴哈尔（du Barail）

非洲猎骑兵第 2 团

第 2 猎骑兵团

第 3 猎骑兵团

预备第 3 骑兵师战斗序列：

师长：师将军德·弗顿（de Forton）

第 1 旅，旅长旅将军缪拉亲王（Prince Murat）：

第 1 龙骑兵团

第 9 龙骑兵团

第 2 旅，旅长旅将军 & 厄斯帕赫公爵德·格拉蒙（de Gramont, Duke of Esparre）：

第 7 胸甲骑兵团

第 10 胸甲骑兵团

2 个 4 磅骑炮连

莱茵河集团军预备炮兵部队：

2 个 12 磅炮炮兵连

6 个 4 磅骑炮连

此战中法方参战兵力共计 112800 人，拥有 520 门火炮（位于现场的法军总兵力约为 140000 人）

色当会战的投降条款

以下协定由下列人员签署：普鲁士的国王陛下的总参谋长兼德意志联军总指挥及法国集团军总指挥。在本协定的签字过程中，双方分别全权代表（普鲁士的）威廉国王及（法兰西第二帝国的）拿破仑皇帝：

条款1：处在德·温普芬将军指挥之下，当下正被优势敌军围困于色当城内的法国集团军成员将全部成为战俘。

条款2：鉴于这个集团军在防御战中的英勇表现，本投降条款将对包括持有军官衔的高级（文职）官员在内的下列法军将官及其他各级军官给予特别赦免——只要他们能通过书面形式以自身荣誉进行保证，发誓在本次战争结束之前不再拿起武器对抗德意志，以及绝不采取任何不利于她（德意志）的利益的行动。选择接受上述条款的军官及官员将被获准保留自己的武器及私人财产。

条款3：其他所有武器，包括全部战争物资在内，例如（各步兵团、骑兵团的）专属军旗（colours）、（拿破仑帝国时代的法军军旗上的）鹰徽（eagles）、（各营、连的）旗帜（standards）、火炮、马匹、财务柜、军用马车、弹药等，都将被交付至法军总指挥人员所指定的色当城内的军事当局处，以期将这些战争物资毫不迟疑地，以最快速度交付至德意志一方（关于投降条款的）执行人手上。

条款 4：色当要塞将在当前状态下，最迟于 9 月 2 日夜间向普鲁士的国王陛下投降。

条款 5：那些拒绝接受前文"条款 2"所罗列（假释）条件的军官以及被缴械的士兵们都会按照阅兵队列，以团为单位依次列队行进（最终到达战俘集中地）。本措施将于 9 月 2 日开始生效，并在 9 月 3 日之前完成执行。各支队都会被带至马斯河所环绕的伊赫斯半岛附近——目的是让军官们将相应战俘悉数移交至德意志一方的执行人处；在这之后，这些军官都会把指挥权移交给（战俘队列中的）士官们。

条款 6：为了照顾伤员，军医们将无一例外地继续留守在后方。

1870 年 9 月 2 日签署于弗雷努瓦

（署名人）冯·毛奇

（署名人）德·温普芬

《国防军》三部曲

- 现代德国军事史研究泰斗——罗伯特·M.奇蒂诺（ROBERT M. CITINO）奠定地位之作。

- 《国防军》第二部（THE WEHRMACHT RETREATS: FIGHTING A LOST WAR, 1943）荣获纽约军事事务研讨会（NEW YORK MILITARY AFFAIRS SYMPOSIUM）2012 年度"亚瑟·古德泽特"奖（ARTHUR GOODZEIT AWARD）、美国军事历史学会（AMERICAN SOCIETY FOR MILITARY HISTORY）2013 年度"杰出图书"奖（DISTINGUISHED BOOK AWARD）。

- 还原战场真相，解读德军"运动战"的得与失、成与败。

战争事典

两次世界大战之间的德军

德军

THE ROOTS OF
BLITZKRIEG

JAMES S. CORUM
詹姆士·S·科鲁姆 著　张贤佳 周思成 张大卫 译

一场价值被严重低估的军事改革
一支**"扮猪吃老虎"**的顶流军队

◎ 追溯二战初期国防军"不败神话"的根源
◎ 剖析战间期德军"弯道超车"的秘密

德国战争
的神话与现实

德国联邦国防部出品
解密德军百年制胜之道

THE **MYTH AND REALITY OF GERMAN WARFARE**

Operational Thinking from Moltke the Elder to Heusinger

指文
战略
013

德国战争的
神话与现实的

GERMAN WARFARE

格哈德·P.格罗斯 著

孙希琨 译

罗伯特·M.奇蒂诺 序

德国战争
的神话与现实

格哈德·P.格罗斯 著

孙希琨 译